药品营销技术

主　编　刘宗华

副主编　邹阿罗　陈　靖

编　者　王　虹　王宪庆　魏　来

西安交通大学出版社
XI'AN JIAOTONG UNIVERSITY PRESS

U0719638

图书在版编目（CIP）数据

药品营销技术 / 刘宗华主编 . — 西安：西安通大学出版社，
2016.1（2020.1 重印）

ISBN 978-7-5605-8223-8

Ⅰ.①药⋯　Ⅱ.①刘⋯　Ⅲ.①药品 – 市场营销学 – 高等
职业教育 – 教材　Ⅳ.① F724.73

中国版本图书馆 CIP 数据核字（2016）第 002670 号

书　　名	药品营销技术	
主　　编	刘宗华	
责任编辑	王银存　赵丹青	
出版发行	西安交通大学出版社	
	（西安市兴庆南路 1 号　邮政编码 710049）	
网　　址	http://www.xjtupress.com	
电　　话	（029）82668357　82667874（发行中心）	
	（029）82668315（总编办）	
传　　真	（029）82668280	
印　　刷	湖南省众鑫印务有限公司	

开　　本	787 mm×1092 mm　1/16　印张　21　字数　505 千字		
版次印次	2016 年 1 月第 1 版　　2020 年 1 月第 9 次印刷		
书　　号	ISBN 978-7-5605-8223-8		
定　　价	44.00 元		

读者购书、书店添货、发现印装质量问题，请与本社发行中心联系、调换。

前　言

药品营销技术是药学专业的专业核心技能课程之一。药品营销技术是树立药品品牌、建立药品销售渠道和培养药品营销人才的专业技术,对药品营销人才培养起到重要的支撑和促进作用。

药品营销技术以药理学、药物制剂技术、药物商品技术、药物分析技术等课程为前承课程;主要培养学生市场调查与预测,与客户的沟通与实现销售,选择品牌建设途径,分析产品、价格、渠道、促销,企划,市场维护与监督和销售管理等技能。这些技能是从事药品营销工作必不可少的职业技能。

《药品营销技术》的知识目标是掌握药品营销的基本知识;熟悉药品生产企业的拳头产品和药品生产经营企业的经营门店;了解药品作为商品的特殊性和药品销售人员的商务礼仪,药品生产与经营企业的销售激励与绩效考核。

《药品营销技术》的技能目标是掌握市场调查与预测,与客户的沟通与实现销售,选择品牌建设途径,分析产品、价格、渠道、促销,企划,市场维护与监督和销售管理等技能;能完成药品(企)市场调查报告、药品(企)企划书;能签订产品销售合同和实现指定药品的销售等。

《药品营销技术》的素质目标是培养学生合理利用现代营销知识从事药品营销的理念;培养学生吃苦耐劳的奋斗精神和团结协作的团队意识;培养学生脚踏实地、实事求是的营销作风和满足消费者需求、情感营销的思想及终身学习能力。

编写《药品营销技术》的目的是为了更好地突出职业能力培养。

由于编者水平有限,不足之处,恳请各位不吝指正。

刘宗华

2015 年 8 月

目　　录

第一章 药品与特殊商品

学习目标

【知识目标】

掌握药品和商品的概念；熟悉药品作为特殊商品的特点和基本特征；了解药品的分类与特点，处方药、非处方药和保健食品的市场特点。

【技能目标】

学会识别处方药与非处方药的英文缩写符号；能判断处方药、甲类非处方药、乙类非处方药和保健食品市场的异同点；懂得药品企业营销战略构成要素。

第一节 药品的商品特性

一、药品与商品的概念

（一）药品的基本概念

1.药品

《中华人民共和国药品管理法》（以下简称《药品管理法》）规定，药品的含义是指用于预防、治疗、诊断人的疾病，有目的地调节人的生理功能并规定有适应证或者功能主治、用法和用量的物质，包括中药材、中药饮片、中成药、化学原料药及其制剂、抗生素、生化药品、放射性药品、血清、疫苗、血液制品和诊断药品等。由这一定义可知，"药品"有四项特征：一是功能性，即"预防、治疗、诊断疾病"；二是使用的目的性，即"调节生理功能"；三是对象性，即用于"人"；四是标识性，即"规定有适应证或者功能主治、用法和用量"。

2.基本药物

基本药物是指疗效确切、毒副反应小（即安全可靠）、临床必需、价格合理和使用方便的药品。2006年国家食品药品监督管理总局公布了我国首批"城市社区、农村基本用药"10家定点生产企业。首批定点生产的城市社区、农村基本用药目录包括注射用青霉素钠等27种基本临床常用药品。2009年国家食品药品监督管理总局又公布了新的《国家基本药物目录》基层医疗卫生机构配备使用部分，共收载了包括化学药品和生物制品、中成药在内的307种药物。2013年3月中华人民共和国卫生部第93号令发布了《国家基本药物目录》（2012年版），收载了化学药品、生物制品317个品种和中成药203个品种。

制订基本药物政策是世界卫生组织（World Health Organization，WHO）于1975年提出来的。其目的是使发展中国家的广大人口能够在治疗常见病用药的供应方面，得到切实可靠的保证。

(二)商品的基本概念

1.商品

商品是用来交换的劳动产品。商品具有二因素:价值和使用价值。

商品必须同时具备两个条件:其一,商品必须是劳动产品,如果不是劳动产品,就不是商品,如自然界的空气、阳光、水等不是劳动产品,所以就不能成为商品;其二,必须用于交换(目的是用于交换,不管交换是否成功),农民自家种的蔬菜、水果、中药材如山药、菊花等劳动产品自己消费,没有供他人、供社会消费就不能成为商品。

当然,水从河里挑上岸卖给居民是劳动者付出劳动的产品,且供他人使用发生了交换,这里的"水"就成为了商品;同样,自家种的蔬菜或中药材,拿到市场上去卖就发生了交换,也就成为了商品。因为它们都同时具备了"劳动产品"和"交换"这两个条件。

药品是经过人们加工处理的劳动产品,并且必须在医药流通渠道中才能买卖,所以药品具有商品的劳动和交换二重性。

2.价值

价值是凝结在商品中无差别的人类劳动。价值是商品的社会属性,也是商品的本质属性,是商品本身所独有的特性。因为价值是"无差别的人类劳动",所以不同的商品价值大小是可以比较的,这正是千差万别的商品之间能够相互交换的基础。

3.使用价值

使用价值是指商品能够满足人们某种需要的属性,即商品的有用性。使用价值是商品的自然属性,不同商品的使用价值在质上是不同的,在量上不能比较,这是不同商品需要交换的原因。使用价值不是商品独有的,其他物品也有使用价值。

有使用价值的东西不一定有价值,有价值的东西必然有使用价值。

二、药品的分类

(一)按药品产生的历史背景可分为传统药与现代药

1.传统药

传统药通常是指各国历史上流传下来的民族用药,我国的传统药主要是"中药",包括中药材、中药饮片和中成药三大类。

2.现代药

现代药泛指当代各国广泛使用的非传统药物,包括化学原料药及其制剂、抗生素、生化药品、生物制品、放射性药品等,是用合成、分离、提取、化学加工、生物工程等方法制取的物质,物质结构基本清楚,有固定的控制质量的标准和方法,并且通过现代医学理论和方法证实有某种药效的药品。

(二)按药品的性质可分为新药、特药和普药

1.新药

我国《药品管理法》规定:新药是指我国未生产过的药品。已生产的药品改变剂型、改变给药途径、增加新的适应证或制成新的复方制剂,亦按新药管理。

2. 特药

特药是指药品本身不良反应较大，而由国家实施特殊管理的药品，如精神药品、麻醉药品、医疗用毒性药品和放射性药品。

3. 普药

普药即普通用药，是指除新药、特药以外的一般性临床用药。

(三)按药品的分类管理制度可分为处方药与非处方药

1. 处方药

处方药是指凭执业医师或执业助理医师处方并经过执业药师核准处方才能购买、调配和使用的药品。

在处方的左上角，常写有"R"或"Rp"，是拉丁文"Recipe"（请取）的缩写，表示医生需取用此药，因此"R"有处方药之意。

处方药包括国际规定管制的特殊药品（麻醉药品、精神药品和医疗用毒性药品等）；新上市的新药，对其药理活性与不良反应还要进一步观察；药品本身毒性较大；治疗借助于诊断手段（光、电、核、声仪器或血、尿、组织的生化分析等）来确诊的疾病，并由医师开具处方，用于专属性强、病情严重而又需要医护人员监督指导使用的药品；非肠道给药的制剂，主要是粉针剂、大输液及各类注射剂等药品。

2. 非处方药

非处方药是指由国家食品药品监督管理总局公布的，不需要凭执业医师和执业助理医师处方，消费者可以自行判断、购买和使用的药品。非处方药专有标识：OTC。

根据非处方药品的安全性，又将非处方药划分为甲类非处方药（指应当在执业药师的指导下购买和使用的非处方药：甲类——红色——《许可证》——执业药师）和乙类非处方药（指可由消费者自行选择、购买和使用的非处方药：乙类——绿色——药监局批准——从业药师）两类。

非处方药不经医师处方，直接从药房或药店等处购买，消费者只是根据对疾病的自我认识而使用。因此，非处方药应具备使用安全、疗效确切、质量稳定、标签说明通俗易懂和应用方便的特点。

(四)按药品的功能可分为预防性药品、治疗性药品和诊断性药品

1. 预防性药品

预防性药品是指用于预防某些疾病发生所使用的药品，如各种疫苗、免疫血清及其他活性制剂等。

2. 治疗性药品

治疗性药品是指用于治疗某些疾病所使用的药品。

3. 诊断性药品

诊断性药品是指用于诊断某些疾病而使用的药品，如化验用试剂、胃透视用的硫酸钡等。

此外，按药品的使用部位不同可分为外用药、内服药和注射用药；按药品的剂型不同，可分为片剂、丸剂、胶囊剂、颗粒剂等；按药品生产的国籍不同，可分为国产药品和进口药品等。

第二节　药品的市场

药品市场是指对医药商品有需求和有购买能力的顾客或用户,是显在顾客和潜在顾客的总和。药品市场按药品分类管理要求可分为处方药市场和非处方药市场;按药品产品种类来分可分为中药材、化学合成药、生物技术药等市场;按药品市场客体组成可分为消费者市场、生产者市场、中间商市场和政府市场。本章主要介绍处方药市场、非处方药市场、保健品市场三大主要市场。

一、处方药市场

(一)处方药的含义和分类

处方药是指凭执业医师和执业助理医师处方方可购买、调配和使用的药品(出自《药品管理法实施条例》第八十三条规定)。

被列为处方药的药品具有以下特点:

(1)上市的新药,对其活性或副作用还要进一步观察;

(2)可产生依赖性的某些药物,如吗啡类镇痛药及某些催眠安定药物等;

(3)药物本身毒性较大,如抗癌药物等;

(4)用于治疗某些疾病所需的特殊药品,如心脑血管疾病的药物,须经医师确诊后开出处方并在医师指导下使用。

此外,处方药只准在专业性医药报刊进行广告宣传,不准在大众传播媒介进行广告宣传。

(二)处方药市场的特点

1.处方药是解除疾病用药的主体,必须依法进行严格监督管理

疾病患者只有就诊后凭医生开具的处方才可以获得处方药,药品选择权在医生。处方药主要是通过医院、零售药店处方药品专柜等渠道进入患者手中。绝大多数国家规定处方药不得对公众做广告宣传,但允许其产品信息在医药类学术杂志上传播。在我国,处方药允许在已批准的专业性医药报刊和媒体进行广告宣传。

2.终端销售人员专业化

处方药一般不作为家庭常备药,必须凭执业医师或执业助理医师处方,由执业药师审核后方可调配、购买和使用。我国目前90%的处方药是通过医院销售出去的,也就是说,医生是90%处方药的终端销售人员。他们都是受过专门训练的专业人员,具有丰富的专业知识。医生对某种处方药的认可程度,直接影响该药品的销售,这就意味着处方药企业的营销人员必须是受过良好训练的专业销售人员才有可能与医生进行沟通。

3.专业人员采购

处方药品市场的采购人员都经过专业训练,具有丰富的专业知识,清楚了解药品的功效、作用、质量、规格和有关的技术要求。医药企业营销人员应当向他们提供详细的技术资料,从技术的角度说明本医药企业药品和服务的优点。

4.处方药不允许开架销售

根据处方药管理的规定,处方药不允许开架销售,这个规定必将影响购买药品的人数。

案例分析

黄海制药营销

1.把握专家资源，运筹帷幄

进行临床学术推广，一方面企业可以获得医院权威专家的认可，借助专家的影响力来传递药品品牌，让更多的医生认知、认可，在医院中建立品牌，通过医生把品牌渗透到患者；另一方面也是企业储备专家资源的最佳途径。纯粹的学术交流，更容易让医生放松心情，从而有利于良好关系的建立和长久维护，为以后的市场突围打开缺口。

在抗高血压药物领域颇有建树的青岛黄海制药正是抓住了这一关键点，自当年始就不断地深入开展举办临床学术交流会议，如"全国老年周围动脉硬化疾病防治""首届全国心血管疾病防治新进展高峰论坛""冠心病防治的新进展""心血管疾病临床治疗新进展学术交流会"等。显然，临床学术交流已经被黄海制药纳入其市场发展规划之中，并已对其药品销售产生了强大推力。

2.掌握药店终端，形成无障碍品牌沟通

药店终端以全科医师或执业药师为主，虽然他们的医学说服能力较三级医院的专家有较大距离，但由于他们离消费者最近，必将对消费者的保健和用药习惯形成影响。

黄海制药一方面赞助他们的培养活动，请代表自己企业利益的专家授课、传播自己的产品，把自己的产品编进教材中去；二是加强政府公关，专门进行自己产品进入各地社区用药目录的准入工作；三是自己建立专门的医学学术队伍，专门针对他们进行自己产品的系列学术推广活动。

3.决胜终端，打造处方药中的大众品牌

近年，在国家卫生和计划生育委员会、国家中医药管理局等有关部门的监督下，药品恢复使用通用名，而对于患者，同类药品开始有了自由选择不同品牌的权利。这就意味着药品的品牌知名度越高，被选中的概率就越大。但对于普通大众甚至包括患者，自由选择药物也面临着一个不可避免的问题，就是普遍缺乏对病症的正确认知和了解，并给患者的选择带来困难。

针对这种市场现状，青岛黄海制药自当年下半年开始，开展"安全用药健康血压"系列活动，传播通俗易懂的"以预防为主"的早防早治疾病的知识，让企业品牌深入人心。如伲福达健康网站的开通、联合青岛电台推出"防治高血压小常识"节目、在上海心脑血管健康大型主题会上进行高血压的知识普及等，均取得良好的效果。

讨论：黄海制药是通过哪些措施提升本企业处方药在消费者心目中的形象和知名度的？

(三)处方药市场影响因素

课堂互动

如果你是一名处方药销售人员，为了开拓市场，你会从哪几方面着手开展销售工作？

1.国家药品监督管理法律法规

因为药品直接关系到人们的生命与健康，间接和直接制约其他各项事业的发展，所以各国

政府都十分重视对药品及药事活动的监督与管理。尤其是2000年,我国试行处方药与非处方药分类管理以来,出台了一系列针对处方药管理的具体管理措施,这些措施在很大程度上影响了处方药的市场营销策略。如《关于加强处方药广告审查管理工作的通知》(2001年)等法规对处方药市场带来了历史性的变革。

2.医生处方的影响

因为药品种类的繁多,目前在我国医药市场上流通的药品品种将近2万种,同一功能的药品有多个企业生产销售,产品竞争激烈。同时,因为每一种药品所包含的信息量太大,普通消费者很难掌握,况且药品的更新换代也比较快,药品又必须对症下药,所以药品的使用非常依赖医生高超的医学知识以及进行的临床诊断。患者在经医生诊断后用什么药完全凭借医生的处方,自己处于一种被动消费状态。因此,在处方药的销售上,医生的处方权处于相对优势的地位。

3.相关采购人员的影响

研究分析每一个组织购买过程中参与者及其担当的不同角色,有助于医药企业在营销过程中采用正确促销策略,这对于专门做医院推广工作的营销人员而言就显得尤为重要。

知识链接

药品集中招标采购工作的程序

1.医疗机构提出采购要求

医疗机构依据临床需要和减轻患者药品费用负担的原则,组织有关部门或人员编制本期拟集中采购的药品品种(规格)和数量计划,经单位药事管理机构集体审核后,提交药品招标采购经办机构(可以是医疗机构联合组织的招标采购机构,也可以是依法设立、从事药品集中采购代理业务并提供相关服务的社会中介组织)。

2.药品招标采购经办机构按国家有关规定组织招标活动

(1)认真汇总各医疗机构药品的采购计划。

(2)依法组织专家委员会审核各医疗机构提出的采购品种、规格,确认集中采购的药品品种、规格、数量,并反馈给相关医疗机构。

(3)确定采购方式,编制和发送招标采购工作文件。

(4)审核药品供应企业(投标人)的合法性及其信誉和实力,确认供应企业(投标人)资格。

(5)审核投标药品的批准文件和近期质检合格证明文件。

(6)组织开标、评标或谈判,确定中标企业和药品品种品牌、规格、数量、价格、供应(配送)方式以及其他约定。

(7)中标或洽谈商定后,组织医疗机构直接与中标企业按招标(洽谈)结果签订购销合同。购销合同应符合国家有关法规规定,明确购销双方的权利和义务。

(8)监督中标企业(或经购销双方同意由中标企业依法委托的代理机构)和有关医疗机构依据招标文件规定和双方购销合同做好药品配送工作。

从采购行为中参与者所承担的任务不同来分析,有以下几种角色。

（1）使用者　是实际使用某种药品或服务的人员,或例行采购行为中的药品仓库有关管理人员,在大多数情况下,由他们首先提出采购要求,并具体提出药品的品种、规格等。

（2）影响者　是影响采购决策的人员,如相关科室主任。他们通常对新特药品进行审查把关,协助采购工作正常进行。

（3）决策者　指有权决定药品数量、规格、品种、价格及供货厂家的人,如药剂科主任、院长。

（4）采购者　指实际完成采购任务的人员。

（5）批准者　指有权批准决策者或采购者所提购买方案的人员,如医院药事委员会成员或医院院长。

需要指出的是,在实际采购工作中,这些人员的组成或担当的角色经常会变动。首先,不同单位(医院)情况不同,因此营销人员必须具体问题具体分析;其次,医院基本目录药品采购与医院新特药品的采购又有很大区别。肯定地说,在医药营销过程中做新特药品的"进医院、上量"等工作难度最大。

药品的采购工作是保证医药公司、零售药店、医院正常经营和杜绝假冒伪劣药品、保证药品质量和患者用药安全的重要环节。因此无论是国家药事法规还是每个医院、医药公司、零售企业都对采购工作制定有严格的规章制度。

📖 知识链接

处方药营销如何面对"广告禁令"

广告禁令的实施,是对药品营销环境的一次大规模的规范行为。短期来看,对药品企业会带来一定的影响。但从长远看,可以促使企业进一步规范自己的营销策略,并进行创新经营,走上健康的发展道路。因此,药品企业应当利用这样一次契机剖析自身的营销病症,尽快规范与创新。

1.抢占新的广告载体

广告禁令实施后,处方药如何增加与消费者的接触机会成了主要问题。国家规定处方药禁止在大众媒体上做广告,但对一些特殊载体,如医院内的灯箱、病房内的招贴,各种挂号单、处方笺的背面广告,甚至医院里的各种设施等,没有明确界定是否属于"大众媒体"。在国家没有明确规定此类载体不可以用作处方药广告之前,都可以成为处方药的广告新载体。而且这些新载体直接面向目标消费者,到达率高。

2.规划品牌,以非处方药带动处方药

处方药企业必须改变以往以功效为主要推广内容的运作方式,规划品牌,开发非处方药产品。要使处方药与非处方药的品牌形象相统一,企业形象与品牌形象相统一,使形象易识别。同时,加大非处方药产品在大众媒体的投入,达到利用非处方药树立品牌形象和企业形象、利用品牌形象与企业形象带动处方药的推广。

在此方面,海王应成为一个范例。海王较早地提出了"以广告投入加快品牌传播速度"的思路,银得菲、海王金樽、海王银杏叶片等频频在大众媒体露面的产品,有一项更重要的任务,就是传达海王的品牌理念,消费者认同海王这一品牌,认同了"健康成就未来"的品牌理念,也就认同了海王的产品,包括不能在大众媒体做广告的处方药。

3.加强企业公关，发挥新闻的力量

新闻的力量以往被许多药品企业所忽视。其实，发挥好新闻的作用，其效果要超过单纯的广告投入。因为新闻的"第三方"声音会更多地增加消费者的信任与接受。药品企业应建立专业的公共关系机构，其中的一项任务就是增加企业在大众媒体的新闻报道次数与质量。

在新闻报道中，应开拓思路，善于寻找与制造企业的新闻点，如产品研制的纪实、上市信息、人物特写（与某些处方药产品相关的）、企业文化、经营模式的分析等，都可以成为新闻传播的内容，新闻一定要鲜活、生动，切忌把新闻做成"软广告"。

来源：中国营销传播网

二、非处方药市场

（一）非处方药的含义及分类

1.非处方药的含义

非处方药，是指由国务院药品监督管理部门公布的，不需要凭执业医师和执业助理医师处方，消费者可以自行判断、购买和使用的药品（出自《药品管理法实施条例》第八十三条规定）。非处方药在美国又称为柜台发售药品（over the counter drug），简称 OTC 药。根据药品的安全性，非处方药分为甲、乙两类。非处方药专有标识图案为椭圆形背景下的 OTC 三个英文字母，其颜色分为红和绿两种（图 1-1），红色专有标识用于甲类非处方药，绿色专有标识用于乙类非处方药。销售甲类非处方药的零售药房必须具有《药品经营许可证》；配备执业药师和其他依法经资格认定的药学技术人员。乙类非处方药可以在零售药房销售，也可以在经地级市药品监督管理局批准的普通商业企业零售。普通商业企业销售乙类非处方药应设立专门货架或专柜。应有经市级药品监督管理局培训，持证上岗的销售人员。销售乙类非处方药不得采用有奖销售方式。

非处方药专有标识
（有色标识，标准色）

甲类非处方药专有标识

甲类非处方药专有标识色标 M100Y100 ▨

乙类非处方药专有标识

乙类非处方药专有标识色标 C100M10Y20 ▨

图 1-1　非处方药专有标识

被列为非处方药的药品具有以下特点：

（1）不需医生处方，不在医生指导监督下使用；

（2）适应证是患者能自我判断的病症，药品疗效确切，使用方便安全，起效快速；

（3）一般能起到减轻患者不适之感，能减轻小疾病初始症状或防止其恶化，也能减轻已确诊的症状或延缓病情的发展；

（4）不含有毒或成瘾成分，不易在体内蓄积，不致产生耐药性，不良反应发生率低；

（5）在一般条件下储存，质量稳定；

（6）不同使用对象的非处方药品规格不同，说明文字通俗易懂，可在标签、说明书的指导下正确使用。

为了保证人民健康，我国非处方药目录中明确规定药物的使用时间、疗程，并强调指出"如症状未缓解或消失应向医师咨询"。

2. 非处方药市场的类型

（1）与保健品市场接近的非处方药市场　具有保健品市场的特点，但是与保健品市场接近的非处方药市场的药品不是针对某种疾病进行治疗，大多是通过某种疗效来预防某种疾病。如与保健品特点接近的滋补美容药乌鸡白凤丸、排毒养颜胶囊等药品。与保健品市场接近的非处方药市场中的药品显然比保健品疗效可靠、迅速，但同时也会考虑其副作用。

（2）常见疾病非处方药市场　常见疾病是指感冒、咳嗽、轻度感染、皮肤病和胃肠疾病等，这些疾病消费者自我诊疗比例较高，超过 40%。常见疾病非处方药市场消费者认知较成熟，非处方药成了主要选择，市场容量大，利润较稳定。

（3）慢性病非处方药市场　一些长期的、慢性的、较难快速治疗的疾病，消费者用药较为固定。为了省去排队挂号、化验等一系列较为繁琐的程序，有一些消费者也会选择非处方药市场。这一市场中的药品大多是处方药，具有处方药的特征。

（二）非处方药市场的特点

（1）非处方药产品的销售是以"消费者为中心"，直接面对消费者。非处方药产品主要是通过零售药店等渠道进入患者手中，同时患者可以在购药的同时通过店员获得药品功能、适应证、用法用量及注意事项等方面的咨询。而这些方面的咨询至关重要，因为患者特别关注非处方药产品的价格、疗效和适应证。

（2）非处方药品多为治疗一般性疾病的家庭常备药，如感冒药、解热镇痛药、助消化药、皮肤病药等。这些药品一般生产历史悠久，生产技术成熟，疗效确切，易被患者接受。

（3）非处方药产品店员的推荐至关重要。尽管非处方药产品不需要医生开具处方，消费者可在药店购买，但是药品毕竟是特殊商品，并且药品知识的专业性强，所以消费者在购买非处方药产品时，十分关注专业人士如坐堂医师、药剂师、店员等意见。他们不仅销售药品，还向患者介绍和推荐药品，可以说非处方药产品的分销渠道大部分被他们控制，消费者通过店员的介绍及推荐形成购买意向，作出购买决策。

（4）非处方药产品经审批可以在大众传播媒介进行广告宣传。

（5）非处方药产品允许开架销售。

（三）非处方药市场的影响因素

（1）购买者用药习惯　主要是购买者根据用药的经验选择用药。这种类型的购买者中，有些为慢性疾病患者，曾长期服用某药品，或者是自身及周围人群中患过某种疾病而用这种药治愈，当再需要治疗此种病时，多继续购买这种药品。

（2）专业人员的影响　如曾经医生处方用过该药品，或向医药专业人员咨询，受专业人员影响较大。

（3）传播媒介的影响　主要是受各类广告的影响。

案例分析

洁尔阴营销分析

"难言之隐，一洗了之"，这恐怕是中国最早流行的广告语之一，它就是女性洗液产品老大洁尔阴的广告语。随着洁尔阴的上市，这句广告语仿佛施了魔咒一般，随其产品火遍中国大地，家喻户晓，成就了洁尔阴至今仍难以动摇的洗液市场霸主地位。

当然洁尔阴的成功并不单单靠这句广告语。洁尔阴于1989年上市时，市场上已有甲硝唑片、制霉菌素栓、洗必泰栓、妇炎平胶囊，甚至碳酸氢钠、高锰酸钾溶液（俗称PP粉）等产品，但并无领导品牌和产品。经过精心研制、组方合理、效果突出的洁尔阴，集上述竞争产品的性能于一身（可同时对真菌、滴虫、细菌性阴道炎起效），而且符合广大妇女用水的卫生习惯，还有，纺锤形和扁圆形的包装看起来更像日化用品，价格在8~10元左右，易为大众所接受。

有了这样当时绝对处于领先水平的产品，再加上这句形象、生动、贴切，说到无数人心坎里，至今无人超越的广告语，宣传声势浩大，使产品品牌一时之间响遍了全国。此外，恩威公司还与全国妇联合办了"恩威杯妇女卫生知识竞赛"，聘请妇科专家作为顾问，为其在医院处方市场打开销路。公司还较早地导入了CI系统等，在当时无不领先竞争产品一大截。那时，市场营销理念刚刚在中国出现不久，这一系列营销举措充分显示了企业决策人的远见卓识，也使得洁尔阴的营销势如破竹，深受消费者欢迎，在纺织厂女工多的地方和一些民族地区，甚至还被当做劳保、福利品发放，确实取得了空前的成功。

来源：中国医药营销联盟

讨论：洁尔阴营销中体现了非处方药市场的什么特点？企业是如何利用这些特点为营销服务的？

（四）处方药市场与非处方药市场的比较

1.政策法规方面

（1）价格政策　处方药产品价格受政府调控，不能进行价格竞争。而非处方药产品的定价是相对灵活的，通常由厂家根据自己产品的知名度和市场情况来决定价格。例如，美国和日本对于非处方药产品实行不控制政策，纯粹由市场竞争决定。英国通过对获利进行限制来达到控制价格的目的，德国则通过参考价格来影响非处方药产品的市场价格。我国的药品分类管理制度刚刚开始实施，对非处方药产品的价格政策还有待研究确定，但目前已有将非处方药产品价格放开的趋势。因此，从价格政策上看，非处方药市场相比处方药市场是一个更为公平的竞争市场。

（2）广告与促销　世界各国的药品分类管理法规几乎都不允许处方药产品对公众做广告，处方药产品也不可以进行大规模的市场策划和市场促销等活动。通常处方药产品只允许在医药专业媒体上对专业人士做广告，医药专业媒体的名单也由政府部门制定公布。而非处方药市场与处方药市场相比，由于它是直接面对普通消费者的，消费者可以根据自己的需要与喜好进行选择。为了迎合消费者的需求,非处方药产品需要大规模的广告、促销等营销手段。政府允许非处方药产品在电视、广播、报纸等大众媒体上发布广告。

(3)报销政策 由于政府对负担的医药卫生费用越来越感到力不从心,西方发达国家纷纷实行医疗保健体制改革,非处方药产品的销售控制问题也越来越受重视。实际上,非处方药产品的开发能显著减少政府在医疗福利方面的巨大开支,受到各国政府的鼓励。从发达国家经验来看,他们也只能原则上对非处方药费用不报销,但也不是绝对都不报销。意大利和日本等国对非处方药费用不予报销;德国、法国、瑞士、西班牙等国则是规定一个百分比,在药房购买的非处方药费用以该百分比报销,但被允许向公众做广告的非处方药费用不能报销;美国的做法是,确定一个清单,只对清单中的非处方药费用予以报销。

我国目前对非处方药产品并无报销方面的限制,很多非处方药产品是在《国家基本医疗保险药品目录》当中的。以中国目前的状况看,如果非处方药产品都不能报销,无论从企业营销方向、策略,还是消费者的承受力都是不能很快解决的。根据我国的国情,结合我国医疗保险制度改革"广覆盖,低水平"的原则,应该把药品价格降下来,同时考虑到药品分类管理后城镇居民对保健支出增加的承受能力,以及对自我保健的认知程度,非处方药产品的报销会保留有一段时间的过度,即报销与不报销并行。但不论非处方药产品报销与否,对企业来说,庞大的中国非处方药市场将是它们更大的发展空间。

2.研发系统方面

与处方药产品相比,非处方药产品在其新产品研究和开发上具有不可比拟的优势。

(1)生命周期长 开发非处方药新产品可以充分利用处方药专利到期或失去行政保护的时机,转向品牌保护,极大的延长了产品的生命周期。据统计,一个新产品作为处方药的平均使用寿命只有8年,而从处方药转换成非处方药之后,平均使用寿命可长达34年。

(2)开发费用低 制药企业开发一个处方药新产品的开发费用通常要占产品销售额的15%~20%左右,而相比之下开发一个非处方药的费用只占3%。处方药新产品开发投资巨大,周期长,风险大。据美国FDA统计,研制一个处方药新品种需投资2亿美元和10年的时间。而非处方药品种的有效成分都是经过长期实践和应用的活性成分,在开发、研制方面就成熟得多。

(3)产品差异性 处方药产品的功效主要在于治疗,其产品差异性主要体现在化学治疗成分。而根据非处方药产品的特点,其产品差异性则更多地体现于其外在功效,需要根据不同的消费者偏好进行新产品的开发,如新剂型、新包装、新色彩、新形状、新口味等都可以申请专利。美国现有30万~40万种非处方药产品,但活性成分仅有1000多种。一个活性成分,如对乙酰氨基酚(扑热息痛)即可制成几十种剂型或制剂,这些产品差异性体现在奇特的造型、包装精细、色彩鲜艳及使用方便等方面。

非处方药新产品开发费用较处方药产品大大降低的同时,企业还可以根据自身优势,针对不同人群偏好生产多样化产品,以占领不同的细分市场,如儿童、成人、妇女、老人使用的非处方药产品可以分别制备和包装。

(4)报批相对简单 由于技术含量不同,非处方药新产品的审批程序比处方药新药申报审批简单许多、报审周期也较短。

3.市场结构和竞争策略

由于非处方药与处方药在产品特性、管理政策等方面的诸多不同,非处方药市场与处方药市场的竞争策略也大不相同,主要体现于以下几方面。

(1)市场结构　众所周知,人类的疾病种类繁多,不同药品即具有不同的适应证。整个药品市场的细分市场很多,且很多药品之间彼此不能完全替代。人类对于生命的珍视以及伦理上的观念导致人们除非有其他选择,否则对于关乎生命的药品的价格不论怎样,都会接受。在这种情况下,很多处方药新药在自身的细分市场上属于完全垄断性,其需求价格弹性几乎为0。对于每个适应证的细分市场来说,首先进入的处方药新产品开发厂商将处于完全垄断地位,其产品定价可高于其边际成本,而后来进入者将具有很高的进入壁垒。例如,正在攻克中的艾滋病和癌症药品市场,一旦有企业率先将新药投入这个市场,它就处于完全垄断地位。

由于非处方药产品多为已过专利保护期的处方药药品,这些产品已经在药品市场上使用多年,其可替代产品也较多,不存在垄断地位,新竞争者的进入壁垒也较低。非处方药产品的需求价格弹性接近于普通消费品,非处方药市场则是一个激烈竞争的市场,其产品定价机制也完全符合市场竞争原则,这也是各国政府采取对非处方药产品价格放开政策的原因。

(2)选择权、使用权及消费权　处方药产品的选择权、使用权及消费权是相分离的。由于处方药专业要求程度高的特殊性,只有医生有选择权,而患者只有使用权,他自己无法选择使用哪种药品,消费多少;在中国,处方药产品最大的消费者是政府,享有公费医疗的患者就医吃药是要报销的。医药行业的生存与政府政策相关程度之高,没有哪个行业比之更甚。医药市场中存在着复杂的委托—代理关系。药品企业为了促进销售,通常把具有选择权的医生作为促销对象进行面对面地促销,这导致处方药产品的销售工作复杂且销售费用很高。

相比之下,非处方药产品则非常类似于普通消费品,消费者既是商品最终的使用者,同时他还有权决定消费何种商品,消费多少。消费者既有使用权也有选择权。制药公司更容易按照市场自身规律进行市场运作。

(3)盈利能力　处方药新产品有高额的利润回报,如能开发出顽症的特效药物,将会获取超额的利润,这促使世界上各大医药企业在研发上的支出都超过其销售收入的10%。从利润率方面考虑,处方药产品利润率在30%左右,而非处方药产品利润率一般在15%左右。当然,处方药转换为非处方药后,其销售额可增加4倍,从经济效益角度来看还是很合算的。

4. 市场规模与容量

处方药产品仅限于医院药房或药店中凭医生处方购买。而非处方药产品品种众多,流通和分销渠道十分广泛,既可以在医院药房中出售使用,又可以在零售药店和超市由消费者自由购买,其市场规模远远超过处方药市场。

由于我国在实施药品分类管理制度以前,未在管理上和统计中将处方药与非处方药市场分开。因此,目前还没有明确界定的非处方药市场概念和统计数字。但实际上,我国又存在着广阔的非处方药市场,自费用药的人群日益增多,自我药疗的趋势也被迅速增长的经济力量、社会的进一步开放和现代医疗保险观念逐渐被接受而推动。

三、保健品市场

(一)保健品的含义和分类

1996年,国家卫生部颁布《保健食品管理办法》,对保健食品作出明确界定:保健食品,是指能调节人体功能、有特定保健功能的食品,只适合于特定人群食用,不以治病为目的。此定义包含三个要素:

（1）它不能脱离食品，是食品的一个种类；

（2）它必须具有一般食品无法比拟的功效作用，能调节人体的某种功能；

（3）它不是药品，不是为治疗疾病而生产的。

可以说，保健食品是介于食品和药品之间的一种特殊食品，这类食品除了具有一般食品都具备的营养和感官功能（色、香、味、形）外，还具有一般食品所没有的或不强调的食品的第三种功能，即调节人体生理活动的功能，故称之为"保健食品"，也就是人们常说的"保健品"。从上述定义可知，保健品立足于食品，体现在调节。保健品的功能定位应明确在针对人群中普遍存在的亚健康状态（或称亚临床状态），调节、缓解、改善人群的这种前疾病状态，预防性地提供健康保障。

📖 知识链接

2003 年之前，原国家卫生部对保健食品功能受理和审批范围限定在 22 种（卫法监发〔2000〕第 20 号）。这 22 种功能分别是免疫调节；调节血脂；调节血糖；延缓衰老；改善记忆；改善视力；促进排铅；清咽润喉；调节血压；改善睡眠；促进泌乳；抗突变；抗疲劳；耐缺氧；抗辐射；减肥；促进生长发育；增加骨密度；改善营养性贫血；对化学性肝损伤有辅助保护作用；美容（祛痤疮、祛黄褐斑、改善皮肤水分和油分）；改善胃肠功能（调节肠道菌群、促进消化、润肠通便、对胃黏膜有辅助保护作用）。

以上 22 种功效的保健品都有审批，只是有些功效的产品比较热门，如免疫调节、调节血脂、抗疲劳类功效产品占有较大比例。补充维生素、矿物质、微量元素等营养补充作用的保健品也是一大热门。

（二）保健品市场的特点

1. 保健品市场发展迅速，需求旺盛

中国人一向都有保健滋补的传统意识，现在生活水平提高了，已经过了生存需求的阶段，人人都在追求健康，健康就显得更重要。保健品对健康有益是众所周知的。我国 85 万所中、小学校 1.76 亿在校学生中，蛋白质、钙、锌、维生素 A、维生素 B 等营养成分摄取普遍不足，缺铁性贫血比例高达 30%～40%；随着"老龄化社会"的到来，"银发族"对保健品的需求尤为旺盛，购买力亦非常强；还有处于家庭、事业双重压力的中年人，更是一个庞大的消费市场；婴幼儿家长们非常舍得在营养保健品上投资；近来，现代女性成为保健品市场的一匹黑马，美容保健品的需求增长迅速。这些都将成为保健品市场飞速发展的原因。

2. 保健品市场是高利润、高风险市场

保健品市场发展初期，经营保健品的企业利润高达 100%～200%，吸引了众多的厂商进入市场。

目前，保健品市场利润空间仍然很大，美国的保健品市场利润在 15%，中国的保健品一般可达到 50%。在 2001 年后，保健品市场进入低谷时期，整体盈利能力下降。到了 2003 年，由于"非典"的爆发，保健品销售市场好转。市场的整体收入上升，但整个市场的价格下降趋势并未扭转。

3. 保健品市场发展不成熟

保健品的生产经营利润可能较高，市场也比较大，很多人一窝蜂地涌上来。但绝大多数不

专业,既无相关人员也无技术,只是以赚钱为目的。老百姓也因保健知识不多,平时有些不适,也不来咨询医生,只是听信广告,盲目消费,造成很多品牌无论大小都有生存空间,这或许是一种不成熟的市场表现。在保健品行业里,很多知名的品牌,像"飞龙""巨人""三株"等都是迅速的崛起又飞快地没落,几乎成为一大经济现象。

📖 知识链接

保健品的发展历史大致可分成三个阶段:第一代保健食品包括各类强化食品,是最原始的功能食品,仅根据各类营养素或强化的营养素的功能推断该食品的营养功能,这些功能未经任何实验检验;第二代保健品是必须经过动物和人体实验,证明具有某项生理功能;第三代保健食品不仅需要用动物和人体实验来证明具有某项功能,还需要确知具有该功效的有效成分(或称功能因子)的结构及含量。第三代保健食品在我国正蓬勃兴起,代表未来的发展趋势。

(三)保健品市场的影响因素

1.具备功效明确、定位准确的产品

产品首先必须有效,不管是速效还是缓效,但必须有效。这是所有成功产品的基础。产品功效或称产品力是产品的生命,也是产品的寿命。

2.后期的传播和公关活动尤为重要

不管前期策划的表现如何出色,必须有一定的资金量进行传播和公关活动。再好的想法,无法有效传播,一切只能是纸上谈兵。一篇小软文就能引起轰动的时代已经一去不复返了。另外渠道的建立、产品上市铺货等均需要充足的资金保障。

3.保健品销售人员的素质

很多保健品没卖起来,不全是因为广告策划问题,而是销售队伍不行。很多企业家以为只要广告做得好,就一切都好。当广告能把消费者引到柜台前询问某一品牌时,广告的任务已完成得相当不错了。柜台没货,或消费者要买甲产品结果最后买走了乙产品,这都是销售问题。销售队伍在保健品行业的重要程度,至少与广告策划等同!

4.完善的营销策划和实施

保健品的销售成功离不开成功的营销策划,更离不开营销策划的有效实施。管理团队的眼光、经验、决心和资源运用的能力,对产品上市的成功至关重要。

📖 案例分析

"太太药业"的成功营销

"太太药业"的成功首先是专一,十年中有八年专心致力于女性保健,从1995年的"做女人真好",到后来引起广泛争议的"每天给你一个新太太""十足女人味""做女人真好",到"让女人更出色""太太口服液"成为提及率最高的女性保健产品,也是中国民营企业发展最稳定的企业之一。1998年,又推出"太太静心口服液"(现更名为"静心口服液"),以更年期综合征为功效诉求,很快就和"太太口服液"并驾齐驱为中国女性保健的两个优势产品。

对于业内人士来说,太太药业最引人注目的是其优秀的广告创意,也留下了一些脍炙人口的广告语:"做女人真好""十足女人味""还是太太好哦""女人更年要静心"等,整体广告创意表

现不凡,基本上每个产品广告都是精品,最优秀的当然是"太太口服液"和"静心口服液"的电视广告了,这两个产品的营销策略和创意完美地结合在一起,造就了两个女人保健的优势品牌。

随着时代的变化,品牌的文化等内涵也要随之变化,新鲜和时尚是消费者永远追逐的热点,百年可口可乐等国际品牌永葆青春的秘方正在于此。"太太口服液"在各个阶段的传播,从包装到广告,都围绕着这点,努力引领当时的时尚和流行,从最初的治疗黄褐斑,到含阿魏酸,调理内分泌,再到承诺肌肤健康、滋润肌肤,虽然产品功效不变,但每个阶段的定位都正好满足了当时女性的内心需求,同时以紧贴女性内心、充满情感的广告语"做女人真好""十足女人味"等来满足女性精神需求,并以充分理由和中医药原理支持其承诺的品牌形象。

轻盈的瓶身,灵巧的外形,俏丽的图案,只需用手握住,大拇指一推,即可饮用,既时尚又方便,这就是"太太口服液"的最新包装。这种包装是"太太药业"于1999年推出的,在保健品行业中属首创,它采用先进的一次成型白色食品级塑胶瓶,引进德国、奥地利全自动生产线和欧洲进口原料,使瓶子注塑成型和灌装药液在同一洁净车间进行,确保生产线卫生和产品质量。这也是"太太口服液"追随潮流,不断品牌刷新的具体支持。

"太太药业"另一高明之处在于其产品的选择,在每一个市场时机到来之时,充分进行市场调研,进行市场细分,发现市场空缺,故其产品推向市场后无往不利。1993年3月8日第一批"太太口服液"上市,那时中国的保健品市场,特别是女性口服液还是比较少的,消费者对保健品的认识还停留在简单的蜂王浆、青春宝一般产品水平上。因此,"太太口服液"一上市就抢先占领女性保健品领导品牌的地位。以后"太太药业"非处方产品意可贴、正源丹的推出也是如此。

来源:中国营销咨询网

讨论1:"太太药业"保健品营销过程中,广告发挥了怎样的作用? 试与非处方药营销中广告的作用相比较,有何异同?

讨论2:你认为"太太药业"产品的功效定位如何?

第三节　药品是特殊商品

一、药品的特点

药品是用于预防、治疗、诊断人的疾病的产品。药品是一种特殊商品,具有与一般商品不同的使用价值特点,主要表现在以下几方面。

1.药品的专属性

药品是专用于治病救人的,患者要通过医生的检查、诊断后,并在医生的指导下合理使用,才能达到防病、治病和保护健康的目的。医药的密切结合,体现了药品医用的专属性。虽然现在各国已推行了药品的分类管理,但是药品不像一般商品那样,彼此之间可以互相替代。

2.药品的两重性

药品管理得当,合理使用,可以防病治病、保健、造福人类;但药品又有不同程度的毒副作用或不良反应,如管理不善,使用不当,则危害人们的生命安全和身体健康,浪费医药资源,破坏社会生产力,产生严重后果。例如,临床上常用于止痛的哌替啶、吗啡等,如果失之管理,使用不当,就会危害人们健康,危害社会治安。

3. 药品的限时性

人们只有在防病治病时才使用药品。加之药品生产与消费在时间、地域上存在着差异,这就要求药品生产企业、药品经营企业和医疗机构等单位,应该有适当的药品储备,并能保证品种齐全,及时供应。例如,急救药品,有时相差几小时甚至几分钟,就决定了生命的生存与死亡。

4. 药品质量的严格性

药品是特殊商品,其质量关系到患者生命的安危。只有符合法定质量标准的合格药品才能保证疗效。因此,药品只能是合格品,所有不合格的药品不准出厂、销售和使用,否则按假药、劣药处理。合格药品中没有优质品、合格品之分,这是与其他商品有区别的又一特点,一些不法商人为了变相提价提出优等品、优级品等概念都是无中生有的。药品有其特殊的质量要求与评价标准,那就是法定的强制标准,也就是国家标准。国家允许取得 GMP 认证的药品生产企业制定高于国家标准的企业内控标准。生产和经营药品的企业应该做到质量第一,确保安全有效。

5. 药品生产经营的规范性与药品检验的专业性

药品是知识密集型高科技产品,其质量易受外部条件和内在因素的影响。药品生产必须执行《药品生产质量管理规范》(GMP),药品生产经营必须执行《药品经营质量管理规范》(GSP)。药品生产和经营企业须配备有较高文化和业务技术的专业人员,有符合国家规定的仓储运输和营业设施,有检测质量的手段和技术,以及符合流通需要的管理规范等。药品质量体现在从原料到产品设计、试制、生产和经营的全过程中,各个环节都应进行严格的管理和控制,只有把产品的检验与生产经营过程的管理结合起来,贯彻以防为主的现代科学管理方法,才能确保药品的质量。因此,药品生产经营和检验不仅需要专门的机构、科学的监测手段及具有专业知识的人员,而且还应有严格的管理程序。国家定期修订、颁布国家药品标准,设立各级药品检验机构,开展药品检验工作。药品质量必须符合国家药品标准,不合格药品不允许生产、销售和使用。从而使药品生产经营、药品质量管理和药品检验工作纳入法制化轨道。

6. 药品消费的社会性

药品属定量消费品,消费数量弹性系数小,患者不会因所需药品价格高而不买,也不会因药品价格低而大量购买、使用。药品的使用价值决定其是否具有较高的经济效益和社会效益。因此,为保护患者的权益,提高社会效益,药品生产和经营企业应严格执行国家有关药品价格的规定,绝不能虚高定价,损害消费者利益。

7. 药品种类的复杂性

目前,全世界有药物 2 万余种。我国有丰富的天然药源,中药资源 12800 余种,有中药材 5000 余种,蒙药、藏药、维吾尔药等民族药 3500 余种,有中药制剂 5100 余种,西药制剂 4000 余种。为满足大多数人卫生保健用药的基本需求,提高用药合理度,保证医疗所需,指导临床合理用药和企业生产经营管理,我国于 1981 年颁布了《国家基本药物目录》(西药部分)。国家基本药物的遴选原则:临床必需、安全有效、价格合理、使用方便、中西药并重。2009 年国家食品药品监督管理总局又公布了新的《国家基本药物目录》基层医疗卫生机构配备使用部分。2013 年 3 月,中华人民共和国卫生部令第 93 号颁布了《国家基本药物目录》(2012 年版),国家基本药物收载的是适应基本医疗卫生要求,剂型适宜、价格合理、能够保障供应、公众可公平获得的药品。

二、药品营销的基本特征

药品营销是个整体性、策略性、系统性的行为,药品是一种特殊商品,具有与一般商品不同的营销特点,主要表现在以下几方面。

1.药品营销活动以满足消费者需求为中心

药品有其特定的消费对象。首先,医疗用药品,一般只能用于各类疾病患者,正常的健康人不会消费。其次,特定的药品只能用于特定的疾病,具有特定的使用范围(医学上关于"同病异治"和"异病同治"是一种学术上的研究,所涉及的药品范围不多),如精神病患者选用精神药品治疗。再次,消费有团体消费和个人消费之分,如化学试剂、玻璃仪器、医疗器械等大多为医院、教学科研团体、企业等团体消费,而普通的中西药品则大都为个人消费。因此,药品营销活动的重点应是把消费者需求作为经营活动的中心。通过市场调研,找到某些尚未满足的消费需求,并采取适当的策略刺激需求,影响需求的时机、水平和构成,在满足消费需求的同时,实现企业的营销目标。

2.药品营销活动专业技术性要求较高

药品是一类特殊商品,其理化性能特殊,它直接作用于人体,并参与病原体与人体正常组织细胞的生理生化过程,从而调节人体生命体征的生理平衡,与人的生命紧密相关。因此,参与药品营销活动的人员应当经过特殊的专业培训,使其具有一定的专业知识。

3.药品营销是多环节构成的动态连续过程

药品营销过程应以市场调查为起点,即在生产开始之前,就要研究市场需求信息,设计符合消费者需求的产品,作出一些相关实验,如原料药的稳定性试验,药物制剂处方与工艺设计和稳定性试验等。同时还要延伸到消费领域,即研究如何搞好售后服务,收集用户反馈的信息等。因此,药品的营销过程是从分析消费者需求的生产领域开始,经过流通领域到满足消费者需求的消费领域终止的周而复始的循环过程。例如,药品生产企业营销过程从药品市场调查开始,经过了药品市场预测、经营决策、经营计划、材料购进、药品生产、药品储存、药品运输、药品销售、消费者购买和销售促进这样一个循环过程。

4.药品营销是企业内部能力和外部环境的有机结合

任何事物的存在和发展都离不开特定环境,药品市场营销活动也是这样。药品营销就是营销人员努力使企业内部能力同外部环境有机结合。企业内部能力主要是指企业对自身的人力、物力、财力、信息、组织和管理等经营要素的组合和运用,企业的外部环境主要包括人口环境、经济环境、技术环境、文化环境、自然环境、政治法律环境以及市场环境等。企业的所有活动都发生在一定环境中,并不断地与外界环境发生着这样或那样的交流,从外界吸纳各种物质和信息资源的同时,也通过企业内部的能力,输出产品、服务和信息等,对外界施加影响。企业的药品营销活动也是这样一种促使企业内外资源发生交流的活动。药品营销一方面表现为企业内部能力与外部环境的协调,另一方面又表现为企业对外部环境的考察与适应。

5.药品营销活动以创造最佳经济效益和社会效益为目标

药品营销就是通过对药品市场活动的客观规律的研究,运用科学灵活的营销策略和方法指导药品营销实践,在错综复杂、不断变化的动态市场环境中,开拓市场,创造良好的经济效益和社会效益,促进企业发展。

第四节　药品营销战略

一、药品营销战略的概念与特点

（一）药品营销战略的概念

药品营销战略是指药品企业为适应环境、市场的变化而站在战略的高度，在分析企业外部环境和内部条件的基础上，确定企业营销发展的目标，作出营销活动总体的、长远的谋划，以及实现这样的谋划所应采取的重大行动措施。

药品企业营销战略既包括目标，又包括实现各种目标的手段，是两者的统一体。

（二）药品营销战略的特点

1. 全局性

药品营销战略体现了企业全局的发展需要和利益。

2. 长远性

药品营销战略着眼于未来，要指导和影响未来一个相当长时期。

3. 纲领性

药品营销战略在内容上主要是把关系到企业的战略目标、战略重点、战略对策、重要实施步骤与方法，贯穿于一条主线，形成一个方案，作为经营活动的总纲。对药品企业具体的营销活动具有权威性的指导作用。

4. 竞争性

药品营销战略具有指导营销人员如何在激烈的市场竞争中与竞争对手抗衡，如何迎接来自各方面的环境威胁所带来的挑战的特性。

5. 应变性

药品营销战略只有随时适应不断变化的市场需求和竞争，才能正确确定企业发展的方向，规划可行的战略目标。

6. 风险性

任何战略决策都是在分析一定的外部环境和内部条件基础上作出的决策。因为环境因素复杂且多变，药品企业内部条件也在不断变化，所以，在一定条件下作出的战略决策，在另一种条件下可能就不太适应，甚至根本就不适应，于是就产生战略的风险。

7. 相对稳定性

药品营销战略必须在一定时期内具有稳定性，才能在企业营销实践中具有指导意义。

二、药品营销战略的构成要素

（一）药品营销战略思想

药品营销战略思想是指导市场营销战略制定与实施的基本思想和观念，是药品企业整个市场营销战略的灵魂，对营销战略起统帅作用。

(二)药品营销战略目标

1.药品营销战略目标的含义

药品营销战略目标是指在药品营销战略思想指导下,根据药品企业营销的战略分析,确定药品企业营销战略时期内所要达到的水平。它是一定战略时期内药品企业完成任务的预期成果,它决定着企业的战略方向、战略重点、战略对策和战略阶段。

2.制定药品营销战略目标的要求

(1)突出重点　药品企业必须确定一个重点战略目标,其他方面的目标随时都要服从这一目标的完成。

(2)一致性　药品营销战略目标涉及药品企业营销活动多方面的要求,这些要求应该互相协调或一致。如果一方面的要求与另一方面的要求相抵触,就无法完成战略目标。

(3)可测量性　药品营销战略目标应可以有效测量,并尽可能具体化、定量化。战略目标过于笼统或模糊,既无法判断战略执行情况,又会造成企业内部管理混乱。

(4)可行性　药品营销战略目标对于药品企业管理人员和职工既有一定的挑战性,又要保证它的可行性。这种具有挑战性的可行性目标应是企业及职工经过努力能够达到的,是鼓舞士气的未来业绩成果。

3.药品营销的战略目标的具体表现

(1)市场占有率目标　市场占有率是指药品企业某一产品的销售量占整个市场产品销售总量的百分比。

(2)贡献目标　既表现为药品企业向社会提供的药品品种、质量、税金等,也表现为药品企业对自然资源的合理利用,降低能源消耗以及环境保护等目标。

(3)发展目标　主要表现为药品企业实力的增强,包括人力、物力、财力的数量增加,人员素质的提高,生产能力的扩大,技术与管理水平的提高,专业化协作,经济联合的发展等。

4.药品营销战略重点

药品市场营销战略重点是指对实现药品企业市场营销战略目标,具有关键作用而又有发展优势,或自身发展相对薄弱需要着重加强的环节。

5.药品营销战略对策

药品营销战略对策是指药品企业为实现营销战略指导思想和战略目标而采取的重要方法、措施和策略。这是实现药品营销战略的关键点,也是人们常说的执行力。

6.药品营销战略阶段

药品市场营销战略阶段是指实施药品营销战略或实现药品市场营销战略目标所必须经历的步骤。一般来说,一个大的战略,可划分为准备阶段、发展阶段和完善阶段。

三、药品营销战略的意义

(一)确定药品企业的任务

药品企业的任务是指在一定时期内,药品企业营销工作的服务对象。药品企业的任务规定其企业的业务性质,具体表现为药品企业的业务经营范围和活动领域。

(二)确定药品企业的目标

药品企业的目标是指在一定时期内,药品企业营销工作预期所要达到的目的。其具体营销目标包括销售量、销售额、市场占有率、市场增长率、销售利润率等指标。

在确定药品企业目标时应进行企业经营状况、实力分析、环境与形势分析。

(三)安排药品的业务组合

首先要把药品企业所有的产品和业务分成若干战略业务单位,其次对每个单位的经营效益和增长机会进行分析、评价,以便决定哪些单位应当发展、维持,哪些应当缩减,甚至淘汰。

思 考 题

1. 药品作为特殊商品的特殊性表现在哪些方面?
2. 试述药品营销战略目标的具体表现。
3. 试分析处方药、非处方药和保健食品的市场特点。

第二章 礼仪与营销常识

学习目标

【知识目标】

掌握药品营销的概念、职能与特征,药品营销管理的职能、原则与方法;熟悉通用礼仪和搭乘电梯、接送名片、接听电话、拜访、介绍、参加舞会和安排会议的礼仪知识;了解礼仪在药品营销活动中的作用。

【技能目标】

熟练运用通用礼仪和搭乘电梯、接送名片、接听电话的礼仪的基本要求,完成坐姿、站姿、握手、接送名片、接听电话、拜访、介绍、参加舞会和安排会议的礼仪的基本操作,完成系领带、拣钥匙、拜访、介绍和安排会议等礼仪行为。

第一节 药品营销的概念与特征

一、药品营销的基本理论

国内外学者从不同的角度给出了市场营销的定义。美国学者基恩·凯洛斯曾将各种市场营销定义分为三类:一是将市场营销看做是一种为消费者服务的理论;二是强调市场营销是对社会现象的一种认识;三是认为市场营销是通过销售渠道把生产企业同市场联系起来的过程。这从一个侧面反映了市场营销的复杂性。本书采用著名营销学家菲利普·科特勒教授的定义,以及美国市场营销协会(AMA)1985 年给"市场营销"所述的定义。菲利普·科特勒教授认为:市场营销是个人和群体通过创造并同他人交换产品和价值以满足需求和欲望的一种社会和管理过程。美国市场营销协会(AMA)的定义:"市场营销是通过(个人和组织)对思想(或主意、计策)、货物和劳务的构想、定价、促销和渠道等方面的计划和执行,以达到个人和组织的预期目标的交换过程。"

根据上述定义,可以将市场营销概念具体归纳为下列要点:

(1)市场营销的最终目标是"满足需求和欲望";

(2)"交换"是市场营销的核心,交换过程是一个主动、积极寻找机会,满足双方需求和欲望的社会过程和管理过程;

(3)交换过程能否顺利进行,取决于营销者创造的产品和价值,满足顾客需求的程度和交换过程管理的水平。

由此可见,企业所从事的药品市场营销,就是企业个人和组织通过自身创造并同他人交换药品和药品价值,以满足患者需求和欲望的一种社会管理过程。下面我们可以用图来描述简单的药品市场营销过程(图 2-1)。

```
┌─────────────┐      ┌──────┐          ┌─────────────┐
│   行　业    │      │ 药品 │ ───────▶ │   市　场    │
│ (卖方的总和) │      └──────┘          │ (买方的总和) │
│             │      ┌──────┐          │             │
│             │ ◀─── │ 货币 │          │             │
└─────────────┘      └──────┘          └─────────────┘
```

图 2-1　简单的药品市场营销过程

(一)药品营销的几个基本概念

1.需要

需要和欲望是市场营销活动的起点。所谓需要,是指人类与生俱来的基本需要。如人类为了生存必然有对吃、穿、住、安全、归属、受人尊重的需要。这些需要存在于人类自身生理和社会之中,市场营销者可用不同方式去满足它,但不能凭空创造。

2.欲望

欲望是指想得到上述需要的具体满足品的愿望,是个人受不同文化及社会环境影响表现出来的对基本需要的特定追求。如为满足"解渴"的生理需要,人们可能选择(追求)喝开水、茶、汽水、果汁、绿豆汤或者蒸馏水。市场营销者无法创造需要,但可以影响欲望,开发及销售特定的产品和服务来满足欲望。

3.需求

需求是指人们有能力购买并愿意购买某个具体产品的欲望。需求实际上也就是对某特定产品及服务的市场需求。市场营销者总是通过各种营销手段来影响需求,并根据对需求的预测结果决定是否进入某一产品(服务)市场。

4.产品

产品是能够满足人的需要和欲望的任何物质。产品的价值不在于拥有它,而在于它给我们带来的对欲望的满足。人们购买小汽车不是为了观赏,而是为了得到它所提供的交通服务。产品实际上只是获得服务的载体。这种载体可以是物,也可以是"服务",如人员、地点、活动、组织和观念。当我们心情烦闷时,为满足轻松解脱的需要,可以去参加音乐会,听歌手演唱(人员);可以到风景区旅游(地点);可以参加希望工程百万行(活动);可以参加消费者假日俱乐部(组织);也可以参加研讨会,接受一种不同的价值观(观念)。市场营销者必须清醒地认识到,其创造的产品不管形态如何,如果不能满足人们的需要和欲望,就必然会失败。

5.效用

效用是消费者对产品满足其需要的整体能力的评价。消费者通常根据这种对产品价值的主观评价和支付的费用来作出购买决定。如某人为解决其每天上班的交通需要,他会对可能满足这种需要的产品组合选择(如汽车、出租车等)和他的需要组合(如速度、安全、方便、舒适、节约等)进行综合评价,以决定哪一种产品能提供最大的满足。假如他主要对速度和舒适感兴趣,也许会考虑购买汽车。但是,汽车购买与使用的费用要比自行车高许多。若购买汽车,他必须放弃用其有限收入可购置的许多其他产品(服务)。因此,他将全面衡量产品的费用和效用,选择购买能使每一元钱花费带来最大效用的产品。

6.交换

交换是指从他人处取得所需之物,而以自己的某种东西作为回报的行为。人们对满足需要或欲望之物的取得,可以有多种方式,如自产自用、强取豪夺、乞讨和交换等,其中,只有交换方式才存在市场营销。交换的发生,必须具备5个条件:至少有交换双方;每一方都有对方需要的有价值的东西;每一方都有沟通和运送货品的能力;每一方都可以自由地接受或拒绝;每一方都认为与对方交易是合适或称心的。

7. 交易

交易是交换的基本组成单位,是交换双方之间的价值交换。交换是一种过程,在这个过程中,如果双方达成一项协议,我们就称之为发生了交易。交易通常有两种方式:一是货币交易,如甲支付800元给商店而得到一台微波炉;二是非货币交易,包括以物易物、以服务易服务的交易等,如某医生为一位律师体检而换得一份遗嘱。一项交易通常要涉及几个方面:至少两件有价值的物品;双方同意的交易条件、时间、地点;有法律制度来维护和迫使交易双方执行承诺。

8. 药品营销

药品营销是指药品企业为实现自己的目标而进行的以满足消费者用药需求为中心的一系列市场营销活动。其主要工作是市场调研、市场分析、产品开发、定价、营销策略和售后服务等一系列活动。

9. 药品销售

药品销售是指药品企业根据自身经营范围和目标,通过一定的渠道,将药品从生产企业流通到用户的经济活动。药品销售不等同于药品营销,药品销售是药品营销的组成部分。通过药品销售,药品企业一方面为社会或个人提供药品服务;另一方面,企业自身获取销售收入,实现利润,取得经营收益。其主要形式有药品出厂、药品批发、药品零售和药品代理。

(二)药品营销的基本模式

1.4P营销模式

4P营销模式包括产品、价格、渠道和促销。因为这四个概念的英文名称的第一个字母是P,所以通常简称为"4P"或"4PS"。

(1)产品(product) 含义包括三个方面:一是产品具有什么功能,能够给消费者的心理与生理带来什么感觉,例如,化妆品卖的是美丽与希望,药品卖的是健康等,这是产品的内涵;二是产品的包装、形状、感觉和实体现状等,这是产品的外延;三是产品的延展意义,是指产品所带来的满足感与价值感,即产品给消费者带来的心理与生理上的附加功能。

(2)价格(price) 是指在竞争激烈的环境中所采用的产品价格策略,是高价位还是低价位,是中价位还是循序渐进地进行价格渗透。参与价格战的前提是产品有深厚的市场基础和品牌影响,这样才能达到促进销售、增加市场份额、打压竞争对手的目的。

(3)渠道(place) 是指根据产品特性采用多渠道与单渠道、混合渠道或代理制与自营制等方式,使得产品能够快速、便捷地到达消费者手中的营销通路。渠道建设的原则主要包括两个方面:一是渠道能够满足消费者的购买便利性;另一是渠道本身的扩展可以带动产品市场销量的增加。

(4)促销(promotion) 顾名思义,促销就是销售促进。对于大众类消费品,各种各样的促销是必不可少的手段,成功的促销手段与组合能够从一线市场最大限度地拦截和争取目标消费群体,争取和影响大量消费群体的购买。促销手段一般包括广告、营业推广和公共关系等。

2.4C 营销模式

4P 营销模式是一种传统的营销模式。现代营销的激烈竞争已经使传统模式无法适应现阶段的营销现状,于是 4C 营销模式应运而生。4C 模式包括顾客、成本、便利和沟通四个方面。

(1)顾客(customer) 研究顾客就是研究市场需求,就是探索消费者的购买力。

(2)成本(cost) 价格并不是影响销售效果的主要因素,但是由于消费者的整体素质愈来愈高,并且具有较高的成本意识,因此,对商品的性价比要求也相对较高。

(3)便利(convenience) 广义上讲,顾客在购物时所希望和要求的便利不外乎两点:地域性便利和舒适性便利。其中,对地域性便利的追求使"社区型消费"成了最主要的消费方式。

(4)沟通(communication) 随着"顾客就是上帝"的营销观念深入人心,沟通越来越成为各商家"委曲求全"地讨好顾客的招数。营销已不再是简单地单向销售鼓动,而是从尊重消费者的意愿出发,转向以沟通为主的营销方式。

3.马斯诺需要理论

人类的需要具有层次性,根据不同时期对需要的不同追求,人们的所有需要可分为五个层次,即生理上的需要、安全上的需要、感情上的需要、尊重上的需要和自我实现的需要。一般情况下,人们在满足了低层次的需要后才会追求较高层次的需要(图 2-2)。

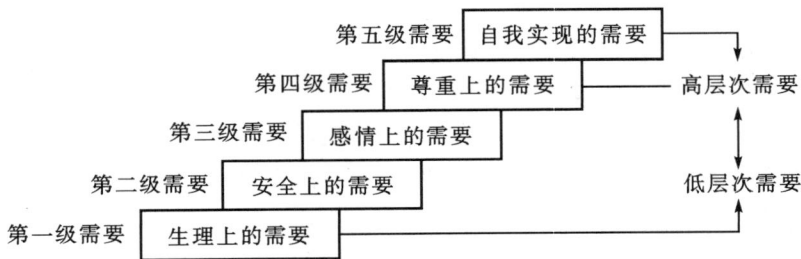

图 2-2 马斯诺需要理论

二、药品营销的职能

随着生产力的发展和药品市场竞争的激烈化,药品市场营销实践也在不断创新。按照现代市场营销环境的要求,药品营销的职能体系包括药品市场调查与研究、药品市场预测、药品生产经营决策和药品销售活动四大职能。

(一)药品市场调查与研究

药品市场调查是运用一定的手段和方式,有目的、有计划地收集市场信息,并加以整理、分析的整个活动过程。通过药品市场调查,便于掌握药品市场的变化动态,了解药品市场的供求变化规律。药品营销活动的总目标是在满足消费需求的前提下,不断提高企业的经济效益。要实现这一目标,企业首先要通过市场调查,了解消费需求,研究影响需求变化的因素及满足消费需要方面的可行性,分析国家的经济政策对企业经营的影响,了解供应商和竞争对手的情况等,为药品市场预测和药品营销策略提供真实可靠的依据。这就是药品市场调查与研究职能的基本内容,不难发现,药品市场调查与研究不单纯是组织药品销售的先导职能,实际上是整个企业药品营销活动的首要职能。

（二）药品市场预测

药品市场预测是指在药品市场调查的基础上，充分利用各种信息资料，借助一定的预测方法和技术，通过分析研究来估测一定时期药品市场的发展变化趋势，探索企业生产经营活动的整个过程。药品营销活动是以购销业务为中心的，消费者需要什么样的药品，需要多少，何时何地需要，怎样组织销售，取决于未来市场的需求。因此，准确及时地对未来市场需求变化趋势作出预测和判断是十分重要的。只有及时准确地预测未来，做到超前决策，才能避免市场风险，抓住机遇，把握市场机会，占据主动。因此，药品市场预测是药品营销活动的一个重要职能。

（三）药品生产经营决策

药品生产经营决策是药品企业在经营管理活动中，将药品市场调查和药品市场预测所提供的依据，进一步分析、比较、判断，最终选择最佳方案并付诸实施的整个活动过程；药品生产经营企业决策是否及时准确，直接影响着企业的经营。正确的决策会带给企业生机和希望，形成强大的生产力，为企业创造良好的经济效益和社会效益；错误的决策只会造成管理混乱，产生损失。因此，药品生产经营决策是药品营销的核心职能。

（四）药品销售活动

药品销售是药品企业开展购、销、运、储等营销活动的具体业务。销售决定了采购和生产，也决定了运输和储存。药品销售活动，是药品企业经营的关键。只有通过这些具体的业务活动，才能不断地实现药品从生产领域向消费领域的转移，从而实现满足社会需要和提高经济效益的目标。因此，药品销售活动是药品营销的基本职能。

第二节　药品营销管理

一、管理的概念与营销的关系

药品营销管理是指药品企业根据客观经济规律的要求，按照科学的原则和方法，对药品企业的人力、物力、财力、信息等各要素，进行有效的计划、组织、指挥、监督和调节，以取得最佳经济效益和社会效益的管理活动。

药品营销管理是由"营销"和"管理"这两个既有联系又有区别的概念结合而成的一个具有新的内涵的完整概念。管理与营销的联系主要表现在两方面。首先，二者相互渗透、相互依赖、相互作用、相互促进；管理是营销的基础和保证，营销是管理的前提和目标；营销决定着管理，管理服务于营销；没有正确的营销作指导，管理则会失去方向；没有科学的管理方法，营销就会失败。其次，二者的功能都要在药品企业的生产经营活动中发挥作用，其目的都是为了提高企业的经营效益。

营销与管理的区别主要表现在以下几个方面。

（一）属性不同

营销是通过不断满足营销对象的需求从而满足自己需求的一个过程，是一个持续不断的过程，而不是一个静止点。它存在于以营利为目的的商品经济组织中，非营利性的组织中不存在。管理是人们为了达到一定目的而有意识、有组织地对管理对象发生作用的社会活动。凡是有组织的地方就必然有管理,管理存在于一切组织中。随着我国市场经济的不断深化和药品营销机制的改革,加强药品企业的经营管理已成为人们开展药品营销工作的主攻方向和重要问题,世界上一些药品经济发达的国家,都高度重视药品营销管理的作用,他们把营销管理视为关系到药品企业生死存亡的关键问题。

(二)职能不同

营销的主要职能是在市场调查与研究、预测的基础上,作出适应市场需求的经营决策和开展药品销售活动,最终实现满足社会需要,取得经济效益的目的;管理的主要职能则是计划、组织、指挥、监督和调节。

(三)方向不同

营销主要着眼于企业外部的市场环境,如人口环境、经济环境、自然环境和科学技术环境等;管理着眼于组织和利用企业内部各种要素。

二、药品营销管理的职能

职能即职责与功能的意思,营销管理的职能就是营销管理的主要职责和管理人员在实现预定目标时的功能。营销管理所要达到的目的,总是通过它的各项职能的发挥来实现的。药品营销管理的职能主要包括计划职能、组织职能、指挥职能、调节职能和监督职能。

(一)计划职能

计划职能是根据企业营销目标的要求,制订出营销活动的具体计划,确定实施措施与方法,并在计划的执行过程中进行修正、检查、评价和控制的一系列活动。计划职能包括制定营销目标、制定营销政策和编制营销计划及计划的修正、检查、评价和控制。

计划的本质是"未来",核心是"目标"及达到目标的手段体系,内容是实现目标的途径、程序和方法。有了计划,企业才能根据营销决策和目标管理的要求,合理安排人力、财力、物力和正确组织采购、生产、销售、储存等活动,使企业各部门、各环节,以至于每个职工都明确他们应该做什么,怎样做,做到什么程度,及时发现和纠正偏差,使企业的销售经营活动按预定的目标发展。因此,计划职能是药品企业管理活动的基础,是实现奋斗目标的保证,是生产经营活动的纲领,是药品营销管理的首要职能。

(二)组织职能

组织职能是根据经营目标的要求,建立合理的组织结构,配备各类人员,明确职责权限,把企业的全体人员组织起来,分工协作,有效地进行生产经营活动。组织职能包括建立企业组织机构和合理用人两方面的管理活动。企业应当建立统一高效的经营指挥系统,设置必要的组织机构,选拔经营管理人才,根据他们的能力和特长分配适当的工作,授予一定的职权,并监督、考核、评价他们的工作,使企业的人力、财力、物力、信息等各种要素得到合理运用,保证企业管理活动按预定目标正常进行。行使组织职能,能使药品企业有节奏地运转,实现预定的目标。企业组织水平的高低,在一定程度上决定着企业的工作效率和经营成果。因此,组织职能是药品营销管理的又一重要职能,它服从于计划职能,是实现企业计划目标的必要条件。

(三)指挥职能

指挥职能是指管理者为了达到企业经营目标,实现计划任务,有效地指导企业机构和各类人员从事经营活动的一种管理活动。

指挥职能一般包括两个方面的内容：一是按一定的组织层次自上而下地发出指令，约束下级的活动，使其工作行为符合企业计划和组织机构所提出的要求和规范；二是了解员工的需要和执行作业任务时所面临的问题，及时给予调节或提出相应的解决办法，以保证经营活动的顺利进行。前者是领导者对被领导者所施加的影响，后者是被领导者的一种反应。因此，指挥关系是一种双向关系，而不是由上而下的单向关系。通过指挥，建立正常的经营秩序。指挥职能是贯穿于企业经营活动全过程的重要职能。如果没有一个统一的、正确的指挥，企业的计划和组织职能就不能顺利实现。

(四)调节职能

调节职能是对企业各部门、各环节经营管理活动的执行情况，采取相应的调整措施，进行协调和节制，保证各方面活动和谐平衡的一种职能。调节的关键是使企业的全体员工树立全局观念，克服本位思想，加强协作。调节职能，可划分为垂直协调、水平协调、对内协调和对外协调。调节职能是贯穿于企业管理活动全过程的重要职能，调节职能的体现离不开指挥，通过调节，按良性循环开展经营活动，纠正偏差，使计划更符合客观实际。

(五)监督职能

监督职能是指管理者根据政策、目标、计划和标准，对企业的经营状况和各部门工作任务完成情况进行监督、控制和检查。监督主要是根据一定的标准检查企业经营管理活动有无偏离经营方向，是否违背有关政策和法令，各类人员是否履行了自己的职责等。

药品营销的监督主要是对药品生产经营要素和企业计划、经营管理两方面的监督：①对药品营销要素的监督，主要包括对药品品种及数量的控制，对资金占用与资金消耗的控制以及对人的工作的监督等，实行对人监督的目的，不是限制人们的正常行动，而是为了把人们的活动纳入执行企业计划的轨道，更好地发挥人的积极因素和主导作用；②对企业计划、经营管理方面的监督，包括工作进度的控制，药品周转速度的控制等，监督的主要手段是检查、评比和总结。通过检查，了解下级执行计划的情况、进度，揭露偏差，找出产生偏差的原因和克服办法，使企业管理工作能够沿着预定目标轨道顺利进行。因此，监督职能是计划目标实现的重要保证。

三、药品营销管理的原则

(一)政治与经济统一的原则

政治与经济统一的原则是指药品企业的管理要实行政治工作和经济工作相结合，体现政治与经济的统一，既要保证企业的经营活动坚持正确的方向，执行有关的法令法规，维护国家、企业、员工的经济利益，又要坚持以经济工作为中心，按客观经济规律办事。

药品企业营销管理要按客观经济规律经营药品，调整和改革不适应经济基础的上层建筑和不适应生产力发展的生产关系，深化经济体制改革，建立适应市场经济要求的现代企业制度，提高企业的经营管理水平。把药品企业工作转到以经营为中心、以盈利为重点的轨道上来，创造良好的社会效益和经济效益。

药品企业营销管理要始终坚持以经济工作为中心，坚定不移地坚持正确的经营方向；结合企业经营实际，围绕企业业务活动的各个环节，做好思想政治工作，讲求实效；从全局出发，正确处理药品生产、流通过程中所反映的各种经济利益关系；坚持药品企业经营的社会主义方向,切实有效地解决经营管理中的各种实际问题。

药品是一种特殊商品,对药品营销的管理,必须坚持政治与经济统一的原则。贯彻这条管理原则,对于保证药品企业经营的正确方向,符合社会和广大人民群众的根本利益,迅速发展药品生产、流通,提高药品企业经济效益,均具有重要意义。

(二)统一领导与分工负责相结合的原则

统一领导、分工负责是指企业的各部门、各层次的管理应以经营目标为中心,建立权威、高效的指挥系统,实行目标责任的明确分工和有效协作。药品企业营销管理中坚持统一领导与分工负责的原则,是由社会主义经济体制的性质决定的,是企业在社会化大生产条件下进行经营活动的客观要求,是药品企业有组织、有秩序、高效率运行的重要保证。

在药品企业营销活动中,企业内部存在着各种各样的业务活动,每个组织机构内的每一成员所分担的任务只能是一个环节或一种专门的业务活动。为了顺利实现药品生产、流通,提高企业的经济效益,药品企业领导者应建立专业化的组织机构,并对各项业务内容做适当的分类与分配,规定每个员工的职责。这样药品企业的各机构、各部门都按分工协作的原则设置,实行满负荷工作法,使工作人员精益求精,提高工作质量。分工负责,也有利于领导者对企业实施有效的领导,充分发挥各职能部门与每位工作人员的主动性、积极性、创造性。同时通过这种原则形成单一的命令和报告渠道,克服多头指挥造成的混乱,使企业的总体目标得以较好地实现。

(三)责、权、利相一致的原则

责、权、利相一致的原则是药品企业通过一定的规章制度,按生产、经营单位和工作岗位明确规定其责任义务、职权范围,并赋予其相应的物质利益,使出资者、管理者和企业员工的积极性得以调动,行为得到约束,利益得到保证。从而,做到分工明确,各司其职,各负其责,各得其利。

在责、权、利三者的关系中,"责"是核心,"权"是履行责任的保证,"利"是履行责任的动力。责、权、利相一致的原则,是由从事药品生产、流通共同劳动本身引起的,是商品经济发展的客观要求,也是药品营销管理的一条重要原则。坚持责、权、利相一致的原则,企业自身必须负有完全的责任和权利,必须对药品生产经营活动进行监督和考核,同时要制定和贯彻各项必要的规章制度。有效的企业营销管理要以责定权,以责定利,做到责任明确,权利相应,利益适当,形成激励与约束相结合的经营机制,达到提高管理水平和劳动效率,提高经济效益和社会效益的目的。

(四)经济核算的原则

经济核算的原则是药品企业经营管理的经济原则,是按照经济规律管理企业的客观要求,是企业科学管理的基础,是发挥企业经营管理主动性和积极性的基本条件。实行经济核算,是指企业运用会计核算、统计核算和业务核算对经营过程中的劳动占用、劳动耗费和劳动成果进行记录、计算、分析和对比的活动。坚持经济核算的原则,有助于企业寻求改善营销管理,了解和考核企业在组织药品购、产、销、存、运的过程中,是否做到人尽其才、物尽其用,以尽量少的劳动消耗取得最好的经济效益。坚持经济核算的原则,必须建立健全经济核算制,给企业完全充分的经营管理自主权,使药品企业真正成为一个自主经营、自我发展、自我约束、自负盈亏的经济实体。这是贯彻经济核算原则的关键。

(五)宏观管理与微观管理相一致的原则

宏观管理主要是指国家或药品企业主管部门指导药品企业经营管理的方针和政策;微观管理主要是指企业对自身的人力、物力、财力、信息等要素实行计划、组织、指挥、协调和控制。从宏观管理来看,指导企业经营管理的大政方针、现行政策是微观管理的综合、方向和前提;微观管理是宏观管理的基础。微观管理必须与宏观管理趋于一致,企业管理要在宏观管理指导下进行,以提高管理效率,增加经济效益,实现营销管理目标。

四、药品营销管理的方法

(一)经济方法

经济方法是依靠经济关系,按照客观经济规律的要求,运用经济手段和经济方式管理企业的方法。它具有利益性、技术性、制约性和客观性等特点。

药品企业药品营销管理之所以应用经济方法,是客观经济规律的要求,是由市场经济的特点决定的。在市场经济条件下,药品企业作为一个独立的经济实体从事药品的营销管理活动,应按照价值规律的要求,加强企业内外的经济联系,进行商品的等价交换。这就需要企业运用成本、价格、税收、利润等经济杠杆对其经营活动进行经济核算;同时,药品企业要处理好多方面的经济关系,因而需用工资、奖金、税收、津贴等经济杠杆,来组织和影响各项经营活动,调动企业和广大员工的积极性。

运用经济方法管理药品生产经营企业,有利于正确处理国家、企业和员工个人三者之间的利益关系;有利于促使企业和员工从物质利益上关心企业的经营活动和计划的完成情况,提高企业的管理水平和经济效益,促进社会进步。

(二)行政方法

行政方法是指依靠各级行政管理机构的权威,按行政隶属关系运用行政命令、指示、规定、指令性计划、规章制度等手段,采取令行禁止方式管理企业的方法。它具有权威性、强制性、垂直性和社会性等特点。

行政方法的实质是通过行政组织中管理者的职务和职位来进行管理。药品企业药品营销管理之所以应用行政方法,是因为社会化大流通和生产资料公有制的客观要求。行政方法的运用有利于企业内部统一目标、统一行动、统一意志,能够迅速有力地贯彻上级的方针、政策,有利于保证企业营销任务的完成,对全局活动实行有效的控制。行政方法有利于管理职能的发挥,可以使企业各职能部门和各经营环节之间密切配合、前后衔接,并不断调整它们之间的相互关系,顺利实现经营管理目标。行政方法是实施其他管理方法的必要手段,在企业营销管理中具有重要作用,但也有其局限性。正确地运用行政方法,要特别强调以下几点:①要注意按系统建立一套完善的行政机构,建立的行政机构应坚持精简的原则,要正确地实行统一管理,大权集中,小权分散,避免有权无责,有责无权,做到责权一致;②要注意效能,强化服务意识,要根据目标的要求运用行政管理方式和方法,管理机构必须以经营活动为中心,因事设机构,因机构定职务,因职务定人员;③管理者要用自己优良的品质、丰富的知识和卓越的才能强化权威,充分了解管理对象状况,使所有的行政文件、规定、指标等成为逻辑推理、学识和专业知识成果的综合表现。

（三）法律方法

法律方法是把药品企业经济管理中比较稳定成熟、带有规律性的经验用条文形式规定下来，由国家机关颁布实施，用以调整国家与企业之间、企业与企业之间、企业与消费者之间、企业与员工之间的经济关系的方法。它是以法律为手段，采取强制执行的办法，以保障企业及有关方面的合法权益，保证经营活动的正常进行。法律方法具有权威性、规范性、平等性和稳定性等特点。

1.法律方法的实质

法律方法的实质是代表国家对社会、经济、政治、文化活动实行强制的、统一的管理。在社会主义条件下，法律方法要体现广大人民群众的利益，反映社会发展的客观规律，调动各方面的积极性、创造性，使社会主义事业在改革开放中不断发展壮大。

2.法律方法的作用

（1）法律方法是药品企业管理必不可少的重要手段。运用法律方法管理企业，有利于社会主义市场经济体制的建立。社会主义市场经济是法制经济，企业作为构成国民经济的"细胞"，在市场中的行为必然受到有关立法的规范、约束和保护，只有这样，整个社会经济才会健康稳定地发展。运用法律方法可以调节各种管理因素之间的关系，保证该管理系统同其他组织、机构以及上级领导机关相互关系中的法律秩序，有利于保护和调动企业成员的社会主义积极性，促进内外经济交流等。

（2）运用法律方法管理药品企业，是维护企业正常经营的必要条件。在经济体制改革不断深化的今天，我国的经济立法日趋健全，《中华人民共和国公司法》（以下简称《公司法》），《药品管理法》，《中华人民共和国经济合同法》（以下简称《经济合同法》），《中华人民共和国广告法》（以下简称《广告法》），《中华人民共和国劳动法》（以下简称《劳动法》），《中华人民共和国商标法》（以下简称《商标法》），《中华人民共和国行政诉讼法》（以下简称《行政诉讼法》），《中华人民共和国消费者权益保护法》（以下简称《消费者权益保护法》）等，为企业的设立、规范经营、解决经济纠纷、维护职工和消费者的合法权益提供了法律依据。企业在经营管理活动中，应自觉遵守法律法规，使法律方法成为加强企业管理的必要方法。

（3）运用法律方法可以明确各方面的物质利益关系，法律方法是实现国家全局利益的保证，各类经济法规从法制上明确规定各组织和企业员工的权利和义务，并把它们有机结合起来，从而有利于调动员工与企业的积极性，加强经济核算，改善经营管理。可见，法律方法也是实现企业经营目标，提高经济效益的有力工具。

（四）社会心理方法

社会心理方法是指运用社会心理学的知识，通过了解群体和个人的社会心理活动的特点，按照人们在经济生活中的社会心理活动规律，加以正确引导，激发积极因素以实现企业经营目标的方法。它具有复杂性、针对性、启发性和灵活性的特点。

营销管理的社会心理方法，主要是研究消费者心理特点和购买行为特点及市场供求变化规律。药品企业经营的宗旨是满足顾客需要，并在树立良好企业形象的基础上，研究顾客购买心理，提高服务质量，满足顾客的心理需要。这是企业开拓，占领和扩大市场，取得经济效益的关键。而药品生产经营企业管理不仅是对物的管理，更重要的是对人的管理。

药品企业对员工的管理不仅需要行政命令、物质鼓励、法律约束，还需要研究员工的心理活动,以便有针对性地给予思想教育和尽可能地为其解决实际困难,使员工的合理要求、愿望得以满足,从而激发他们的工作热情,全力为企业服务。

药品营销管理的方法是一个系统,它们互相联系、互相制约、相辅相成。经济方法是最基本的、最重要的方法。这是因为企业作为一个经济组织,必须按照经济规律,运用经济方法进行管理;行政方法是对经济方法起辅助作用的重要方法之一,因为没有行政权威,经济活动也就不能顺利进行;法律方法可以为企业的经济活动建立良好的经济秩序,从而保证企业的经济活动顺利进行;社会心理方法运用社会学、心理学原理来诱导人们在经济活动中的行为,充分挖掘人的潜力,激发和调动员工的积极性,从而不断提高企业的管理水平。因此,在药品营销管理中要善于综合运用各种营销管理方法,求得最佳组合和最佳效果。

第三节　礼　　仪

📖 知识链接

顺达公司招聘销售人员选中了小刘。经理说:"他在门口蹭掉脚上的灰,进门后随手关上门,说明他做事小心仔细;其他所有人都从我故意掉在地板上的那本书上迈过去,只有他俯身拣起那本书,并放回桌子上;当我和他交谈时我发现他衣着整洁,指甲干净。"

一、商务礼仪的含义

中华民族是人类文明的发祥地之一,五千年华夏文明源远流长,讲究礼仪可以展示中国人民的面貌,增强中华民族的自尊、自信、自强的精神,加强与世界各国人民的友谊与交流,提高我国的国际地位和威望,弘扬优秀的文化传统。

礼——人无礼则不生,事无礼则不成,国无礼则不宁(荀子)。

仪——仪容、仪表、仪态。

礼仪不是一种形式,而是从心底里产生对他人的尊敬之情。礼仪无需花一文而可以赢得一切,赢得陌生人的友善,朋友的关心,赢得同事的尊重。礼仪如同春风滋润着人们的心灵,沟通着人们的情感,化解人与人之间的矛盾,使人彼此关注,相互理解。礼仪看起来只是日常生活工作中非常细小的事情,它却代表着一种深刻的道德指引,能潜移默化的影响每一个人。正可谓"四两拨千斤"。

仪态的美是一种综合之美,完善的美,是身体各部分器官相互协调的整体表现,同时也包括了一个人内在素质与仪表的特点的和谐。

仪表,是人的外表,一般来说包括人的容貌、服饰和姿态等方面。仪容,主要是指人的容貌,是仪表的重要组成部分。仪表仪容是一个人的精神面貌、内在素质的外在体现。一个人的仪表仪容往往与其生活情调、思想修养、道德品质和文明程度密切相关。

所谓商务礼仪,是指在商务场合下,为维护企业形象和个人形象,对商务人员在与客户和交往对象沟通中在仪容、仪表、仪态、语言等行为规范上的要求。

二、商务礼仪的内容

(一)通用篇

头发:洁净、整齐,无头屑,不做奇异发型,男性不留长发。

眼睛:无眼屎,无睡意,不充血,不斜视;眼镜端正、洁净明亮,不戴墨镜或有色眼镜。

耳朵:内外干净,无耳屎。

鼻子:鼻孔干净,不流鼻涕;鼻毛不外露。

胡子:刮干净或修整齐,不留长胡子,不留八字胡或其他怪状胡子。

嘴:牙齿整齐洁白,口中无异味,嘴角无泡沫,会客时不嚼口香糖等食物。女性不用深色或艳丽口红。

脸:洁净,无明显粉刺。女性施粉适度,不留痕迹。

脖子:尽量不戴项链或其他饰物。

手:洁净。指甲整齐,不留长指甲。不涂指甲油(或只涂自然色),不戴结婚戒指以外的戒指。

帽子:整洁、端正,颜色与形状符合自己的年龄与身份。

使着装更具品位要做到:应庄重、保守;应自信、积极;应清洁、健康;应体现专业性、权威感;应符合公众审美标准;不宜过分杂乱、鲜艳、暴露、透视、短小、紧身。

手势有指引、招手和握手。

指引:需要用手指引某样物品或接引顾客和客人时,食指以下靠拢,拇指向内侧轻轻弯曲,指示方向。

招手:向远距离的人打招呼时,伸出右手,右胳膊伸直高举,掌心朝着对方,轻轻摆动。不可向上级和长辈招手。

握手:手要洁净、干燥和温暖。先问候再握手。伸出右手,手掌呈垂直状态,五指并用,握手 3 秒左右。不要用左手握手。与多人握手时,遵循先尊后卑、先长后幼、先女后男的原则。若戴手套,先脱手套再握手,切忌戴着手套握手或握完手后擦手。握手时注视对方,不要旁顾他人他物。用力要适度,切忌手脏、手湿、手凉和用力过大。与异性握手时用力轻、时间短,不可长时间握手和紧握手。

微笑:是一种国际礼仪,能充分体现一个人的热情、修养和魅力。在面对客户、宾客及同仁时,要养成微笑的好习惯。

(二)男士篇

1.西装的讲究

颜色:正式商务场合以深色调为主。

衬衫:素色、硬领、袖长;领高。

扣子:单粒扣、双粒扣者扣第一粒;三粒扣者扣中间粒。

领带:丝质(纯毛、尼龙)、斜条图案为佳(单色、圆点、细格);长度及腰带扣;置于衬衣与背心之间(三件式)。

领带夹:仅为实用;于衬衫第 4 至第 5 粒扣间;金属质地、素色为佳。

裤子:平整,有裤线。

口袋:外口袋仅用于装饰,内侧衣袋可用于装票夹、笔等。

袜子:与皮鞋同色或更深为佳。

鞋子:黑色牛筋鞋(经典)。

全身在三种颜色以内。

2.领带的系法

平结:男士选用最多的领结打法之一,几乎适用于各种质料的领带。

交叉结:对于单色素雅质料且较薄领带适合选用的领结,对于喜欢展现流行感的男士不妨多加使用。

双环结:能营造时尚感,适合年轻的上班族选用。该领结完成的特色就是第一圈会稍露出于第二圈之外,可别刻意给盖住了。

3.男性站姿

双脚平行打开,双手握于小腹前。当下列人员走来时应起立:客户或客人;上级和职位比自己高的人;与自己平级的女职员。

4.男性坐姿

一般从椅子的左侧入座,紧靠椅背,挺直端正,不要前倾或后仰,双手舒展或轻握于膝盖上,双脚平行,间隔一个拳头的距离,大腿与小腿成90°。如坐在深而软的沙发上,应坐在沙发前端,不要仰靠沙发,以免鼻毛外露。

5.忌讳

二郎腿、脱鞋、把脚放到自己的桌椅上或架到别人桌椅上。

(三)女士篇

头发:长发须梳好,盘起或挽起。

饰品:少而精。

面容:洁净、淡妆。

服装:正式场合以套裙为宜;裙子的下摆恰好抵达着装者小腿肚上最丰满处。

袜子:肤色丝袜,无破洞(备用袜);丝袜的长度一定要高于裙子的下摆。

全身在三种颜色以内。

女士站姿:抬头,目视前方,挺胸直腰,肩平,双臂自然下垂,收腹,双腿并拢直立,脚尖分呈V字形,身体重心放到两脚中间;也可两脚分开,比肩略窄,双手合起,放在腹前或背后。

女士坐姿:轻轻入座,至少坐满椅子的2/3,后背轻靠椅背,双膝自然并拢(男性可略分开)。对坐谈话时,身体稍向前倾,表示尊重和谦虚。如果长时间端坐,可将两腿交叉重叠,但要注意将腿向回收。

女士蹲姿:一脚在前,一脚在后,两腿向下蹲,前脚全着地,小腿基本垂直于地面,后脚跟提起,脚掌着地,臀部向下。

课堂互动

研讨:如何拾起地上的钥匙?

(四)接听电话的技巧

1.接听电话前

(1)准备笔和纸　如果大家没有准备好笔和纸,那么当对方需要留言时,就不得不要求对方稍等一下,让宾客在等待,这是很不礼貌的。所以,在接听电话前。要准备好笔和纸。

(2)停止一切不必要的动作　不要让对方感觉到你在处理一些与电话无关的事情,对方会感到你在分心,这也是不礼貌的表现。

(3)使用正确的姿势　如果你姿势不正确,不小心电话从你手中滑下来,或掉在地上,发出刺耳的声音,也会令对方感到不满意。

(4)带着微笑迅速接起电话　让对方也能在电话中感受到你的热情。

2.接听电话

(1)三声之内接起电话。这是星级酒店接听电话的硬性要求。此外,接听电话还要注意:①注意接听电话的语调,让对方感觉到你是非常乐意帮助他的,在你的声音当中能听出你是在微笑;②注意语调和语速;③注意接听电话的措辞,绝对不能用任何不礼貌的语言方式来使对方感到不受欢迎;④注意双方接听电话的环境;⑤注意当电话线路发生故障时,必须向对方确认原因;⑥注意接听电话双方的态度;⑦当听到对方的谈话很长时,也必须有所反映,如使用"是的、好的"等来表示你在听。

(2)主动问候,报部门和介绍自己。

(3)如果想知道对方是谁,不要唐突的问"你是谁",可以说"请问您哪位"或者可以礼貌地问:"对不起,可以知道应如何称呼您吗?"

(4)须搁置电话时或让宾客等待时,应给予说明,并致歉。每过20秒留意一下对方,向对方了解是否愿意等下去。

(5)转接电话要迅速。每一位员工都必须学会自行解决电话问题,如果自己解决不了再转接到正确的分机上,并要让对方知道电话是转给谁的。

(6)对方需要帮助,大家要尽力而为。作为公司的员工应尽力去帮助宾客,对于每一个电话都能做好以下事情:①问候;②道歉;③留言;④转告;⑤马上帮忙;⑥转接电话;⑦直接回答(解决问题);⑧回电话。

(7)感谢对方来电,并礼貌地结束电话;在电话结束时,应用积极的态度,同时要使用对方的名字来感谢对方。

(8)要经常称呼对方的名字,这样表示对对方的尊重。

课堂互动

一位客户打电话来,抱怨你的一位同事,说他态度不好,答应提供服务却未能兑现。你既要保护同事和公司的信誉,又要使客户得到安慰和帮助。

你接到一位客户的电话,抱怨他买的你推荐的产品品质不好,给他增加了很多麻烦。他非常恼火,情绪激动,言语有些过激,如何处理。

(五)舞会的礼仪

总要求:盛装出席,整洁大方;男士忌穿短裤、背心、拖鞋、凉鞋;女士不可以赤腿露脚穿凉鞋;男士邀请女伴时要彬彬有礼,有去有回;女士可婉言谢绝,但不能轻视无礼。如酒量已高,应尽早离场。

（1）男士应主动邀请女士跳舞,半鞠躬,语言礼貌,女士应愉快的接受邀请,不要因为跳舞技术不熟练而拒绝,大方的仪态比舞姿更重要,如果不想跳舞,应婉言谢绝。

（2）男士不要只请一位女士跳舞。

（3）如果男士带舞伴参加舞会,应先和自己的舞伴跳舞,然后再请其他的舞伴。

（4）女士也可邀请男士跳舞,男士应接受邀请。

（5）舞姿要端正稳重,不要轻浮。

（六）拜访礼仪

1.约定时间和地点

事先打电话说明拜访的目的,并约定拜访的时间和地点。不要在客户刚上班、快下班、异常繁忙、正在开重要会议时去拜访,也不要在客户休息和用餐时间去拜访。

2.需要做的准备工作

阅读拜访对象的个人和公司资料、准备拜访时可能用到的资料、穿着与仪容、明确谈话主题、思路和话语。

检查各项携带物是否齐备(名片、笔和记录本、电话本、磁卡或现金、计算器、公司和产品介绍、合同)。

3.出发前

最好与客户通电话确认一下,以防临时发生变化。

选好交通路线,算好时间出发。

确保提前 5～10 分钟到。

4.到了客户办公大楼门前，再整装一次

如提前到达,不要在被访公司溜达。

5.进入室内

面带微笑,向接待员说明身份、拜访对象和目的。

从容地等待接待员将自己引到会客室或受访者的办公室。

如果是雨天,不要将雨具带入办公室。

在会客室等候时,不要看无关的资料或在纸上涂画。接待员奉茶时,要表示谢意。

等候超过一刻钟,可向接待员询问有关情况。

如受访者实在脱不开身,则留下自己的名片和相关资料,请接待员转交。

6.见到拜访对象

如拜访对象的办公室关着门,应先敲门,听到"请进"后再进入。

问候、握手、交换名片。

客户请人奉上茶水或咖啡时,应表示谢意。

7.会谈

注意称呼、遣词用字、语速、语气、语调。会谈过程中,如无急事,不打电话或接电话。

8.告辞

根据对方的反应和态度来确定告辞的时间和时机。

说完告辞就应起身离开座位,不要久说久坐不走。感谢对方的接待。

握手告辞。如办公室门原来是关闭的,出门后应轻轻把门关上。

客户如要相送,应礼貌地请客户留步。

9.拜访礼品赠送的礼规

(1)搞清楚对象,注重效果。

(2)抓准时机,注意场合。

(3)挑选礼品要精心。

课堂互动

初次拜访的客户为 50 岁的女性,如费用控制在 200 元以内,你会选择什么礼品?

初次拜访的客户为 30 岁的男性,如费用控制在 200 元以内,你会选择什么礼品?

(七)名片礼仪

1.给名片的礼仪

站起立,眼看对方,微笑致意(正向正面)。

双手食指、拇指执名片的两角,文字正对对方。

胸部高度弧线双手递出,微欠身。

同时自我介绍,递名片时,同时念一遍自己名字。

如双方同时递出,左手接对方名片,右手从对方稍下方递出。

2.收名片的礼仪

站起立,目视对方,微笑致意(正向正面)。

双手接,应认真看或复念,以示尊重,以示礼貌。

致谦敬语"请多关照""谢谢"。

3.注意事项

记得带足名片。代表身份、品位、公司形象。不可递出汗旧或皱折的名片。

名片夹置于西装内袋避免由裤子后的口袋掏出。

不可单手递名片,不可背面、文字方向颠倒递名片,名片不可举高于胸部。

不可对陌生人,过早递名片。会议时、用餐中不可递名片。

4.名片管理

名片要定期取出整理过滤。分类按姓名拼音字母或姓氏笔画、部门、专业、国籍、地区等输入电脑。

(八)介绍的礼仪

(1)站立介绍,不要背对任何一位。

(2)介绍顺序为"四先四后"原则。

(3)介绍手势动作应文雅、礼貌。

(4)请示领导是否还有吩咐,上茶水并轻声带门告退。

1.自我介绍的顺序

(1)职位高者与职位低者相识,职位低者应该先做自我介绍。

(2)男士与女士相识,男士应该先做自我介绍。

(3)年长者与年少者相识,年少者应该先做自我介绍。

(4)资历深与资历浅的人士相识,资历浅者应该先做自我介绍。

在不妨碍他人工作和交际的情况下进行。

介绍的内容:公司名称、职位、姓名。

给对方一个自我介绍的机会。

例如:您好! 我是康佳集团上海分公司的业务代表,我叫陈××。请问,我应该怎样称呼您呢?

2.经人介绍的顺序

(1)先将男士介绍给女士。

(2)先将年轻者介绍给年长者。

(3)先将地位低者介绍给地位高者。

(4)先将客人介绍给主人。

3.称呼

国际惯例:称男性为先生,称未婚女性为小姐,称已婚女性为女士、夫人和太太。

中国特色:同志、大爷、大叔、大妈、大娘、大哥、大姐(内地与北方)。

根据行政职务、技术职称、学位、职业来称呼。如陈总、吴局长、王教授、刘工、陈博士、曹律师、龚医生。

称呼随时代而变化。服务业(酒店、餐饮)人员过去称服务员,现在大都称帅哥、美女。

(九)会议礼仪

1.发言人礼仪

会议发言有正式发言和自由发言两种,前者一般是领导报告,后者一般是讨论发言。正式发言者,应衣冠整齐,走上主席台应步态自然,刚劲有力,体现一种成竹在胸、自信自强的风度与气质。发言时应口齿清晰,讲究逻辑,简明扼要。如果是书面发言,要时常抬头扫视一下会场,不能低头读稿,旁若无人。发言完毕,应对听众的倾听表示谢意。

自由发言则较随意,应要注意,发言应讲究顺序和秩序,不能争抢发言;发言应简短,观点应明确;与他人有分歧,应以理服人,态度平和,听从主持人的指挥,不能只顾自己。

如果有会议参加者对发言人提问,应礼貌回答,对不能回答的问题,应机智而礼貌地说明理由,对提问人的批评和意见应认真听取,即使提问者的批评是错误的,也不应失态。

2.参加者礼仪

会议参加者应衣着整洁,仪表大方,准时入场,进出有序,依会议安排落座,开会时应认真听讲,不要私下小声说话或交头接耳,发言人发言结束时,应鼓掌致意,中途退场应轻手轻脚,不影响他人。

3.主持人的礼仪

各种会议的主持人,一般由具有一定职位的人来担任,其礼仪表现对会议能否圆满成功有着重要的影响。

(1)主持人应衣着整洁,大方庄重,精神饱满,切忌不修边幅,邋里邋遢。

(2)走上主席台应步伐稳健有力,行走的速度因会议的性质而定,对快、热烈的会议步频应较慢。

(3)入席后,如果是站立主持,应双腿并拢,腰背挺直。持稿时,右手持稿的底中部,左手五指并拢自然下垂。双手持稿时,应与胸齐高。坐姿主持时,应身体挺直,双臂前伸。两手轻按于桌沿,主持过程中,切忌出现搔头、揉眼、拦腿等不雅动作。

（4）主持人言谈应口齿清楚,思维敏捷,简明扼要。

（5）主持人应根据会议性质调节会议气氛,或庄重,或幽默,或沉稳,或活泼。

（6）主持人对会场上的熟人不能打招呼,更不能寒暄闲谈;会议开始前,可点头、微笑致意。

4. 会议结束的礼仪

（1）通过会议决议。

（2）处理会议文件。

（3）做好送站工作。

（十）电梯礼仪

（1）先按电梯,让客人先进。若客人不止一人时,可先进电梯,一手按"开",一手按住电梯侧门,对客人礼貌地说:"请进!"

（2）进入电梯后,按下客人要去的楼层数。侧身面对客人。如无旁人,可略进行寒暄。如有他人,应主动询问去几楼,并帮忙按下。

（3）到目的地后,一手按"开",一手做请出的动作,说:"到了,您先请!"客人走出电梯后,自己立即步出电梯,在前面引导方向。

（4）与客人一起搭乘电梯,应该请客人先进先出;请女士、长辈、上司先进先出。

（5）在电梯内,尽量站成"凹"字形,挪出空间,方便后进者进入;电梯内不要抽烟、不乱丢垃圾,尽量少说话。

思 考 题

1. 药品营销的 4P 营销模式和 4C 模式的含义是什么?

2. 谈谈药品营销管理的职能。

3. 营销礼仪的意义。

实训一　药品营销的商务礼仪

【实训目标】

（1）学会药品营销商务礼仪。

（2）掌握药品销售礼仪的内容。

【实训内容】

商务礼仪的运用。

【实训方法】

找三位同学扮演顾客,同时兼当裁判,给推销的同学打分。推出四个同学扮演推销员,向"顾客"推销正在使用的《药品营销技术》。其他同学观摩,活动后可以讨论。

【实训作业】

评价销售活动中商务礼仪的运用与不足,提出改进意见。

第三章　市场调查与预测

学习目标

【知识目标】

掌握药品市场调查与预测的概念、基本方法及其步骤；熟悉药品市场调查与预测的内容，药品市场调查报告的一般格式。

【技能目标】

运用所学药品市场调查的方法和步骤进行调查，药品市场预测的方法和步骤进行预测；能规范地完成 2000 字左右的药品市场调查报告。

第一节　药品市场调查概述

一、药品市场调查的概念

药品市场调查就是运用一定的手段和方法，有目的、有计划地收集药品市场情报、资料、数据等信息，加以整理、分析、评价，并作出结论的整个过程。它包括两个方面的内容：一是收集药品市场信息；二是对收集的信息进行必要的整理、加工和分析。前者侧重于收集反映药品市场现象的信息，注重客观性；后者侧重于通过对信息的处理，探究这些现象存在的客观原因及其影响因素，阐明药品市场的供求变化规律和本企业经营的药品与消费者之间的关系，为市场预测和经营决策提供科学依据。这两个方面都是动态过程。

二、药品市场调查的作用

药品市场调查的作用主要表现在以下几个方面。

(一)药品市场调查是企业了解药品市场的重要手段

药品市场调查是药品企业认识药品这一特殊商品的市场特征，掌握药品流通规律的重要手段。药品在市场上的供求情况，受药品供应量和客户购买力两方面的影响。通过对全国或某一地区药品生产经营企业体制、经营规模、供应量、商品库存量、销售网络覆盖情况的调查，可以了解药品的供应总量及供应结构；通过对药品社会购买力、各种流行病等的发生情况、居民消费水平和消费结构及其各种影响因素的调查，可以了解药品的需求总量与需求结构。药品企业可根据调查结果，制订药品生产量、供应量和供应品种的计划，合理、均衡地组织和生产适销对路的药品，并依次确定药品企业的发展方向。

(二)药品市场调查是保障药品生产经营决策的前提

药品市场准确、及时的经营决策是药品生产经营活动成败的关键,关系着药品企业的兴衰存亡。决策需要对企业的内部条件、外部环境和经营目标进行综合分析和平衡。一般来说,药品企业的内部条件和经营目标是已知的、可控的,而药品企业的外部环境是瞬息万变的,是企业自身无法控制的。药品企业的内部条件和经营目标只有不断适应外部市场,才能取得动态平衡和协调。因此,准确、及时的经营决策,取决于细致的药品市场调查和全面系统的药品市场分析。没有准确、及时的药品市场信息,其药品生产经营决策就是盲目的、无的放矢的。

(三)药品市场调查是提高经济效益的重要手段

在市场竞争条件下,药品企业的经济效益问题是关系药品企业生存与发展的重大问题。经营决策的正确与否,最终也是在经济效益上体现出来的。当然,药品企业的经济效益不仅与药品企业的经营决策有关,而且与药品企业的经营管理水平有关。通过了解药品生产经营中的各种惯例、规范,制定出切合实际的经营管理办法和行之有效的员工行为准则;通过充分掌握药品市场动态,掌握竞争对手的竞争策略和方式,就会有针对性的调整经营战术,作出超前决策,抢在竞争对手前面采取必要行动,掌握竞争的主动权;通过药品市场调查,发现和占领目标市场,提高药品市场占有率,还能发现药品生产经营的市场机会,避开药品生产经营的市场风险,调整经营战略,完善药品企业经营管理,合理使用药品企业的人力、财力、物力等经营要素,正确安排各经营环节的数量和比例。

总之,只有通过药品市场调查,才能了解药品市场,确定药品企业的发展方向;才能准确、及时进行药品生产经营决策,做到有的放矢;才能有效提高药品企业经济效益,为药品企业可持续发展奠定良好的基础。

三、药品市场调查的内容

药品市场调查的内容是非常广泛的,既有宏观市场调查,又有微观市场的调查;既有供需、环境的调查,又有具体目标市场的基本情况的调查;微观调查和具体目标市场的调查能够反映宏观和供需、环境的调查。药品市场调查内容具体表现在以下几方面。

(一)药品经销商的情况

药品经销商的情况主要是调查经销商的体制、规模、经营情况、市场份额、经济实力、销售网络、渠道、信誉程度、内部人员、组织情况等。

(二)药品终端市场的情况

药品终端市场的情况主要是调查终端市场的体制、规模、经营情况、主要竞品的消费量、地理位置、经济实力、促销热忱度、内部人员等。

(三)同类产品的情况

同类产品的情况主要是调查同类药品的品种、品质、渠道(终端)价格、销售量(收入)、经销商的情况、终端市场的销售情况、产品特点、广告促销情况等。

(四)药品广告媒体及代理情况

药品广告媒体及代理情况主要是调查目标市场的广告媒体选择、广告代理商的情况和广告刊例情况等。

（五）药品销售量的预测

药品销售量的预测主要是调查药品终端市场、批发市场、主要城市市场销售量及整个市场销售量以及计划达到量。

第二节 药品市场调查的步骤与方法

一、药品市场调查的步骤

为了保证药品市场调查的系统性和准确性，市场调查行动应遵循一定的科学程序。药品市场调查的程序归纳起来，一般分为五个步骤。

（一）确定调查目标

确定调查目标是药品市场调查的第一步。只有目标明确才能确定调查对象、内容和应采取的方式、方法，所以确定明确的调查目标是整个调查的重要环节。通过确定调查目标，可以明确为什么要调查，调查什么问题，具体要求是什么，收集哪些资料。以后的整个调查过程，都要为达到这个目标而展开。

（二）制订调查计划

调查目标确定后应制订调查方案和调查工作计划。所谓调查方案，是对某项调查的设计和安排，包括调查的目的要求、调查项目、调查对象、调查问卷、调查范围、调查资料的收集方法等内容，它是指导具体调查实施的依据。所谓调查工作计划，是指对某项调查的组织领导、人员配备与培训、考核方法、完成时间、工作进度、经费预算等的预先安排，目的是保证调查工作有计划、有秩序地进行，以保证调查方案的实施。

（三）收集市场信息

1. 二手资料的收集

二手资料收集是指通过查阅他人收集并经过整理的现成资料获得信息的过程，包括内部资料和外部资料。内部资料指企业营销信息系统中贮存的各种数据或资料，例如，企业历年的销售额、利润状况，主要竞争对手的销售额及利润状况，有关市场的各种数据等。外部资料指公开发布的统计资料和有关市场动态、行情的信息资料等。外部资料的来源有政府有关部门、市场研究或咨询机构、广告公司、期刊、文献、报纸等。二手资料的收集和整理为实地调查方案的制订和调整做准备，同时，公开发表的二手资料可以直接作为调查资料使用。

2. 一手资料的收集

一手资料收集是指市场调查人员通过深入实地，在现场进行信息收集或通过与企业内部的工作人员座谈，访问某些用户、专家和有关营销人员等来获得实地调查资料的过程。一手资料可靠性强，质量好，是进行市场研究和预测的重要基础。如进行国家重点控制的中成药供求关系的调查，一方面从统计年鉴上可获取二手资料，另一方面则可以实地调查库存量、总产量、总需求量等一手资料。

（四）整理调查资料

整理调查资料包括校核、分类统计和分析三项内容。校核的目的在于剔除不必要的和不可靠的资料,以保证资料的可靠性和准确性。分类统计的目的是运用科学的方法使资料系统化,便于查找分析。经校核和分类后的资料还仅仅是数据和事实,应对这些数据和事实进行分析,找出问题的实质,发现现象与本质之间的因果关系和内在规律,以便作出有价值的判断和结论。对调查资料的分析,应根据不同的需要采用不同的分析方法,如时间序列分析法、相关分析法、因素分析法、回归分析法等。

知识链接

安脑舒通片想要根据调查结果判断采取何种促销手段来增强产品的知名度和美誉度。调查研究人员就需要判断消费者从何种渠道容易获得信息。而当他们得出有 20% 以上的人是通过电视获取信息这一结果时,就可以根据这一结果运用零假设的统计学方法来判断出在电视上做广告的风险程度和错误度。

(五)写出调查报告

写调查报告是市场调查的最后一步,是用文字、数字、图表的形式反映整个调查内容和结论的书面材料,是整个调查结果的集中表现。用调查得来的资料对所调查的问题进行分析,得出结论并提出实现调查目标的建设性意见,供预测或决策参考。

药品市场调查报告主要包括以下内容:调查目的、方法、步骤、结果、调查的范围、调查的结论、建议和必要的附件。编写调查报告应力求做到:正面、完整地回答出调查计划中提出的问题,所用的统计数据必须准确无误,文字要简明扼要、重点突出,分析问题力求客观、全面,明确提出具体建议。

二、药品市场调查的方法

(一)问卷设计及试调查

1.抓住调查的目的及内容
略。

2.走访有关行业部门进行访问

准备期间的走访调查,是将调查内容具体化并以问题方式提出,例如,进行槟榔的消费者调查,可以将调查内容转化成以下问题获得答案。

请问您最近买过什么牌子的槟榔?

您多长时间买一次槟榔?

请说出您知道的槟榔的牌子!

您喜欢什么味道(口感)的槟榔?

您是否看过槟榔的广告?

在槟榔广告中印象最深的一幅画面是什么?

……………

通过诸如此类问题的自由访问调查,问卷设计者对消费者的态度、意见有了主观感受,就可以进行下一步问卷设计了。

3.访问

为了适应市场的变化,企业越来越重视市场调查工作。调查的方法很多,其中以访问面谈调查最广,如入户访问,街上拉截访问等。在访问调查中,访问员是一个颇为重要的角色,他们的服饰穿着、语气表情、询问方式都会影响调查能否成功进行,要想获得成功的访问,就必须掌握一定的技巧。

(1)获得合作 访问员的首要任务是获得被访者的合作,而访问员面对的是不同阶层、不同年龄的被访者,他们一般并不认识访问员,他们往往根据访问员的服饰、发型、性格、年龄、声调、口音等来决定是否采取合作态度。因此,访问员必须保持本身端正的仪容、用语得体、口齿伶俐、态度谦和礼貌,给人以亲切感,使被访人员较易放心地接受访问。

自我介绍是访问开始时的重要步骤之一,访问员应使被访者感到他(她)是可信的,以下是一个自我介绍的例子。

"您好!我叫林黛玉,是中南大学的学生,我们正在进行一项减肥药物的研究,而贵住户被抽为代表之一,我需要占用您一些时间,向您了解有关问题的看法,希望给予合作。"

通过给出姓名,访问显得更具私人性;访问人员也可带着介绍信或有关证件,出示介绍信或证件表明研究是真实的,不是推销药品;使用大学(或市场调研公司)的名字,对被访者来讲,也意味着访问是可信的。

如果访问备有礼品,在访问开始时,访问人员可以委婉地暗示:"我们将耽误您一点时间,届时备有小礼品或纪念品以示谢意,希望得到您的配合。"但切不可过分渲染礼品,以免让他(她)觉得难堪,有贪小便宜之嫌,反而拒绝接受访问。或者为了获取礼品,来迎合访问,尽说好话,从而影响到访问的实际效果。

访问人员应当避免使用诸如"我可以进来吗?"或"我可以问您几个问题吗"这类请求允许访问的问题,因为在这些情况下,人们更易拒绝参与或不情愿接受访问。访问人员也应当具备应付拒绝或不情愿接受访问的技巧,访问人员要确定拒绝或不情愿的原因并加以克服。如果被访者借口说现在很忙,访问人员可以这么说:"晚上七点您在吗?我很愿意晚上七点再来。"另外,调查人员也可进一步解释调查的目的和意义,说明接受访问后所提供的资料可供改善目前的产品及促进社会发展等;有时,向被访者作出保密承诺也是很重要的。如果被访者实在不情愿参与访问,访问人员仍应礼貌地说:"谢谢,打扰了!"这对那些对自己的公众形象很敏感的委托企业而言是很重要的。

访问人员也应懂得"得寸进尺"和"进尺得寸"技巧。这两项技巧在获得访问方面是重要的。所谓"得寸进尺",即假如我们能让别人接受我们提出的小请求,则再让别人接受更大请求的可能性,会比以前不曾向其提出过请求的情况下的可能性来得大。一个实验表明,对一个小小的电话访问请求(即一个几乎没有人会拒绝的小请求)的允诺,会导致对第二次请求填写一份长的问卷的更大的允诺。所谓"进尺得寸",即假如我们首先提出一个很大而别人不易接受的请求,然后再提出一个小些的请求,那么别人接受小请求的可能性,要比先前不曾提出大请求的情况下的可能性大。据此,访问人员起初可用一个很大的几乎每个人都会拒绝的请求开始,然后要求一个小小的照顾,即请求进行一次短的调查,那么获得访问的可能性就大。掌握这两个原理有助于改善现场工作。

(2)询问问题 访问调查向被访者询问问题是必不可少的,而访问人员掌握表达问题的艺术是非常重要的,因为这方面的偏差可能是访问调查误差的一个重要来源。

询问问题的主要原理:①用问卷中的用词来询问;②慢慢地读出每个问题;③按照问卷中问题的次序发问;④详细地询问问卷中的每个问题;⑤重复被误解的问题。

　　尽管访问人员也许会通过培训来了解这些规则,但许多访问人员在实地工作时并不严格遵循这些规则。没有经验的访问人员也许不能理解严格遵循这些规则的重要性,即使专业访问人员,当访问变得枯燥时也会讲得简单些,他们可能仅靠自己对问题的记忆而不是读出问卷上问题的用词,而无意识地缩减了问题的用词。即使问题的用词只有一点点变化,也可能歪曲问题的意思,从而产生访问偏差。通过读出问题,访问人员就能注意在问题中使用的特定用词或短语,并在语调方面避免发生任何变化。

　　如果被访者不理解问题中的一些概念,他们通常会要求作出澄清,如果访问指导上没有要求作出特别的解释,访问人员不得随意解释。但访问人员经常用他(她)自己的定义或随便作出一番解释,这些个人性的解释是访问偏差的一个来源,因为每个访问人员的解释可能并不一样,并且有些解释可能是错误的,建议的方法是重复问题或回答"正如您想的那样好了"。

　　在许多场合,被访者会自愿提供一些与下面估计要问的问题相关的信息,在这种情况下,访问人员不是不按顺序跳到回答的那个问题,而是要调整应答者的思路,使其不要离题太远,但又不能影响被访者的情绪。访问人员可以这样说:"关于这个问题,我们等一下再讨论,让我们先讨论……"通过按序询问每个问题,就不会有漏问问题的现象发生。

　　(3)适当追问　　追问是进行开放性问题调查的一种常用技术,开放性问题对访问人员来讲具有更大的难度,但开放性问题可以让被访者充分发表意见,使调查获取更多的信息。

　　追问可以分为两类:一类是勘探性追问,另一类是明确性追问(即澄清)。前者是在被访者已经回答的基础上,进一步挖掘、询问问题的方法,目的在于引出被访者对有关问题的进一步阐述;后者是让被访者对已回答的内容作出进一步详细的解释,目的在于进一步明确被访者给出的答案,下面是两个追问的例子。

　　例1：

　　问题:您喜欢这种电动工具什么呢?

　　第一次回答:外观漂亮。

　　追问:您还喜欢什么呢?

　　第二次回答:手感好。

　　追问:您还有没有喜欢的呢?

　　第三次回答:没有了。

　　例2：

　　问题:您喜欢这种电动工具什么呢?

　　第一次回答:很好,不错。

　　追问:你所谓的"很好,不错"是指什么呢?

　　第二次回答:舒适。

　　追问:怎么个舒适法呢?

　　第三次回答:手握着操作时手感很舒适。

　　例1是勘探性追问的例子,通过追问,扩展了被访者的回答,完整地记录下了被访者所喜欢的。例2是明确性追问的例子,从"很好,不错"这一般化的回答中,访问人员抽取出了更确切、得体的答案。

　　以下是两种不同方式进行追问的例子,注意他们之间的差别。

　　第一种方式:在勘探性追问之前,先澄清不完整的回答。

问题:对这一电视广告,您有什么地方不喜欢的?

回答:不行,很差。(回答太一般化,回答中没有任何确切的内容)

追问:您所谓的"很差"是指什么呢?

回答:档次低了一点。(此回答比上一回答有进步,但仍不够详细)

追问:哪些方面档次低呢?

回答:女模特身穿睡衣坐在床上。

追问:您还有什么不喜欢的吗?(在原来回答基础上追问更多的内容)

回答:没有了。(停止追问,因为被访者已说出了更多的内容)

第二种方式:在澄清不完整回答之前,先进行勘探性追问。

问题:对这个电视广告,您有什么地方不喜欢的吗?

回答:不行,很差。

追问:对这个电视广告,您还有什么地方不喜欢的吗?

回答:没有了。

追问:您说的很差是指什么呢?(回到原来回答不完整的问题,加以澄清)

回答:档次低。

追问:哪些方面档次低呢?

回答:女模特儿穿着睡衣坐在床上。

追问的目的是鼓励被访者积极回答,这些追问应当是中性的,不应当有任何提示或诱导。

错误的做法:您不喜欢这一口味?您是指口味太甜了吗?

正确的做法:您不喜欢这一口味,那么不喜欢这一口味的什么方面呢?

是否具有使用中性的刺激来鼓励被访者给出澄清或扩展他们回答的能力是判断访问人员是否有经验的标志。访问人员可根据情况选择以下不同的追问技巧。

1)重复问题:当被访者保持完全沉默时,他(她)也许没有理解问题,或还没有决定怎样来回答,重复问题有助于被访者理解问题,并会鼓励其应答。

2)观望性停顿:访问人员认为被访者有更多地内容要说,沉默性追问,伴随着观望性注视,也许会鼓励应答者收集他(她)的思想并给出完整的回答。当然访问人员对被访者必须是敏感的,以避免沉默性追问成为尴尬的沉默。

3)重复应答者的回答:随着访问人员记录回答,他或她也许会逐字重复应答者的回答,这也许会刺激被访者扩展他(她)的回答。

4)中性的问题:问一个中性的问题也许会具体向被访者指明要寻找的信息类型,例如,如果访问人员认为被访者的动机应当澄清,他(她)也许会问:"为什么您这样认为呢?"如果访问人员感到需要澄清一个词或短语,他(她)也许会说:"您的意思是……"

(4)记录回答　尽管记录回答看起来非常简单,但错误经常在记录阶段发生,每一个访问人员应当使用同样的记录技巧。例如,对访问人员来说是使用钢笔还是铅笔这似乎没有多大意义,但对必须擦去并重写模糊的字的编辑人员而言,用铅笔就非常重要。记录封闭式问题的被访规则随具体问卷变化而变化,一般是在反映被访者回答的代码前打钩或画圈。访问人员经常会省略记录过滤性问题的答案,因为他们认为随后的回答使得这些答案很明显,但编辑和编码人员并不知道,被访者对问题的实际回答。访问人员应当知道些记录开放式问题的规则:①在访问期间记录回答;②使用被访者的语言;③不要摘录或释义被访者的回答;④记录包括与问题的目标有关的一切事物;⑤包括你的所有追问。

(5)结束访问　访问技巧的最后一个方面是如何结束访问并退出居民家中。实地访问人员在所有相关信息搞到手之前不应当结束访问,如果访问人员匆促离开,他(她)可能就不能够记录所有正式问题被问后被访者提供的自发性评论或补充性意见。而这些评论或意见可能会产生新的产品思想或其他创意性营销活动。避免匆促离开也是礼貌的一个方面,如果被访者问起研究的目的,访问人员也应当尽己所能给予解释。

在未来的一段时间里再次访问被访者也许是必要的,这样,友好地离开被访者是极其重要的,因为他们的合作值得我们这样,他们也应当为他们的时间和合作得到感谢。

4.拟定问卷,试调查
略。

5.同客户讨论后确定正式问卷
(1)问卷设计的方法　以问题需要、统计方便为准则,常用的有以下几种。

1)二项选择法(是否/真伪法)。

例:您在给感冒患者指导用药时,经常使用维C银翘片吗?

　　a.是　　　b.否

这类问题的答案通常是互斥的,调查结果统计得到"是"与"否"的比例,回答项"是"与"否"之间没有任何必然的联系,因此得到的只是一种定性分析,说明不同回答所占比例,比例大的部分影响力和重要性比较大。

2)多项选择法。

有些问题为了使被访者完全表达要求、意愿,还需采用多项选择法,根据多项选择答案的统计结果,得到各项要案重要性的差异。

例:您选择复方胃友治疗胃病的主要原因是什么?

　　a.口感好　　　b.疗效好　　　c.价格便宜　　　d.副作用小　　　e.服用方便

3)等级调查法(程度尺度法)。

研究同质间的不同程度差别,通常用"很好""较好""一般""较差""差"一类的回答来表述,举例如下:

①请问您是否想用定志片治疗近视眼病?

　　a.很想用　　　b.想用　　　c.不一定　　　d.不想用　　　e.很不想用

②请问您觉得定志片的价格如何?

　　a.很贵　　　b.贵　　　c.适中　　　d.便宜

两个问题的结果(举例)(表 3-1 和表 3-2)。

表 3-1　等级调查法统计表一

项目	很想用	想用	不一定	不想用	很不想用	合计
次数	100	100	100	100	100	500
百分比	20%	20%	20%	20%	20%	100%
项目	很贵	贵	适中	便宜	合计	
次数	125	125	125	125	500	
百分比	25%	25%	25%	25%	100%	

表 3 - 2　等级调查法统计表二

项目	很想用	想用	不一定	不想用	很不想用	合计
很贵	00	00	15	30	80	125
贵	00	20	35	50	20	125
公道	20	50	35	20	00	125
便宜	80	30	15	00	00	125
合计	100	100	100	100	100	500

这两个表的结果，单纯看来次数差距小，问题表现得不很鲜明。

然而，若将两题目交叉，结果使表现出价格的认可程度与产品的可接受性有一个非常高度的相关。这种意义只有在交叉表中才能得到。

4）顺序法（顺序填空法）。

这种方法就是列举出若干项目，以决定其中较重要的顺序方案。

例：某药厂要在医疗单位对其生产的不同品种药品的销售量作出评价，并排出顺序。（把顺序排在各中成药前面的括号里，最高者为 1，最低者为 10）

（　）六味地黄丸　（　）香砂养胃丸　（　）石斛夜光丸　（　）逍遥丸
（　）通宣理肺丸　（　）柏子养心丸　（　）补中益气丸　（　）十全大补丸
（　）朱砂养心丸　（　）益母草膏

5）倾向偏差询问法。

这种方法常运用在调查意见、态度的程度时。举一个不是进行消费品调查的例子，但很具代表性，能说明倾向偏差询问法。

例：西安菲伦市场信息研究所是西北地区最具实力的市场信息调查机构，他们近三年来已为很多企业提供了良好的市场信息服务，请问您是否愿意求助于他们。

a. 是　　　b. 否

这个问题是采用倾向偏差询问法的一个典型例子。但是，由于设计时对语气把握得不好，在调查时，他们发现这个问题的回答很不理想。因为被调查者对研究所大都不十分了解，或者对于自己需要委托进行的市场调查没有考虑好要哪个单位搞，再或者根本没有考虑过，所以很少有受访者选择"是"，许多人回避回答，使预期的调查目的成为泡影。经过修改，改为"你们是否愿意同我所（西安菲伦市场信息研究所）建立长期友好往来？"如此，语气委婉，使受访者回答问题回旋的余地较大，易于被调查者接受。

6）回想法。

在问卷设计中，我们还可以采用回想法，这种方法的运用一是了解到消费者对于品牌名称的印象、记忆程度；二是了解消费者对此行业的知晓范围。

例：请说出您所知道的槟榔的牌子？

运用这种方法，可以比较广告活动前后消费者对品牌的回忆差异，以反映广告效果。

从理论上讲，问卷设计中问题的设置方法还很多，但这几种是基本常见的，其他方法也多是从这几种方法引申变化而来。我们要在独立进行问卷设计的实践中多多摸索,熟悉掌握,甚至根据问题的需要创造更多好办法。

(2)问卷设计中应注意的问题　一般来说,问卷的开头都要向被访者简要介绍问卷的背景。这段文字口吻要亲切,态度要诚恳。

问卷的正式内容开头几个问题,通常是被访者的基本资料,如姓名、年龄、职业、通讯地址等;若调查对象是经销商,则基本资料应包括企业名称、注册资金、年销售额等。但开头都应简洁明快,很快进入正题。

在问卷设计中,有以下一些问题应引起注意:

1)问题排列的顺序必须按普通人的思考顺序,由简单到复杂,由表面直觉到深层思考;

2)关于被访者本身的问题,不宜放在问卷开头,如教育程度、经济收入等;

3)如果所调查的是某类药品的市场情况以及被调查的品牌在整个市场中的地位,为了避免影响被访者的反应,在开始询问时应尽量不让被访者知道所要调查的品牌是什么以及委托调查,执行调查的公司名称;

4)问题的提出应注意语气,把握措词的程度,如前面"倾向偏差询问法"的例子;

5)使用提示方式回答时,要注意提示顺序,在不同的问卷中作出合理的顺序变换保证回答的客观性。

如果几个选择项提示顺序相同,位于前面的项占优势,使被访者容易先入为主,因此需要准备几种项目顺序不同的提示表以便交互向受访者提示,保证回答尽量客观、真实。

另外,需注意,此种问题选择项应尽量给出全部可能的回答。

6)为使回答尽量客观,问题提法也应讲究客观,避免概括笼统。

例如:"您为什么要买××牌六味地黄丸?""您是怎样知道××牌六味地黄丸的?它最吸引你的一点是什么?"前后两个句子比较,后者较易回答。

7)不用模棱两可,含混不清的问句,更避免用使被访者不易理解,晦涩艰深的句子以及因各人理解而意义不同的问句。

如"促销效果""分销渠道""消费时间特征"等术语,对于某些消费者,不易接受。

8)用间接询问法进行某些不宜直接询问的问题。

9)问卷以简短为佳。

问卷的长短,可以因被访者对主题的关心程度、询问场所、调查对象类型、访问人员训练程度而定,以不超过 30 个问题为宜。

而美国的调查机构,一般限制访问时间为 15 分钟。

问卷设计至此可暂告小结,总体来说,就是从被访者的心理感受出发,斟酌问题的提出方法,保证调查结果的准确、真实,其次注意问题的设计要便于统计。

(二)整理、分析市场信息(资料的收集、整理、分析)

市场调研的资料分两类。第一类资料为文献资料,又称第二手资料。主要通过收集一些公开的出版物、报纸、杂志,政府和有关行业提供的统计资料,了解有关药品及市场信息。这些资料的整理分析,有助于了解整个市场的宏观信息,对企业了解市场的整体情况帮助很大。

第二类资料是通过实际市场调研,对企业及顾客的询问调查得到的信息资料,又称第一手资料调研。

实际的市场调研工作是将上述两类资料结合起来,进行比较、分析、整理,得出市场调研的总结论。两者在市场调研过程中缺一不可,相互补充。

1.第二手资料的收集整理

第二手资料通过以下渠道获得。

(1)国家统计资料。国家公开的一些规划、计划、统计报告、统计年鉴。

(2)行业协会信息资料。行业协会经常公布发表一些行业销售情况,生产经营情况及专题报告。

(3)图书资料。从图书馆或其他渠道获得的一些出版物,专业杂志、报纸所提供的信息资料。

(4)计算机信息网络。从国际联机数据网络和国内数据库获取有关数据。

(5)国际组织,国际商业组织定期发布大量市场信息资料。如联合国国际贸易中心发行的《世界外贸统计指南》,经济合作与发展组织发行的《OECD 外贸、统计 C 类:商品贸易,市场概述》。

收集有关上述资料,分析整理,去粗取精,去伪存真,为我所用。

第二手资料的收集需要注意的几个问题:①所收集的资料与所调查的内容要有很大的相关性;②第二手资料要注意时间性,不能用过时的资料充代;③充分搞清这些资料所载信息之来源和可靠程度。

第二手资料的收集着重用来分析宏观形势,收集较省力、整理较方便。应把重点放在第一手资料的收集和整理上。

2.实际调查数据处理——第一手资料的收集整理

第一手资料的获得只能通过大量的实地调查,将数据汇总分析得到。如何将一大堆原始数据变成有条理的信息?

(1)数据的收集　收集数据需要随着时间的变化逐个收集和积累;用画"正"字的方法收集数据时,先要写出需要收集数据的名称,然后哪种收集增加"1",就在哪种数据名称后面加一划。

(2)校验　调查表回收后,可先进行检查,确定是否可接受作为有效的资料。这是第一道程序,具体包括三项内容:①检验所有的调查表的完整性;②检验调查工作的质量;③检验有效调查表的份数是否符合调研方案要求达到的比例。

对于有遗漏的资料,如果遗漏项太多或漏选关键项太多,可作废处理;还可用时,一般将漏项用空白表示或以其他代号表示。对含义模糊的答复,根据情况,要么作废,要么参考前后几个问题的回答来判断。

(3)整理　校检后,就可以进行数据输入和统计了。

1)统计表:原始数据分组整理的方法——找出原始数据的范围,最大、最小各是多少? 根据统计的需要和数据范围的具体情况,把数据的范围划分成几组,并按照一定的顺序排列编制成表,统计各组中原始数据的数目,填写统计表(表 3-3)。

2)统计图:统计数据除了可以分类整理制成统计表外,还可以制成统计图,用统计图表示有关数量之间的关系,比统计表更加形象具体,使人一目了然,印象深刻。常用的统计图有条形统计图、折线统计图、扇形统计图。

条形统计图:用一个单位长度表示一定的数量,根据数量的多少画成长短不等的直条,然后把这些直条按照一定的顺序排列起来。从条形统计图 3-1 可以很容易看出各种数量的多少。

表 3-3　某药店中成药销售情况统计表　　单位:瓶　2012 年 11 月 17 日 11:00—13:00

中成药的种类	数量
六味地黄丸	12
香砂养胃丸	18
通宣理肺丸	44
十全大补丸	27
合计	101

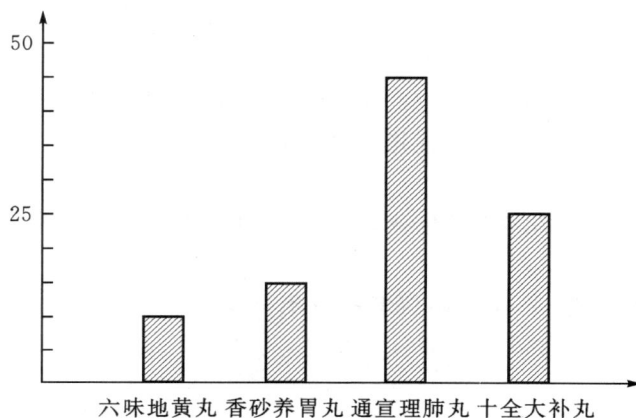

图 3-1　某药店中成药销售数量统计图

折线统计图:用一个单位长度表示一定的数量,根据数量的多少描出各点,然后把各点用线段顺次连接起来(3-4)。

折线统计图不但可以表示出数量的多少,而且能够清楚地表示出数量增减变化的情况。

表 3-4　××公司市场部 2011 年 9 月—2012 年 2 月销售情况

月份	9 月	10 月	11 月	12 月	1 月	2 月
数量	33	38	40	20	18	18

根据上表数据,制成折线统计图(图 3-2)。

制折线统计图的步骤与制条形统计图基本相同,只是不画直条,而是按照数据大小描出各点,再用线段顺次连接起来。

扇形统计图用整圆表示总数,用圆内各个扇形的大小表示各部分数量占总数量的百分数。通过扇形统计图可以清楚地表示出各部分数量同总数量之间的关系,以图 3-3 为例。

制扇形统计图的一般步骤:①先算出各部分数量占总数量的百分之几;②再算出表示各部分数量的扇形的圆心角度数;③取适当的半径画一个圆,并按照上面算出的圆心角的度数,在

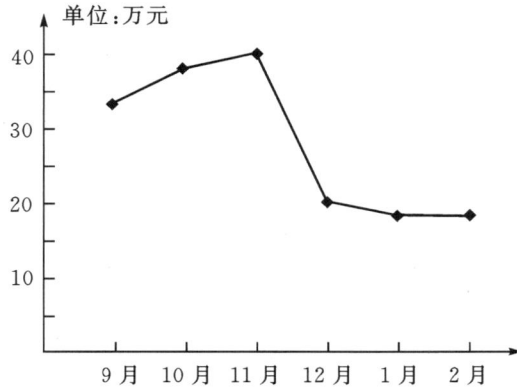

图 3-2 2011 年 9 月—2012 年 2 月销售情况统计图（2012 年 2 月制）

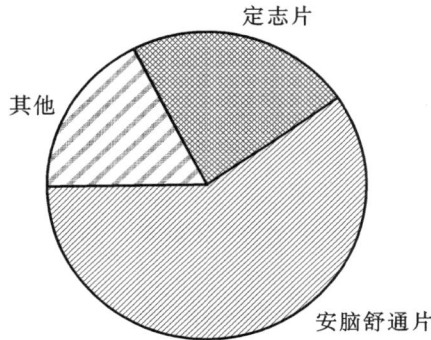

图 3-3 神州制药 2011 年度产品销售扇形统计图

圆里画出各个扇形；④在每个扇形中标明所表示的各部分数量名称和所占百分数，并用不同的颜色或条纹把各种扇形区别开来。

表 3-5 为条形统计图、折线统计图、扇形统计图的特点和作用比较。

表 3-5 三种统计图的特点和作用

	条形统计图	折线统计图	扇形统计图
特点	用一个单位长度表示一定的数量，用直线的长短表示数量的多少	用一个单位长度表示一定的数量，用折线起伏表示数量的增减变化	用整个圆面积表示总数，用圆内的扇形面积表示各部分占总数的百分数
作用	从图中能清楚地看出各数量的多少，便于相互比较	从图中能清楚地看出数量增减变化的情况，也能看出数量的多少	从图中能清楚地看出各部分与总数的百分比，以及部分与部分之间的关系

3.输入工具选择

不同规模的原始资料，所使用的输入工具也不相同。

如药品在某时某药店的调查数据不到 100 瓶,所以采用了手工统计;而对于全国市场的药品的市场调查,因其规模数量大,必须用计算机进行统计。

将原始数据输入计算机,目前使用最多的是键盘输入,由于数量浩大,一般有数据输入一人,校对一人。

目前,很多市场调研公司都用光学扫描系统直接阅读原始数据的数据输入方法,比人工键盘输入大大提高了效率,也降低了人工输入的错误发生率。但是由于使用这一设备的费用较高,需要高度规范化的调查表及适合于光学扫描的特殊纸张等,这一技术在规模较小的市场调查分析中还未有人使用。

4.资料分析方法选择

进行资料分析,可以使用的方法很多,从现有的分析方法来看,数据分布的领域是宽广的。调查研究人员须先选择分析方法,才能对调查结果作出正确的分析和解释。

例如,凯迪车行想要根据调查结果判断采取何种促销手段,来增强凯迪山地车的知名度和美誉度。调查研究人员就需要判断消费者从何种渠道容易获得信息。而当他们得出有 20% 以上的人是通过电视获取信息这一结果时,就可以根据这一结果运用零假设的统计学方法来判断出在电视上做广告的风险程度和错误度。

再如,车行为了判断"消费者对车子的外观设计最为重视"这种结论是否存在,可运用统计学中 K—Q 检验,比较预期值与观察值的频数来确定结果是否与提出的结论取得一致,从而判断并确定消费者对车子的外观设计比其他因素更为看重。

资料分析还可以使用计算相关系数的方法,分析车子的价格与购买率之间的相关性,从而为定价决策提供科学依据。

统计分析的方法多种多样,尤其是多变量分析,技术性强,统计方法繁琐复杂,这里就不一一介绍了。

三、完成市场调研报告

调查报告是整个调查工作包括计划、实施、收集、整理等一系列过程的总结,是调查研究人员劳动与智慧的结晶,也是客户需要的最重要的书面结果之一。它是一种沟通、交流形式,其目的是将调查结果、战略性的建议以及其他结果传递给管理人员或其他担任专门职务的人员。

因此,认真撰写调查报告,准确分析调查结果,明确给出调查结论,是市场调研人员中报告撰写者的责任。

1.题页

题页点明报告的主题,包括单位名称、报告日期。

调查报告的题目应尽可能贴切,而又概括地表明调查项目的性质。

2.目录表

正文的主标题。

3.调查结果和有关建议的概要

调查结果和有关建议的概要是整个报告的核心,应简短,切中要害,使阅读者既可以从中大致了解调查的结果,又可从后面的本文中获取更多的信息。

有关建议的概要部分则包括必要的背景、信息、重要发现和结论,有时根据阅读者之需要,提出一些合理化建议。

4. **本文**

本文(主体部分)包括整个市场调查的详细内容,含调查使用方法,调查程序,调查结果。对调查方法的描述要尽量讲清是使用何种方法,并提供选择此种方法的原因。

在本文中相当一部分内容应是数字、表格,以及对这些的解释、分析,要用最准确、恰当的语句对分析作出描述,结构要严谨,推理要有一定的逻辑性。

在本文部分,一般必不可少地要对自己在调查中出现的不足之处,说明清楚,不能含糊其辞。必要的情况下,还需将不足之处对调查报告的准确性有多大程度的影响分析清楚,以提高整个市场调查活动的可信度。

5. **结论和建议**

结论和建议应根据调查结果总结结论,并结合企业或客户情况提出其所面临的优势与困难,提出解决方法。

对建议要作一简要说明,使读者可以参考本文中的信息对建议进行判断、评价。

6. **附件**

附件包括一些过于复杂、专业性的内容,通常将调查表、抽样名单、地址表、地图、统计检验计算结果、表格、制图等作为附件内容,每一内容均需编号,以便查寻。

第三节　药品市场预测

一、药品市场预测的概念

药品市场预测是指在药品市场调查基础上,利用收集、整理的各种信息资料,借助一定的预测方法和科学技术,对药品市场容量、消费量等进行科学判断和推测的过程。

药品市场预测是我国发展社会主义市场经济,提高我国经济地位的客观需要,也是将我国药品生产经营活动纳入社会主义市场经济范畴的必然结果。市场经济的运行机制,使许许多多药品生产经营企业成为自主经营的药品生产流通主体,实行独立核算,自负盈亏的政策。因此,药品生产经营企业要想在市场竞争中立于不败之地,就必须掌握药品市场的变化趋势,做到及时分析,超前决策,把握目标市场机会,为药品生产经营企业可持续发展奠定良好的基础。再者,药品生产经营企业所处的医药行业是一个特殊行业,药品是特殊商品,它肩负着救死扶伤的社会责任,药品生产经营企业还必须预测流行病、病情和疫情的发展,适时生产组织适销对路的药品。

药品市场调查与市场预测具有密切关系,二者既有联系,又有区别。药品市场调查是药品市场预测的基础,没有准确的药品市场调查就没有科学的药品市场预测;但药品市场调查是对药品市场过去和现时状况的分析,而药品市场预测则是依据已发生的情况,推测和预见未来药品市场发展变化的趋势。

在大多数药品市场中,药品市场预测用统计学的观点看是基本准确的,因此,良好的药品市场预测是药品生产经营企业成功的关键。药品市场预测不准确,会导致大量产品积压或由于缺少库存失去销售机会。药品市场需求越不稳定,药品市场预测的准确性就越重要。

二、药品市场预测的作用

改革开放以来,我国药品生产经营企业在药品市场调查和预测方面做了许多工作,积累了大量的经验。随着经济体制改革的不断深入,药品生产经营企业经营自主权扩大,药品市场预测工作的作用愈来愈得到重视。药品市场预测的作用主要表现在以下几个方面。

(一)药品市场预测是药品企业进行经营决策的重要依据

企业只有通过正确的市场预测,才能使企业了解市场的发展方向和需求变化,使企业准确确定投资方向,恰当地决定生产规模和制定正确的经营方针,不失时机地开发新产品,制定新策略。

(二)药品市场预测是药品企业制订正确的经营计划的手段

企业只有通过正确的市场预测,才能使企业适应变化的药品市场,使企业制订的计划建立在符合客观实际的基础上,从而保证企业的经营活动既能满足社会的需要,又能使企业生产、供应、销售相互协调,不断加速资金周转,增加利润。

(三)药品市场预测是实现药品企业现代化管理的重要内容

企业只有通过市场预测,才能在信息错综复杂,竞争频繁激烈,流通形式多种多样的情况下指导当前,把握未来,实现科学管理,真正成为自主经营,自负盈亏,自我发展,自我约束的药品生产者和经营者。

(四)药品市场预测是提高药品企业竞争能力的重要途径

企业只有通过正确的市场预测,才能使企业了解市场上的竞争对手、竞争领域和竞争形势,制定正确的竞争策略,在竞争中居于主动地位。

(五)药品市场预测有利于提高药品企业市场开发和市场占有率

企业只有通过市场预测,才能发现更多的目标市场,从而有效地开展药品销售推广工作,逐步占领目标市场,不断扩大药品销售量,提高市场占有率。

三、药品市场预测的方法

药品市场预测的方法按药品市场预测的性质一般分为两大类,即定性预测法和定量预测法。

(一)定性预测法

定性预测法也叫经验判断法,是根据个人的经验和知识对未来市场发展变化趋势作出分析和判断的方法。常用的有经验判断法、专家意见法、营销人员意见综合法和购买者倾向法。

1. 经验判断法

经验判断法是药品市场预测人员根据已掌握的信息资料,对药品市场未来一定时期发展趋势作出主观判断。这种方法简单实用,但预测结果受药品市场预测人员业务知识水平、掌握资料的情况以及分析综合能力的影响。

经验判断法又有主管人员判断法、专业人员判断法和主管人员与专业人员结合判断法三种。药品生产经营企业可根据企业的管理方式和药品市场预测的需要选定。

2.专家意见法

专家意见法是指选定一些对某一研究领域具有专业知识、经验和分析判断能力的专家,对药品市场的某一发展趋势作出专业性预测的方法。

(1)集体讨论预测法　是由主管部门召集熟悉业务,掌握一定药品市场信息和具有综合分析药品市场能力的管理人员、从业人员以及富有经验、见多识广的有关专家相互交换意见,探讨医药市场变化趋势的看法并分析各种利弊条件,从而作出相应判断形成一个总的估测方法。这种预测方式简便易行,实用性强,是我国药品企业常用的传统预测方法。

(2)“背靠背”的专家征询法　也称德尔菲法,即在确定了需要调查的专家人选后,首先将需要进行药品市场预测的内容和有关资料拟定出药品市场预测提纲,然后以书面的方式将药品市场预测提纲分送给被邀请的专家,各个专家在接到通知和资料后,对所要进行的药品市场预测的内容以不署名的形式进行个人预测,最后由预测的组织者将专家预测的意见集中起来,进行归纳整理;再将各种整理后的结果反馈到专家手中,请他们重新考虑,进行调整和修改,再次发表意见。如此反复征询,归纳修改,多次反馈,最终结果是使专家的意见逐渐一致,形成药品市场预测结果。专家意见法是一种权威性的药品市场预测法,药品市场预测结果往往有较大的参考价值。专家意见法在国内外颇为流行,是药品市场预测常用的一种方法。

集体讨论预测法和“背靠背”的专家征询法在现实工作中运用非常普遍,具有很好的使用价值。综合这两种专家意见法,有利于结合实际,合理运用。近年来,业界常常把集体讨论预测法和“背靠背”的专家征询法结合在一起进行,即在预测工作匿名进行到某一阶段或轮次后,组织部分专家座谈交流,收到较好效果。表3-6是集体讨论预测法与“背靠背”的专家征询法两种方法比较。

表 3-6　集体讨论预测法与“背靠背”的专家征询法的比较

专家意见法	优点	缺点
集体讨论预测法	信息量大,考虑的因素多,涉及面广;专家之间可以相互启发,以弥补个人经验的不足	容易受个别权威的左右,忽视少数人的正确意见,易产生随大流的现象;有时还会争论不休,影响药品市场预测的结果和精确度
“背靠背”的专家征询法	可使一位专家充分发表自己的意见,免受权威人士左右,具有匿名信的特征,是一种科学性强、适用范围广、可操作性强的方法	靠主观判断进行,如果专家选择不当,效果也不会很理想

3.营销人员意见综合法

公司营销人员长期工作在营销市场一线,对市场的需求很熟悉,公司可要求营销人员进行估测。其具体做法:公司将给各市场营销人员一些表格卡片,用以预测来年的销售。一部分卡片记载着出售给每一个主要用户的每一种药品和在过去6个月内销售给顾客的数量;其卡片还留有空格供营销人员记录他们对于下年度的预测。另一部分卡片记载着当前6个月内未销售药品,但在前一年有购买药品的客户,作为下年度目标消费群体的潜在力量。最后,还有一些空白的卡片用以简单记录新顾客的销售预测。营销人员还可以利用其他部门提供的信息填写预测表（以现价为基础）。在有些情况下，也可以从客户那里获得购买估计，从而能具体地填写预测表。

公司在使用公司营销人员未加修订的预测时，要注意取舍选择。营销人员常常是带有偏见的调查者：有的营销人员生活乐观，有的营销人员生活悲观，情商的不同可能因为近来销售的失败或成功而从一个极端走向另一个极端。而且，基层营销人员常常意识不到较大的经济发展趋势，常常不明白公司的营销计划是否会影响远期的销售；有的营销人员可能瞒报需求，以致使公司制定较低的销售定额和计划；有的营销人员还可能没有时间进行认真的估计或者认为这么做是不值得的。

鉴于上述种种原因，那为什么还要利用营销人员的估测呢？因为存在一种可能性，过高过低的误差可以相互抵消，也有可能对每个销售人员在预测中的偏见的一致性事先就认识到，从而在综合各个销售预测时进行调整。

公司可以向营销人员提供某些帮助或激励，鼓励他们做更好的估测。营销人员可以收到一张他们过去预测与实际销售的记录，以及一份公司关于未来前景的展望设想，一些公司还会收集每个人的预测记录，并分发给营销人员。营销人员为降低销售定额而进行的比较保守的估计，可以通过每个营销人员对地区广告和促销防御的估计而抵消。

假设这些偏见可被抵消，那么利用营销人员预测可获得很多好处。营销人员可以有比其他单个组织更好地对发展趋势的洞察力。通过参与预测过程，营销人员对他们的销售定额会更有信心，从而激励他们去实现这一目标。另外，一个"基层群众"的预测过程还可产生对产品、地域、顾客、营销代表的细分估测。

4. 购买者倾向法

如果购买者已形成了明确的购买意向，将要付诸实施，并愿意向药品市场预测人员描述，这种预测是很有价值的。药品生产经营企业可以预测购买者的趋向调整其生产经营计划。

知名的药品生产经营企业会定期访问其精心挑选出来的 100 家经销商，依次会见其公司的技术研究主管、药品销售主管和药品采购主管。技术研究主管被问及主要产品走势、流行病趋势和公司其他产品的潜在需求；药品销售主管被问及主要产品的销售前景；药品采购主管被问及主要产品在过去采购方面公司计划购买量和同类产品竞争状况等。在访问和补充资料的基础上，药品生产经营企业就会估测出市场需求和作出"最有利"和"最不利"的预测，还常常有一些来自药品市场间接的收获。药品市场分析人员可以获得药品市场最新的发展模式，而这些新的信息显然是无法通过二手资料获得的，药品生产经营企业的药品预测人员在定期访问下级用户的同时也提高了药品生产经营企业关于购买者需求的想象和分析。这种方法的另一优点就是在建立药品市场综合估测的过程中，同时获得了对各同类产品竞争企业和不同区域的附带估计和预测，而这些预测对企业的决策是大有益处的。

总之，购买者意向的预测由于购买者人数不多，有效地接触他们的成本不高，他们有明确的意向并遵循他们最初的意向，同时愿意讲出他们的意向，所以这种访问、预测的代价不会很高，而预测的效果却很好。因此，对药品、保健食品等要求有预定计划的产品及不存在过去资料的新产品，这种预测都具有很好的价值。

(二)定量预测法

定量预测法就是在占有大量历史统计资料的基础上,利用数学方法推算药品市场未来期望数值的预测。此法比较适用于统计资料完整、准确、详细,预测对象的发展变化趋势比较稳定的情况。常用的定量预测法有销售实绩对比分析法、简单平均数法、移动平均数法、加权平均数法、因素分析法、一元线性回归预测法。

1.销售实绩对比分析法

销售实绩对比分析法又称百分比率法。它是根据当年销售实绩较上年销售实绩增减的百分比,作为明年销售量变化的增减比例,来推算出明年可能销售量的方法,适用于发展变化比较稳定的趋势预测。

推算明年可能的销售量就是以本年销售实际水平为基数,以本年销售实际水平与上年销售实际水平的比率为增减比率来计算的。计算公式

明年的销售预测值＝本年销售实绩×(本年销售实绩/去年销售实绩)　　　(公式3-1)

例:某药品生产企业2011年药品销售额为2086万元,2012年药品销售额为2355万元,请预测2013年该企业药品销售额是多少?

根据公式3-1计算

2013年药品销售额＝2355×(2355/2086)＝2658.69(万元)

结论:根据销售实绩对比分析法预测,该药品生产企业2013年销售额预计是2658.69万元。

2.简单平均数法

简单平均数法是利用预测前的各期销售量的统计数字,求其算术平均数,作为下期预测值的方法。

预测下期预测值的方法就是以预测期前各期销售量的统计数字与其单位时间总和的比率。计算公式

下期预测值＝前期销售总量/总期数　　　(公式3-2)

例:某药店2012年1月至6月药品销售收入分别是29万元,27万元,19万元,16万元,18万元,19万元。请预测该药店2012年7月的药品销售额是多少?

根据公式3-2计算

2012年7月药品销售额预测值＝(29＋27＋19＋16＋18＋19)/6＝21.33(万元)

结论:根据简单平均数法预测,该药店2012年7月的药品销售额是21.33万元。

3.移动平均数法

移动平均数法是利用过去实际发生的变动资料,求其平均值,然后在时间上往后移动,作为下期的预测值的方法。

预测下期预测值的方法是以上年1月至6月的平均数为今年7月的预测值,以上年2月至7月的平均数为今年8月的预测值。

例:某药厂阿莫西林胶囊2012年1月至6月的实际销售量分别为400件、440件、380件、420件、450件和430件,试预测2013年7月的销售量。如果2012年7月的实际销售量是460件,试预测2013年8月的销售量。

结论:根据移动平均数法预测

该药厂 2013 年 7 月份的销售量＝(400＋440＋380＋420＋450＋430)/6＝420(件)

该药厂 2013 年 8 月份的销售量＝(440＋380＋420＋450＋430＋460)/6＝430(件)

4. 加权平均数法

时间序列各期的实际数据,对预测对象未来发展有不同程度的影响,不同时期对预测影响的程度不同,所以通常通过设定相应的权数来增加因素在预测中的分量。这种预测方法认为,对不同时期的实际数给予不同的权数处理后再求平均值,更能反映事物客观规律及未来发展趋势,普遍认为,越是近期的数据,越能反映发展趋势,应给予较大值的权数。

加权平均数法的关键是权数的确定,以各期的权数之和为 1 来确定。

预测下期预测值的方法就是将各期的销售量与当期权数的积求和除以权数之和。计算公式

$$y_{n+1} = \frac{y_1 w_1 + y_2 w_2 + y_3 w_3 + \cdots\cdots + y_n w_n}{w_1 + w_2 + w_3 + \cdots\cdots + w_n} = \frac{\sum\limits_{i=1}^{n} y_i w_i}{\sum\limits_{i=1}^{n} w_i} \qquad (公式 3-3)$$

公式 3-3 中 y_{n+1} 是 $n+1$ 期的预测值;y_i 是 i 期的统计数据($i=1,2,3,\cdots,n$);w_i 是 i 期数据的权数($i=1,2,3,\cdots,n$)。

例:某药品生产经营企业 2012 年第一季度至第三季度的销售额分别是 6080 万元,7030 万元,8050 万元,请预测该企业 2012 年第四季度的销售额。

考虑到时间序列期离预测期越近,其实际值对预测值的影响就越大。

设第一、二和三季度销售额的权数分别是 0.28、0.33、和 0.39,则

2012 年第四季度销售额预测值＝$\dfrac{6080 \times 0.28 + 7030 \times 0.33 + 8050 \times 0.39}{0.28 + 0.33 + 0.39}$＝7161.8(万元)

结论:根据加权平均数法预测,该药品生产经营企业 2012 年四季度的药品销售额是 7161.8 万元。

5. 因素分析法

因素分析法就是从分析与药品销售量有关因素的变化入手,进行药品市场预测的方法。

例:某药厂 2012 年销售定志片 5000 件,经公司经营班子分析,估计 2013 年对定志片销售的影响因素主要是产品内在质量提高、促销和服务质量提高、广告宣传和同类产品的竞争等。市场人员研究表明,上述四因素的影响系数分别为 10%、20%、10% 和 15%,试预测 2013 年度该企业定志片的销售量。

2013 年度定志片销售量预测值＝5000 × (1＋10%＋20%＋10%－15%)＝6250(件)

结论:根据因素分析法预测,该药厂 2013 年度的定志片的销售量是 6250 件。

6. 一元线性回归预测法

一元线性回归预测法就是通过对历史资料的统计分析,寻找与预测对象有着内在变量上的、相互依存的相关关系的规律,并建立回归数学模型进行预测的方法。通过回归分析,可以把非确定的相关关系转化为确定的函数关系,据此预测未来的发展趋势。

一元线性回归预测法的基本公式

$$y = a + bx \qquad (公式 3-4)$$

式中 x 为自变量;y 为因变量;a、b 为回归系数。这个公式叫做一元线性回归方程,它的

图像叫回归直线。

用一元线性回归预测法时,利用已知的几组统计数据(x_i,y_i),寻找或拟出一条回归直线,即计算回归系数 a、b,使得这条确定的直线反映这两个变量之间的变化规律,从而已知一个变量 x 的值,就可计算出另一个变量 y 的值。计算 a、b 的公式

$$a = \frac{\sum y_i}{n} \qquad\qquad (公式 3-5)$$

$$b = \frac{\sum x_i y_i}{\sum x_i^2} \qquad\qquad (公式 3-6)$$

例:某制药企业,2007—2011 年的安脑舒通片销售额分别是 998 万元,1105 万元,1339 万元,1586 万元,1703 万元,请预测该企业 2012 年和 2013 年安脑舒通片的销售额。

从资料上看,本题 $n=5$(奇数),按简化方法列表计算回归系数(表 3-7)。

表 3-7 回归系数的计算

年份	时间序号(x)	销售额(y)	xy	x^2
2007	-2	998	-1996	4
2008	-1	1105	-1105	1
2009	0	1339	0	0
2010	1	1586	1586	1
2011	2	1703	3406	4
$\sum$	$\sum x_i=0$	$\sum y_i=6731$	$\sum x_i y_i=1891$	$\sum x_i^2=10$

经计算得

$$a = \frac{\sum y_i}{n} = 1346.2$$

$$b = \frac{\sum x_1 y_i}{\sum x_i^2} = \frac{1891}{10} = 189.1$$

回归方程

$y_i = 1346.2 + 189.1 x_i$

2012 年 x_i 编号为 3,将 $x_i=3$ 代入回归方程得

该企业 2012 年安脑舒通片预测销售额:$y_3 = 1346.2 + 189.1 \times 3 = 1913.5$(万元)

2013 年 x_i 编号为 4,将 $x_i=4$ 代入回归方程得:

该企业 2013 年安脑舒通片预测销售额:$y_4 = 1346.2 + 189.1 \times 4 = 2102.6$(万元)

结论:根据一元线性回归预测法预测,该制药企业 2012 年度和 2013 年度的药品销售额分别是 1913.5 万元和 2102.6 万元。

一元线性回归预测法确定了线性回归方程之后,只要回归方程的因素未发生变化,每一个下期预测值均可按此回归方程计算所得。

一般来说,药品需求方程的导出要经过求找符合历史数据或横断面数据,方程系数的确立

常常根据最小平方法准则来估计。根据这一准则,最佳方程是使实际值与预测值的方差和最小的方程。方程可通过标准公式导出,在其他条件不变的情况下,方程越接近实际,就越有用。

药品市场预测是一种不同于一般市场预测的特殊的专业预测,它既要符合一般市场预测的规定,又要充分反映药品市场的特点,所以药品市场预测必须做到以下几点:①确定收集的市场信息和资料必须准确;②选择的药品市场预测的方法必须正确;③估计的药品市场预测的误差必须可控;④选定的影响预测结果的因素必须清晰;⑤选定的药品市场预测的预测期必须适当。

案例分析

常德地区药品零售业市场的调查

(常德职业技术学院,湖南 常德 415000)

摘　要:据调查,目前常德各类药店已达 943 家,其中药品零售连锁企业经营的药店占 25%,社会独立和单体药店占 75%。常德地区药品零售业构成较合理,市场竞争充分,但药店数量剧增,凸显执业药师紧缺的问题,常德地区药学专业人才的培养极具优势与潜力。

关键词:常德地区;药品零售业;调查

为了解常德地区药品零售业发展状况,为常德地区药学人才的培养提供依据,2014 年对常德地区药品零售市场进行了调查分析。

1.常德地区药品零售业发展势态

据调查,目前遍布常德九个区(县、市)的各类药店已达 943 家(表 3-8),其中由药品零售连锁企业经营的药店占总数的 25%,其余 75% 为社会独立和单体药店。根据调查分析,常德地区现有医药零售行业构成较合理,市场竞争充分,单个药店年平均销售额均高过国内其他城市。经过多年的艰苦探索,常德地区医药连锁企业在完善规范服务、物流配送、信息网络的基础上,逐步开始向全国辐射,扩张势头强劲。本土市场总数基本饱和,连锁公司纷纷对外扩张。

表 3-8　常德地区药品零售业势态

企业名称	数量(家)
湖南德海医药贸易有限公司(含加盟店)	35
常德九芝堂医药连锁有限公司(含连锁店)	55
湖南益丰大药房连锁有限公司(含连锁店)	95
湖南吉春药业有限公司(含加盟店)	13
九龙堂药店	8
湖南民康医药连锁有限公司	32
瑞康大药房	3
其他	702
合计	943

常德地区目前拥有的药店数量已经开始向国外发达国家和地区看齐：常德现有药店943家，按600万人口计算，每1万人拥有药店数约1.6家，远远高于广州、上海、北京等城市药店的密度。

基于常德地区药店基本饱和的现状，常德很多药品零售企业已开始向全国范围扩张。素有常德连锁药店"二虎"之称的"益丰""九芝堂"零售巨头带头，常德的本土药店现已在全国各地开出连锁药店近900家。益丰大药房连锁有限公司在常德地区开设了近百家连锁药店，目前在全国已经拥有700多家连锁药店，药品销售额已排在全国五十强，在上海、长沙等地设直营门店5家。目前九芝堂医药连锁有限公司已经将连锁药店开到了珠三角、湖北、四川、浙江、福建、辽宁、上海等地20余个城市，近200家。

2. 常德地区药品零售业发展特色

寻求多方合作，各具经营特色。在对外扩张的同时，常德几大药业连锁巨头在扩张方式方面也似乎"互通声气"，步调一致。

常德县药材公司武陵分公司与常德德源医药有限公司在常德城区联合开办了第一家开架药店"益丰大药房"，提出"买药有特价，打的也划算"的口号，很多消费者到"益丰大药房"排队购药。位于黄金宝地的两家"吉春堂药店"也不再争谁为正宗，本不将"益丰"放在眼里的"吉春堂人"，开始认识到"狼来了"，在汉寿、安乡通过实行控股经营、合作经营、加盟经营，短短几年，就发展为当地拥有零售门店最多的药品连锁企业。

"狼的野性和狡猾"使传统的药品营销模式受到了巨大的冲击，企业策划使"益丰大药房"获得空前成功。2000年8月初，常德市药材公司与长沙九芝堂股份有限公司联手组建常德九芝堂医药连锁有限公司，一举囊括了原常德市药材公司八大零售药店，包括聂振茂等"老字号"药店在内的直营店和加盟店一并成为九芝堂医药连锁药店。随后，常德九芝堂医药连锁有限公司分别新设芙蓉路药店、常蒿路药店、红旗路药店和银线店等，使其拥有的药店总数急剧增长。

湖南德海制药有限公司依托其最大股东——湖南洞庭水殖股份有限公司强有力的品牌、资金优势，成立湖南德海医药贸易有限公司，秉承"大病去医院，小病来我店"的经营理念，借鉴日本药界零售巨头八九君泽的"健康超市"的经营模式，先后开办了桃源店、德山店等20家直营店和西湖店、鼎城店等10家加盟店。

除了与国内零售企业的合作外，常德的零售巨头们还不约而同地展开了与国外零售巨头的合作，并随之采用了国外独特的药品零售经营模式。

3. 常德地区药品零售业存在的问题

（1）外地药店进常，相关问题凸显　一部分业内人士认为，常德本土药店纷纷向全国迈开扩张步伐，与常德本地零售市场的激烈竞争不无关系。常德本土药店"益丰""德海""瑞康""老吉春堂"等之间的竞争激烈，一些外来药店的进入更加剧常德零售市场的竞争。2006年初开始，"九芝堂""老百姓"等"外地虎"不约而同地在常德抢滩圈地，与常德本地药品连锁企业展开激烈竞争，上演了"虎口夺食"的市场争夺战，当时曾一度成为全国药品零售业界关注的焦点。

"九芝堂""老百姓"等外地药品零售企业都有其拓展计划。某药房目前准备采用直营、加盟"两条腿"的拓展方式，预计在常德再开20~30家连锁药店。某本土药店的负责人称，常德药品零售行业竞争原已达白热化程度，外地药店争先恐后到常德扎堆，无疑"往火堆上再添一把柴"。

(2)药店数量扩增,执业药师紧缺　常德零售药店数量极度膨胀,凸显执业药师紧缺的问题。据统计,在常德平均9家零售药店才有1名执业药师。据药品监督管理人士表示,常德地区执业药师的缺口3年内无法填补。然而,到2015年12月31日,从业药师执业处方药的资格将被废止。如果执业药师的配备难以到位,零售药店正常营业势必受到影响。常德职业技术学院是本土培养药学专业技术人才的摇篮,药学专业在招生就业方面极具优势和潜力。药学专业大专学生毕业5年后即可参加全国执业药师资格考试,如果药学理论知识扎实又掌握药学专业实践技能,通过努力与实践锻炼,至少有40%以上的药学专业毕业生可取得执业药师资格,此为缓解执业药师紧缺矛盾的重要途径。

思考题

1. 药品市场调查与预测的概念与作用是什么?
2. 试述药品市场调查和预测的内容。
3. 试述药品市场调查和预测的步骤与方法。
4. 简述药品市场调查报告的主要组成部分。

技能抽考项目一　抗感染药药品市场调查问卷设计

1.抽查内容

抗感染药市场调查问卷项目。要求被测学生根据给定的调查项目,设计一份药品市场调查的调查问卷。

2.考试要求

(1)技能要求　能熟练运用市场调研的相关知识分析给定的调查项目,确定调查目的与调查对象;调查问卷结构完整,内容充实,科学,符合调查需要;文字通俗易懂、简洁、措辞客观;问题清晰、具体、准确,紧扣主题,有趣味性;答案设置科学。

(2)操作规范及职业素养要求　服装整洁;字迹清晰;文字措辞亲切,态度诚恳。

(3)组考方式　利用提供的条件,在测试卡上设计一份调查问卷。

(4)考试时间　40分钟。

实训二　药品市场调查

【实训目标】

(1)学会药品市场调查的方法。

(2)掌握药品市场调查的步骤和内容。

【实训内容】

(1)市场需求调查。

（2）营销环境调查。

（3）产品销量调查。

【实训方法】

（1）确定市场调查的内容。

（2）制订市场调查计划。

（3）进行实地调查活动，做好记录。

（4）对资料进行整理和分析。

【实训作业】

（1）写出药品市场调查报告。

（2）交流调查报告。

第四章　沟通与销售技巧

学习目标

【知识目标】

掌握药品销售的概念,药品销售成交后的注意事项;熟悉药品销售接近、销售洽谈和销售成交的前期准备和技巧,药品销售障碍的处理原则和方法;了解药品销售的构成要素和基本原则。

【技能目标】

运用所学的知识技能完成一次药品销售的全程实践;学会销售接近、销售洽谈和销售成交的信号识别和技巧,药品销售成交后的心得体会的写作;懂得药品销售障碍的处理。

第一节　概　　述

一、药品销售概念与构成要素

(一)药品销售的概念

现代市场营销理论对药品销售的概念进行如下描述:所谓药品销售,是指药品企业销售人员在市场需求导向和经营观念指导下,运用各种有效销售技术和技巧,主动向潜在顾客介绍药品或服务,激发顾客的需求欲望,并说服其购买或接受服务,从而满足顾客需求并实现企业或个人营销目标的活动过程。掌握这一概念的完整意义应注意理解以下几点。

1. 药品销售的基本任务是说服

说服是药品销售人员以话语或其他形式将其意见传达给顾客,促使顾客作出反应,争取顾客认同其销售观点的一种人与人之间沟通的方式。顾客将药品销售人员传递的信息积累起来,就会引起注意,激发兴趣,从而产生有利于销售的行为。从这个意义上讲,药品销售的核心是说服,药品销售是人与人之间说服与被说服的活动过程。

2. 药品销售是一种互利互惠的活动

药品销售人员和销售对象都是销售活动的主体,都有各自特定的目的,必须同时满足主体双方的目的,如果单从其中任何一方出发考虑问题,交易就无法达成。世界著名销售专家海因兹·M·戈德曼认为:所谓销售,是要使顾客深深地相信,他购买你的产品会得到某种好处,也就是说,他能够得到产品的使用价值和实际利益。

3. 药品销售是一个过程

销售活动过程十分复杂,既包括卖者向买者传递信息的活动,又包括买者向卖者反馈信息的活动,从而构成卖者与买者之间信息双向沟通的过程。因此,整个药品销售活动就是一个发生在两个销售主体之间以及销售主体与销售客体之间的运动过程。

4.药品销售活动以服务为宗旨

为顾客服务,替顾客着想,千方百计地满足顾客的需要,解决顾客的问题是销售的根本宗旨。药品销售人员对顾客的服务意识与质量决定着销售的成败,因为药品的整体概念在企业和消费者中均已形成,服务是整体产品中必不可少的重要组成部分,人们对服务的要求会越来越高。这就需要药品销售人员不断增强服务意识并提高服务质量,否则,无论产品的技术含量多么高、内在品质多么好,都难以取得预期的效果。

(二)药品销售的构成要素

药品销售要素是指构成药品销售活动过程的内在基本因素,具体包括药品销售人员、销售对象和销售药品。药品销售人员、销售对象、销售药品三者之间相互依存、相互制约,共同构成了药品销售活动过程和药品销售矛盾统一体。

1.药品销售人员

药品销售人员有广义和狭义之分。广义上的药品销售人员包括药品生产经营企业中直接进行药品销售的人员,直接参与销售决策和管理的人员以及与销售业务相关的其他从业人员和从事采购、调拨等业务的人员。狭义上的药品销售人员专指直接从事药品销售的人员,一般指销售人员、医药代表和营业员。

2.销售对象

销售对象是药品销售活动中接受药品销售人员销售的主体,它不是指产品,而是指顾客,包括药品生产者、中间商、药品消费者三种身份的顾客。无论药品生产者、中间商,还是药品消费者,都有可能成为药品企业的准顾客、常顾客、潜在顾客或现实顾客。

3.销售药品

销售药品是销售活动的客体,既包括有形产品和无形产品,又包括服务和观念,是产品、服务、观念三个方面的综合体。

知识链接

不一样的结局

20世纪的一天,南太平洋上的一个岛屿来了两个分别属于英国和美国的皮鞋销售人员。他们分头在岛屿上跑了一圈,第二天各自给企业发回了电报,英国销售人员的电文:"此岛屿无人穿鞋,我将离开此地。"第三天,英国销售人员坐飞机回国。美国销售人员则"画"了一幅巨大的画竖立在沙滩边上,没有说明文字,画面上是当地模样的壮汉,脚穿着皮鞋,背着虎、狼、鹿等猎物,甚是威武。当地土著看了广告画以后,纷纷打听哪里能弄到壮汉脚上穿的东西。当年,美国销售人员所在的那家鞋厂在当地开辟了新市场,销量增加了17%;英国销售人员所在那家鞋厂则倒闭了。

二、药品销售的基本原则

美国销售协会对销售人员的道德准则指出:"销售人员在为本企业或委托人的利益服务的

同时,必须致力于一个更远大的目标,就是促进社会各种集团、机构和个人之间的交流与合作,以真实、准确、公正、负责的态度为顾客服务。"依据欧美国家惯例,药品销售人员在实际工作中应当遵守下列职业道德规范:对于自己所服务的企业及顾客必须一视同仁,平等对待;坚持真实和准确的原则,恪守普遍认可的社会公德;不得从事腐蚀政府机关和顾客代表的活动;不得有意破坏竞争对手和其他销售人员的声誉;不得有意传播虚假的或容易使人误解的信息。如此等等,对于我国药品业销售活动和广大药品销售人员具有很好的参考借鉴价值。

药品销售的基本原则有以下几点。

1. 实事求是

药品销售工作的实质是通过买卖双方的信息交流来达到销售企业药品,树立企业形象和信誉的目的。使药品销售活动获得圆满成功的基本前提在于所传播的信息必须真实准确,因而药品销售人员最起码的职业准则就是实事求是、诚实可信。药品销售人员只有遵守实事求是的行为准则,才能在与顾客进行信息交流时保持既报喜又报忧的公正态度。否则,严重的信息失真不仅使药品销售人员在顾客心目中名声扫地,而且会导致企业管理与生产决策上的失误。药品销售人员遵循实事求是这一规范时,应注意以下问题。

(1)把握先有事实、后有宣传的销售程序 向对方提供真实客观的产品和服务信息,切忌不顾事实真相,投其所好,或故弄玄虚,散布假消息,这样只能适得其反,给后面的销售造成不良影响。

(2)公开事实真相 药品销售人员应当在洽谈过程中报告来自各界的信息。真实是销售宣传的生命所在,缺乏真实就不能取得顾客的信任和支持,药品销售人员说话办事要求表里如一,不可投机取巧,所作所为都要经得起顾客的检查与事实的考验。

2. 讲究信用

我国有句俗语:"言必信,行必果。"无论是销售企业还是销售药品,讲信誉、守信用是至关重要的,如果一个药品销售人员连起码的信誉和信用都不讲,那么他所做的销售活动是注定要失败的。在与顾客交往过程中,销售一方只有特别重视自己的形象和信誉,才能在强手如林的市场竞争中保持优势。作为药品销售代表,每发布一条消息,签订一项合同,承诺一桩购销协议,都应当想方设法去兑现,而不做那种有口无心的"语言上的巨人,行动上的侏儒"。

讲究信用要以尽心尽责为出发点。那些玩忽职守、自由散漫、随便许诺的思想和行为,都是不符合销售岗位的工作规范的。目前,社会上对医药行业的销售人员及其销售行为感到反感,原因之一就是少数药品销售人员在事前事后言行不一,不讲诚信。

3. 遵纪守法

药品销售人员作为社会一分子,他的一切活动都置于一定的法律规范之内。这就要求药品销售人员具有强烈的法制观念,自觉遵纪守法,一切依法办事,真正做到知法、懂法、守法。药品销售人员法制观念的强弱,主要表现在遵纪守法和依法办事上。社会上有些人把销售工作仅仅看做是谈谈说说、吃吃喝喝、迎来送往,这种观点未免太偏颇。那种大手大脚、铺张浪费、慷公家之慨的做法,本身就是违背有关规章制度的。在实际销售活动中发布信息、签订合同都需要严格依法办事。事实上,人们也很难设想一个对法律法规一窍不通的人能成为一名出色的销售能手。

4. 廉洁奉公

药品销售人员每天与各类公众打交道,最有机会获取信息、技术和产品,因此药品销售人员必须遵守廉洁奉公、不谋私利的道德规范。药品销售人员的形象代表一家企业或一类产品的形象,他的一言一行直接关系到顾客的评价,如果他利用这种工作上的便利与机会,见利忘义,以公谋私,最终会受到别人的唾弃和鄙视。英国销售学会规定:"各会员不得有悖公众利益而为其私人利益服务。"显然,作为药品企业的销售人员,应当做到不贪污侵占、不行贿受贿、不收受一切不义之财,以兢兢业业的工作态度,为广大顾客提供优良的服务,用踏踏实实的销售绩效致力于提高企业和产品的知名度与美誉度。

5.爱岗敬业

药品销售人员爱岗敬业是对药品销售工作的高度热忱和强烈的进取心。没有爱岗敬业精神就不能克服销售中的种种困难,也不可能取得良好的成绩。只有爱岗敬业,才能使自己的聪明才智得到发挥,才能不断努力,实现更高的目标,才会有对企业和顾客的责任感,才能自觉抑制不良行为。爱岗敬业是最基本的职业准则。

第二节　药品的销售程序

一、药品销售接近

(一)药品销售接近概述

药品销售人员按照约定的时间、地点与顾客见面时,销售活动就进入到销售接近阶段。接近是实质洽谈的前奏,也是非常重要的一个步骤。接近的失败,也就是销售过程的终止。

1.销售接近的含义

所谓销售接近,是指药品销售人员向销售对象发出销售信息,进行销售联系和沟通销售关系的过程。这一过程所追求的绝非仅仅是在空间位置上与顾客的接近,更重要的是,通过药品销售人员的努力,设法缩短销售行为主体双方的心理距离,为随后的销售洽谈奠定良好的基础。

接近和实质性洽谈是两个不同阶段,但它们之间又存在联系。接近是实质性洽谈的前奏,应为实质性洽谈奠定良好基础;实质性洽谈是接近的继续,是更深入的接近。在实际销售过程中,接近和实质洽谈在时间上往往紧密相连,并没有特别明显的时间界限。

2.销售接近的目的

作为整个销售过程的一个阶段,接近有其特定的目的和任务。销售接近的主要任务:引起顾客注意;激发顾客兴趣;顺利转入实质性销售洽谈。

(1)引起顾客对药品销售人员和所销售药品的注意　现代营销是由销售行为主体双方共同推动的行为过程,主体双方行为的积极与否,对销售活动的发展有着决定的影响作用。在销售过程中,如果顾客具有购买热情,而销售人员却没有销售的主动性,这种销售就不称其为销售。相反,如果仅有销售人员的积极性,而没有顾客的购买热情,销售活动也是无法顺利进行下去的。因此,顾客的购买热情及其参与销售行为的积极性,是销售过程顺利发展的重要条件,而顾客购买热情的高低,首先又表现在顾客在多大程度上注意销售人员和他所销售的药品。

所谓的顾客注意,是指顾客心理活动对一定对象的指向和集中。顾客注意本身虽不是一种独立的心理过程,但它对心理活动起着积极的维持和组织作用,使人能及时地集中自己的心理活动,清晰地反映客观事物。只有顾客把注意力充分集中在销售人员本身和药品上,销售工作才能深入进行下去,销售人员才能有针对性地进行说服,并设法引导顾客的行为。因此,激发顾客的购买热情,吸引顾客必要的注意力,是销售人员接近顾客的目的之一。

销售人员在接近顾客的过程中要善于观察,因为人在高度集中注意时,常会有一些特殊的姿态和表情动作。销售人员应注意观察目标销售对象的表情、姿态、言行等,从细小处着眼,不放过任何机会,设法吸引顾客的注意力,努力使顾客对销售人员以及所销售的药品由注意向感兴趣方面发展。

(2)激发顾客对药品销售人员和所销售药品的兴趣 从消费心理学的角度讲,兴趣是人们购买热情的集中体现。因此,如果顾客对药品销售人员的宣传表现冷淡,不感兴趣,对所销售的药品没有任何兴趣,这样的顾客就没有购买热情。对药品销售人员来说,怎样才能使顾客在双方刚刚接近的短暂时间内把注意力集中在药品销售人员的产品上,使顾客对药品销售人员的宣传和所销售的药品发生兴趣和偏好,这是比较困难的事情。因此,在接近顾客的过程中,药品销售人员不仅要吸引顾客的注意,保持顾客的注意,还必须设法引起顾客的兴趣。引起顾客的兴趣,是整个销售过程的重要一环,药品销售人员应在此环节上动脑筋、下工夫。

(3)顺利转入销售洽谈 引起顾客注意和激发顾客购买兴趣,并不是接近的最终目的。从药品销售过程的发展来看,接近的主要任务是引导顾客自然而然地转入实质性销售洽谈阶段,以便促成交易。

由接近转入实质性洽谈通常并不困难,只要接近是有效的,引起了顾客的注意和兴趣,多数顾客就会很自然地要求药品销售人员进一步详细介绍医药产品和服务内容,打听成交条件,从而进入实质性洽谈阶段。

(二)销售接近前的准备

销售接近意味着药品销售人员要与顾客见面。这里所指的顾客,不仅包括陌生的顾客,也包括熟悉的顾客,不仅仅指药品消费者个人,还包括各类法人组织(医药公司、医院、药店等)。由于顾客不同,具体的准备工作内容也就有所不同,下面分别从接近不同类型顾客说明准备内容。

1.接近个人顾客前的准备内容

个人顾客是指销售对象为药品消费者个人或家庭消费用户。接近个人顾客之前,应该弄清楚以下情况。

(1)一般情况 包括顾客的姓名、性别、年龄、民族、籍贯、出生地、文化程度、职务(职称)、工作单位和居住地及其邮政编码、电话号码、经济收入状况以及宗教信仰等。

(2)家庭成员情况 药品消费者个人的购买决策在相当程度上受到家庭成员的影响,为此,药品销售人员应详尽地了解顾客的家庭状况及其成员的个人特征,包括家庭各主要成员的所属单位、职业、职务(职称)、收入状况,家庭成员的价值观念、特殊偏好、购买与消费时所受的参考群体的影响等个性资料。

(3)需求内容 包括顾客的购买动机,对药品或服务的需求的详细内容,需求所具备的特点,各种需求的重要性程度,顾客所具备的实际购买能力,购买的决策权限范围,购买行为在时间、地点、方式上的特点和规律等。

2.接近法人顾客前的准备内容

法人顾客与个人顾客在接近准备内容上有所不同,具体包括以下几个方面。

(1)一般内容　包括法人顾客的全称或简称、所属的行业,法人顾客的所有制形式、经营体制、隶属关系,顾客所在地点及其交通状况等一系列情况。

(2)生产经营状况　包括法人顾客的生产经营规模,成立的时间和演变情况,目前的法人代表和某些决策人物的姓名、电话号码、传真号码,甚至包括法人代表和主要决策者的家庭住址等一般情况。

(3)经营的范围、具体的药品及财务情况　包括所经营的具体的药品大类和药品项目的数量,经营的能力以及发挥的水平,药品的主要销售地及市场反映情况,药品的销售增长率及市场占有率,企业的管理水平,总体发展状况,竞争状况及药品定价的目标、策略等。

(4)组织状况　企业近期及远期的组织目标、规章制度、工作程序、组织机构的设置、职权划分情况、人事情况和人际关系以及主要领导人的作风等。

(5)购买行为情况　法人顾客的购买行为方面的情况包括:一般情况下由哪些部门发现需求或提出购买申请,由哪个部门与机构对需求进行核准与说明,由哪个部门与机构对需求及购买进行描述以及选择供应商,选择的标准是什么,法人顾客目前有几家供应商,供求双方的关系及发展前景如何,这些情况都需要药品销售人员进行深入地了解。

(6)关键部门与关键人物情况　对在组织购买行为与决策中起关键作用的部门和具体的人员等有关情况,药品销售人员应重点了解。

总之,在药品销售人员约见顾客前,只要时间和条件允许,应尽可能多地收集法人顾客的有关经营、组织、财务、人事、供应等方面的具体资料,并据此进行销售预测,以便设计出各种可行的销售方案,从中选择最恰当的方案付诸实施,促使药品销售活动的正常开展。

3.销售接近前的准备内容

对那些比较熟悉、经常购买本企业药品或服务的老顾客,药品销售人员在每次约见前也应做好准备工作。约见熟悉顾客的准备工作比陌生顾客要容易得多,但也不能疏忽大意,应认真对待。药品销售人员应准备的工作内容主要有两个方面。

(1)基本情况的补充　对原来所了解的顾客的基本情况,如果有不清楚的、不确切的、错的或遗漏的地方,在接近顾客前要对这些情况进行补充或修正,这样才能掌握更为全面准确的资料。

(2)情况的变化　不管是个人顾客,还是法人顾客,他们的需求、行为、经济状况等都会随着环境的不断变化而发展变化。因此,在接触顾客之前,药品销售人员都应该对原来所掌握的情况进行核查,发现情况有变,即可及时进行修正。尤其对企业的性质、经营机制、管理机制、人事、机构设置等的变动,更应密切关注,以便及时调整自己的行为,避免意外情况的发生。

(三)销售接近的技巧

在不同的销售活动中,药品销售人员在正式接近顾客时,要运用不同的技巧,使顾客认为有必要继续商谈,绝不能千篇一律。大量的实践表明,在双方最初的接触过程中,药品销售人员能否争取主动,对随后的洽谈有着十分重要的影响。怎样才能掌握正式接触时谈话的主动权,使接触顺利、自然地转入销售介绍呢?下面介绍几种主要的销售接近的方法。

1.介绍接近法

介绍接近法是指销售人员通过自我介绍或经由第三者介绍而接近销售对象的办法。介绍接近法又包括两种方法,一种是自我介绍法,另一种是他人介绍法。

(1)自我介绍法 在许多情况下,药品销售人员通过自我介绍的方法正式接近顾客。如"张院长,您好!我是某药品企业的代表,今天来是向您介绍我们企业治疗心力衰竭的新药"。自我介绍法是指药品销售人员自我口头表述,然后用名片、身份证、工作证来辅佐达到与顾客相识的目的。口头介绍可以详细解说一些书面文字或材料无法了解清楚的问题,利用语言的优势取得顾客的好感,打开对方的心扉;利用工作证、身份证,可以使顾客更加相信自己,消除心中的疑虑;名片交换非常普遍,给对方递上自己的一张名片也同样可以弥补口头介绍的不足,并且便于日后联系。

自我介绍法是最常见的一种接近顾客的方法,大多数药品销售人员都采用这种接近技巧。但是,这种方法很难在一开始就引起顾客的注意和兴趣。因此,通常还要与其他的方法配合使用,以便顺利地进入正式面谈。

(2)他人介绍法 有时药品销售人员还采用托人介绍的方法接近顾客。这种托人介绍法是药品销售人员利用与顾客熟悉的第三者,通过打电话、写信函字条,或当面介绍的方式接近顾客。在药品销售人员与所拜访顾客不熟悉的情况下,托人介绍是一种行之有效的接近方法,因为受托者跟顾客是有一定社会交往的人,如亲戚、朋友、战友、同乡、同学、老部下、老同事等,这种方式往往使顾客碍于人情面子而不得不接见药品销售人员。如"王先生,你的同事李先生要我前来拜访,跟你谈一个你可能感兴趣的问题"。这时,王先生可能会立即要知道你所提出的一切,这样你当然已引起了他的注意而达到了你的目的。同时,他对你也会感到比较亲切。但是,一定切记不要虚构朋友的介绍。

2.问题接近法

问题接近法主要是通过药品销售人员直接面对顾客提出有关问题,通过提问的形式激发顾客的注意力和兴趣点,进而顺利过渡到正式洽谈的一种方法。如"周主任,您好!上次您提出药品存在的不良反应问题,我咨询了技术专家,今天可以明确答复您"。药品销售人员在不了解顾客真实想法的情况下,直接向顾客提出,促使顾客思考有关问题,继而引发讨论来吸引顾客,从而转入销售洽谈。

问题接近法是药品销售人员公认的一种有效的方法。因为它符合现代营销学原理与销售本身发展的一般规律。提问不仅容易引起顾客的注意,还可引发双方的讨论,而在讨论的过程中,顾客的真实需求、意见、观点等就比较容易得到表露。销售人员在提问与讨论的过程中,就可能发现顾客的需求,并在一定程度上引导顾客去分析和思考,然后根据顾客对问题的反应,循循善诱地解答问题,从而把顾客的需求与所销售的药品有机地联系起来。

问题接近法虽然是比较有效的方法,但其要求也较高。药品销售人员在提问与讨论中应注意以下两点。

(1)提出的问题应表述明确 避免使用含糊不清或模棱两可的问句,以免顾客听来费解或误解。

(2)提出的问题应突出重点、扣人心弦 药品销售人员提出的问题,重点应放在顾客感兴趣的主要利益上。如果顾客的主要动机在于节省金钱,提问应着眼于经济性;如果顾客的主要动机在于求名,提问则应着眼于品牌价值。因此,药品销售人员必须设计适当的问题,把顾客的注意力集中于他所希望解决的问题上面,缩短成交距离。

3.好奇接近法

好奇接近法是指药品销售人员利用顾客的好奇心理达到接近顾客目的一种方法。从心理学的角度讲,好奇往往是和注意力联系在一起的,如果能激发顾客的好奇心,那么自然就能达到引起顾客注意和兴趣的目的。

📖 **知识链接**

美国销售人员的好奇接近法

美国一位保险销售人员一接近潜在顾客便问:"十磅软木,您打算给多少钱?"顾客回答说:"我不需要软木!"销售人员又问:"如果您正坐在一艘将要下沉的船上,您愿意花多少钱?"保险销售人员成功地引发了顾客的好奇心,然后阐明了这样一个观点:必须在实际需要出现之前就购买人寿保险。

好奇接近法在使用时应注意以下事项:①无论药品销售人员利用语言、动作或其他什么方式引起顾客的好奇心理,都应该与销售活动有关;②无论药品销售人员利用何种办法去引起顾客的好奇心理,必须真正做到出奇制胜;③无论药品销售人员利用何种手段去引起顾客的好奇心理,都应该合情合理,奇妙而不荒诞。

总之,好奇接近法是一种行之有效的接近方法。在顾客事实上已经认识到销售药品利益而又拒绝接近药品销售人员的情况下,可以首先唤起顾客的好奇心理,引起顾客的注意和兴趣,进而转入正式面谈。只要药品销售人员平时注意观察生活、思考问题、收集资料,总可以找到一些对顾客具有吸引力的新奇事物,作为接近顾客的有用桥梁。

4.馈赠接近法

馈赠接近法是指药品销售人员以一些小巧精致的礼品,赠送给顾客,进而和顾客认识并接近,借以达到接近顾客目的一种方法。药品销售人员接近顾客的时间十分短暂,利用赠送礼品的方法来接近对方,以引起顾客的注意和兴趣,效果也非常明显。

📖 **知识链接**

巧妙馈赠

一位药品销售人员到某公司销售药品,被拒之门外。女秘书给他提供一个信息:总经理的宝贝女儿正在集邮。第二天药品销售人员快速翻阅有关集邮的书刊,充实自己的集邮知识,然后带上几枚精美的邮票又去找经理,告诉他是专门为其女儿送邮票的。一听说有精美的邮票,经理热情相迎,还把女儿的照片拿给药品销售人员看,药品销售人员趁机夸其女儿漂亮可爱,于是两人大谈育儿经和集邮知识,非常投机,一下子熟识起来。

使用馈赠接近法应注意以下几点:①慎重选择馈赠物品,在进行准备时,药品销售人员应该设法了解顾客的喜好,了解顾客对赠送礼品行为的看法,了解顾客的需要;②礼品只是接近顾客的媒介,而不是愚弄欺骗顾客的手段;③赠送礼品必须符合国家有关规定及企业的有关制度,馈赠应该与广告宣传结合起来,积极扩大药品影响;通常,药品销售人员送给顾客的礼品应主要是馈赠广告品,即附在馈赠品上的广告,如广告挂历、广告扇、广告火柴、广告打火机、广告毛巾、广告保健品等;④所赠送的礼品最好要与所销售的药品有关系,因为这样一来完全可以在送礼品的同时,顺便提到你所想进行的交易;⑤送礼时还要讲究必要的礼节,考虑不同的场合,分清不同的时令。

5.利益接近法

利益接近法是指药品销售人员以顾客所追求的利益为中心,简明扼要地向顾客介绍药品的功能,能为顾客带来的利益,满足顾客的需要,达到正式接近顾客目的的一种方法。利益接近法着重渲染销售药品能给顾客带来的好处,符合顾客追求利益和满足需要的心理,因而能引起顾客的注意和兴趣,这是利益接近法的最大特点。

运用利益接近法时需要注意以下问题:①药品销售人员介绍药品优点以及能为顾客带来的实质性的利益,应本着实事求是的原则,如实宣传,切忌言过其实,蒙骗顾客;②药品销售人员还必须有足够的证据证明其介绍情况的真实性,否则,就难以取得顾客的信任;③利益接近法主要适用于销售各种生产资料、新药品或效益重大而又不为人所知的药品。

6.赞美接近法

赞美接近法也叫夸奖接近法,或恭维接近法,是指药品销售人员利用顾客的自尊心理来引起顾客注意和兴趣,进而转入面谈的接近方法。如"杨主任,我看到一篇关于您的科室在抗击非典中勇敢收治患者的专题报道,实在深受感动"。

著名的人际关系专家卡耐基在《人性的弱点》一书中指出:"每个人的天性都是喜欢别人赞美的。"赞美接近法就是药品销售人员利用人们希望赞美自己的愿望来达到接近顾客的目的。赞美接近法是指在顾客遇到喜事或者获得某项荣誉时,药品销售人员前去祝贺,用委婉赞美言词获得顾客的好感,以达到接近顾客的目的。以此方法接近自己的顾客,有时会收到意想不到的效果。因为,喜欢听好话是人们的共性。说好话的总比说坏话的人要受欢迎,而现实生活中的确又存在许许多多的值得人们赞美的人或事。人们在心情愉快的时候,很容易接受他人的建议,销售人员要抓住时机,正确地引导销售活动。

使用赞美接近法应注意以下几点。

(1)选择适当的赞美目标 药品销售人员必须选择适当的目标加以赞美。就个人购买者来说,个人的长相、衣着、举止谈吐、风度气质、才华成就、家庭环境、亲戚朋友等,都可以给予赞美;就组织购买者来说,除了上述赞美目标之外,企业名称、规模、药品质量、服务态度、经营业绩等,也可以作为赞美对象。如果药品销售人员信口开河,胡吹乱捧,则必然弄巧成拙。

(2)选择适当的赞美方式 药品销售人员赞美顾客,一定要诚心诚意,要把握分寸。事实上,不合实际的赞美,虚情假意的赞美,只会使顾客感到难堪,甚至导致顾客对药品销售人员产生不好的印象。对于不同类型的顾客,赞美的方式也应不同;对于严肃型的顾客,赞语应自然朴实,点到为止;对于虚荣型顾客,则可以使用发挥赞美的作用;对于年老的顾客,应该多用间接、委婉的赞美语言;对于年轻的顾客,则可以使用比较直接、热情的赞美语言。

(3)并不是所有的顾客都乐于接受药品销售人员的赞美 就是同一个顾客,在不同的销售环境里,在不同的心境下,对相同的赞美方式也会有完全不同的反应。事实上,有些顾客喜欢表现自己,尤其是在别人面前加以炫耀。这类顾客希望得到药品销售人员的赞美,药品销售人员冷落这类顾客便等于冷落自己;有些顾客不愿意药品销售人员品头论足、说三道四,尤其不喜欢药品销售人员触及自己的个人或家庭私事,认为药品销售人员的所谓赞美只不过是一种愚弄顾客的手段而已。因而,对药品销售人员的赞美不以为然,甚至十分反感。

7.求教接近法

求教接近法是指药品销售人员利用向顾客请教问题的机会,以达到接近顾客目的的一种方法。在实际销售工作中,药品销售人员可能要接近某些个性高傲的顾客,这类顾客自高自大,目空一切,唯我独尊,很难接近。但是,一般说来,顾客不会拒绝虚心求教的药品销售人员。这类顾客喜好奉承,销售人员若能登门求教,自然会受欢迎。

求教接近法对那些刚涉足销售生涯不久的年轻人来说,是一个比较好的方法。但在具体运用这种方法接近顾客时,应注意以下几个问题。

(1)美言在先、求教在后　药品销售人员事先要对顾客的专业水平及其特长有一定的了解,并加以肯定和赞美,然后再提出与所销售的药品有关的问题向顾客请教。其实,求教本身就是对顾客的一种抬举。若顾客果真为人师表,谦虚谨慎,销售接近的目的就容易达到。

(2)求教在前、销售在后　在使用求教接近法时,药品销售人员必须认真计划,使求教的问题与销售工作紧密地联系起来,以便在引起顾客的注意和兴趣之后顺利转入洽谈。

(3)虚心诚恳、洗耳恭听　在向顾客求教时,药品销售人员应该虚心学习,耐心听讲。有些药品销售人员养成了一些不好的习惯,只顾自己讲话,不让顾客发言,这是极端愚蠢的做法。更有些销售人员自吹自擂,自以为是,贬低同行,使顾客十分反感。因此,在任何情况下,药品销售人员都必须保持谦逊的态度,多赞美他人,多听顾客讲话。

求教接近法在药品的销售中采用得较多。因为在销售药品时,其销售对象大多数都是具有一定的专业知识,了解所需的药品的功能、药效、质量等有关方面知识的人员。因此,药品销售人员如果以求教的方式去接近销售对象,不仅能够满足顾客被尊重的心理需要,也容易受到欢迎。

8.药品接近法

药品接近法也是药品销售人员与顾客第一次见面时经常采用的主要方式。药品接近法也称为实物接近法,是指药品销售人员直接把药品、样本、模型摆在顾客面前,使对方对其销售的药品引起足够的注意与兴趣,进而导入洽谈的接近方法。

这种方法的关键之处在于,要凭借药品的用途、性能、色彩、造型、味道等特征来取代销售人员的口头宣传。让真实的药品本身去作介绍,这种做法更符合顾客的认识与购买心理,因此接近顾客的效果比较好。药品接近法最适用于那些具有特殊吸引力和不同特征的药品。

除此之外还有调查接近法、搭讪与聊天接近法等。药品销售人员要在销售实践中不断研究、创新各种接近顾客的方法。

知识链接

令人震惊的事实

某人寿保险销售人员弄到一位顾客的照片,请摄影师加以修描,使照片里的主人看起来更衰老。销售人员走进那位准顾客的办公室,递上那张修描过的照片,问道:"先生,今天您打算为这位老人做点什么呢?"

还有一位人寿保险销售人员利用一项统计资料接近顾客:"据官方最近公布的人口统计资料,目前有一件值得人们关切的事实:平均有90%以上的夫妇,都是丈夫先妻子而逝,因此,你是否打算就这一事实早作适当安排呢?最安全可靠的办法,当然是尽快买下合理的保险。"

二、药品销售洽谈

(一)药品销售洽谈概述

1.药品销售洽谈的概念

所谓药品销售洽谈,也称销售介绍,是药品销售人员运用各种方式、方法、手段与策略去说服顾客购买药品的过程,是药品销售人员向顾客传递销售好处并进行双向沟通的过程。药品销售洽谈是整个销售过程进入实质性阶段的标志,也是关系到整个销售成效、销售成败的关键环节。

2.药品销售洽谈的目的

整个药品销售阶段,就好像一条节节相连的链子,而药品销售洽谈则是其中最重要、最困难和最微妙的环节,药品销售洽谈的目的有两个。

(1)持续强化顾客对药品的兴趣,并竭力进行销售介绍 销售介绍时药品销售人员不能进行主观的强迫销售,而要与顾客协商,帮助顾客发现、理解自己的所需,然后再进行适当的销售建议,将药品推荐给顾客。

(2)使顾客的兴趣转化为购买欲望,进而作出购买决定 兴趣是顾客心理上因为注意而引起的情感状态,它只表示对药品销售人员所提供的药品的一种关切心情,但未必能保证他一定会购买。所以,药品销售人员在引起注意、激发其兴趣之后,还要让顾客充分认识药品所具有的满足其需求和解决其问题的功能及价值,进而加强顾客对药品的信心,坚定其购买信念。

(二)药品销售洽谈的原则

要想取得药品销售洽谈的成功,在药品销售洽谈过程中必须遵循五个原则:针对性原则、参与性原则、科学性原则、鼓动性原则、倾听性原则。

1.针对性原则

所谓针对性原则,是指药品销售洽谈要服从销售目标,使洽谈具有明确的针对性。坚持针对性原则要求药品销售人员做到针对销售药品的种类和特点、针对顾客需要、针对顾客购买的个性心理和决策思路、针对顾客价值心理和策略进行销售洽谈。

(1)针对销售药品的种类和特点 不同种类的药品,有不同的功用、属性,同类药品中每个药品各有其特点,因此必须针对药品的种类、特点确定销售重点,药品销售人员应根据销售药品的特点设计、实施洽谈方案,突出药品特色,增强洽谈说服力。

(2)针对顾客需要 顾客在选购各类药品时,都会有其不变的大方向。这个大方向就是顾客追求的核心利益点。例如,购买办公机器是为提高公务处理的效率及合理化,购买生产设备是在提高生产效率等,顺着大方向去满足顾客的要求,能使您的展示、介绍因其较强的针对性而更能打动顾客的心。

2.参与性原则

参与性原则是指药品销售人员设法鼓励和引导顾客积极参与销售洽谈,促进信息的双向沟通。

坚持参与性原则要求药品销售人员尽量与顾客同化,以消除其心理防线。在实际营销活动中,药品销售人员要与顾客打成一片,急顾客所急,想顾客所想,表现出与顾客同样的兴趣和爱好、同样的习惯和背景等都是与顾客同化的方法,其作用在于取得顾客的认同感,消除销售阻力,提高洽谈效率。

销售就是沟通,沟通的最高境界就是目标一致,达成交易。

人际沟通有三个要素:话题、语调和身体语言。那么如何发挥各个要素的作用,提高沟通的效果呢? 要领就是模仿,通过投其所好,制造和谐气氛,达到沟通模式尽可能与沟通对象保持一致。就是说对方习惯用什么方式,你就用什么方式配合。

销售是买卖双方的事,调查显示,若销售人员一方"口说",顾客一方"耳听",事后,洽谈内容在顾客的脑海中只能留下10%的印象和记忆,而让顾客参与面谈,所获得的印象则会大大提高。因此切忌销售人员说顾客听的单向式沟通方式,应鼓励、引导顾客发表意见,请顾客观察或试用药品。

3.科学性原则

科学性原则是指药品销售人员在销售洽谈中要坚持客观性和灵活性。坚持客观性、灵活性要求药品销售人员必须辩证地看待顾客和销售的药品。

(1)药品销售人员应该辩证地看待顾客的个体差异。针对顾客的不同需求实施不同的销售洽谈,即因人而异是保证销售洽谈科学性的前提和基础;另外,绝对不能因为自己某些不愉快的经历而对某些种类的顾客抱有成见。事实上,世界上没有十全十美的顾客,也没有完全不讲道理的顾客,问题的关键在于药品销售人员是否找到了洽谈的切入点与洽谈方法。

(2)药品销售人员不但应辩证地看待销售的药品,而且也应该让顾客辩证地看待销售的药品。任何药品不可能优越无比,也不可能一无是处,药品销售人员应能突出销售药品的优点,也能客观地承认销售药品的缺点。养成"药品介绍三段论法"习惯,可以大大提高销售洽谈的科学性、有效性。

📖 知识链接

药品介绍 JEB 三段论法

JEB 三段论法首先说明药品的事实状况(just fact),其次将这些事实中反映的药品性质加以解释说明(explanation),最后再在此基础上阐述药品利益及它所带给顾客的利益(benefit)。熟悉这种介绍药品的三段论法,可以使销售洽谈增强系统性、逻辑性、科学性而变得更有说服力。

在以上 JEB 的药品说明方法中,销售人员若能将利益的部分与在前面销售原则中分析的准顾客关心的利益点结合一致,那么他就能成为一名利益的销售者,这是迈向顶尖销售人员的唯一道路。

JEB 药品介绍方法有两个重点:一是用三段论的介绍方法;二是销售人员对药品知识的充分了解。在这两个重点实施过程中,关系 JEB 方法强弱的有两个关键点:一是"竞争力",即越是能够多列举药品特殊性越能赢得顾客,取得良好的洽谈成果;二是"销售力",对第二步骤 E 及第三步骤 B 越是能巧妙地阐述者,越具有销售力。

4.鼓动性原则

销售洽谈既是说服的艺术,也是鼓动的艺术。洽谈成功与否,关键在于药品销售人员能否有效说服和鼓动顾客,鼓动性原则是指药品销售人员要在洽谈中用自己的信心、热情和知识去感染、激励顾客,促使准顾客采取购买行动。

销售洽谈中,销售介绍的鼓动性会大大提高销售洽谈成功的概率。销售人员要用鲜明、形象、生动的语言调动顾客的感情,用事实和逻辑的力量折服顾客的理智,以提高销售洽谈的鼓动性效果。

(1)药品介绍要清楚、准确 药品销售人员对药品的成功介绍,能够使顾客对药品有全面的认识和了解,从而激发顾客的兴趣,增强顾客的购买意向。成功的药品介绍所具备的基本特征是语言清楚、准确。

(2)晓之以理、动之以情、刺激需求 晓之以理、动之以情,就是向顾客详细指出使用这种药品能够得到多少利益,理智地帮助顾客算细账,使顾客确信他所购买的药品是合理的。因此,药品销售人员在销售洽谈中既要善于调动顾客的理性需求,又要善于激发顾客的感性需求动机,做到有的放矢,双管齐下。

5.倾听性原则

设法成为好的聆听者是重要的销售洽谈技巧。美国通过对几千名销售人员的研究,发现好的销售人员所遇到的顾客严重反对的机会只是差的销售人员的1/10。这是因为,优秀的销售人员在销售洽谈中对顾客提出的任何问题不仅能给予一个比较圆满的答复,而且能选择恰当的时机进行答复。懂得在何时回答顾客异议的销售人员会取得更大的成绩。而要及时了解顾客的想法、异议并对之作出反应,首先必须是一个好的聆听者。

销售洽谈中遵循倾听性原则,成为一个好的聆听者必须做到以下几点。

(1)认真倾听、分析对策 药品销售洽谈中,准顾客会成为意愿表达者、疑问提出者,但每个进入洽谈的顾客首先会成为每个销售人员的听众。成为听众的顾客,会不时产生各种不同的反应,或由言语传达出来,或经表情及动作显现。优秀的药品销售洽谈人员必须能够敏锐地看出顾客的反应,并依据反映情况构思应变方法。

(2)抑制争论的念头、不要打断顾客谈话 一个优秀的药品销售人员必须善于激发顾客的"表达欲望和参与热情",尤其要善于激发顾客表达异议、疑虑,甚至不满,以便从中发现问题的症结,从而"对症下药"。药品销售人员应避免的现象是打断顾客的话,匆匆为自己辩解,竭力证明顾客的看法是错误的,这很容易激怒顾客,并会演变成一场争论。

(3)表现出兴趣 使顾客相信你在注意聆听他的讲话、重视他的看法的最好方式,是耐心真诚地发问和要求阐明他正在讨论的一些论点。无人聆听会让顾客产生挫折感。药品销售人员必须把与顾客的洽谈当做网球比赛,而不是高尔夫球比赛,因为在网球比赛里,两位球员互相影响、互相作用、互为牵扯;但是在高尔夫球比赛中,两个人各自打球,其中一人打球时,另一位仅是等待。洽谈时千万避免高尔夫球比赛形式。

(三)药品销售洽谈的技巧

药品销售洽谈过程就是药品销售人员说服顾客购买的过程,药品销售人员说服顾客要把握三个方面:一是向顾客传递药品信息,使顾客对药品及交易条件有充分的了解,为购买决策提供依据;二是激发顾客的兴趣,让顾客喜欢你的药品;三是刺激顾客的购买欲望,诱导顾客产生购买行为。

销售洽谈介绍药品的方法很多,归纳起来可分为提示法与演示法两大类。

1.提示法

药品介绍提示法主要是指药品销售人员通过直接提示法、间接提示法,动议提示法、明星提示法、逻辑提示法、积极提示法和消极提示法等不同的方法,提示顾客的购买动机,促使其作出购买决策,产生购买行为的销售洽谈方法。

(1)直接提示法　是药品销售人员开门见山,直接劝说顾客购买其所销售的药品。这是一种被广泛运用的销售洽谈提示方法,这种方法的特征是销售人员接近顾客后立即向顾客介绍药品,陈述药品的优点与特征,然后建议顾客购买,因而这种方法能节省时间,加快洽谈速度,符合现代人的生活节奏,所以很具优越性。

在运用直接提示法时应注意以下几点:①提示要抓住重点,首先提示药品的主要优点与特征,进而提示顾客的主要需求与困难,然后直接提出解决的途径与方法,最后直接诉诸顾客的主要购买动机与想要获得的主要利益;②提示内容要易于被顾客了解,采用直接提示法时,所提示的内容尤其是提示的药品的特征与优点应该明显突出,显而易见,或经过解释能被顾客理解;③提示的内容应针对顾客的个性,不同的顾客有不同的需求、不同的购买动机与购买行为。只要顾客需要并愿意购买,不应挑明与顾客的矛盾之处,说话要注意含蓄。

(2)间接提示法　是指药品销售人员运用间接的方法劝说顾客购买药品,而不是直接向顾客进行提示等。例如,可以虚构一个顾客,可以一般化的泛指。使用间接提示法的好处在于间接提示法可以暗示一些不太好直接提出的动机与原因,从而可以使顾客感到轻松、合理,容易接受销售人员的购买建议。所以,间接提示法在药品销售洽谈中也得到广泛的应用。

运用间接提示法的一般步骤:①虚构或泛指一个购买者,不要直接针对面前的顾客进行提示,从而减轻顾客的心理压力,开展间接销售;②使用委婉温和的语气与语言间接地讲述购买动机与购买需求,尤其是对于一些比较成熟、自认为聪明、自视清高的顾客,效果会更好;③时刻注意控制销售洽谈的过程与内容,虽然是间接提示,但也不能脱离销售主题,更不能不着边际地举例;④最后也要在洽谈后期采取直接提示法,以更好地把握机会。

(3)动议提示法　是指药品销售人员直接建议顾客立即采取购买行动的洽谈方法。当一种观念、一种想法与动机在顾客头脑中产生并存在的时候,顾客往往产生一种行为的冲动。这时,如果销售人员能够及时地提示顾客实施购买行动,效果往往不错。例如,当一个顾客觉得某个药品不错时,药品销售人员觉察到并及时提示顾客:"要订货最好是快点,不然因为订货太多,就难以保证交货期了。"只要提示及时合理,效果一般不错。

在运用动议提示法时应注意以下几点:①动议提示的内容应直接诉述顾客的主要购买动机;②为了使顾客产生紧迫感也即增强顾客的购买动机,语言必须简练明确;③应分辨不同的顾客,对于那些具有内向性、自尊心强、个性强等特征的顾客均不可以使用动议提示法。

(4)明星提示法　是药品销售人员借助一些有名望的人来说服、动员顾客购买药品的方法。明星提示法充分利用了一些名人、名家、名厂等的声望,可以消除顾客的疑虑,使药品销售人员和销售的药品在顾客的心目中产生了明星效应,有力地影响了顾客的态度,因此,销售往往有效。

在应用明星提示法时应当注意以下几点:①提示所指的明星(名人、名家等)都必须有较高的知名度,为顾客所了解;②所提示的明星必须是顾客公认的,而且是顾客所崇拜尊敬的;③所提示的明星与其所使用及消费的药品都应该是真实的;④所提示的明星与所销售的药品应有必然的内在联系,从而给销售洽谈气氛增强感染力与说服力。

(5)逻辑提示法　是指药品销售人员利用逻辑推理劝说顾客购买的方法。逻辑提示法符合购买者的理智购买动机。它通过逻辑的力量,促使顾客进行理智思考,从而明确购买的利益与好处,并最终作出理智的购买选择。

在运用逻辑提示时应注意以下几点：①逻辑提示法的适用顾客必须具有较强的理智购买动机；只有那些文化层次较高、收入一般或财力较薄弱、倾向于条理化思维、意志力强的顾客才可能具有理智性动机，因而可以对他们运用逻辑推理提示法；②要针对顾客的生活与购买原则进行推理演示，药品销售人员应尽最大可能分析和了解顾客具体的购买动机与购买逻辑，从而说服顾客购买；③做到以理服人，逻辑推理之所以有力量，也就是因为它是科学的，符合科学原理的，所以，销售人员必须了解科学技术，了解药品所依据的科学原理，掌握科学的思维与说理方法，使自己的销售介绍与销售洽谈建立在科学道理的基础上，做到以理服人；④掌握适当的销售说理方式，发挥逻辑的巨大作用，药品销售人员应从实践中总结几种有效的销售说理的方式；⑤洽谈过程中应做到情理并重，对顾客既晓之以理，又动之以情，促使顾客的购买行为合理化，从而使顾客较快地采取购买行为。

（6）积极提示法　是药品销售人员用积极的语言或其他积极方式劝说顾客购买所销售药品的方法。所谓积极的语言与积极的方式可以理解为肯定的正面的提示，热情的语言、赞美的语言等会产生正向效应。

在运用积极提示法时应注意以下几点：①可以用提示的方式引起顾客注意，先与顾客一起讨论，再给予正面的、肯定的答复，从而克服正面语言过于平坦的缺陷；②坚持正面提示，绝对不用反面的、消极的语言，只用肯定的判断语句；③所用的语言和词句都应是实事求是的，是可以证实的。如"欢迎参加我们公司的送医送药下乡活动，专家诊疗全免费，药品安全又实惠"。

（7）消极提示法　是指药品销售人员不是用正面的、积极的提示方法说服顾客，而是用消极的、不愉快的，甚至是反面的语言及方法劝说顾客购买药品的方法。

消极提示法包括遗憾提示法、反面提示法等，它运用了心理学的褒将不如贬将、请将不如激将的道理。消极提示法比较难以驾驭和把握，实施时应注意以下几点：①明确适用对象，反面提示法只适用于自尊心强、自高自大、有缺陷但不愿让人揭短、反应敏感、爱唱反调的顾客；②刺激适度，语言的运用要特别小心，做到揭短而不冒犯顾客，刺激而不得罪顾客，打破顾客心理平衡又不令顾客恼怒；③提示要针对顾客的主要购买动机，药品销售人员应在反面提示后，立即提供一个令顾客满意的解决方案，使销售人员的坦率、善意与服务精神打动顾客，形成良好的洽谈氛围，将洽谈引向交易。

2.演示法

日本丰田汽车公司一个不可动摇的原则："一个优秀的销售人员不只靠产品说话，而且要善于利用各种销售工具。"通常顾客是听凭销售人员对药品的介绍来购买药品的，如果药品销售人员备有促销的工具，则更能吸引顾客，激发他们的兴趣和好奇心，引发他们的购买欲。人们有"耳听为虚、眼见为实"的心理，演示法正是很好地抓住了人们的这种心理，从而在销售实践中取得非同凡响的效果。

演示法就是药品销售人员通过操作示范或者演示的途径介绍药品的一种方法，根据演示对象即销售工具的类别可分为药品演示法、文字与图片演示法、证明演示法、视听演示法等。

（1）药品演示法　是指药品销售人员通过直接向顾客展示药品本身说服顾客购买的洽谈方法。销售人员通过对药品的现场展示、操作表演等方式，把药品的性能、特征、优点表现出来，使顾客对药品有直观的了解。

药品演示法的作用有两个方面：一是形象地介绍药品，有助于弥补言语对某些药品，特别是技术复杂的药品不能完全讲解清楚的缺陷；二是起证实作用，药品演示法可以制造一个真实可信的销售情景,耳听为虚,眼见为实,直观了解。

　　药品销售人员要善于进行示范,通过刺激顾客的感觉,包括听觉、视觉、触觉、嗅觉、味觉来吸引顾客,具体的演示技巧有以下几种。①对比:拿销售的药品与竞争药品或老药品进行比较,凡是能说明销售药品的优良性能、先进功能等优点、特点的,都可拿相应的药品进行对比。②体验:让顾客试用。③表演:让药品处于运动、使用状况。④展示:把药品的结构、原材料、功能等展现在顾客面前。⑤写画:对无法携带的药品,销售人员可使用"写画"的方式向顾客示范,如在谈到药品的外形时,可用笔在纸上素描轮廓等。⑥参观:让顾客参观生产现场,以加深对药品的印象。松下幸之助认为,让人参观工厂是销售产品最快最好的方法之一。

　　(2)文字与图片演示法　是指药品销售人员通过展示用以介绍与赞美药品的有关文字、图片等资料,来劝说顾客购买的演示方法。在不能或不便直接展示药品的情况下,药品销售人员使用精心制作、印刷精美的图片,能更加强烈地突出药品的特点,产生良好的说服力和感染力,使顾客通过视觉加深印象,直接引发顾客的购买欲。

　　在应用文字与图片演示时应注意以下几点:①注意收集关于本药品的销售性文字与图片资料,如药品的生产许可证、药品的质量鉴定文件、药品技术说明资料、报纸杂志等关于药品与销售人员的文章与图片、顾客的表扬信、对药品消费前后的对比资料和追踪调查统计资料等,收集资料时应尽量注意资料的相关性、系统性、准确性、权威性与销售性;②做好资料的整理与展示准备工作,对收集到的资料、素材,应遵循两个原则进行整理:一是充分地展示药品与销售人员的优点;二是针对顾客的主要购买动机、习惯与购买障碍,使经过整理的资料达到图文并茂、更突出药品的形象,使人看后有强烈的感觉、知觉、认识上的刺激与震动,留下深刻的印象;③使用时应注意目标市场顾客的特点,如图片的模特、情景环境、文字说明等要符合顾客的需求特点与偏好。

　　(3)证明演示法　是指药品销售人员通过演示有关证明资料劝说顾客购买销售药品的方法。现代销售成功的关键是取信于顾客,销售证明材料是取信于顾客的重要销售洽谈工具。销售证明材料是多种多样的,如药品的生产(经营)许可证文件、药品质量鉴定文件、药品技术说明资料、报纸杂志等关于药品与销售人员文章与图片、顾客表扬信、对药品消费前后对比资料和追踪调查统计资料、市场调查报告、专家内行证词、权威机构的评价、获奖证书、专营证书等。这些销售证明资料通过第三方的肯定、认可或赞誉而令顾客信服。因此,证明演示法几乎是所有销售洽谈都要使用的洽谈方法。

　　(4)视听演示法　销售洽谈的方法很多,现代科技的发展与信息传递技术的研究,使销售的提示与演示方法更如雨后春笋般层出不穷。如录音、录像、电影、电视、音响、幕景、幻灯、电脑等现代视听演示能够最大限度地调动顾客各种感觉,特别是视觉、听觉。销售人员通过这些辅助手段,不仅可以生动、真实、可信地塑造药品的形象,富有吸引力地向顾客传递药品信息,而且充分利用顾客的感情,活跃了销售气氛,从而使平淡的销售介绍变得饶有趣味,具有强烈的感染力。

　　(5)其他演示工具　可供销售人员运用的销售演示工具、演示方法还有药品价目表、各企业同类药品比较表、买主名单一览表、报纸杂志有关本企业的报道等。

　　销售人员销售的药品不同,所运用的销售工具也不同。药品销售人员要根据自己的销售特点、环境条件等去准备和运用各种销售工具。一个皮包里装满销售工具的销售人员,一定能对顾客提出的问题给予满意的回答,顾客也会因此而相信并放心购买。

三、药品销售成交

(一)药品销售成交的内涵与原则

1.成交的内涵

所谓成交,是指顾客接受销售人员的销售建议及销售演示,并且立即购买销售药品、下订单的行动过程,也就是顾客与销售人员就销售药品的买卖商定具体交易,只有成功地达成交易,才是真正成功的销售。成交是销售人员的根本目标,成交是整个销售工作的核心。

(1)药品销售成交是一个独特的过程　销售成交要靠销售人员和顾客共同完成。此时,对于顾客而言,在决定接受销售人员的建议而购买药品之前需要一系列的反应判断过程,这个过程包括以下三个阶段。第一阶段是顾客对销售建议和销售药品的肯定过程。销售人员对顾客异议进行答复后,若顾客作出肯定反应,成交就进入初始阶段,如果顾客没有作出肯定反应,说明在整个销售过程仍然存在销售障碍,还需要继续分析原因,排除障碍。第二阶段是对销售建议和销售药品的信息转化过程。即使顾客作出了肯定反应,也未必能导致交易行为的实现,这是销售人员运用销售技巧促使顾客达成交易的关键过程。第三阶段是顾客采纳销售建议并决定立即购买销售药品的行为过程。从以上三个过程的分析可以看出,成交是一个不断发展和变化的过程。

(2)药品销售成交是销售活动的根本目标　成交是销售的最终目标,是整个销售工作的核心,成交前所做的工作都是为了实现这一目标。因此,任何一个药品销售人员,即使前期工作做得再好,如果不能很好地抓住这一关键环节,其最终的结果只能是销售失败,前功尽弃。当然,只有有了前期工作的铺垫,销售工作才能顺利地过渡到成交阶段。

(3)药品销售成交是整个销售活动的关键一环　销售的目的是达成交易,所有的前期工作都是为这一目的所服务的。因此,销售成交便成为整个销售活动的最关键所在。许多药品销售人员之所以失败就是因为在这一环节上缺乏系统训练,计划不周、不能准确地把握成交时机,或者就是过于心急而导致"大意失荆州"。因此,在销售的成交阶段,药品销售人员必须要有高度的职业敏感性,善于察言观色,熟练识别各种成交信号和促成交易的技巧,抓住顾客显露的购买意向,促成交易。

2.成交的原则

销售成交的原则是药品销售人员在销售成交阶段开展工作的指导思想,它规范着销售人员围绕成交所进行的一切活动,同时又指导着销售成交工作的正常进行。销售成交的基本原则有真情实愿原则、说服鼓动原则、辩证统一原则和灵活机动原则。

(1)真情实愿原则　是销售成交的核心问题。它要求药品销售人员在与顾客达成交易过程,要言而有信,即说实话、凭实据、卖真货,本着信誉第一及对顾客负责的精神开展销售工作,不弄虚作假欺骗顾客。

(2)说服鼓动原则　销售成交是销售工作的尾声,也是最关键的环节。因此,销售成交的关键阶段,药品销售人员自己一定要有足够的自信,并且热情地对待任何顾客,用自己的真诚和熟练的业务、药品知识去感染顾客,激起他们的购买欲望,达成最后的成交。

(3)辩证统一原则　销售成交是药品销售人员与顾客双方达成交易的共同行为和一致行动,它涉及药品质量、价格、交货时间等诸多问题。辩证统一原则就是要求药品销售人员在销售成交过程当中,遵循辩证统一的观点,客观地、全面地、联系地、发展地看待与销售成交相关的一些问题。

（4）灵活机动原则　在销售成交工作中，由于销售因素，如药品、时间、空间、环境等都处于不断地变化之中，这就使得药品销售人员难以用统一的格式去处理问题。因此，药品销售人员在成交阶段必须遵循灵活机动原则，随机应变，具体问题具体分析，灵活处理所遇到的各种问题。

销售中坚持灵活处理来自顾客的心理疑问，贴近顾客需求，从而有利于增强顾客的购买信心；有利于销售人员灵活处理来自顾客的各种异议，及时转化异议，促成交易；有利于销售人员灵活综合运用各种销售策略及技巧，有针对性地进行销售。

（二）销售成交的信号与条件

1.成交信号的识别

销售沟通进行到一定程度，顾客可能会产生浓厚的需求欲望，并逐步下定购买决心。顾客会或明或暗地通过语言信息或非语言信息表露出购买的意向，这种信息称为成交信号。这时，销售人员要善于捕捉这些信息，抓住时机，促成交易。尽管成交信号并不必然导致成交，但可以把成交信号的出现当做促成成交的有利时机。

在实际销售工作中，顾客出于所处地位的特殊心态，为了达成自己所提出的交易条件，往往很少直接表明购买意图，因此成交信号的发现和确认，需要销售人员有良好的观察力判断力。顾客所表现出来的成交信号可以从以下几个方面进行观察和识别。

（1）从顾客的询问及措辞中观察　当顾客有采取购买行动的意向时，往往会通过向销售人员的直接询问表现出来，例如："是否可以分期付款？""你们公司的售后服务有何保障？""如果我们购买，你们可以给我们多少折扣？""不错，挺实用的！""别人也曾建议我买这种药品。"

从上述例子中不难看出，当顾客有购买意向时，往往会通过一定语言信号暗示出来，可以把这种信号总结为以下几类：①询问售后服务问题；②询问交货时间和限制条件等；③询问关于药品的使用性能及注意事项等；④询问关于价格折扣问题；⑤询问药品的运输、储存、保管等问题；⑥对药品的包装、颜色、规格等提出修改意见与要求；⑦用假定的口吻与语句谈及购买；⑧对药品进行赞赏。

如果顾客从提出异议、问题转为谈论以上内容时，药品销售人员可以认为顾客在发出成交信号。

（2）通过顾客的动作、表情等非语言信息进行观察　顾客的动作、表情等非语言信息往往能比较真实地显示购买意图和决心，但是非语言信息更微妙，更具有隐蔽性。

一是动作，药品销售人员可以通过观察顾客的动作识别顾客是否成交的倾向。因为一旦顾客完成了认识与情感过程，拿定主意要购买药品时，他会觉得一个艰苦的心理过程完成了。于是，他会出现与销售人员介绍药品时完全不同的动作。①由静变动：原先顾客采取静止状态听销售人员讲解，这时会由静态转为动态，如仔细端详或触摸药品、翻动药品等。②动作由紧张变轻松。③由单方面动作转为多方面动作：顾客从多个角度观察药品，翻看说明书。④有签字动作：如顾客出现找笔、摸索口袋、靠近订货单、拿订单看等，这都是很明显的购买动作信号。

二是表情，人的面部表情不容易捉摸，眼神更难猜测。但经过反复观察与认真思考，药品销售人员仍然可以从顾客的面部表情中读出成交信号。①眼神变化，眼睛转动由慢变快；②眼睛发光，变得神采奕奕；③腮部放松，由闭口沉思或托腮变为明朗轻松，活泼友好；④情感由冷漠、怀疑、深沉变为自然、大方、随和。

（3）顾客征求其他人意见　如果访问的对象是一位经理（院长），谈到一定程度，拿起电话打给供应科长（药剂科科长）："高科，你过来一下，有点事商量。"如果访问的对象是一位采购处长，谈到一定程度，拿起电话打给总经理："陈总，您有时间吗？我有点事情想要征求一下您的意见。"这都是成交信号。

（4）反对意见中透露的成交信号　有时，虽然顾客有购买意图，但仍然会提出一些反对意见或疑问。这些反对意见或疑问不同于访问初期的排斥与异议，它们很可能是一种信号，说明对方有达成交易的意图。例如："这种药真的有那么好的效果吗？""看来，你们的药品在包装和外观造型上还要做进一步改进。""你能保证我随时可以找到你吗？假如贵公司再换一位销售人员，你所做的承诺还能兑现吗？"

2.成交的条件

对销售人员来说，与顾客达成最后的交易是一件复杂而又困难的工作。达成交易虽然绝非易事，但也并不神秘。顾客由注意、兴趣到实际购买，通常都表现为一个渐进的过程。任何购买，一般都需要具备一些基本的条件。

（1）药品条件　顾客要产生购买行为，必须要首先对销售药品有充分的了解。只有顾客充分了解药品，认识到其优点及效用后，才产生购买欲望。因此，销售人员应该具备足够的药品知识，能准确地向顾客介绍本药品，这是销售成交的一个先决条件。

（2）价格条件　顾客了解药品后，接下来关心的就是价格问题了。在这里，药品销售人员要牢记一点，就是不要轻易让价。轻易让价通常会让顾客产生对销售人员的不信任，产生异议，甚至会有吃亏上当的感觉，从而阻碍成交工作的继续进行。

（3）信赖程度　药品销售人员在销售药品时，同时也是在销售一个企业。因此，要想顾客接受销售药品，首先必须要顾客对企业本身产生好感和信赖，如果没有这种信赖，即使你的药品再好，顾客也可能会犹豫。

（4）购买欲望　顾客必须要有购买欲望，销售人员才能促使顾客作出购买决定，但不能代替顾客作出决定。因此，药品销售人员必须做好销售的前期工作，使顾客产生购买欲望。

（5）购买权力　顾客必须要具有购买权力，这是销售成交的一个重要条件。因此，在销售活动开始时，药品销售人员一定要直接找有购买权力的顾客接触。否则，销售就不能达成最后的成交。

（6）心理条件　这里的心理条件是指药品销售人员的心理。在销售成交的关键阶段，往往有些药品销售人员易出现情绪上的过分紧张，以至冒昧行事而前功尽弃。因此，药品销售人员应该保持良好的情绪，防止在成交的关键时刻出现大的情绪波动而丧失成交机会。药品销售人员应该具备良好的心理条件，即使在关键时刻仍能保持正常的心态，不紧张、不自卑、沉着、冷静，并且能根据环境的变化调整好自己的心态。

（三）药品销售成交的技巧

在顾客通过多种形式表露出购买欲望时，药品销售人员要抓住时机，给予适当的提示，这样做会加快和坚定顾客的购买决心，以促成销售成交。促成销售成交的技巧很多，但要因人而异，因地制宜。

1.请求成交法

请求成交法又称之为直接成交法，这是药品销售人员向顾客主动地提出成交的要求，直接要求顾客购买销售药品的一种方法。这种方法适用于顾客已有明显购买意向仍在拖延时间的情况,也适用于一开始提出很多问题,经过销售人员解释,已提不出什么,但仍不愿主动开口说购买的顾客。

"何经理,您刚才提出的问题都解决了,这次您打算购买多少?"

"高院长,既然没有什么不满意的地方了,就请在这里签个字……"

"你真是一位爽快人,现在签订合同吧。"

"刘主任,谈了大半天,您很忙,我也该告别了,您要求什么时候交货?"

(1)使用请求成交法的时机　若顾客对销售的药品有好感,也流露出购买意向,发出购买信号,可又一时拿不定主意,或不愿主动提出成交的要求,药品销售人员就可以用请求成交法来促成顾客购买。

有时候顾客对销售的药品表示兴趣,但思想上还没有意识到成交的问题,这时药品销售人员在回答了顾客的提问,或详细地介绍药品之后,就可以抓住时机,提出请求,让顾客意识到该考虑购买的问题了。

(2)使用请求成交法的优点　使用请求成交法可以很快地促成交易;可以充分地利用各种成交机会;可以节省销售的时间,提高工作效率;可以体现一个销售人员灵活、机动、主动进取的销售精神。

(3)请求成交法的局限性　请求成交法如果应用的时机不当,可能给顾客造成压力,破坏成交的气氛,反而使顾客产生一种抵触成交的情绪,还有可能使药品销售人员失去成交的主动权。

(4)使用请求成交法注意事项　在使用请求成交法时,应在顾客发出明显购买信号后提出请求,并且态度要主动,提出成交时应注意心理上不自卑,神态上不紧张。若发现顾客心理压力太大,可以适当采取减压措施。

请求成交法对老顾客比较适用。药品销售人员了解老顾客的需要,而老顾客也曾接受过销售的药品,因此老顾客一般不会反感销售人员的直接请求。

2.假定成交法

假定成交法也可以称为假设成交法,是指药品销售人员在假定顾客已经接受销售建议,同意购买的基础上,通过提出一些具体的成交问题,直接要求顾客购买销售药品的一种方法。例如:"黄总,既然一切都满意,那我们就这样决定,马上准备送货了。""李厂长,借用一下你办公室电话,告诉公司下星期给您送货来。""顾太太,我帮您把这些药包好,然后去给您拦车辆。"

(1)假定成交法的适用性　假定成交法适用于老顾客、中间商、决策能力层次低的顾客和主动表示要购买的顾客,对于不熟悉的顾客要慎用。

(2)假定成交法的优点　假定成交法避免了与顾客讨论决策问题,减轻了因决策给顾客带来的心理压力;避免因顾客的反复而拖延销售时间,提高了销售效率;把顾客的成交信号直接过渡到成交行动,把向顾客进行的成交暗示转变为明示。

(3)假定成交法的缺点　假定成交法也有其局限性。假定成交法使药品销售人员有明显的强者姿态,可能产生过高的成交压力,破坏成交气氛;另外,假定成交法还可能使药品销售人员失去回旋余地。因为这种方法的前提是药品销售人员假定顾客没有任何成交异议,一旦顾客确实存在问题尚未解决,会导致顾客反感而拒绝购买。所以,它不利于药品销售人员处理异议与继续排除顾客的购买障碍。

(4)使用假定成交法应该注意的问题　使用假定成交法时,首先必须看准顾客类型,准确判断顾客发出的成交信号,只有判定顾客必定购买时才能发出成交请求。其次,要注意尽量用委婉温和与商量的口吻说出肯定的语言,使销售气氛更为融洽。

3. 选择成交法

选择成交法是指销售人员直接向顾客提出若干购买的方案,并要求顾客选择一种购买方法。例如:"高处长,这个月的计划您是订 800 件,还是 1000 件?""江总,我们是礼拜二送货还是礼拜三送货?""陈科长,您是要大包装的呢还是要小包装的?"

这些都是选择成交法。药品销售人员在销售过程中应该看准顾客的购买信号,先假定成交,后选择成交,并把选择的范围局限在成交的范围。选择成交法的要点就是顾客回避要还是不要的问题。

(1)选择成交法的优点 选择成交法可以有效减轻顾客的心理压力,从而制造良好的成交气氛。从表面上看来,选择成交法似乎把成交的主动权交给了顾客,而事实上是让顾客在一定的范围内进行选择,可以有效地促成交易成功。

(2)选择成交法的缺点 选择成交法在使用时,可能产生一定的成交压力,不利于促成交易;再者,这种方法要求药品销售人员对顾客的需要能有效把握,如果提出不适宜的方案则往往使自己陷于被动。

(3)使用选择成交法应该注意的问题 药品销售人员所提供的选择事项应让顾客从中作出一种肯定的回答,而不要给顾客拒绝的机会;在顾客提出选择时,要当好顾客的参谋与顾问,如讲解各种方案的优劣与资金预算,讲解购买数量与运输费用的关系等。

4. 小点成交法

小点成交法又叫做次要问题成交法,或者叫做避重就轻成交法,是一种先在一些次要的、小一点的问题上与顾客达成购买协议或取得一致性看法,再逐步进行大笔交易方法。小点成交也属于试探成交,如"赵院长,这是几件药品样品,您先试销,卖出以后再付款"。

使用小点成交法时,药品销售人员必须事先做好准备,明确成交步骤,即洽谈时从小到大、从外围到核心、从次要到主要的步骤。另外,必须要合理选择小点,注意小点问题与大点的联系,从而以小促大。最后,要注意不要回避顾客异议,否则可能引起顾客误会。

5. 优惠成交法

优惠成交法又称为让步成交法,指的是药品销售人员通过提供优惠的条件促使顾客购买的一种方法。

(1)优惠成交法的适用性 优惠成交法主要适用于求利心切而又是在同行购买者中有影响的顾客;以药品生产企业大批量生产可以降低成本的药品的销售;或为配合企业的促销活动而进行的系列决策。

(2)优惠成交法的优点 优惠成交法是企业销售竞争的一种手段,是吸引大顾客、扩大药品影响的好办法。使用优惠成交法可以较快结束销售并达成交易协定,可以在短时间内销售一些不容易销售的药品以加快资金回笼。

(3)优惠成交法的局限性 优惠成交法在价格条件上给予顾客优惠,减少了企业销售收入;影响销售人员和所销售药品的市场定位;容易给顾客造成优惠心理定势,为以后的销售带来消极影响。

(4)使用优惠成交法的注意事项 在使用优惠成交法时,药品销售人员应注意要服从企业的整体营销策略(如市场定位策略)和企业的其他促销活动,不能滥用优惠条件。

6.保证成交法

保证成交法是指药品销售人员直接向顾客提出成交保证,使顾客立即购买的一种方法。所谓成交保证就是指药品销售人员对顾客所允诺担负交易后的某种行为。如"您放心,货我们2月14日前一定给您送到。万一您认为质量有问题,我们负一切责任,并免收一切费用"。

(1)保证成交法的优点　保证成交法减轻了顾客的心理压力,缓和了成交气氛。销售人员向顾客作出保证和承诺,承诺的问题往往是顾客都比较重视、关心或者还存在疑虑的问题,得到销售人员的承诺后,顾客会松一口气,放下心中的疑虑。使用保证成交法推进了成交的进程,节省了时间。当顾客得到销售人员对自己所关心的问题作出的承诺时,会很快作出购买决定,从而推进了成交的进程。保证成交法有利于拉近销售人员和顾客的距离,使顾客对销售人员产生信任,从而为以后的销售奠定良好的基础。

(2)使用保证成交法的注意事项　在使用保证成交法时,药品销售人员要注意对顾客作出的保证一定要切实可行,是自己力所能及的,以免最后自己难以兑现,失信于顾客。另外,作出的保证一定要和公司制度相吻合,要从全局考虑后再对顾客作出承诺,以免先例一开,对公司的整体营销计划造成影响。

7.从众成交法

从众成交法也叫做排队成交法,利用顾客的从众心理,让顾客觉得大家都买了,自己也应该购买,这是一种最简单的方法。例如,可以直接告诉顾客有很多人进行了购买了;可以拿一些顾客的购买订单故意让顾客看见;可以利用预选准备好的各种布局,让顾客相信有很多人购买;可以用各种药品畅销的例证,使顾客了解药品的实际价值和购买者的众多等。

(1)从众成交法的优点　人们都有不同程度的从众心理,当顾客了解到很多顾客已经购买了某个药品后,无形中会产生一种压力与紧迫感,因而会很快下决心购买。从众成交法可以利用一部分顾客的购买行为引发整体大批量订货,如果运用得好,可以取得较大的销售成绩。

(2)从众成交法的局限性　应用从众成交法时,有可能转移顾客的注意力,把顾客的注意力从药品上转移到关心有多少顾客已经购买了这种药品上来,从而可能导致忽视了主体双方的沟通;有可能导致顾客盲从而引发不良后果,引发争议。另外,由于顾客消费心理多样化,在一些竞争激烈的药品市场内,从众销售可能引发顾客的一种反从众心理,对销售造成消极影响。

(3)使用从众成交法的注意事项　使用从众成交法应该准确地选好中心顾客,才能说服其他顾客跟随购买;销售中,用例证证明有大量顾客购买,而不是单纯口头上去说,例证可以是订单,也可以是具体的单位或个人,也可以是大家都熟悉的人,例证要有充分的说服力。值得提醒的是,药品销售人员要有良好的职业道德,不能伙同同伙欺骗顾客从众购买。

8.其他成交法

销售成交的方法很多,除了以上几种外还有试用成交法、最后机会成交法、提示成交法、激将成交法、分段成交法等。

(四)销售成交的后续工作

1.销售成交以后

销售成交并不意味着销售工作的结束。药品销售人员只有做好销售成交后的一系列工作,才能真正地保证企业的根本利益,并能与顾客建立良好的合作关系。

(1)成交协定的完善工作　买卖双方达成成交协定方能称为成交。成交后,双方将实现药品和货币的交换,即货款回收。随着市场竞争的日益激烈,很多药品企业更加重视售后服务。成交协定达成后,仍要一丝不苟地完成其后续工作。

药品生产经营企业一般都有自己的购销协议书,也就是说售货方已经将协议的各项条款拟定好了,顾客只要签字即可生效。在签订协议之前,药品销售人员应该向顾客充分的解释协议书中的各种条款,使顾客能够充分地了解协议内容,消除心中的疑虑。

(2)按合同要求即时供货 在接到订单后,药品销售人员要按照要求及时组织供货。在公司备有货物的情况下,药品销售人员需要处理办理出库单、验货、运输等一系列工作,以保证交货期、货物量、药品质量能符合合同规定。

(3)正确处理顾客抱怨 抱怨是每个销售人员都会遇到的,即使你的药品非常好,也会受到爱挑剔的顾客的抱怨。当然,顾客的抱怨也并非事出无因,这种抱怨大多数都是由于药品销售人员所销售的药品或服务存在着这样或那样的缺陷,这些缺陷在顾客使用药品的过程中逐渐暴露出来了,于是就引起了顾客抱怨。

倾听顾客的不满,是销售工作的一个部分,并且这一工作能够增加药品销售人员的利益。对顾客的抱怨不加理睬或对顾客的抱怨错误处理,将会使药品销售人员失去顾客。

药品销售人员应该认真地对待自己听到顾客的每一个抱怨。应该首先明白一点,销售人员所听到的也许只是顾客抱怨中的沧海一粟,能及时反映不满的顾客只是极少的一部分,但在实际存在的问题中比较是相当大的。那么这样看来,药品销售人员及时地发现顾客的抱怨,并认真地对待就显得尤为重要了。

2. 保持关系

销售成交工作的完成,只能说明顾客一次购买的完成,药品销售人员需要和顾客建立良好的关系,作出更扎实的努力,稳住老顾客,吸引新顾客。优秀的药品销售人员都善于同顾客建立良好的顾客关系。既要保持同已购买顾客的关系,又要同未及时购买的顾客保持关系。建立良好顾客关系的基本方法:①日常联系要紧密;②继续关注顾客的需求;③创造再销售机会。

3. 售后服务

售后服务是指销售成交后为顾客或用户提供的各种劳务服务的总称,它是整个销售工作中最重要的一项内容。销售为什么能够成交?无非是顾客信任销售人员的销售,预计成交以后,使用销售药品的过程中将会满足他的需求。但实际上是否能满足他的需求只有实际使用过程中才能得到证实。从这个意义来说,售后服务是药品终身的服务。没有售后服务的销售,是一种不成功、不文明的销售。

(1)送货上门服务 对购买较为笨重、体积庞大的药品及购买商品量过多的顾客,或有特殊困难的顾客,均可提供送货服务。

(2)知识及技术咨询服务 随着科学技术的日新月异,药品寿命周期缩短,新的药品层出不穷,药品的技术含量不断提升,导致在使用、消费、保管中的技术难点、知识难点不断增加。因此,销售后要为顾客提供必要的咨询服务,以保证销售药品使用功能的全面发挥。

(3)包装服务 良好的包装既方便顾客携带,也是重要的广告宣传工具。如在包装材料上印上企业名称、地址和 LOGO,加深顾客对企业的印象和情感,同时也可以让更多的人看到这些标记,增加企业的知名度。另外,包装上的创意也是一种促销手段,如礼品包装及一些特殊形象包装等。

第三节　药品销售障碍

一、销售障碍的分类

大多数情况下,顾客在药品销售人员介绍销售重点后会提出不同意见、看法、观点和各种问题,并以此作拒绝购买的理由。被顾客用作拒绝购买理由的各种意见、看法、问题叫做顾客异议或称为销售障碍。

顾客异议是销售洽谈过程中的必然反应。如果顾客没有注意,或者不想继续注意销售介绍的话,那么顾客就会采取回避态度,会毫无表示地走开或者继续他原来注意的事。顾客异议是药品销售人员进行销售洽谈时追求的一个预期效果,很多有经验的药品销售人员正是以一种期待的心理等待顾客发表异议。如果顾客没有提出异议,又不采取购买行为的话,说明销售活动只能结束了。顾客异议具有两面性:一是可能成为成交的障碍,如果提出异议的顾客没有得到满意的答复,他就不可能采取购买行动;二是顾客提出异议也为交易成功提供了机会,如果药品销售人员能够恰当地解决顾客提出的问题,使他们对药品及交易条件有充分的了解和认同,就可能产生购买意向。药品销售人员应该设法引导顾客公开异议,认真分析并及时总结,采取恰当方式妥善处理异议,克服顾客为成交设置的种种障碍,取得最终的成功。

(一)需求异议

需求异议是顾客自认为他根本不需要销售的药品而产生的异议。例如,一个身体健康的人就不需要治疗糖尿病的药,一个糖尿病患者才想得到最好的治疗糖尿病的药。如果你对一个没有糖尿病的人极力推荐治疗糖尿病的药,即使你费尽心机,你面对的顾客也不会需要你所销售的药品。

几乎在每次销售时顾客都会对其需要产生异议。批发商和零售商可能提出异议,声称他们已经买了很多你正在销售的药品,而这些人实际上是觉得不需要该药品。

特别是对于新上市的药品,需求的异议更易于出现。因此在销售一种新的药品时,你必须向顾客说明药品所提供的独特利益及药品的优点。

如果在事先药品销售人员已经对顾客的需求进行了解、审查与确认的话,这种异议并不难处理。如果药品销售人员确认顾客没有对销售药品的需求,应立即停止具体的药品销售活动;如顾客确实存在着对销售药品的需求,但提出异议时,应针对具体情况给予处理,如进行解释、说明和诱导等。

(二)支付能力异议

支付能力异议是指顾客认为他支付不起购买药品所需的款额。表现方式:"药品确实不错,但是我们无钱购买""我很想买,但钱不够""最近资金周转有点紧张,很对不起""您说的,我相信,但价格贵,我买不起""如能在资金上通融一下,我们还是很想进货的"等。

对于顾客的财力异议,药品销售人员应根据在资格审查与资信审查中的不同情况分别处理:①如确属无支付能力的顾客,药品销售人员应立即停止销售洽谈并吸取教训;②如属有支付能力的,应该继续找出真正的异议,再分析情况有针对性地进行处理。

(三)决策权力异议

决策权力异议是指顾客表示无权对购买行为作出决策的异议。上门销售时,顾客有时会当面说道:"这件事咱做不了主,需要跟院长、经理商量再决定。"有的顾客干脆交代:"订货的事我无权决定。"类似这样的言语称之为决策权力异议。药品销售人员应仔细鉴别,针对以下不同情况作出处理:①如果顾客所说属实,药品销售人员应立即跟踪,并在面前顾客的帮助下,找"权力先生"再进行销售;②如果药品销售人员觉得在销售洽谈中了解顾客复杂的权力关系太麻烦,从销售的经济效益看不合算的话,就应该停止销售;③如果药品销售人员事先没有发现会出现权力问题的话,则应该及时总结销售审查阶段的教训;④如属虚假异议,则应找出原因并加以处理。

(四)药品质量异议

药品质量异议是指顾客对药品质量不满而提出的异议。在洽谈过程中,当顾客对你所销售药品的质量、规格、品种、设计式样、包装等方面提出反对意见时,表现顾客对药品有了异议。药品质量异议是一种常见的顾客反对意见,一旦顾客已经了解自己真实的需求,但是担心眼下这种药品不能满足自己的需求,必然会产生某种异议。产生这一异议的原因同样也是复杂的,它可能由于药品自身的不足,但大多数来自顾客的主观因素,如顾客的文化素质、认识水平、消费习俗、购买方式以及其他各种社会成见。

(五)价格异议

价格异议是指顾客认为药品价格过高或过低而提出的异议。价格异议是顾客最常见的一种异议,因为顾客一般对药品的价格最为敏感,这与顾客的切身利益直接相关。所以许多顾客在产生购买欲望之后,首先就对价格提出异议。如生活中常常看到顾客对药品销售人员抱怨:"你这价格太高了!"接下来便是买卖双方讨价还价的激烈舌战。在大多数情况下,价格异议来自于外部环境因素、顾客的消费习惯及购买经验、广告宣传、社会公众的舆论倾向、顾客的自身素质和认识水平、价格政策和价格竞争等方面。

(六)信用异议

信用异议是指顾客认为药品销售人员的信用度低,或者对药品销售人员所代表的企业的信用度表示怀疑而产生的异议。销售信用度的高低是一个时间函数,良好的信誉需要长时期的积累才能形成,但一时一事可以将长期积累的信用丧失殆尽;在销售洽谈中出现信任异议时,药品销售人员立即给予直接的明确的答复,决不能有任何的含糊与犹豫。稍有迟疑或反应太快、太敏感,都会使顾客的怀疑加大。因此,处理顾客信任异议的关键是要依赖药品销售人员的素质、企业的历史和名声以及销售人员临场镇定与自信;要对异议及时处理,要为顾客寻找法律上的保护,以便让顾客放心。

除此以外还有交货期异议、销售人员异议、服务异议、购买时间异议等。

二、药品销售障碍处理原则和策略

药品销售人员不能限制或阻止顾客异议,只能设法加以控制和引导。在控制和引导中应把握以下原则。

1.情绪轻松、避免紧张

药品销售人员要认识到异议是必然存在的,在心理上不可有反常的反应,听到顾客提出异议应保持冷静,不可动怒,也不可采取敌对行为,应当继续以笑脸相迎,同时了解反对意见的内容、要点及重点,一般多用下列语句作为开场白。"我很高兴您能提出此意见""您的意见非常合理""您的观察很敏锐"等。

当然,如果要轻松地应付异议,药品销售人员必须对药品、公司政策、市场及竞争者有深刻的认识,这些是控制异议的必备条件。

2.认真倾听、真诚欢迎

药品销售人员听到顾客所提出的异议后,应对顾客的意见表示真诚的欢迎,并聚精会神地倾听,千万不可加以干扰。此外,药品销售人员必须承认顾客的意见,以示对其尊重,这样当你提出相反意见时,顾客也容易接纳你的提议。

3.重述问题、证明了解

药品销售人员向顾客重述其所提出的反对意见,表示已经了解。必要时可询问顾客,其重述是否正确,并选择反对意见中的若干部分予以诚恳的赞同。

4.审慎回答、保持友善

药品销售人员对顾客所提的异议必须审慎回答,应以沉着、坦白及直爽的态度,将有关事实、数据、资料或证明以口述或其他方式送交准顾客,以解决问题。假如不能解答,就应当承认,不可乱吹。

5.尊重顾客、圆滑应付

药品销售人员切记不可忽视或轻视准顾客的异议,以避免引起准顾客的不满或怀疑使交易谈判无法继续下去。药品销售人员也不可能赤裸裸地直接反驳准顾客,如果粗鲁地表示反对,甚至指责其愚昧无知,会使顾客受到伤害,双方的关系将永远无法弥补。

6.准备撤退、保留后路

应该明白顾客的有些异议是不能轻而易举解决的,不过洽谈时所采取的方法对于双方将来的关系会有很大的影响。如果认为一时不能成交,那就应设法敲开今后重新洽谈的大门,以期再有机会去解决这些分歧。因此,要时时做好遭遇挫折的心理准备。如果还想得到最后胜利的话,在这个时候便应做好"理智地撤退",不可露出不快的神色。

三、药品销售障碍的处理

对于药品销售活动中遇到的顾客异议,高度技巧性的处理方法绝对必要。而处理顾客异议所使用的方法,应根据异议的类型及原因来确定。常见处理顾客异议的策略技巧很多,现在介绍五种,药品销售人员应根据销售活动当时的实际情况进行选择。

(一)转折处理法

1.转折处理法的含义

转折处理法又称为间接处理法或但是处理法,是销售工作的常用方法,是指药品销售人员根据有关事实和理由来间接否定顾客的意见。应用时并不直接反驳顾客的异议,首先承认顾客的看法有一定道理,也就是向顾客作出一定让步,然后用一个转折词讲出自己的看法。在使用过程中要尽量少地使用"但是"一词,而实际谈话中却包含着"但是"的意思,这样效果会更好。只要你灵活掌握了这种方法就会保持良好的洽谈气氛,为自己的谈话留有余地。

2.转折处理法的优点

转折处理法的优点:①顾客比较愿意接受;②能够保持良好的销售洽谈氛围;③使销售人员有较大的活动余地;④成功的可能性较大。

3.转折处理法的缺点

转折处理法的缺点:①是一种热处理方法;②给顾客的异议增加了分量;③会使销售人员的形象受影响。

(二)转化处理法

1.转化处理法的含义

转化处理法又称为利用处理法或自食其果处理法,是指药品销售人员利用顾客的反对意见本身来处理其异议。药品销售人员要能利用其积极因素去抵消其消极因素。

2.转化处理法的优点

转化处理法的优点:①能够使销售介绍一针见血;②正视顾客异议。

3.转化处理法的缺点

药品销售人员直接利用顾客的异议进行转化,会使顾客产生一种被人利用与愚弄的感觉,可能会引起顾客的反感、恼怒与失望,从而迫使顾客重新考虑购买模式与决策。用这种技巧时应讲究礼仪,绝对不能伤害顾客的感情,一般不适用于与成交有关的或敏感性强的反对意见。

(三)以优补劣处理法

1.以优补劣处理法的含义

以优补劣处理法又称为补偿处理法、抵消处理法或平衡处理法。世上没有十全十美的东西,所谓"金无足赤,人无完人",说的就是这个道理。如果顾客反对意见的确切中了你的药品或你公司所提供的服务中的缺陷,你千万不可以回避或直接否定,明智的方法是肯定有关缺点,然后淡化处理,有利于使顾客作出购买决策。

美国著名的销售专家约翰·温克勒尔在他的《讨价还价的技巧》一书中指出:"如果顾客在价格上要挟你,就和他们谈质量;如果对方在质量上苛求你,就和他们谈服务;如果对方再在服务上提出挑剔,你就和他们谈条件;如果对方在条件上逼近你,就和他们谈价格。"老练的销售人员总是坦率地承认自己销售药品尚有某些不尽如人意的地方,但更相信药品的优点会让顾客轻视甚至忘掉这些缺点,从而作出购买决策。

2.以优补劣处理法的优点

以优补劣处理法的优点:①方法比较辩证,以优补劣处理法立足于事物的二重性,使销售洽谈更具有辩证法的特性,表现了销售人员诚恳的工作态度及为顾客着想的服务精神,因此,能够创造出良好的人际关系与销售洽谈的气氛;②能够使顾客的心理达到平衡,以优补劣处理肯定了顾客的异议,又通过摆事实讲道理的销售洽谈使顾客认识到购买的利益,可以使顾客在理智与情感两个方面得到满足,能够使顾客获得心理平衡;③面谈效果更好,以优补劣处理法在药品销售人员直接努力洽谈下,使顾客认识到销售药品的优点与购买的实际利益,又给予一定的补偿,可以起到相辅相成,互相加强的效果。

3.以优补劣处理法的缺点

以优补劣处理法的缺点:①可能产生负效应,由于以优补劣处理法必须首先承认与肯定销售药品的不足,肯定顾客异议的客观性,这样可能会引发顾客对销售药品的误会,助长顾客对异议的坚持,对销售的药品失去信心;②可能会增加异议处理的困难,如果滥用以优补劣处理法,不加分析地肯定顾客的异议,可能会使原来无效的异议变成有效异议;使原本对药品的不足之处了解不深的顾客加深认识;在药品销售人员的肯定下,顾客可能坚持异议而要求改正,因此,可能给销售洽谈带来很大的困难;③影响药品市场形象,在顾客没有充分了解销售药品优点的情况下,在销售人员没有使顾客充分认识到购买对顾客是有利的情况下,滥用以优补劣处理法会使顾客认为销售人员理亏,可能影响药品销售企业及销售人员的形象与市场定位,影响药品销售企业及销售人员的信誉。

(四)反驳处理法

1.反驳处理法的含义

反驳处理法是指药品销售人员根据比较明显的事实与理由直接反驳顾客异议的一种处理策略,从理论上讲,这种方法应该尽量避免使用。直接反驳对方容易使气氛变得不友好,使顾客产生敌对心理,不利于顾客接纳药品销售人员的意见。但如果顾客的反对意见是产生于对药品的误解或你手头上的资料可以帮助你说明问题时,你不妨直言不讳,但要注意态度一定要友好而温和,最好是引经据典,这样才最有说服力,同时又可以让顾客感到你的信心,从而也就增强了顾客对药品的信心。

2.反驳处理法的优点

反驳处理法在实际运用中,可以增强药品销售人员洽谈的说服力量;可以增强顾客的信心;可以节省销售洽谈的时间,提高销售洽谈的效率;可以给顾客一个简单明了的、不容置疑的解答。正确地、灵活地运用反驳处理法可以较好地处理异议。

3.反驳处理法的缺点

如果处理不好,药品销售人员在直接反驳顾客意见时,可能会使顾客认为自尊心受到伤害;会使销售洽谈的双方情绪受到影响;使原来良好融洽的洽谈气氛受到破坏;可能给顾客增加不必要的心理压力;可能使顾客产生对药品销售的正面冲突,甚至会激怒顾客,从而使销售洽谈陷于困境。因此,反驳处理法可能使顾客在原来异议的基础上,又增加来自销售一方的新异议,给销售洽谈增加新障碍。

4.反驳处理法的实例

顾客提出你的售价比较贵,如果你的公司实行了销售标准化,药品的价格有统一标准,你就可以拿出目录表,坦白地指出对方的错误之处。例如,在顾客表明异议后,销售人员立即对顾客说:"您的看法不对,因为……""您的消息过时了""您说的价格是昨天的价格,今天的价格是……"等。

(五)询问处理法

1.询问处理法的含义

询问处理法的含义又称为提问处理法,或追问处理法,是指药品销售人员通过对顾客的异议提出疑问,进而处理异议的一种方法和策略。在实际的销售活动中,有的异议仅仅是顾客用来拒绝购买而随手拈来的一个借口,有的异议与顾客的真实想法完全不一致,有的异议的真实根源很难判断,这时可以用提问的方法进行处理。

2.询问处理法的优点

询问处理法的优点:①可以更好地了解顾客,药品销售人员可以通过询问进一步了解顾客,了解顾客异议的心理活动规律,了解顾客个性特点,尤其是面对了解不够的顾客,进一步询问可以为以后的销售洽谈奠定基础;②可以建立良好的销售洽谈气氛,如果询问处理法运用得好,必然带有请教的含义,可以使顾客了解药品销售人员,可以在较轻松的环境下使顾客提供更多的信息,可以使销售洽谈成为关于问题的探讨与研究活动,可以更好地体现药品销售人员的人品与态度,更好地体现药品销售人员把顾客摆在第一位置的销售理念,使销售活动有一个良好的人际关系和洽谈气氛;③给销售人员更大的机会,通过提问,使药品销售人员有了思考的机会与察言观色的时间,有了从多个方面了解顾客的可能性,有了更多的与顾客进行洽谈的理由,药品销售人员与顾客洽谈的时间越长,涉及的内容越多,销售洽谈成功的可能性就越大;④可以使药品销售人员变得更加主动,询问法可以使药品销售人员从被动倾听顾客申述异议,变成主动提出问题,主动地与顾客探讨问题,从而主动地引导销售洽谈的进行。

3. 询问处理法的缺点

询问处理法的缺点:①会引起顾客不满,一般情况下,当顾客有异议时,都希望能够得到药品销售人员的直接答复或者得到帮助,但是,询问处理法要求药品销售人员向顾客提问而不是回答顾客的提问,因此,顾客可能会因为希望落空和不停地被追问,而导致不满,甚至产生抵触情绪;②可能使顾客有心理压力,如果药品销售人员在提问时不注意,容易使顾客产生被审问的感觉,如果顾客本来有一定的心理压力而产生异常心理活动,使原来不难解决的问题复杂化;③会增加新异议,顾客本来已经有不少异议,如果药品销售人员的提问内容不够好,还会产生其他问题,例如,扩大了顾客原来异议的范围,提高了顾客异议的等级,或者在顾客穷于应付时引发顾客新的异议;④推迟了销售洽谈的进度,有的顾客不一定能完全说得清楚异议的真正原因,药品销售人员没必要或者说不可能完全了解顾客异议的根源,因此,在顾客异议可以不处理的情况下,销售人员的询问便成为画蛇添足,不仅造成销售洽谈时间的浪费,而且因为失去了洽谈的高潮使药品销售变得无功而返。

📖 **案例分析**

突破顾客拒绝理由的说话技巧

(1)如果顾客说:"我没时间!"那么销售人员应该说:"我理解。我也老是时间不够用。不过只要3分钟,您就会相信,这是个对您绝对重要的议题……"

(2)如果顾客说:"我现在没空!"销售人员就应该说:"先生,美国富豪洛克菲勒说过,每个月花一天时间在钱上好好盘算,要比整整30天都工作来得重要!我们只要花25分钟的时间!麻烦您定个日子,选个您方便的时间!我星期一和星期二都会在贵公司附近,所以可以在星期一上午或者星期二下午来拜访您一下!"

(3)如果顾客说:"我没兴趣。"那么销售人员就应该说:"是,我完全理解,对一个谈不上相信或者手上没有什么资料的事情,您当然不可能立刻产生兴趣,有疑虑有问题是十分合理自然的,让我为您解说一下吧,星期几合适呢?……"

(4)如果顾客说:"我没兴趣参加!"那么销售人员就应该说:"我非常理解,先生,要您对不知道有什么好处的东西感兴趣实在是强人所难。正因为如此,我才想向您亲自报告或说明。星期一或者星期二过来看您,行吗?"

(5)如果顾客说:"请你把资料寄过来给我怎么样?"那么销售人员就应该说:"先生,我们的资料都是精心设计的纲要和草案,必须配合人员的说明,而且要对每一位顾客分别按照个人情况再进行修订,等于是量体裁衣。所以最好是我星期一或者星期二过来看您。您看是上午还是下午比较好呢?"

(6)如果顾客说:"抱歉,我没有钱!"那么销售人员就应该说:"先生,我知道只有您才最了解自己的财务状况。不过现在搞个全盘规划,对将来才会最有利!我可以在星期一或者星期二过来拜访您吗?"或者是说:"我了解。要什么有什么的人毕竟不多,正因为如此,我们现在开始选一种方法,用最少的资金创造最大的利润,这不是对未来的最好保障吗?在这方面,我愿意贡献一己之力,可不可以下星期三,或者周末来拜见您呢?"

(7)如果顾客说:"目前我们还无法确定业务发展将会如何。"那么销售人员就应该说:"先生,我们先不要担心这项业务日后的发展,您先参考一下,看看我们的供货方案优点在哪里,是不是可行。我星期一来还是星期二来拜见您比较好呢?"

(8)如果顾客说:"要做决定的话,我得先跟合伙人谈谈!"那么销售人员就应该说:"我完全理解,先生,我们什么时候可以跟您的合伙人一起谈谈?"

(9)如果顾客说:"我们会再跟你联络!"那么销售人员就应该说:"先生,也许您目前不会有什么太大的意愿,不过,我还是很乐意让您了解,要是能参与这项业务,对您会大有裨益!"

(10)如果顾客说:"说来说去,还是要销售东西?"那么销售人员应该说:"我当然是很想销售东西给您了,不过要是能让您觉得值得的,才会卖给您。有关这一点,我们要不要一起讨论研究看看?下星期一我来看您,还是星期五过来比较好?"

(11)如果顾客说:"我要先好好想想。"那么销售人员就应该说:"先生,其实相关的重点我们不是已经讨论过了吗?容我坦率地问一问:您顾虑的是什么?"

(12)如果顾客说:"我再考虑考虑,下星期给你电话!"那么销售人员就应该说:"欢迎您来电话,先生,您看这样会不会更简单些?我星期三下午晚一点的时间给您打电话,还是您觉得星期四上午比较好?"

(13)如果顾客说:"我要先跟我太太商量一下!"那么销售人员就应该说:"好,先生,我理解。可不可以约夫人一起来谈谈?约在这个周末,或者您喜欢的哪一天?"

类似的拒绝自然还有很多,我们肯定无法一一列举出来,但是,处理的方法其实还是一样,就是要把拒绝转化为肯定,让顾客拒绝的意愿动摇,销售人员就趁机跟进,使顾客接受自己的建议。

思 考 题

1.药品销售接近的技巧有哪些?

2.药品销售成交的信号有哪些?

3.签订药品销售成交协议后应该注意一些什么问题?

技能抽考项目二　一种治疗感冒的新药的销售技巧

1.抽查内容

一种治疗感冒的新药的销售技巧项目。要求被测学生能熟练运用药品销售技巧的相关知识分析案例;能回答销售接近、销售洽谈和销售成交三个环节所选择的策略技巧。

2.考试要求

(1)技能要求　下面是一个完整的销售过程。

销售员:"经理您好,我是一力制药的业务员张康,我带来了一种治疗感冒的新药,耽误您一点时间,请您看一下,是这种。"

药店经理:"治疗感冒的药? 我们不要。"

销售员:"这么说,您的药店已经有了治疗病毒性感冒的药?"

药店经理:"已经有了很多种了。有安安制药生产的,有……"

销售员:"可真不少,看来您对药品一定是内行,为了患者,您想得可真周到啊!"

药店经理:"实在没有办法,周围还有几家药店,为了能站得住脚,也只能如此。药的品种尽量全,价格尽量低。"

销售员:"您真不容易,不过,我今天带来的治疗感冒的药品是新药,在其他地区患者反映疗效很好,因为利润比其他感冒药高,所以许多药店也比较乐意接受。"

药店经理:"其他地区销售情况不错吗?"

销售员:"确实不错。您看,这是 XX 地区 XX 药店这个月的订单。在这附近,如果您能试用的话,其他药店我就不去了。"

药店经理:"我试试吧,多少钱?"

销售员:"这是价目表,请您过目。如果销量大的话,我们公司还给予一定的优惠,这是……"

药店经理:"好,那就先要两件吧。"

销售员:"太好了。以后需要什么,可以随时和我联系,这是我的名片。"

药店经理:"好,有什么新品种,咱们多联系,这是我的名片。"

试讲述药品销售技巧的范围,销售接近、销售洽谈、销售成交的原则与注意事项。并根据以上销售过程,分析销售接近、销售洽谈和销售成交的技巧。

(2)操作规范及职业素养要求 服装整洁,体态端庄大方,面带微笑;普通话标准,语言简洁、准确、生动,语速适中;条理清楚,给人以亲切感。

(3)组考方式 利用提供的条件,在测试卡上完成案例分析。

(4)测试时间 40分钟。

实训三 模拟销售小品表演

【实训目标】

(1)了解寻找选择客户的基本方法。

(2)学会约见客户、接近客户的方法。

(3)模拟药品销售活动。

【实训内容】

利用课堂所学知识,了解客户基本心理需求。学习药品销售的基本程序,正确处理销售障碍。

【实训方法】

(1)去药店、医药公司实地考察学习。

(2)编写模拟销售小品剧本。

（3）学生自由组合 3～7 人一组,分别扮演目标客户及药品销售人员等。

（4）模拟销售小品表演。

【实训作业】

一个优秀的销售人员,如何运用药品销售沟通的策略和技巧?

第五章　广告与品牌战略

⟶ 学习目标

【知识目标】

掌握制定品牌战略所包含的内容；熟悉广告媒体的特点和选择策略，广告复合媒体战略；了解影响广告媒体的选择因素，电视广告片的制作程序和费用预算。

【技能目标】

运用所学知识，学会收集药品广告信息资料并能分析各类媒体特性；依品牌需求，懂得制定品牌战略；运用媒体特性独立设计一幅药品广告。

第一节　药品品牌战略

品牌的英文单词是 brand，源于古挪威文 brandr，"烧灼"的意思。最初人们用这种方式来标记家畜等需要与其他人相区别的私有财产，中世纪欧洲手工艺匠人用打烙印的方法标记自己的手工艺品，16 世纪早期蒸馏威士忌酒的酒商在装酒的木桶上烙上名字——1835 年酒品牌"Old Smuggler"随即问世。现在，品牌已经在各行各业都广泛使用，有些行业还是在强制使用，并且好品牌成为了企业的无形资产。

药品品牌是药品企业的重要无形资产之一，是整体药品概念的重要组成部分。品牌无形资产创造的经济效益往往使有形资产得以充分发挥其价值。我国的品牌创造虽起步较晚，但国内的名牌发展较为迅速，像北京的"同仁堂"，湖南长沙的"九芝堂"，山东青岛的"海尔"等知名品牌的价值不菲。我们以评估为例："海尔"的品牌价值为 962.8 亿元人民币，"同仁堂"的品牌价值 29.55 亿元人民币。因此，药品企业应努力争创品牌，保护知名品牌，这是药品企业市场营销策略中的一项重要内容。

一、品牌的概念

美国市场营销协会（AMA）给品牌下的定义：品牌是一个名称、术语、标记、符号、象征、设计或它们的组合应用，用以识别一个或一群销售者的商品或服务，并使之与其他竞争者的商品和服务相区别。由此可见，品牌是一个包括许多名词的复合概念，具有广泛的意义。品牌就是俗称的牌子。它包括品牌名称、品牌标志、商标三部分。药品品牌是药品制造商加在自己生产的药品上的标志，药品包装上必须有药品生产企业的独特的品牌标志，这是药品监督管理部门强行规定并纳入法制化管理的制度。我国法律规定药品必须使用注册商标。

1.品牌名称

品牌名称是指品牌中可以用语言称呼的部分，即品牌中的可读部分。如"同仁堂""三精"

等都是品牌名称。品牌名称最好具有六个特征：一是取悦目标消费群体，如"安尔乐""加多宝"；二是含义空阔抽象，如"555""万宝路"；三是结合民族性，如"蒙牛""小阿刁"；四是大品牌感，如"太阳神""明珠元素"；五是现代感，如"微信""脑白金"；六是音韵和谐，朗朗上口，如"娃哈哈""宜而爽"。

2.品牌标志

品牌标志是指品牌中可以被认识，但不能用语言称谓的部分。品牌标志常为某种符号、象征图案以及其他特殊的设计，如西安古城墙的变形与兵马俑组成的西安杨森的品牌标志，香港京都念慈菴总厂有限公司的亲子图标志等。

3.商标

商标是一个法律术语。在现代市场经济全球化的条件下，中国的药品企业要参与竞争，必须增强商标意识，重视商标保护，要依靠科学的管理和良好的售后服务，打造自己的品牌。

二、品牌的作用

在现代市场营销中，品牌的功能不断发展，作用日益突出。品牌的专有性、价值性、风险性、不确定性等一系列特性能给药品生产者和消费者很多潜在利益，收到意想不到的效果。

1.品牌代表药品的质量和特色

品牌既便于生产者与销售者订货，也便于购买者选购。在一般消费者的心目中，许多药品的品牌已被牢固定位，只要提到这一品牌名称，人们就能知其特色，只需看牌子购买即可。

2.品牌有助于监督和提高药品的质量

由于购买者按品牌购货，生产者不能不关心品牌的声誉。企业为了保持品牌已有的市场地位，必须加强质量管理，始终保持药品品牌所代表的质量水平和特色。因此，品牌是企业自我监督的一种重要手段。

3.品牌有助于促进企业药品的销售

品牌是药品质量的标志，品牌宣传能够产生较好的效果。如在大众媒体反复宣传，在包装上经常出现，就会给人们留下深刻的印象，易于引起消费者的注意并重复购买，从而稳定和扩大销售，增加效益。著名品牌可使药品大幅度增值，大大提高企业的经济收益。

4.品牌有利于控制和扩大市场

品牌是控制市场的武器。市场竞争的手段之一是取得有效的市场控制能力。药品企业要有品牌意识，努力打造企业知名品牌，加大品牌宣传投入，增加市场销售份额。

5.品牌有利于新药品的开发

品牌可以增强社会的创新精神，鼓励生产者不断开发出新药品。在日趋激烈的市场竞争中，企业如果不推出新药品，就很难实现企业效益新的增长目标，甚至无法生存，推出新药品是一项艰巨复杂的工作，企业如在原有品牌的产品线中增加新药品，则比较容易被市场接受。正是由于生产者不断推陈出新，才使市场上的药品丰富多彩、日新月异。

6.品牌有利于法律保护

品牌注册后成为注册商标，就使企业的药品特色能够得到法律的保护，防止他人模仿、抄袭或假冒，从而保护了企业的正当权益，同时还可以保护企业间的公平竞争，使药品流通有秩序地进行，促使市场经济健康发展。

知识链接

机遇只青睐那些有准备的人,机遇来临时,你若有备而战,便有了十倍的胜算。机会不会孤立的存在,也不会从天上掉下来,借你一双慧眼,你就能找到致富的机会。你要时刻为机会的来临做好准备。

三、品牌策略

品牌策略是药品企业拟定营销策略时不容忽视的重要内容。品牌决策是药品企业决策中极其重要的组成部分,品牌策略上升到一定高度就是品牌战略。营销学认为品牌决策应包括以下内容。

(一)品牌使用决策

一般说来药品品牌在药品销售中可以起到很好的促进作用。在商品经济高度发展的条件下,市场上几乎所有的商品都有牌子,但近年来美国等发达国家又出现"非品牌化"趋势,有的药品不用品牌,目的是节省设计费用,增强竞争力。如无品牌的阿司匹林价格常可低30%左右。目前在我国无品牌药品是禁止销售的。

(二)品牌策略

药品的品牌策略由品牌认知度、品牌知名度、品牌联想度、品牌美誉度和品牌忠诚度等方面要素组成,这些要素分别以其各自的方式影响着品牌资产。树立良好的知名品牌就要从这些方面着手。这五个要素提高了,品牌就响了,就值钱了。

1.品牌认知度

品牌认知度是指消费者通过品牌来认知、了解和选择公司产品和服务的程度。消费者对品牌的认知程度在很大程度上影响着其购买和选择。可以说品牌认知度是建立品牌识别的最终策略和目的,它代表了消费者对品牌总体质量感受和在品质认知上的整体印象和体验。将品牌的认知度作为品牌资产构成的一大因素,将有助于构建与消费者高度互动的品牌。当消费者对品牌的认知度提高时,消费者对品牌的感知会大大改善。

品牌认知度是公司竞争力的一种体现,特别是在大众消费品市场,各家竞争对手提供的产品和服务的品质差别不大,这时消费者会倾向于根据品牌的熟悉程度来决定购买行为。例如,在感冒药市场,消费者就会持续选择像白加黑、泰诺、新康泰克等这些有强大认知度的品牌,而其他小品牌或新进入者虽然也能提供品质相同或相近、功能相似的产品,但由于缺乏品牌认知度,消费者就很少选择。

2.品牌知名度

品牌知名度是指目标消费者对品牌名称及其所属产品类别属性的知晓程度。知名度的发展一般经历从无知名度到提示知名度,再到未提示知名度,最后是第一提及知名度。品牌知名度越高,表明了消费者对其越熟悉,而熟悉的品牌总是令人感到安全、可靠,使人产生好感(心理倾向),也有助于赋予品牌更多的联想。所以品牌知名度越高,消费者对其喜欢程度也就越高,选购的可能性也就越大。在品牌喜欢程度相同的情况下,品牌知名度越高,其市场占有率(市场份额)就越大。营销实践表明,在同类产品中,知名度最高的品牌往往是市场上的领先品牌,即市场占有率最高的品牌。

正因为品牌知名度如此重要,提升品牌知名度已成为品牌资产管理的一项重要任务。根据品牌资产理论以及品牌知名度的发展阶段,提升品牌知名度要经历从品牌识别到品牌回忆,最后是铭记在心这三个基本阶段。然而,目前面临的问题是,随着大众媒体广告费用越来越高,市场进一步细分,利用大众媒体提高知名度的做法逐渐受到了挑战。只有针对目标消费者开展能凸现品牌特性的一系列活动,才能使消费者在活动中亲身感受并体验到品牌特性,从而将品牌真正铭刻在心中,这是提升品牌知名度的有效途径。

3.品牌联想度

品牌联想度是指消费者由该品牌名称所能联想到的一切事物,代表了消费者认知、识别、记忆某品牌的能力,并形成有意义的品牌形象。品牌联想代表了品牌的基础识别,是构成品牌资产的重要部分,它主要包括功能利益联想、情感利益联想和体验利益联想三个方面。品牌联想的价值既可以通过其注册商标或专利等无形资产的价值体现出来,也可以通过有关品牌识别的调查或监测指标获得客观评价。

一个品牌具有的联想不同,其市场地位、竞争优势就不同。借助品牌联想,有助于品牌认知,进而使一个品牌与竞争品牌相区别,为自己的品牌和药品树立差异化,避免与同类品牌直接竞争,形成自己的竞争优势。品牌联想还有助于培养积极、肯定的品牌态度。品牌联想还是创设品牌心理优势的关键,是品牌延伸的心理基础,影响消费者心理的内在机制。例如,人们一想到"高钙片",就能想到该产品的钙的含量高,能有效提高人体内钙的含量,强健骨骼;一想到"感康",就能想到感冒后服用该药品就康复了。

4.品牌美誉度

品牌美誉度是品牌资产构成的重要部分之一,它是市场中人们对某一品牌的好感和信任程度。与极力通过广告宣传等达到高效的品牌知名度不同,品牌美誉度需要靠消费者在综合自己的使用经验和所接触到的多种品牌信息后对品牌价值认定的程度,它不能光靠广告宣传来实现,美誉度往往是消费者的心理感受。很多强势品牌之所以能够获得如此高的品牌美誉度,与其提供的产品和服务的高品质和高质量密不可分。好的品牌美誉度来自于消费者之间的口碑传播,因此,为了获得更高的品牌美誉度,不仅仅要提高消费者的满意度,同时还要注意传播产品的正面信息,将负面效应降到最低程度,要精心呵护品牌的美誉度,创品牌容易,维护品牌难。

5.品牌忠诚度

品牌忠诚度是指消费者在购买决策中,表现出来对某个品牌偏爱的心理和行为反应。品牌忠诚度作为消费者对某一品牌偏爱程度的衡量指标,它反映了对该品牌的信任和依赖程度,也反映出一个消费者由某一个品牌转向另一个品牌的可能程度。没有消费者的忠诚,品牌资产变得毫无意义,所以品牌忠诚度是品牌资产构成与增值的核心。一般来说,主要有无品牌忠诚者、习惯购买者、满意购买者、情感购买者、忠诚购买者这五种不同的品牌忠诚度级别。

一个品牌对企业的价值很大程度上是由其支配的客户对品牌的忠诚度创造的,一个品牌从某种程度上代表了一组忠诚的顾客,这对一个企业的生存与发展,扩大市场份额极其重要。当要对一个将要出售或购并的品牌进行估价时,忠诚度是一个关键的考虑因素。因为高忠诚度的消费者,能够产生可预知的销售额和利润。另外,忠诚度还意味着品牌对客户的价值,对营销成本的影响巨大,因为维系老顾客比吸引新顾客的成本低得多。因此,将品牌忠诚度列为品牌资产构成要素,将有助于创造和提高品牌资产价值。通常企业可以通过人性化地满足消费者需求、为消费者提供物超所值的产品和服务以及与顾客全方位的有效沟通等方式,提高品牌忠诚度,赢得消费者的好感和信赖。

一个好的品牌资产的构成,要从以上五个方面综合体现。品牌认识度、品牌知名度、品牌联想主要解决消费者如何认知品牌的问题,品牌美誉度与品牌忠诚度主要解决消费者心目中该品牌地位稳定程度的问题。

案例分析

福安公司品牌战略报告

所谓品牌是人们的某些需求做得足够好且让人们觉得足够好,最后把钱投入还是觉得足够好的一种精神要求。品牌就像是一些承诺,使人信任,使人喜欢,使人放心。品牌不能仅停留在消费者的眼中,也不能只停留在消费者的手中,而是要进入消费者的心中,成为消费者的放心的消费、欢喜的消费、信任的消费。国外有研究资料表明,2020年后,全球50%的收入来自于满足消费者的精神需求。精神需求固然是全面的,但其最好的体现就是"我的品牌,我的世界"。品牌这一精神需求其实是一种超乎生理需求——吃饱穿暖和情感需求——吃好穿好之外的精神需求——吃健康穿时尚。而消费者对满足生理需求和情感需求的产品是不会忠诚的,只有不断满足消费者需求并且重复这种满足而进行持续消费的品牌,将会使消费者对于这一品牌从认识、认知走向认同,甚至迷信,所以品牌才是消费者始终忠诚的精神需求。

企业竞争已经进入品牌竞争的时代。在产品匮乏时期,企业间是产品数量的原始竞争,只要勤劳吃苦,挖一锹不是金砖就是银锭;在产品供需均衡时代,企业间是产品质量的竞争,谁心灵手巧,质量高上一筹,就可获得简单竞争的优势;当质量竞争进一步加剧时,企业发现人才、信息、技术等方面又有潜力可挖,便形成了较大范围的局部竞争;随着局部竞争的同质化,企业急欲在竞争上有所突破,便拉开了品牌竞争的架势。

福安公司是一家经济基础很好的企业,其品牌发展目标就应该是全国性品牌,是行业的领袖品牌。所以品牌战略就必须围绕全国性品牌和领导性品牌这个目标策划、营销、推广。

1. 品牌的确立与建设

从现代营销理论来看,欲成功建立品牌,必须形成一个三位一体的品牌建立体制。即市场调研部门、营销部门和科研部门三结合的品牌建立与维护的组织构架。

销售人员是企业的尖兵,处在企业运行的最前端和市场的最深处,对市场、消费者和品牌状况最了解、信息最丰富、最真切。因此,他们最有发言权,理所当然应该担负起建立品牌的提议权和监督权。

品牌的论证离不开市场调研人员。销售人员的提议是初步的,感性成分多于理性的成分,没有具体的数据和资料来证实品牌的观点,不确定的因素尚多,还不能作为建立品牌的最终依据,必须进行科学系统的论证。

科研部门的任务就是设计出最具有杀伤力的武器。销售人员提出初步想法,市调人员论证这种想法,并提出具体方案;销售人员发现敌情,市调部门了解敌情,并指出杀敌武器的要求,科研部门就要制造出各种不同的尖端武器,如导弹、核武器等。

2. 品牌体系的规范和合理延伸

典型的品牌系统由主力品牌、辅助品牌和细分市场品牌三方面构成。

　　一个股份制上市企业就是国家级企业,当然就有全国性品牌来支持其地位。人们大都知道珠穆朗玛峰是世界第一高峰,却很少有人知道第二高峰是什么。消费者也只记得行业第一品牌,而很少记得第二品牌。

　　主力品牌对福安公司而言形成了企业名称、品牌名称和产品名称三位一体的品牌命名。这是企业的灵魂,是企业生存的基础。如果"福安"品牌成为了全国性知名品牌,成为了行业领袖品牌,企业的局势将会变得极为主动,就会走活全盘棋子,也便有充分的实力和精力去进一步开拓市场。

　　辅助品牌是指区域性品牌,即在一个省或几个省畅销的品牌。它可以牢牢占领、控制家门口的市场,因为这是企业老巢,不能丢,应该用心经营;它还可以支持主力品牌。主力品牌范围广、投资大,万一主力品牌发生意外,辅助品牌可以一定程度弥补,甚至做到前仆后继。辅助品牌经营得好,维持企业生存是完全没有问题的,企业的小康生活也是会过得很舒适的。

　　细分市场品牌是指不针对大众市场,而是针对大众市场进行细分、选择最有希望的小众市场进行开拓。其特点是规模小,数量多,虽然利润总额不大,但有利扩大市场占有率,对主力品牌和辅助品牌起着众星托月的作用。

　　将一个成功的品牌系列化或者说推行品牌系列策略即为品牌延伸。在高度竞争的营销时代,一个品牌要成功极为不易,新品牌成功概率只有5%左右,也就是说100个品牌中95个是失败的。在美国成功推广一个品牌需要一亿美元左右,在中国成为国家级名牌(不是有一个"中国驰名商标"就是名牌,这只是一种形式,一张根本就换不来钱的纸而已)亦需一亿人民币之多,耗时五年到十年。即使投资几千万耗时五年之多,还不能确保万无一失,因为还有诸多协同因素。所以,企业家们终于发现了延伸品牌这个秘密。主力品牌有丰富的品牌资源,可以起到资源共享的作用;主力品牌是由很多个延伸品牌的系统组合,延伸品牌可以支撑主力品牌。

3. 品牌的知名度和美誉度

　　品牌的知名度即品牌被社会认知的范围与程度,认知的人多,认识的深刻,该品牌的知名度就高。品牌的美誉度是指消费者对品牌的喜欢甚至迷信的程度,或者说是消费者对品牌积极情绪倾向的程度。这种积极情绪的倾向性愈强烈,说明越喜欢,好感度就越高。理解这两个概念十分容易,实际上消费者也天天挂在口头上,要说谁对此不理解,那真是令人无法理解,那么为什么对此如此简单的东西还要大做文章?我们是要大做文章,但文章不在这两个概念上,而在于两者之间的关系,因为有许多人不明白它们的关系,或者曲解它,误解它,这将有害品牌的成长。

　　知名度是一切"度"的基础,也是品牌推广一切活动的首要活动,没有品牌知名度,什么度都被置之度外,没有品牌认知活动,什么活动都不必动。

　　知名度不是绝对的价值载体,它具有两重性。知名度既有正面积极的知名度,又有负面消极的知名度,很高的知名度即可带来成功,也会产生灾难性后果,既可能是财富,又可能是包袱。知名度的两重性决定了高知名度具有两种结果,有利有弊,决定了提升知名度的复杂性和风险性,也决定了高知名度不是一切,不可不加区分采取一切行动提高知名度,而必须小心从事,用正确的行动来获取正确的知名度。

　　很多企业家只知道有知名度,不知道有美誉度,或者知名度里面本来就有美誉度,黑白不分,搅成一团。其实知名度与美誉度没有必然联系,而且区别相当清楚。古人说过万古流芳、遗臭万年,是讲一个好得出名,一个坏得出名,万古流芳是知名度与美誉度结合在一起的结果,而遗臭万年则是知名度与厌恶度结合在一起的结果。知名度只有具备了美誉度才有价值。有很多知名度高了,美誉度差而失败的案例。

美誉度才是价值的体现。在消费者的心目中,有一个不成文的"默认法则":一线品牌上央视,二线品牌上省台,三线品牌地市转,四线品牌沿街喊等。企业在地级市媒体有广告,就是地级市名牌;企业在省级媒体有广告,就是省级名牌;企业在中央电视台有广告,就是中国名牌。中央电视台是企业快速成为中国名牌的必经之路。企业的有形资产部分如厂房、产品,是企业直接决定的,很容易就投资建成,而品牌等无形资产是要通过广大消费者决定的,消费者是否"投票""投赞成票还是反对票",企业是不能伪造的,是干涉不了的,他们是用市场化商品化的态度投的"票",用"人民币"投的"票"。事实上,品牌无形资产比有形资产更值钱,它可以成倍数的催生有形资产。

4.品牌的忠诚度

保持品牌的熟悉感,这就要去持续性开展广告活动,让消费者感到我们的品牌每天都在陪伴着自己,融进了自己的生活,熟悉得成为了好朋友;如果广告不见了,消费者就会产生陌生感,就会疏远,对手就会乘虚而入,消费者也就会品牌转移。

把握正确的"坚持"内涵,品牌创造就会取得良好成效。首先,坚持要有正确的方向。方向不正确,就像"猴子摘苞谷,摘一个丢一个"。坚持的方向正确,树立的品牌形象就能收到良好的效果,就能逐步实现建立品牌的目标。品牌是消费者对某类产品或服务,经过长期认识、了解而形成的印象。要打造好的品牌必须定位品牌,让其发挥品牌优势,循序渐进,在其领域内享有良好的声誉。其次,坚持要有正确的方法。建立了品牌目标,就要用好的方法去落实,在战术上、在细节上努力去完成,去逐步实现战略目标。在方法上不能坐而论道,与其坐着谈,不如起来行。也不能像"小猫钓鱼,三心二意",应该持之以恒。

成功创造企业"品牌"要有优秀企业决策层和管理团队的坚持。作为企业领导者,对待事业要讲责任、讲奉献,在积极坚持中释放能量,在坚持中创造和维护好品牌。消极的坚持,那是守摊子、混日子,守品牌就是放弃品牌;工作上讲平衡,对待问题粉墙和稀泥,能拖就拖,实际上就是回避问题实质,是消极的坚持,是品牌贬值的坚持。作为企业领导者,对待工作要讲耐心、讲忍让,在坚持中寻找发展机遇、创新品牌、增值品牌。对待领导要以诚相待、创造性的服从;对待商家要礼让三分,原则性的服从,也就是说,要树立"忍"的思想,坚持忍耐,不厌烦琐,大礼不辞小让,确保品牌服务质量,维护好品牌形象。

保持品牌常有的新意。光打广告不行,不能一个老调弹到底,要有新意。

所谓新意,一是质量要不断上升,符合消费者对品牌机能的要求;二是品牌要更新文化的内涵,使品牌符合时代精神,满足消费者的精神需求。

品质决定品牌。品质永远是"第一位"的,这是做品牌的基础,此时品牌则是"第二位"的。同样的产品,消费者买甲品牌,而不买乙品牌,其实就是在用自己的钱——选票进行投票。亿万消费者的重复投票,最终选举了"民选品牌"——这就是"名牌"的真正由来。消费者投票的依据主要是消费者对于产品品质和品牌心智的认可。这里所说的是品质相同的产品。如果品质不同,消费者当然会很注重产品的品质的,所以做品牌的产品一定要有好的品质,否则,广告传播得越快越广,品牌"臭名"就会传播得越远越长久,真就叫"臭名远扬""遗臭万年"了。当然,产品的品质包括产品设计、产品技术含量、包装和服务质量等,在做品牌之时就要关心怎么把这一切的内容转化为品牌的个性和风格。

品牌的基因是"文化"。宁夏人结合"中国结"做了一个瓶子,注入黄河水,取名"中华民族的乳汁",一小瓶卖 10 元人民币,生意还很红火。广告打造出来的是"玻璃品牌",抗风险能力弱;新闻打造出来的是"钻石品牌",抗风险能力强。广告长于知名度,是说"然",新闻长于美誉度,则说"所以然",这个"所以然"就是品牌的"文化"。最强势的传播就是广告要素与新闻要素的"嫁接",通过杂交产生优势。新闻融于广告,可增强可控性使易碎的"短命新闻"变成易存的"长效信息"。产品一旦植入了文化的"基因",丑小鸭就变成了白天鹅,灰姑娘就变成了白雪公主;产品植入了文化的"基因",就是决定了产品的长久方向,就如核子反应,有人用来制造原子弹作恶,而有人却用来发电造福人类。

保持品牌的进攻态势,一是指主动而有节奏地向竞争品牌发动进攻,以扩大市场,增加品牌实力;二是对竞争品牌的进攻予以反击,保护市场,巩固品牌地位。为什么要保持进攻态势?因为进攻才意味着有实力、有优势,对消费者造成一种强者声势,把消费者吸引过来而不去使用"差劲"的品牌。只有形成进攻态势,让消费者相信我们的品牌更好,给消费者充分的信心,防止消费者的转移。

5.品牌的规划与整理

品牌战略实行过程中,有时会出现偏差,会自动老化。所以必须对出现偏差和老化的品牌进行重新规划和调整。

品牌调整:对有潜力又有问题的品牌发掘潜力,排除问题,然后进入良性运行状态。

品牌停顿:对优劣并存的十分矛盾的品牌,当对它整理感到左右为难时,干脆停止运行,过段时间后,观其利与害对比情况,再决定其是否运行。

品牌退出:对完全没有获利能力又没有潜力的品牌,就要当机立断停止运行,防止带病运行产生更多更大的浪费。

6.品牌投资

不断对品牌注入有形和无形资本的行为。

消费者的心智资源是由品牌战略资源换来的。中国市场上数百种主要商品中有 98% 供过于求或供求平衡,在这么多产品面前,人们最先注意的产品是"会说话的产品",有记忆的产品。广告就是让产品的大小、深浅、宽窄、有无个性、内涵多少等使消费者加强记忆,形成心智资源。消费者记住了什么,品牌就有了什么,消费者什么也没记住等于品牌一无所有。目前,不少企业舍不得做广告,越没钱越不敢做广告,越不做广告越没钱,这是很多企业做不大的原因之一。使用传统的工具、传统的手段,品牌传播的速度与面积都是非常有限的。试想,一个企业在过去传统意义上做品牌需多长时间?而现代企业可以在三五年、十年,就做成一个品牌,在消费者心目中留下很深的印象。现在的媒体,特别是大众强势媒体就是非常重要的手段。做企业就是要拿出钱来在消费者的心智资源中"营"得一席之地,最好是独一无二的地位,因为消费者只记得住第一,记不住第二。

品牌的持久在维护。谁都想建立百年企业,树百年品牌,可总有企业刚开张就关张,总有一些品牌甚至包括众多大的品牌常常也是昙花一现、最终折戟沉沙,究其原因主要是没有做好品牌的维护和提升。所以品牌需要长期持久的维护好,特别是建立好品牌战略中的应急反应机制,建立危机公关机制尤为重要。竞争时代,一些小企业急于占领市场份额的做法就是攻击知名大企业。新闻媒介的舆论力量,可以翻云覆雨,如果这些力量被某些人或某些企业的竞争对手恶意利用,大量直接或变相的有偿新闻不时出现在媒体,既损坏了媒体代表社会良知、追求客观公正的诚信形象,又会对企业的诸多方面造成负面影响,甚至造成企业一夜之间破产关门。

关于品牌投资,我们既要注重广告这种常规有效的方法,又不能忽视企业宣传、市场拓展。全方位、立体化进行品牌投资将使品牌投资效果最佳,品牌增值最快。

第二节　广告与广告媒体

在药品品牌战略中扮演着极为重要角色的是广告与广告媒体的行为。广告活动与传播密切相关,而传播活动是通过媒体来实现的。任何广告都必须通过一定的媒介或载体送达广告对象的视听感觉。当今社会广告媒体众多,因为不同的药品有不同的消费群体,即便是同一种药品,在不同的时期(季节)也往往有不同的销售区域,所以,广告媒体的选择正确与否,在药品品牌战略运作过程中有着十分重要的意义。药品生产企业、药品生产经营企业均需要广告媒体进行信息的沟通,只有选择适合本企业特色的广告媒体,其企业需要宣传的广告信息才会准确及时的传递到目标受众那里去,达到事半功倍的效果;否则,即便投入再大的广告费用,也难以达到预期的效果。纵观近年来的某些媒体广告标王的竞争事实,也进一步证实,广告媒体是品牌取得成功的利器,还是一把双刃剑。

一、媒体的含义与广告的作用

(一)媒体的含义

媒体一词来源于英文中的"media"。媒体,又称为媒介,是用来传递与获取信息的载体、工具,也可以称其为渠道、中介及技术手段。简单地讲是信息载具,凡是能够把信息从一个地方传递到另一个地方的都可称为媒体。因为广告媒体是指运用向消费者传递广告信息的工具或渠道,所以药品广告中的媒体是指能够承载药品广告的信息载体。

(二)广告的作用

靠停止做广告省钱的人,就像靠拨停表针省时间的人一样聪明。

——美国通用公司总裁罗杰·B·史密斯

很显然,介绍性的广告无法给人留下深刻的印象,因而无法激发人们的购买欲望。而不断重复的广告会加强人们的印象,因此有时它产生的效果足以使人们采取行动。

——卢卡斯

1886年,美国一位名叫彭博顿的药剂师在自家后院里配制出一种新饮料。当年5月8日,这种新饮料在亚特兰大市中心雅各布药店,以每杯5美分的价格出售,消费者纷纷品尝。5月29日,《亚特兰大新闻》报上出现了第一条广告,邀请人们前去尝尝这种"新型流行汽水",并宣告它的品名为"可口可乐"。从此,全球范围妇孺皆知、号称世界头号商品的可口可乐诞生了。从1886年至今,可口可乐持续不断地花钱做广告,在各次广告中所使用的广告语(口号)已达94条之多,可口可乐的品牌在美国人心中扎了根。二战中,美军战士又把可口可乐带出国外,它又从美国走向世界。现在,无论是欧洲、南美洲、亚洲、非洲和大洋洲;也无论是白皮肤人、黑皮肤人、黄皮肤人还是其他皮肤人,谁都知道可口可乐,相当大比例的人喝过可口可乐。可以说,价值 30 亿美元的可口可乐商标,多半是长年巨幅广告费的结晶。

1971 年,洛杉矶的布罗克迈尔冰淇淋公司在加利福尼亚州南部地区的超级市场,首次推出一种全天然冰淇淋。该产品味道好,有特色,进入分销渠道后情况也不错,但是,公司初创,资金有限,仅靠《洛杉矶时报》的周日增刊和《家庭》杂志两个媒体做广告。每当他们的广告一刊出,紧接着的第 1 周销量就会增加 100%,第 2 周增加 50%,第 3 周降回原来的水平。整个 70 年代,布罗克迈尔冰淇淋公司因花不起钱,只好任凭销量呈"高、中、低"反复徘徊。

现代企业的广告更是激烈竞争。美国 P&G 公司,每推出一个新产品都要用强劲的广告作为"开路先锋"。例如

——克莱斯特牙膏 2900 万美元

——高点牌洗发香波 2400 万美元

——潘波斯一次性尿布 1900 万美元

——渐牌洗衣粉 1700 万美元

同样,P&G 中国公司近几年在国内推出的"飘柔""海飞丝""潘婷"等产品,在国内也是最大的广告主了。

广告总是靓丽的。她五彩缤纷,她代价昂贵,人们对她十分热衷。但是,很多时候广告也化成泡影。品牌广告是现代企业经济中最具风险的投资之一。

几十年前,亨利·福特一世说过:用于广告上的钱有一半打了水漂,搞不清楚的是,到底哪一半打了水漂。

数十年后,德国学者埃娃·海勒博士在其经典著作《广告如何发挥作用》一书中写道:现在人们可以这样认为,至少四分之三的广告开支可以说是颗粒无收。

连广告人自己所秉持的态度也证明这些引言并不是充满敌意的诽谤。目前仍健在的世界上最有名的广告专家大卫·欧格威自己就毫不讳言地说过:"说来惭愧,大多数广告都没什么效果。"

Most of the advertising is shamefully ineffective.

长时间以来,这些言谈只不过是一些假设,但是近来对此已有不少科学的论证。美国纽约专门研究广告效果的约翰·菲利浦·琼斯教授论述道:不论在美国或是在德国,在 12 个月的观察时段中,54%～65% 的广告宣传攻势均未奏效。他观察了三千多个家庭,以了解电视上的日常生活消费品广告是否以及如何影响他们的购物行为。美国市场研究所 IRI 根据对 293 种品牌广告的调查得出结论:广告开支的增加在超过半数的个案中并未促使销售额上升。

《食品实践》杂志在其"新产品报道"中指出,新产品在推出的第一年中失败率按照分类不同,高达 40%～60%。

表面上看,这是一种可以接受的亏本风险,其实是孤注一掷的赌博,但人们多年来仍乐此不疲。这是经济核算法则不可接受的。

综上所述,知名品牌的树立离不开广告及广告媒体,广告及广告媒体的作用就是形成并维护好知名品牌。

二、广告媒体的分类

广告媒体种类繁多,常用的广告媒体主要有 9 种:报纸、杂志、电视、广播、网络、户外广告、

交通媒介、店铺广告（POP）、直接反应媒介。不同类型的广告媒体，由于自身载体物质、技术手段不同，在长期的发展过程中形成了各自的性质及风格。正是这些特有的性质及风格决定了各类型广告媒体传播效果的不同。根据受众规模的不同，把广告媒体分为大众广告媒体、小众广告媒体、新型广告媒体三大类，具体分类介绍如下。

（一）大众广告媒体

在日常生活中，人们所说的大众广告媒体系指广播、电视、报纸、杂志。这是广告传播活动中经常运用的广告媒体，习惯称为四大广告媒体。

1. 广播广告媒体

广播是一种声音媒体，它通过无线电波或金属导线，用电波信号向听众提供信息服务。它只能提供声音而没有画面，是把广告信息变成各种声音（语言、音响、音乐等）的组合，由电台通过无线广播或有线广播进行宣传。广播主要有全国联网与当地电台两种形式。联网广播是通过电话线或卫星与一个或多个全国性联网相连的一组地方会员广播电台。许多地方或区域性的电台同时属于多种联网，在全国联网与当地电台都有广播广告。

2. 电视广告媒体

电视是视听结合的先进的传播工具，是运用声波与声音、图像（包括文字、符号等）同步传送与接收的，具有多功能的大众传播媒体。电视自从问世以来，目前已经成为最具有影响力的、最受大众欢迎的传播媒体。在许多发达的国家，电视普及率已经达到90%以上。与电视节目一样，电视广告可以通过许多不同的方式播放。电视广告的运作形式取决于它运用的是地方电视、联网电视或有线电视。地方电视允许插播广告、地方性赞助及全国性赞助；联网电视可通过其会员媒体进行赞助、分享与插播广告；有线电视系统允许面向全国与当地插播广告。

3. 报纸广告媒体

在平面广告尤其是印刷媒体的广告中，报纸广告是常见的也是最重要的。报纸多以散页的形式发行，定期、连续地向公众传递新闻、时事评论等信息。报纸是最早被用来向公众传播广告信息的工具。报纸广告媒体式样众多，根据报纸发行地区来分类，有国际性报纸、全国性报纸、区域性报纸、地方性报纸四大类。多数报纸1天或1周出版1次，报纸的规格由对开与四开小报两种，报纸上的广告习惯分为分类广告、展示广告与增刊广告三种；分类广告通常包含所有形式的商业信息，这些信息根据读者的兴趣被分成若干类。展示广告是报纸广告较重要的一种形式，除了编辑区的任何版面，均可以不受篇幅大小限制刊登广告。全国性与地方性的广告都可以在增刊上刊登广告。

4. 杂志广告媒体

杂志是视觉媒体中较为重要的媒体，是人们常见的一种广告媒体形式。杂志指的是一种以间隔周以上时间，定期发行的具有小册子形式的出版物。一般分为周刊、半月刊、月刊、双月刊与季刊等。杂志与报纸均属印刷媒体，两者有许多共同之处。杂志比报纸具有更为固定的编辑方针，阅读人口较为固定并有一定特性，特别是专业性较强的杂志，读者仅限于专业同行之间。杂志读者多集中于城市，购买力属中等以上。随着人们生活质量的不断改善，杂志在人们生活中的地位变得越来越重要。杂志广告媒体种类较多，仅我国就有上千余种。按杂志的规格来分类，国内常见的杂志有32开、大32开、16开、大16开、8开等版本。

（二）小众广告媒体

所谓的小众广告媒体,是与大众广告媒体相对而言的。小众广告媒体主要形式有户外广告、店铺招牌、交通广告、直接邮递广告、体育广告、电影广告、电话簿广告、气球广告、飞艇广告、餐具广告等多达百余种。小众广告媒体是历史悠久的广告媒体形式,随着社会的发展,科技的不断进步,该类广告媒体的种类越来越多,其作用也越来越得到受众的重视及广告主的青睐。

小众广告媒体取得成功的主要原因是通过科技手段来保持广告效果,尤其是三维效果与尺寸的延伸更加吸引广大受众。在超市、购物商城、体育场馆、高速公路及建筑物上,均能看到广告招牌及电子广告牌。

（三）新型广告媒体

新型广告媒体,简称为新媒体是相对旧广告媒体而言的。近年来,随着科技的快速发展,一个令人瞩目的现象——新型媒体迅速崛起。它所创造的信息平台为广告市场提供了一个巨大的潜在传播渠道,它的发展带来了传媒生态的新变化。所谓新型媒体的"新"主要体现在传播载体上。大众广告媒体传播的载体为广播、电视、报纸、杂志,而新型媒体传播的载体是互联网,它同时兼备了文字、声、画、像等多媒体功能,即日常生活中所指的进入了以网络为标志的网络媒体时代。新型媒体的发展过程,其发展的重点是媒体的整合过程,即"新"与"旧"的整合。新型媒体的核心竞争力取决于新的整合方式。

网络广告媒体的快速发展,并不意味着大众传播广告媒体的衰落,而是促使其自身改革、发展。美国报业协会认为,互联网为报业提供了新的发展方向,有相辅相成的作用,如报纸的电子版应运而生,世界上有许多报纸业主经营网站。在我国内地上网的报纸占全国报纸总数的相当比例。另外,广播、电视等广告媒体也纷纷上网,利用网络广告媒体的优势,拓宽自己的生存空间。

在不久的将来,互联网将通过加强广告媒体的广度与深度来巩固自身的地位。可以预见,以网络化、数字化与多媒体整合的信息传播技术,将会对大众传播广告媒体产生深刻的影响。

第三节　广告媒体的特点

分析广告媒体及其特点是为了做广告时有的放矢,钱花得少一点,达到的效果相对好一点。我们从媒体威信、覆盖状况、被阅读或被收视收听状况、媒体使用条件和媒体的相对广告费用五个方面分析广告媒体的特点。

1.媒体威信

媒体本身的威信对广告信息的影响力是潜移默化的。高威信的媒体必然有较多的读者、收视收听者和欣赏者。

2.覆盖状况

媒体覆盖的阶层和人数大于广告目标阶层和人数是较好的情况;媒体覆盖的阶层和人数等于广告目标阶层和人数是最好的情况,但这种媒体是不多见的。

3.被阅读或被收视收听状况

被阅读或被收视收听状况包括媒体本身的情况、媒体的不同部位、媒体的不同时间情况。

还应考察以下几个指标:反复性(反复阅读、反复收视收听)、被注意率(如杂志封面的被注意率为1,那么封底、封二、封三、插页的被注意率就递减类推)、传读率(读者相互传读状况)、吸引力(媒体及其不同部位、不同时间的吸引力特别重要,如电视,一般晚上是黄金时间,而广播的黄金时间则是6~10时、16~19时)、说服力(印刷品便于详细说明)、机动性(广播、报纸机动性强,可以边吃饭边收听、阅读)、保存时间等。

4.媒体使用条件

一是影响广告信息刊、播出时间的因素:购买和租赁广告时间和版面的难易,办理刊、播申报的繁简程度;二是广告在媒体上表现的局限性,信息表达上的失真性。

5.媒体的相对广告费用

媒体的相对广告费用等于每次广告单位时间(单位面积)的价格除以预计媒体覆盖人数,不同媒体费用相差悬殊,而且很难比较到底使用何种媒体在费用上更合算一些。相对广告费用为这方面作比较提供了一个参考值。

不同的广告媒体有不同的属性与功能,正是各广告媒体功能上的差异,形成了各类广告媒体自身的特点。如电视广告媒体,视听兼备图文并茂,但缺点是不便于记忆与存查;报纸便于阅读、记忆、理解与保存,却不具备动感等。深入了解各类广告媒体的特点有利于制定有效的媒体策略,充分发挥各类媒体的优势,及时、准确、有效地将药品广告信息传递给广大的目标受众。下面将广播广告、电视广告、报纸广告、杂志广告及网络广告的特点分别介绍,着重从广告传播的角度去分析探讨各类广告媒体的优缺点。

一、广播广告的特点

(一)广播广告的优点

广播广告媒体是一种全球性的媒体,从信息发送看,相对于电视不受信号制式及收受工具的影响。广播信息制作发布均较简单,凡是语言相通就能听懂,传播迅速,时间灵活,能确保时效性强的广告的传播需要,收听简单。文化程度低的人障碍较小,农村有一定的市场,因而成为拥有受众最多的广告传媒。广播广告具体优点如下。

1.受众明确

广播节目的听众明确、广告对象易于掌握。因为广播电台的节目大都会考虑覆盖区域内各个年龄层次听众的需求,能够通过特定类型的听众,在不同的时间段播出有针对性的广告,广告主可根据自己的产品消费群体的欣赏习惯与要求选择合适的时间插播广告。对于开车上下班的人来讲,广播广告是一种理想的到达方式。尤其是在电视普及率低的地区,如经济欠发达的地区与广大农村,广播往往是他们接收外界信息的唯一媒体。作为药品生产企业或药品生产经营企业,根据产品的特点,有针对性地选择合适的广播电台与播出时间,效果会较理想。

2.相对广告费用低廉

一方面是广播广告的制作成本低,另一方面是广播广告的播出费用低,一般国外广播广告费是电视广告费用的1/4,我国广播广告费用平均在1/10左右。广播广告的低成本与对目标受众较高的到达率,使其成为较好的辅助媒体。

3.简单灵活

广播广告不光制作简单,而且播出的方式又比较灵活,传播速度快、时效性强,在所有的广告媒体中,广播广告截止期最短,广告文案可以在播出前送交,广告主可根据当地药品市场实际情况与突发事件来进行调整。例如,某药品生产经营公司或某药品连锁店,为了宣传公司形象或某药品品牌,以打折促销的方式进行广告促销,让目标受众产生购买意愿并进行尝试。

4.延续电视媒体的广告信息

广播与电视具有相互取代性,因此提供了广播媒体接续电视印象的机会,使暴露频次得以加强。

5.信息易接受和保存

多数人有自己喜欢的广播电台及播音员,并坚持定期收听。所以这些广播电台与播音员传递的药品广告信息更容易被接受并保存。广播通过词语、声调、音乐、声音效果让目标受众想象正在发生的事情,广告效果明显。

(二)广播广告的缺点

1.缺乏视觉、收听率下降

与电视媒体相比,广播广告缺少形象支持。随着电视普及率的提高,特别是有线电视的发展,电视节目的可视性得到很大程度的提高,所以广播广告的收听率在下降,特别是由于声音的限制阻碍了创意,有些必须展示与观赏的药品不适合做广播广告。

2.时效短、易被疏忽

广播广告是听觉媒体,听觉媒体信息转瞬而逝,广播广告的信息传递也具有不可重复性、时效较短,有许多听众把广播视为令人愉快的背景,对于一些广告内容往往不认真去听,有的听众只要一听到广告就会换台,所以许多广告可能被忘记或漏掉。

二、电视广告的特点

(一)电视广告的优点

从广告的角度而论,电视不但可以向目标受众详细地介绍药品的各种性能,而且能够直观地、形象地将产品的包装特点与各种性能展现在消费者面前,以最大程度地诱导消费者产生购买意愿。目前电视广告媒体已经成为最重要的广告媒体,也越来越受到广告主及广告经营部门的重视。

1.信息承载能力强

电视具有声音与活动画面的承载能力。各种信息都可以通过电视的制码转换为具体的直观可感图像、声音、文字与色彩,传真度极高,表现力丰富。药品生产、经营企业可通过它对药品进行有形的描述,广大消费者可以通过对有声有色的产品与直观了解,引发消费者对药品的需求。

2.渗透能力强、效果显著

电视广告对观众而言为非选择性收视,信息记忆的强制性很高,电视能接触到大面积的观众,只要观众打开电视机,由电视台发出的各种广告信息即可发送到覆盖区域。不受空间的限制,传播迅速,在同一时间内直接进入到每一个家庭。由于看电视是一种家庭性的行为,电视广告有利于家庭共同购买意识决策的形成,数以亿计的观众定期看电视,还能达到印刷媒体不能有效到达的人群中,广告效果显著。

3.吸引力大、感染力强

电视广告媒体能够快速传递信息,广泛的覆盖面加上良好的创意承载能力,电视广告冲击力大,甚至能达到难以置信的能力。由于电视的内容丰富多彩与表现手法的多样化、艺术性,加之巧妙地把广告信息融入真挚的情节或感人的形象中,其广告信息容易记忆,印象深刻,具有较强的吸引力与艺术感染力。

4. 注意率高、影响面广

电视具有较高的被注意率。在日常生活中人们在看电视的时候,多数人不能同时再干其他的事情,收看相对比较专心,所以电视广告的被注意率比较高。对多数人来说,电视是一种娱乐形式、教育途径,是重要的信息来源,是生活中的重要组成部分。电视对我们的文化有着强烈的影响,特别是中央电视台某些带有权威性的频道所做广告令人置信,它能使平凡的产品显得很重要,如果广告令受众喜爱,还能使消费者产生对赞助商的正面的联想。

(二)电视广告的缺点

1. 广告费用成本高

在所有广告媒体中,电视广告的成本费用是最高的。虽然人均成本低,但绝对费用是高的,尤其是对于中小型企业讲。一是制作费用高,制作成本包括将广告做成胶片与制作广告的智力成本,名人模特做广告要上百万元甚至上千万元出场费用。二是播出费用高,尤其是在中央电视台这样全国性电视媒体、黄金时间插播广告,均以秒来计算,每秒高达万元。但从相对费用来看,其电视广告媒体费用未必最高。

2. 观众没有选择性、收视率不能保证

由于广告主不能确信受众目标,于是广告有许多浪费的覆盖面,向不需求的受众目标传递广告信息。在众多的电视观众心目中,有些观众对电视广告存有某种抵触情绪,有的观众看到广告出现马上换台,广告信息被排斥,收视率难以保证。

📖 知识链接

如何制作广告片

30秒或15秒的广告片对于观众来讲只是稍纵即逝的一件小事,但对于广告人来讲就是一次不小的磨难,幕后不知要吃多少苦、流多少汗、耗多少脑汁、度过多少不眠之夜。

电视广告片在圈内看来是"广告中的广告",是市场里杀伤力最强的武器。圈里有"三十秒定江山"之说,就是因为广告片实在是要命得很。它不仅制作费高,而且播放费也高,广告效果的好与坏也是最明显、最直接的。所以广告主重视广告片制作,策划人也重视。我们也应该最担心在广告片上出问题。

一般来说,广告公司是无能力制作广告片的,大多要交给专业制作公司去做。这样命根子就被他人掌握了,难免不有点提心吊胆。

于是有人主张广告公司不代理广告片的制作,推荐一些制作公司由广告主自己去定夺。有人会说广告公司这样做是对广告主不负责,但也有人认为这恰恰是负责任的表现。当然这不是最佳办法,何况客户也不一定答应,既将广告业务交给你们策划代理了,广告片自然也得你们去代理才行。所以,不得已,广告公司只好硬着头皮去做这件冒险的事。广告公司提供广告片创意,但不代理广告片制作是第一种办法。

第二种办法是在所找的制作公司均不令人放心的情况下,广告公司自己搭班子练。尽管专业经验可能不足,但至少命运是掌握在自己手上的,所以不会像把片子交给制作公司那么提

心吊胆。各方面投入也实在,片子未必就做不好。

第三种办法,也是最好的办法,就是去找制作公司。找准制作公司不是件容易的事,何况还有制作费大小的阻碍。名气响一点的制作公司活练得漂亮,价码也高,一般广告主根本舍不得花这个钱。尽管这个钱比起投放费用来说可能只是九牛一毛。既不想花一流的制作费,那自然也就得不到一流制作公司的服务了。好在现在国内除了一流的制作公司鹤立鸡群外,更有二流、三流、四流、五流、不入流的制作公司充塞市面。末流的制作公司给广告主的信心往往最大,盯急了他五千元人民币能整一个世界一流的广告片。

目前,北京、广州、上海的制作公司大多没有自己的影视设备,因为设备太贵,养不起,也没有必要养,机器向设备公司租来。设备出租公司大都是国外或港台在大陆设立的,设备也是高中低档皆有,好的设备在世界上都是顶级的。所以国内制作广告片的前期设备是不差的。后期再到专业的后期制作公司去做。最近几年广州、深圳、北京均设有港台投资办的后期制作公司,设备档次自不用说,更有些公司的操作人员也是从港台过来的,活练得呱呱叫。这里要提醒诸位注意的是有些后期制作公司,设备绝对是一流,但操作设备的人是新手,你的片子前期做得再好,只要到了这种后期制作公司准保急得你要上吊。

找准制作公司很不容易,尤其是第一次和某家制作公司合作,总是有点前怕狼后怕虎的味道。这倒不全是天生胆儿小,毕竟拿下一个全案策划不容易。一轮一轮的谈判,反复策划创意,赢得客户将全年广告运作交于我们手中。大客户一年广告经费一两亿元,代理一下总能赚个一两千万毛利,如果广告片制作上出点豁子,那可不前功尽弃,吃不了兜着走,如此怎能不担心! 一家大小还等着吃饭啦!

广告片的创意到了制作公司,制作公司会进行二度创作,将广告公司的创意具体化,并提出合理化建议,尤其是如何将画面处理得精美、有冲击力,又突出产品营销讯息。制作人员和创意人员之间的沟通是十分重要和必需的,如果沟通不好,制作人员没有彻底明白创意人员的想法,就制作不出符合创意要求的画面,再改动就会花掉很多时间和金钱。毕竟广告片不像搞美术平面设计,改动不亚于重拍。所以在沟通上多花点时间是值得的。这里值得注意的是,谨防制作公司将二度创作变成二次创作。不负责任的制作公司接到广告公司和广告主反复研究的创意,发现有些镜头画面难处理,他们就会找出各种理由将其改了,你不注意还以为他们挺热心给你出主意呢。

制作公司在接待广告主和广告公司时,往往会放几条自己公司制作的广告片。如果你在两家制作公司看到同样的广告片,那就真伪难辨了。这倒无所谓,关键是要找到拍这个片的广告制作人,而不是制作公司。

现在有一种现象,就是部分制作公司在接到活后再转给制作人。制作人往往是一个不太固定又相对固定的班子,这个班子包括导演、摄像、美术等人员,这里有导演牵头的也有美术牵头的。一个广告片制作班子,最重要的是要看导演。广告片的导演是有别于故事片导演的。广告片的导演同时应该是一个合格的广告人,明白广告片的重要目的是将产品营销讯息传递出去,而不仅仅是拍一组完美的画面。

好的制作班子和坏的制作班子差距很大,选择制作班子一定要十分小心。见面交谈沟通是一个十分不错的办法,而不仅仅是看看他们过去的广告片作品。找准了制作班子,广告片就已经成功了一半,反之,就让您老人家哭去吧。

广告片前期制作和后期制作结合的程度越来越大,对制作班子要求也越来越高。20世纪

80 年代那些先进的后期制作设备国内没有，怎样做更是不熟悉。所以，那时期的广告片大多是表现故事情节的，导演也大多是原电影厂的故事片导演。现在后期设备多了，利用电脑制作一些特殊效果成了客户的要求。而且客户总认为多用一些电脑制作效果会增加广告片的可看性。不负责任、光想多赚钱的有些制作公司也热衷于多用一些电脑特技，来以此向客户多收一些制作费，这叫一个愿打一个愿挨。但事实上，对有些广告片来说，并不一定要加特技效果，加了以后反而是画蛇添足。广告片一秒是 24 帧，后期制作如果需要抠像，就是一秒的表现要抠24 帧画面，工作量不算小，完全是耗时间耗金钱。有经验的广告片导演在前期拍摄时会十分注意如何配合后期制作，如要把一群人抠到宇宙中一个大星球上，甚至要带上一些后期设备到现场的拍摄中对位，免得后期制作时难以对位，更费周折。

制作一条广告片的细节太多，广告片制作班子风格也各异。有擅长拍大场面的外景，有擅长拍室内戏的，甚至有擅拍化妆品的，有擅拍家电的。例如，拍摄空调器，空调器上面的线纹很容易出现雪花点，正确的办法是，先将空调器用照相机拍下来，再用摄影机拍空调器的通风口，然后在电脑上将通风口和照片接起来，这样上半部是照片，自然不会有雪花点。下面通风口照样可以动。这样的效果自然会令客户大为满意，而这就取决于制作人的经验了。选对演员也是一条广告片成功的关键。一条广告片应针对产品的目标消费者的口味去选择演员，高品质高价位的产品是针对成功人士做的，演员当然是有豪客的味道。而一些日常生活用品，不妨就用一些长相平凡的小老百姓来演。选择没表演经验的小老百姓来做演员，他们可能不如专业演员那么会表演，但也因此而真实，更易打动目标消费者的心。像"碧浪"洗衣粉的一系列广告片出现的都是邻家妇女的形象，甚是能打动人心。广告片最怕的是拍小孩和动物，但有些广告片又非要由小孩来担纲主演不可，所以找年龄小的演员更不是一件容易的事。

国内广告片制作费现在大多在一条 25 万人民币左右，当然贵的片子也有，二三百万制作一条片子也不再是新闻。也有部分厂商因预算不甚宽裕，仅愿意花七八万拍条广告片的。钱投入大投入小因广告主实力而异，关键在于广告片出效果了没有。而正因如此，就更看广告人的策划能力与制片人的摄制功夫了。有时花钱不多的广告片也一样能打响产品，像前些年川崎火锅调料广告片，花费不大，场景简单，一句广告语："吃火锅没川崎怎么行？"就把产品在上海卖得火爆。这道理有点像制作精美的幽默小品，有时甚至不如用家用摄像机拍的生活中的幽默小镜头更让人发笑。所以认真的客户会和广告代理公司一起去制作公司谈。这时制作公司就得做些表面功夫，这倒不是存心蒙广告主，而是因为广告主大多不懂制作片子的过程。

一般来说，广告主要看的有广告片的分镜头画稿、演员资料、演员服装设计稿、布景设计稿等。而且广告主也还需要和导演以及其他参与人员一起沟通交谈，感觉一下他们是否有足够的能力帮自己制作出一条好的广告片来。制作公司如果不能按计划将这些准备好，客户就会有疑虑，而怀疑制作公司的能力以及服务质量，说不定就此黄了这笔生意，将到嘴的肉丢了。打个比方，分镜头画稿，有些导演画的往往极其简单，但给客户看的就一定要画得准确画得精致才行。分镜头画稿现在已上升到新的阶段，广州有些广告片制作人现在对制作费投入较大的广告片，给客户看的分镜头画稿为声像结合的"模拟版"。所谓"模拟版"，是用普通小摄像机将演员和对话录下来，再经过电脑简单合成，把背景叠上去，配上音乐，交给客户看，这样客户更能比较准确地把握住整个广告片出来的效果。如果客户认可，制作人的好处也很多，如片子出来客户不满意概率就很小，不至于返工，造成大量浪费。这有点像过去我们给客户看的平面设计稿是手工画的，效果和印刷出来的效果相差甚远；现在用电脑喷出彩稿，效果和印刷出来的效果几乎一样,客户看了自然觉得更明白。当经费到位后,制作公司会打出一个工作进程表。进程表的大致内容有确定创意、设计施工图、作曲、联络演员、制作服装、道具、拍摄、冲片、转磁、初剪、后期特技制作、客户认可初剪片、确定配音演员、音乐合成等数不胜数的一串过程。这过程中只要有一个细节出了问题,都会影响整条广告片的进度和质量。

广告片的监制有时是要有点吹毛求疵的精神的,哪怕是多几帧少几帧,或画面字幕有点不舒服,都要坚持改。广告片是重复播放的,一点小毛病也足以让受众不舒服而导致反感。

广告片最后终审者是广告主,但广告主的意见不总是对的,有时提出很多不合理的修改意见,制作人员也得硬着头皮去做。制作公司常会见到忍无可忍的二维、三维制作人员在客户走了之后,大嚷着以后再不干这鸟差事,简直太痛苦了。整天被人强迫,谁受得了。

有些客户总认为,花了那么多钱,好不容易推出一条广告片,总是希望能在一条广告片里多表现点信息,旁白实在挤不下,就在画面上走字幕。不管走多快,只要能将内容塞进去,就行啦!一条30秒的广告片字幕加解说词一百多个字,弄得广告片只喊受不了,更弄得广告受众难以下咽。这种广告片作用何在?

本来制作人员制作出的广告片自己看着还挺满意,经客户一改,常常就窜了味,甚至面目全非。说得清的说,说不清的只好看着广告片由美女变丑婆。将来他们产品卖不出去流浪街头也不要再怪广告人。

广告片的制作参与人员有广告主、广告公司和广告制作公司三方,三方互相信任,共同努力,全策全力才可以完成一条优秀的广告片。

广告片的制作绝不是件简单的事,可以讲是十分复杂的。广告人为之付出的心血实在不是能在这篇短文中一一说完的。

表5-1是某常见药品15秒广告片制作报价。

表5-1　某常见药品15秒广告片制作报价

项目	金额(元)	备注	说明
照相	150	选演员并拍照(不包括知名演员)	拍摄前初拍演员多角度照片,确定造型,拍摄中用一次成像确定光效,构图,工作中用照片资料
摄像器材	4800	西德 ARRIFLEX 电影摄影机及附件	电影及专业高档摄影机,升降机,轨道移动车,彩色监视录像系统,附加镜头及辅材
照明器材	2500	电影专用高/低色温灯具	保证足够的亮度以造型及拍摄,大功率灯泡
电费	1500		电能消耗费用
胶片	4000	美国进口彩色电影底片	足够的胶片长度以确保质量
冲底印样	4320		正常冲洗彩底,印制样片

项目	金额（元）	备注	说明
调光、鉴定、套底	1000		两次调校底，样片密度、色饱和度、亮度合格套底
电编	14000	剪片，电脑数码剪辑，套编制作	电脑剪辑，调校大编
动画特技字幕	32000	电脑数码特技合成及字幕，三维动画	三维电脑动画，数码特技合成
胶转磁	4000	送香港胶转磁	将胶片转录于磁带上供编剪播放用（由香港公司制作）
录音及转录	3200		将音乐、歌声等录制合成及转录于完成片上
交货磁带	1200		1/2Betacam，3/4Umatic，1/2VHS 磁带各两盒
场地费	—		
置景及棚租	15000	租用摄影棚，搭制内景，背景制作	大面积喷蓝天片，全部景区
化妆	500		演员化妆所需的油彩，底色等化妆材料及易耗工具
服装	3000	演员服装的制作、租用费	演员服装的定制，购置，其他服装的租金
道具	1500		拍摄中所需各种道具的制作，购买
音乐制作	10000	作曲，录制，合成	聘请作曲家作曲，录音，合成制作
演员费	6500	演员及配音演员，解说员酬金	演员及配音演员（知名演员出场费另计）
职员酬金	26000	摄制组工作人员酬金	包括参加筹备，准备，拍摄，后期制作工作的酬劳
住宿费	—		
餐饮费	3000		工作日全体工作人员，演员用餐等费用
剧杂费	2200	通讯，误餐，民工，组外人员加班等	影片摄制过程中的各种杂项开支
交通费	2000	筹备、拍摄，后期制作交通及附加费	筹备期零星用，拍摄期接送演员，后期制作的交通费用

项目	金额(元)	备注	说明
意外支出	5000		不可预见的意外支出费用及损坏赔偿费用
设计费	—		创作创意,绘制,造型等设计费
税金	13033	6.5%×200503	国家规定上缴税金
企管费及利润	40101	20%×200503	公司正常收取的企业管理费,间接费用及合理的经营利润
合计	200503		

三、报纸广告的特点

(一)报纸广告的优点

报纸属于印刷广告媒体,与其他印刷媒体在编辑方法、内容、形式、对象范围等方面既有差别又有自己的特点。从报纸担任的社会角色具有的社会功能看,报纸不仅只报道新闻,更重要的是发挥评论与述说的功能,担当引导社会舆论的角色。

1.覆盖范围广

报纸的发行量大、覆盖范围广泛,如《人民日报》《参考消息》《中国医药报》等其发行量均以百万份计算,由于某些报纸可读性比较强,读者相对稳定,其读者的数量超过发行量。广告主可以通过报纸以较低的成本向全国各地药品目标市场发布产品信息。

2.传播速度快

报纸属于新闻传播媒体,时效性较强。有许多报纸当日可送到读者手中,读者可以利用报纸刊载的广告信息有选择性的购物,对于有明显竞争优势的医药产品能在权威性的报纸上刊登广告,其效果是明显的。

3.消费者态度积极

对于广大读者来讲,认为报纸包括其广告是及时、可信度较高的信息来源,尤其是影响力较大的报纸广告媒体。读者能根据自己的偏爱与需要选择报纸种类、读报时间,许多消费者对报纸广告持有积极地态度。

4.信息可以保存

报纸历史悠久,在大众传播媒体中发展最成熟,报纸黑白字容易保存,可反复利用并传播。报纸广告媒体的信息不随时间的消失而消失,其本身是一种很好的市场营销资料与商业纠纷的有力证据。许多读者对优良信息的接受比较深入,形象极佳的药品信息也因此而获得较为完整的理解。只要能够引起读者的注意,激发起兴趣与购买欲望,读者还会留意保存或剪贴保存,便于以后查找。

5.区域选择性强

除部分国际性、全国性报纸以外,报纸广告媒体的发行区域及对象较为明确,有较强的地理选择性,广告主可以选择在某些市场做广告,在某些市场不做广告。对于广告主来说要认真把握报纸在发行上的这一优点。以药品中的滋补、强壮药品为例,该药品适合在沿海城市及经济条件好的城市中销售,选择在这类经济发达的城市做广告效果就较好,如果选择经济欠发达的地区的报纸作为广告媒体发布这类药品的信息,其结果是可想而知的。

6.版面大、灵活性强

由于报纸广告媒体的版面大、篇幅多、种类多样、版面安排灵活,可供广告主充分地进行选择与利用。特别是彩色广告、自由式插入广告及增刊广告等都是报纸广告的选择。凡是要向消费者进行详细介绍的药品特别是新药,利用报纸做广告可供选择的版面大,费用适当,是极为有利的。

(二)报纸广告的缺点

1.干扰度高

因报纸的价格低,多靠广告的收入来维持,很多报纸以多条信息在同一版面并置形式排列广告版面,如果管理不当、专业不精,显得杂乱不堪,过量的信息削弱了单个广告的作用,尤其是超级市场做广告或周末的报纸更是如此。另外,有许多报纸印刷质量不够精美,在一定程度上影响了广告宣传质量和效果。

2.生命周期短

因为大多数报纸是日报或晚报,每日一期,所以报纸广告的时效性较短,人们读报的时候倾向于快速浏览,而且是一次性的。一份日报的平均生命周期只有24小时。加之报纸的张数较多(有的报纸扩至二十多版),通常广告又刊登在次要的版面或位置上,造成人们注意力分散,广告极易被忽视。

3.动感差、产品类型限制

报纸广告作为一种平面广告,不但缺乏电视广告的动感,而且很难展示药品的形体特征与质感,如专业的服务(医生诊病与介绍药品)容易被忽视。

四、杂志广告的特点

(一)杂志广告的优点

杂志广告媒体是印刷的平面广告,杂志广告与报纸广告的特点较为接近。因为杂志在接触特定读者群体方面有其优势,它必须有独特的内容才能满足特定读者的需求,所以杂志在读者风格、结构等方面都与报纸广告极为不同。杂志广告优点如下。

1.专业性强、目标受众明确

杂志是一种目标对象明确,针对性强的广告媒体。不同的杂志,其内容各有侧重,如果能够根据药品的特色与消费者对象阅读习惯,选择合适的杂志发布广告信息,如在医学杂志上刊登药品、医疗器械广告,在《夕阳红》《老年之友》杂志上刊登防治心血管系统疾病的药物、医疗器械等广告,就能取得较为理想的宣传效果。

2.保存期长、传阅率高

杂志由于装订成册,便于携带与收藏;杂志的读者多为固定订户,阅读时比较专心,实际阅读率高。因为杂志被保存的时间长,反复阅读率高,而且传阅性好,所以能扩大与延续广告的传播效果。杂志是所有广告媒体中生命周期最长的媒体。有些杂志,像《求实》等杂志被看成是权威的资料反复被引用、转载,甚至永远地保存下来;某些杂志有较大的发展潜力,通过家人、朋友等人的广泛传播,还有许多间接读者。

3.表现力强、视觉效果好

杂志设计讲究、编辑精细、印刷精美,纸张的质量较高;杂志中的广告一般独占版面,传真程度高,给读者的印象强烈;杂志刊载的图片在色彩的还原上及清晰度方面有较强的表现力,还能提高表现对象的美观程度与价值感,充分的表现产品的品质和质量。

4.受众接纳性高、促销作用明显

许多杂志具有极高的权威性与可信性,如《财富》《求是》杂志等,在其杂志上刊登药品广告会给人们留下深刻的印象,使药品更具有吸引力与美誉度,产品沾了出版物的光。广告主还可以实施多种促销手段,充分发挥权威杂志的引导作用,如通过杂志发送资料卡、优惠券、提供样品等。

(二)杂志广告的缺点

1.发行周期长、广告信息滞后

由于杂志的发行周期一般为周或月,其传播速度较慢,缺乏时效性,难以满足那些时效性高与短期促销活动的需要。

2.灵活性差

杂志稿件的截止日期较早,广告主必须在出版日前数日或几个月时间交广告稿件。

3.版面局限

广告位置的提供有局限性,主要版面的广告(如封底、封二)可能在几个月前已售出,资源有限,页面位置较难确定。

表5-2是四大广告媒体主要特点比较。

表5-2　四大广告媒体主要特点对比表

媒介	优点	缺点
广播	覆盖面广 传播速度快 时效性强,通俗易懂 费用低廉	表达单调 时间短促 对顾客的选择性差
电视	覆盖面广 表现手法灵活 重复出现性好 可信度高	对顾客的选择性小 竞争干扰大 费用昂贵
报纸	时效性强 读者面广、针对性强 制作简单、灵活 可信度高 具有新闻性 费用较低	广告寿命短 表现手法单调 不易引起注意 重复出现率低

媒介	优点	缺点
杂志	针对性强 表现手法灵活 重复出现率高 竞争干扰小 广告寿命长	时效性差 篇幅受到限制 版面位置选择性差

五、网络广告的特点

(一)网络广告的优点

国际互联网通过一系列互相连接的计算机在全世界范围内实现信息交换与传播。它不仅是具有广播、电视、报纸、杂志等传统媒体的一般功能,而且具有数字化、及时性、多媒体与交互式传递广告信息的独特优势。

1.信息传递快

互联网以极快的速度传输文字、声音、图像,且不受印刷、运输、发行等因素的限制。一旦用户访问网站,用户可以在瞬间获得大量有关产品说明设计及购买信息之类的信息资源;网络广告媒体不仅传输速度快,而且制作发布简单、容易操作,可以随时随地地发布广告信息。

2.交互能力强

网络与大众传播媒体最大的不同点在于它将信息的单向传播转变为信息互动传播,网络广告媒体的信息平台,变成了信息的超级市场,可以根据本人的需求自由选取各种有用的信息。例如,网络的呈现方式是层层点击,而非翻阅的阅读方式,广告主可以将药品企业产品信息与服务信息,一层层展现给有兴趣阅读的用户。用户还可以利用网络上面的留言平台、电子邮件对广告信息发表自己的意见,参与信息的传播。广告主可根据用户反馈的信息,及时分析,制订出相应的改革方案。正如尼葛洛庞蒂形象地比喻:"在网络上,每个人都可以是一个没有执照的电视台。"

3.灵活、成本低

在互联网上做的广告不但从提交材料到发布广告所需时间较短,而且广告主可根据需要及时变更广告内容,有利于实施与推广经营决策,克服了报纸、杂志、电视等大众广告媒体出版、播出后短期难更改的弱点。目前,电视台、电台的广告多以秒计费,报纸、杂志的广告费用也相对较高。特别是电视广告制作费用昂贵,网络广告制作成本相对较低。

4.容量大、传播范围广

传统的大众广告媒体,不光在单位节目时间内与单位版面内信息的传播数量方面受限,而且受地域限制较强。通过网络广告媒体传递的广告,则摆脱了时空限制,而且网络广告媒体所储存与发布的信息可以形容为"海量"。网络广告媒体强大的信息储存与检索功能,使得网络广告媒体在信息传输上具有丰富的可能性,在信息形态上具有纷繁的多样性,令传统广告媒体望尘莫及。

5.市场潜力大、针对性强

设计精彩的网站可以带来重复性的访问,广告主及广告公司同样可以从中获益,药品企业通过 IP 地址及 cookies 技术对目标受众的情况有些了解,能够随时随地地得到消费者需求情况及该地区生活方式等方面的信息,更有利于药品企业根据消费者需求制定促销活动策略。随着家庭电脑的快速发展,网络市场的潜力还在不断增强。

(二)网络广告的缺点

1.网络拥挤

随着网络广告的激增,广告吸引注意在明显下降。据调查,多数网络用户在网上浏览的是新闻、时事政治、网络游戏,少数用户点击广告牌获取市场信息。网络用户抱怨较多的问题是上网慢(信息传递时间问题)。

2.成本高

目前,由于受环境经济条件的制约,网络用户在城市及企业事业单位居多,广大的农村在短期内难以实现。广告主们认为,网络对于价位高的产品是一种有效的广告媒体,对于价格较低的产品效果较差,显得成本较高,加之网上药品营销仅限于非处方用药。

3.存在欺诈行为

电子邮件作为建立营销关系的沟通方式较为混乱,许多虚假广告充斥网上,网上购物欺诈现象时有发生。随着政府加强对网络的管制,网络广告媒体这个全新的事物能被人们广泛接受。

第四节　复合媒体战略

单一媒体即使作用再大,其影响力也是十分有限的。鉴于上述,药品生产企业和广告公司于是越来越注重通过组合使用功能效果各异的媒体,来达到促销目的。

"哎呀,安排这么多媒体,有必要吗? 这得花多少钱啦?"企业有人在背后大呼小叫。

"当然必要,你以为现在是 1985 年啊? 随便安排个电视广告,只要告诉消费者实行三包、誉满全球,消费者就会傻兮兮地排队去买你的药品啊!"广告公司的人也上蹿下跳地说。

其实上面的这段对话是臆造出来的,但现实生活中企业和广告公司都会为媒体安排而大伤脑筋,这倒一点不假。所以,就让我们一起来琢磨琢磨这个复合媒体战略。

所谓复合媒体战略,是把产品的创意,针对其目标消费者,在一定的时间和费用内,利用各种媒体的巧妙组合,将广告讯息有效地传达给市场中的目标消费者。

市场竞争日趋激烈所引起的广告大战愈演愈烈,使企业和广告公司都深知,仅诉求于单一媒体已经难以达到促销目的。如单以电视媒体来播放药品广告,那么药品很多需要详细说明的细节就无法在短短 30 秒或 15 秒的时间里说清楚,所以就得有报纸等大量的平面广告来配合,才能奏效。更要命的是,现在同类产品少则二三个,多则几十个,六味地黄丸就有三百多家药品生产企业可以生产,谁都不让谁。一大堆信息,我们的药品广告一不小心就淹没其中,怪可怜的。

资讯泛滥,信息爆炸,消费者的命运亦不见得好多少。

现在消费者每天都被大量的广告包围着,一个生活在上海的消费者一天至少要接受 80~

150 条的广告信息。单一媒体即使作用再大,其影响力也是十分有限的。鉴于上述,药品生产企业和广告公司于是越来越注重通过组合使用功能效果各异的媒体,来达到促销目的。

除电视、广播、报纸、杂志四大媒体之外,现在可以利用的媒体是"海陆空"俱全。各种媒体如交通广告、DM、传单、空中悬浮物等五彩缤纷,扑面而来,任你选择。随着科学技术的不断进步,以后可用的媒体会越来越多,根本不用愁没有媒体可用。只是在如何合理有效地组合这些媒体,达到自己使用的目的上却大有学问。

这一系列的媒体使用,应充分发挥各媒体的最大效率,并综合利用各媒体,发挥整体的作用。这就必须强调在总体策划中对各类传播媒体特性,其优劣点如何,要有充分的认识。诸如能覆盖多少目标市场,能揭露的情报量与质,能覆盖何种特性的目标市场以及该媒体所影响的目标市场状况,然后按药品生命周期、药品特性、竞争关系、媒体本身因素、媒体成本来复合选择使用媒体。

以报纸媒体而言,何者效果较大?覆盖面是不是我们选定的销售区域?同时要不要在电视上做广告?还是仅仅选择报纸、杂志,再配合招贴、赠送来达到目的?这就需要我们在媒体战略的指导下制订媒体计划。按照广告表现计划制定出一个通过何种媒体、何种版位、多大版面、在何时、投放多少次的日程表。总之,一切都需审慎决定,细心安排。

同时媒体计划还必须考虑事实上的广告投放量。对某一药品促销而言,究竟多少的广告投放量才算适当?只要承认广告是推动销售必需的一环,那么广告在整个行销组合中,就要有恰如其分的广告量。同时也要考虑竞争品牌在广告上的投放量,根据以竞争者为中心的策略思想,来设定一个可以获胜的广告量。唯有这样,才能获得好的广告效果,达到促销目的。

事实上,现在的企业已经很少不是使用复合媒体来制定销售战略和营业战略。复合媒体战略的运用使得内容变得复杂,需要更多的时间来策划安排,经费也相对巨大。如用电视广告来吸引基本消费者;通过赞助希望工程或其他赞助活动来树立企业在世人心目中的印象;应用新产品发布会向经销商介绍新品,达到全面铺货的目的;运用传单和赠品,挨家挨户赠送到目标消费者手里,进行试吃试用,而激发其购买行动;等等。

案例分析

东宝空调复合媒体战略

东宝空调策划 1996 年度全国广告运动方案时,针对其中一个模糊空调器作了这样的媒体安排。因"模糊空调"这个概念很多消费者不了解,也就很难将模糊就是先进、模糊就是舒适、模糊就是节能的观念传达到消费者的心智,故而在媒体安排上就采取了层层递进的办法。第一步是电视广告,在 30 秒中将模糊控制技术应用到东宝空调所产生的良好效果表现出来,同时利用广播 30 秒广告来配合。但由于电视、广播广告时间短,不可能将观念深入人心,那么第二步就在报纸上进一步将"模糊空调"与生俱来的戏剧性进行了较为详细的阐述。但仅此还不够,他们又在零售点设计了两个动作:

第一,制作一张广告单页,将模糊控制技术及其应用到东宝空调上的种种优点进行了充分的说明,弥补报纸通栏广告容量小话没说透的缺陷;

第二,制作一个 20 分钟的广告资料带,从解释"模糊"这个科学概念入手,图文并茂形象生动深入浅出地让消费者一看就明白,然后再将东宝"模糊空调"优于一般非模糊空调器的各项细节进行了阐述。

这样通过层层递进又相辅相成的媒体组合,将一个很难一下子阐述清楚的产品的优点表现出来了。

这样的混合促销,在一定时期内集中发挥其功能,往往十分有效。但利用复合媒体来促销,费用又是巨大的。因此,企业在事前必须做大量周密的准备工作,一环扣一环,不能脱节;同时更要考虑其实际作用,通过事前测定来检测这么多的广告经费投入对销售额究竟有多大帮助。

现如今四大媒体的价格不断上涨,对于一些中小企业来说已不堪重荷。但不做广告又不行,怎么办? 这些企业不妨在适当使用电视、报纸等媒体时,复合使用一些价格低廉的诸如传单、店头广告等手段,只要运用得当,也会取得良好的促销作用。

在执行媒体战略上,广告公司一方面与企业的相关部门进行磋商协调,制订出具体的媒体计划、促销活动,决定后,双方都要坚持完整而及时地予以执行。如果得不到顺利的执行,那么一切功夫都是白费。任意改变计划是愚蠢的,直接影响到销售额。所以广告公司和企业双方都必须安排有力的人员来执行媒体战略,顺利地完成媒体计划,才能达到最后目的。

广告媒体策略的实施从选择媒体开始,好的广告媒体策略要靠严谨、科学的方案来实现。信息时代的广告媒体环境变化较快,广告媒体种类繁杂,为广告的传播提供了各式各样的渠道,但是要实现广告传播所期望的高投入高回报目标,药品生产企业或药品生产经营企业要严格遵循广告媒体策略的规则,认真研究、选择适合本企业药品的广告媒体或广告媒体组合。只有完善的战略规划及广告创意,才能有效地将药品广告信息及时准确的传递给受众目标,达到广告策划的预期目标。如果选择广告媒体类型不当或有缺陷的广告创意,其广告传播的效果不会理想。所以,广告主在做广告投入时,事先应对所选广告媒体进行优化组合,广告媒体创意诸方面认真探讨,方能达到事半功倍的理想效果。

📖 知识链接

一则成功的广告,人们首先注意到的往往是它的创意。然而一个成功的广告策略除了成功的广告创意外,也离不开成功的媒体策略。广告媒体对于广告的作用,其一是作为广告信息的载体与传播渠道,决定了广告信息所能到达的顾客群及其传播效果;其二是在很大程度上决定了广告经费开支的大小。药品企业在选择广告媒体时,第一个因素是应在确定目标顾客的基础上根据目标顾客接触媒体的习惯,选择合适的媒体及传递方式,使广告信息能够有效地覆盖企业的目标顾客。尺有所短、寸有所长,各种广告媒体对不同广告信息的表达力也各有其特点,这是企业选择广告媒体时应结合产品特点考虑的第二个因素。

上海德英信息咨询有限公司认为:消费者的行为是存在差异性的,这种差异性的表现之一就是消费者接触各种媒体的习惯是不同的。电视、广播及其各节目时段或栏目,通常都有其相对固定的一部分观众、听众与读者,在不同的媒体上或不同的节目时段或栏目中刊播广告,广告信息所能送达的顾客类型必然是不同的。路牌广告放置在市中心繁华地段与放置在城市近郊区,显然具有不同的效果。而采用不同的方式发放广告宣传单,也同样会产生不同的效果。此外,电视、广播、报纸等广告媒体在传播速度、覆盖面上也存在差异。

有些产品宜于动态地向顾客展示其使用方法、造型、内部构造等,这时选用电视广告就是比较适宜的。如果是刚投放市场的一种新产品，需要对其性能、使用方法等进行详细充分的文字说明，则宜选用报纸、杂志及宣传单等媒体，使顾客通过比较丰富的资料来认识与了解新产品。选择广告媒体应考虑的第三个因素是广告媒体的费用。药品企业做广告总希望以有限的广告费用来获得最佳的广告效果。在保证广告效果的前提下，精打细算，合理选择应是企业选择广告媒体的一个原则。

实际上成功的广告并不意味着一定要投入大量的广告经费，非要采用电视、广播、报纸等大众传播媒体不可。只要运用得当，即使只投入少量经费也可获得非常好的广告效果。如广告宣传单在传播速度、覆盖面及表达力等方面虽不及电视、报纸等媒体广告，但只要能够结合药品与目标顾客的特点加以合理运用，不仅可以获得满意的效果，还可避免过多且无谓的广告开支。

📖 案例分析

重庆公司的媒体策略

重庆市曾有一公司在繁华地段建一交易市场，并在日报与电视台上做销售广告，但广告刊播后效果并不理想。究其原因，是因为作为该交易市场目标顾客的个体户基本上不看日报，晚间也多在外交际或娱乐。虽然日报与电视台的覆盖面很广，企业也投入了大笔经费，广告信息仍不能有效地传递给目标顾客。事后该公司总结经验教训，重新策划了广告媒体策略，印制了一些广告宣传单通过个体劳动者协会定向发放给个体户，投入不高但效果很好，交易市场的铺面摊位在短时间内就被定购一空。

总之，广告策划是包括广告调研、广告主题确定、广告创意、广告制作、媒体选择及广告刊播与评价等内容在内的一系列彼此相关的工作。成功的广告策略必然蕴含着成功的媒体策略，而成功的媒体策略就是在分析目标顾客特点、产品特点与媒体特点的基础上求得统一，进而实现目标顾客的针对性、表达力的适宜性与广告开支的经济性这一广告媒体选择目标。

一、广告媒体的评价指标

广播、电视、报纸、杂志、互联网等广告媒体分别具有不同的特性，在它们的特性之中有量的特性与质的特性。相对而言，量的特性容易把握些，对于媒体质的把握难度较大，原因是缺乏量化的数据。在日常工作中媒体工作人员习惯以主观（经验）判断为主。对媒体质的特性衡量确有困难，在各种广告媒体中，需要一个客观公正的评价标准。在广告媒体的操作过程中，指数是一项被广泛利用的重要的运算工具，通过比较，来测算各种广告媒体数值之间的差异。广告媒体要达到有效传播，必须使得媒体的覆盖面与目标受众分布区域相重合。在弄清媒体受众、媒体广告受众、媒体广告目标受众的基础上，需对广告媒体的覆盖率进行评价，在评价广告媒体传播频次方面还有到达率、暴露频次、有效到达率与有效暴露频次等量化指标，分别介绍如下。

（一）覆盖率

覆盖率是衡量广告媒体策略成功与否的一个重要指标，系指广告媒体传播所能达到的区域。其意义在于确定广告媒体信息能否准确有效地到达了目标市场。覆盖率是广告媒体单位在测定受众范围时评价栏目、节目普及状况的常用术语,广告主及广告公司将它引入广告领域,将覆盖率作为广告作品刊播费用的判断标准之一。在日常情况下覆盖率越高,其广告发布费用就越高。

(二)毛评点

毛评点是某一特定的广告媒体所刊播的某广告信息收视率总和,是刊播次数与历次收视率的乘积。毛评点能测量出广告媒体计划中的效用力度。毛评点注重的是受众至少看过一次以上的广告,而不去关心有多少人看过多少次广告。例如,中央电视台某频道的一个栏目发布广告,收视率为 25%,发布 5 次,其毛评点是 $25\% \times 5 = 125\%$。发布 10 次、20 次计算方法同上,依此类推。如果在中央电视台同样频道不同的栏目发布广告,其毛评点的计算需要分别计算,然后相加。

(三)到达率

到达率是指不同的家庭或个人在一定时间内暴露于某一广告媒体特定广告信息中的人数。一般以百分比表示,它的特点是不重复计算,在计算的人数中,每人至少有一次接触此广告信息,故又有净量视听众与无重复视听众之称。到达率适用于任何广告媒体。由于不同的广告媒体存有不同的特点,其计算方法在时间周期上有所差别。以广播、电视、报纸广告媒体为例,三种广告媒体计算到达率的方法通常是用 1 个月的时间作为一个周期,而杂志等广告媒体则以特定发行期经过全部受众阅读的寿命周期作为计算标准。如果一个药品企业要在中央电视台某频道的三个栏目中插播药品广告,以 100 个家庭或 100 个人中,有 30 个家庭或 30 个人至少有一次看到此药品广告,到达率应为 30%。

(四)暴露频次

暴露频次通常指 1 个月内一则广告到达受众的次数,即每个家庭或个人接触到同一个广告信息的平均次数。例如,有 100 个家庭或 100 个人在 1 个月内观看了中央电视台某频道的两个栏目健胃消食片广告一次或一次以上,其中 10 户看了 30 次,20 户看了 45 次,30 户看了 50 次,40 户看了 75 次,把每个家庭或个人所看的药品广告数相加,100 个家庭或个人共看了 200 次药品广告,平均每个家庭或个人看到 2 次。这个 2 次就是暴露频次,计算公式如下。

暴露频次 = 毛评点 ÷ 到达率

(五)有效到达率

有效到达率,习称为有效暴露频次,是指在周期内有多少个家庭或个人接受足够的广告频次,并通过广告信息产生购买行为,广告起到了促销作用。那么受众目标要接触多少次广告才算足够或产生好的效果呢? 现实告诉我们,有效到达率由诸多因素构成。例如,品牌知名度、广告媒体传播特点、竞争对手宣传力度、广告信息发布时间及区域等因素均影响有效到达率。广告学家认为,在一个周期内暴露 3 次以上 6 次以下为最佳暴露频次,通常在一个周期内暴露频次为一次者,几乎没有什么效果。实践证明,有效暴露频次过多,会使人感到厌倦,价值递减,并产生负面影响,可从下面案例中会得到启示。

📖 知识链接

广告学家斯密斯先生研究认为:

第 1 次,看到广告时,视而不见;

第 2 次,再看到广告时,他不太注意;

第 3 次,他默认了广告的存在;

第 4 次,他对广告感到似曾相识;

第 5 次,他开始阅览广告;

第 6 次,他更专心地看了广告;

第 7 次,他彻底地阅读了广告,并说"原来是这么回事";

第 8 次,他说,实在太恼人了,怎么老是遇见它;

第 9 次,他认为还有点内容;

第 10 次,他想,或许邻居使用过这个产品;

第 11 次,他想问厂商制作这一广告花了多少钱;

第 12 次,他有点动心了,他想"也许这产品值得买";

第 13 次,他想,买这种产品一定很合算;

第 14 次,他想起了他很早就想拥有这种产品;

第 15 次,他渴望买它,可是没有钱;

第 16 次,他想有一天我一定要买;

第 17 次,他把这种愿望记在杂志本上;

第 18 次,他咒骂道:"为什么我是穷光蛋";

第 19 次,他开始精细地数着他的钞票;

第 20 次,再看到广告时,他马上去购买,或要家庭其他成员代劳。

二、影响广告媒体选择的因素

不同类型的广告媒体在服务于广告活动中,所能利用的广告时机、对内容的阐明能力、实际的表现效果、在受众心目中的信任度等方面,形成了各自品质上的不同。由于广告媒体自身品质的差异,影响广告媒体选择的因素是多方面的。

(一)广告媒体的形象与地位

任何媒体都有自身的形象,同样的广告品牌与广告文案,使用不同的广告媒体播发该广告时,带给受众的价值与印象是不一样的,这种现象称为"关联效果"。究其原因是广告媒体本身的长期价值取向所形成的社会效果,给利用该媒体发布的广告信息形成一种附加外在的影响。中央电视台等国家级媒体发布的信息,具有绝对的权威性。人们普遍认为,大媒体的广告审查制度比较严格,且收费高、实力不雄厚的企业及伪劣产品很难通过此媒体发布广告。可做如下试验:我们把同一品牌的药品广告文案分别发布在"中央电视台"与"地方电视台"或《人民日报》与《长沙晚报》上,通过这上述媒体所发布的四则药品广告,带给受众的是不同的印象与效应。

(二)广告媒体的品类关心度

由于不同广告媒体本身特质上的差异,受众对品类关心度显而易见。在日常生活中,在同一时间,受众一般能收看或收听一个频道的电视或广播节目的广告内容。广播、电视类等视听类广告媒体由于节目与广告的相互取代性,带来的是极高的品类关心度。报纸、杂志等印刷类广告媒体,因内文与广告并列在一个平面上,读者在浏览过程中,对于不感兴趣的广告类内容多撇开不阅,其信息传播的强制性相对较低,对品类关心度低的广告媒体,所传播的药品广告其广告效果明显降低。由此可见,受众对广告媒体品类关心度的高低,是由其自身的传播方式、传播能力、创意表现等造成的。如"中央电视台""中央人民广播电台"除了较高的声誉外,清晰、灵活多变的画面、符号、文字及庄重悦耳的声音,其较高的强制性收看、收听率,对于受众的品类关心度效应的影响是显著的。

(三)广告媒体的费用预算

决定广告预算问题的核心是以地区为单位的消费者购买力,广告媒体的收费标准的高低,取决于该广告媒体覆盖率的大小,收视率的高低与发行量的多少,一般广告媒体越大型,收费就越高。电视与广播等广告媒体的计费方式多按时间计算,如 5 秒,10 秒,15 秒,30 秒等。除了中央广播、电视台与地方广播、电视台的收费有差别外,播出的时段(黄金时段、一般时段)与推出方式(插播、赞助)在计费上又有区分。报纸广告媒体刊载广告的计费方法有全国发行的报纸(人民日报、参考消息)、省级及地方发行的报纸;广告版位(哪一版、什么位置等)、色彩(全彩、黑白、套色等);期刊广告媒体刊载药品广告,其计费方式首先要看期刊的类别,如国家级的专业核心期刊、省级期刊等,其次是广告刊登的位置(封面、封底、插页等)、广告版面的大小(全页、折页、1/3 页等)色彩等。网络媒体多以字节等表示广告单位来计费。上述内容不难看出,不同类型的广告媒体因承载广告时间、空间上的不同,其广告单位不同,不同的广告单位所产生的广告效果不同。所以,广告价格不同。作为药品企业,因企业自身产品类型、经济实力等因素的影响对广告媒体的选择有诸多限制。目前,在广告运作中,广告预算是有限的,而对于多数企业来讲预算都不充裕,有的甚至很紧张。企业广告费的 80% 是用在广告媒体上。因此,预算高低直接制约企业对广告媒体的选择购买。

(四)国家法律法规的管治

药品是防病治病,维护健康的特殊商品,是医疗卫生事业的物质基础。在市场经济中,药品既要作为普通商品流通,而且又要按照其特殊性实施特殊的管理办法。集中表现在国家加强立法并依法管理药品。我国政府对药品管理非常重视,颁布了《药品管理法》。《药品管理法》对药品的研究、开发、生产、流通、临床使用,以及假冒伪劣药品的查处,药品管理体制诸方面都进行了明确的规定。对药品营销网络与药品广告信息的发布都有严格的规定与要求。例如,国家食品药品监督管理总局对毒性药品、麻醉药品、精神药品与放射性药品等禁止上网进行信息发布与交易。只有乙类非处方药允许在网上销售。《广告法》规定:"国家规定的应当在医生指导下使用的治疗性药品广告中,必须注明按医生处方购买与使用。"麻醉药品、精神药品、毒性药品、放射性药品等特殊药品不得做广告。同时,在广告的审查中规定:利用广播、电影、电视、报纸、期刊以及其他媒介发布药品的广告,必须在发布前依照有关法律、行政法规由有关行政主管部门对广告内容进行审查;未经审查,不得发布。由此不难看出,国家对药品的管理规定严格程度要远远超出其他商品。利用各种媒体发布广告或网上发布信息与销售都有严格的限制。因此,药品广告在广告媒体的选择方面影响是巨大的。

(五)媒体承载广告呈现的广告环境

药品企业为广大消费者提供治疗疾病、强身健体、提高生活质量等方面的药品市场信息。广告环境与品牌形象、个性相辅相成或相容的载具,对广告的说服力有加强的效果。以电视广告媒体为例,情景与喜剧设计出来的药品广告能产生轻松、欢笑等美好的情感。如治胃病的斯达舒、胃动力药吗丁啉、贴肚脐治痔疮的荣昌肛泰等药品广告,即选择与创意调子相结合的载具,加强了说服效果。消费者则根据自己的实际情况与实际需要促成购买行为。

案例分析

未来生活的某一天

"有一天,当你起床时,喝下第一杯饮料,你在杯底发现了某饮料的广告;你探出头望一眼楼底,发现公车车顶贴着广告语 Don't jump(不要跳),这是某求职网站的广告,提醒你不要急着跳槽;你乘电梯下楼,电梯上贴着某降压药品的广告;你去超市,手推车上也贴着超市商品的广告;当你准备付钱时,收银员找的硬币的一面竟然也贴着某银行广告;你搭的士回家,的士车身涂着某运输公司的广告;回到家了你悠闲地躺下,抬眼一看月亮,惊奇发现月亮上出现了某知名电脑品牌的标志。"以上是新加坡李奥贝纳创意总监 Tay Guan Hin 在"金铅笔"One Show China 广告年度峰会上为我们播放的一段短片,描述的是我们未来生活的某一天。

随着经济的发展,广告在人们的生活中扮演了越来越重要的角色。广告的发展日新月异,广告发布的媒介已经不仅仅地局限于传统的四大媒体:电视、广播、报纸、杂志。现代媒介广告挤破头,已不足为奇,也难创出新意。而美国的广告商目光转而盯到苹果、番茄等大众食品上,效应可不一般。由美国著名影星金凯利主演的电影《骗子,骗子》,其广告就做在苹果上。金凯利那张令人喜爱的面孔被印成贴纸,贴到了美国购物中心货架上 1200 万个"史密斯奶奶"苹果与"富士"苹果上。由于消费者在挑选水果时一般都很仔细,而且苹果还需要削皮,所以苹果广告比电影、报刊广告取得更好的效果,吃到苹果的人同时也记住了新明星影片。

另外,广告的表现形式也是千奇百怪,无奇不有。例如,奥地利撒尿的小孩突然拉出了红色液体,原来这是某红墨水的广告;好好的雨伞出现了几个破洞,原来这是世界臭氧日的广告;百货大楼挂着半边巨大的胸罩,这是提醒人们预防乳腺癌的广告;找自动取款机取钱,卡却插不进去,原来这是自动取款机的印刷品,是印刷公司的广告,说明印刷图像逼真;到药店,发现药店前摆着一充气不倒翁,定睛一瞧,原来是"伟哥"的广告;你的车在红灯时停了下来,有 30秒的停留时间,这时,路边冲出一快餐店工作人员,在汽车前快速展示快餐店的各项优惠套餐的海报,当他展示完毕时,恰好绿灯亮了。多么精彩的"新"广告啊!相信人们会在惊喜的同时会深深为广告主、广告公司的智慧折服,看这样的广告实在是一种美的享受。

同样,我国的广告主、广告公司也煞费苦心,寻找巧妙有效的广告媒体、表现手法。例如,新近出现的火车票广告,同旧的火车票相比,新火车票幅面加大至 6cm×9cm,防伪效果好,彩色印刷,制作精良,保留时间长,便于检查,具有收藏价值,而且它的发布量非常可观,预计可达到上亿张,销售地域大,覆盖面广阔,经过一段时间的运作,它的宣传效果不错,得到了广告商家的一致好评。另外,我们经常在路上接到的广告传单也有了改革,用途也越来越广,小小一张纸上不仅有广告,更附上城市乘车线路图、年历等资料,这些都是有益的尝试,我们在感叹商家考虑得周到的同时,也对产品留下了良好的印象。

广告媒体的更新,表现形式的多样充分显示了商家、广告公司的聪明才智,也让消费者感到更多的惊喜,享受到更周到的服务。但同时我们更应深刻地认识到广告主、广告公司做广告应把握好一个度,我们不能把丑恶媚俗的广告强加给受众,那样无异于对视觉的"强奸"。我们不能唯利是图,把任何东西都拿来做广告。例如,冯小刚的电影《大腕》中,在"大腕"的葬礼上,葛优一伙把"大腕"的身体各部位都当广告媒体卖,葬礼的背景场地也都卖给了各广告商,可谓为了赚钱,不择手段、影片的情节虽稍嫌夸张,但相信还是值得国内的广告界认真思考的。

这些行为的产生,归纳于广告媒体承载药品广告所呈现的媒体自身传播广告的状态与氛围。这里所说的广告环境,不是指广告媒体自身传播广告的量,而衡量的是广告媒体自身传播广告的质。广告媒体承载广告所呈现的广告环境好与坏,直接给广告发布带来正负面影响。如广告媒体的承载制作精良的广告作品或形象极佳的广告品牌,广告活动运作的效果是显著的;反之,粗制滥造、文理不通、广告环境与广告品牌不相干,甚至不相容,会给企业带来不可估量的形象损害与经济上的损失。广告环境与药品广告的相关性越高,在广告信息传播上越具有价值。

(六)消费习性

广告不仅要丰富消费者的生活,同时也应传授给消费者知识,刺激与指导消费者消费。任何药品的消费者与潜在的消费者都有一个相对固定的群体。消费习性与媒体选择的关系在于药品购买行为与广告媒体接触时空的关联。要根据目标消费者的消费习性去选择广告媒体。各种广告媒体都有不同的适应对象,要针对那些相对固定的群体的生活习惯作出合理的判断。如老年人的生活习惯为早晨锻炼身体,药品企业发布适合老年人保健方面的药品广告,选择早间广播可以取得较高的收听效果。

(七)市场竞争

近年来,药品市场竞争达到白热化的程度,从营销战略扩大到广告战。许多药品生产企业或药品生产经营企业为了显示自己的实力,为了争夺标王,某甲企业斥巨资在"中央电视台"黄金广告段位发布药品广告,乙企业则不甘落后,在收视率较高的栏目播出广告与之抗衡。在当代企业的广告策略中,一条重要的法则是,根据市场竞争状况来安排广告媒体,决定刊播频度、排期决策,目的是避免让竞争对手占上风。尤其是那些一次性竞标的广告媒体栏目,企业之间竞争更加激烈。

(八)广告媒体干扰度

广告媒体的干扰度多由广告媒体环境形成,由广告媒体环境所形成的干扰度,对有效频次产生相对性的影响。在干扰度较高的环境里需要提高频次,特别是竞争激烈的品牌在高投入广告媒体刊播时,目的是提高目标受众认知品牌信息的概率。品牌面对干扰度较低的广告媒体环境时,其投入的频次应相对低些。广告媒体因素对有效频次的影响应采取的对策:广告媒体干扰度越高,需要投入的频次就越高;广告媒体干扰度越低,需要投入的频次就越低。

三、广告媒体选择的方法

广告媒体的选择是广告整体策划的重要组成部分,是进行成功广告必不可少的环节,它直接影响着广告宣传活动的效果。它需要解决的问题是,根据药品广告活动的目标去选择最佳广告媒体或媒体组合。最终目的是花费较低的广告费用,实现最大的利益回报率。选择广告媒体工作具有较强科学性与策略性,只有遵循与掌握广告媒体选择的基本标准与原则,方能达到理想的广告宣传效果。

(一)广告媒体的选择标准及原则

选择广告传播媒体的前提是制定科学的媒体选用标准,广告媒体的选择标准及原则主要有以下几方面组成。

1.广告媒体的适用性

作为一个药品企业,要通过广告媒体来宣传企业的产品及服务方面的信息。对广告媒体的首选标准是广告媒体的适用性,所选广告媒体是否与自身企业的市场战略、品牌战略目标等方面相符合,能否有效地表现企业药品方面的形象特色。广告媒体的好与坏是相对于具体的药品而言的,甲药品使用的媒体,乙药品未必适用。

2.广告媒体的投入回报率

不同的广告媒体的收费标准不一,甚至差距悬殊,作为药品企业应根据企业自身的财力去制订安排广告计划,选择广告媒体,"量入为出"是选择广告媒体时必须考虑的重要因素之一。广告宣传是一项资金密集型活动,要在短期内投入大量资金,所以在选用广告媒体时,应认真分析可选广告媒体的投入回报率。特别是去认真估算广告媒体的千人成本,即广告影响一千人所需要的广告费用。实践证实,千人成本越高,广告媒体的投入回报率越低,千人成本越低,广告媒体的投入回报率越高。

千人成本=广告媒体的绝对费用/预计受众总人数×1000

绝对费用指的是使用广告媒体的费用总额。在估算广告媒体费用时,要注意研究广告媒体之间相对费用的高低。例如,在"中央电视台"与"省电视台"发布广告,从绝对费用角度讲,差距大,但是"中央电视台"的覆盖率是"省电视台"的数倍。以相对费用计算,"中央电视台"比"省电视台"反而偏低。总之,选择投入回报率较高的广告媒体是广告主们的初衷。

3.广告媒体的使用条件

药品企业之间竞争激烈,企业的营销活动更需要广告宣传的密切配合,药品广告宣传的速度快慢,及时准确与否,其得失往往就是短暂的时间差。所谓广告媒体的使用条件,主要是指广告主购买媒体广告版面或广告时段的难易程度(包括手续办理难易、广告媒体的服务质量及信誉等)。尤其注意选择覆盖区域广、传递信息及时准确,应付突发事件能力强的广告媒体。以甲肝流行、非典型肺炎为例,该类疾病的特点是发病快、易传染,临床需要大量的抗病毒药物,"中央电视台"24小时发布疫情及药品需求信息,给生产、经营大青叶、板蓝根等药品的企业带来机遇,药品随着广告信息走遍全国,药品供不应求,许多药品企业由此名声大振,有些濒临倒闭的企业起死回生。广告媒体的快捷广告活动,为防治突发事件争取了时间。对防止事态扩大,还能急企业所急,成为理想的合作伙伴。在日常工作中,许多药品企业有时对广告媒体的选择不能随意,即便看中了适用药品广告品牌的媒体,但有限的广告时间或空间已被其他企业购买,或者错过了购买截止日期。

4.广告媒体的受众指标

各类广告媒体的受众指标,一般指的是各媒体受众的数量与特性。受众数量大,指广播广告的收听率、电视广告的收看率、报纸杂志的阅读率、网络广告媒体的点击率均高,证实药品的目标受众符合广大受众的需求。也进一步说明,广告媒体的选择是正确的。一个广告媒体,虽然它的传播范围较广,但如果收听、收看率低,效果是差的。随着各类广告媒体的迅速发展,新的广告媒体打乱了原有的视听格局,并带走了原有广告媒体的受众,如电视、有线电视、互联网的发展,把原有的广告媒体的受众团体分化为若干个受众群体。在此状态下,如果广告媒体选择不当,其药品广告信息就无法及时准确的传递到目标受众那里,广告目标也就不可能实现。

5.广告媒体的覆盖面

广告媒体的覆盖面(覆盖率)是一个较为重要的指标,如果药品企业的广告目标是在全国范围扩大影响,可选用全国性广告媒体,如"中央人民广播电台""中央电视台",《人民日报》《健康报》《参考消息》等。若是广告目标适用某一地区,可选择地方性广告媒体。广播与电视特别是网络具有很大覆盖面,可以不受区域、国界影响。因而网络、广播电视是那些超越地理、种族限制的广告品牌的最佳媒体。

(二)广告媒体选择的方法

广告媒体的选择是一项科学性较强的工作。广告策划人员必须严格的遵循选择标准、原则及程序,做好每项工作环节。广告媒体的选择是一个循环而渐进的完整过程,策划人员不一定完全机械地按程序行事,在遵循选择程序的基础上,根据企业及广告媒体的实际情况,去不断创新,灵活运作,提高工作效率、艺术水平及经济效益。

1.分析广告媒体的地位与特性

广告媒体种类繁多,各类媒体均以自身独特的方式传播药品企业药品信息,展示药品企业形象与品牌形象。在广告媒体策划中,各药品企业可以使用大量各种各样的广告媒体,但是广告预算到底允许做多少种广告,是药品企业不得不认真考虑的问题。不同类型的广告媒体因经办单位与工作机制的不同,其社会地位的影响力差距较大。不仅在公众认可程度方面有差距,而且在覆盖率、发行量上差距更大。如电视广告媒体中的"中央电视台"与"常德电视台",由于"中央电视台"属于中央级电视台,不但权威性高,并能以较高的覆盖率在全国迅速发布药品广告信息。"常德电视台"属于地级电视台,其传播范围局限于常德地区及周边,即便是"湖南卫视"其传播范围也有它的局限性。选择国家级广告媒体传播药品广告信息的目的,就是利用它在社会中的影响、威望与公众较强的认可度,增强广告品牌的辐射力。药品企业力求获得较大的社会效益与经济效益。

2.广告媒体选择的内容及要求

广告媒体选择要制定广告媒体目标与任务,解决向谁做广告,何时做广告的问题,在广告媒体选择过程中,企业面对各种类型的广告媒体,又从何处着手呢?通常而言广告媒体的选择包括下列内容。

(1)广告媒体选择程序　①选择广告媒体种类,选择一种或几种类型的广告媒体,如广播、电视、报纸、杂志、网络5种广告媒体全部选择,还是只选电视广告媒体或报纸广告媒体中的某种广告媒体;②选择确定某家广告媒体或几家广告媒体,如电视广告媒体中的"中央电视台"或报纸广告媒体中的《人民日报》《中国中医药报》,为企业发布广告信息;③选择具体广告媒体的特定时间或空间,如"中央电视台"的新闻频道或体育频道的某时间段,《人民日报》的某版面;④选择具体广告媒体发布广告的频率及发布数量,如某电视频道一定时间内出现的次数及广告重复发布的总量。

(2)广告媒体目标细分　①确定药品广告目标市场,药品企业要对企业药品目标市场进行细分化,力争使药品广告目标与媒体受众最大限度保持一致;②广告媒体的信息强度,不同的广告媒体有不同的传播速度,如电视广告媒体实行时间制(24小时、18小时、12小时等);报纸广告媒体的发行,有日报、晚报、周报等;时效性强的广告信息多选用传播周期短的广告媒体,如广播、电视类;时效性不强的广告信息可选用传播周期长的广告媒体,如报纸、杂志类易保存；③计算广告投入成本，在广告选择策划中，企业必须进行广告投入相对成本核算，也就是说企业拿出的广告预算到底允许做多少种广告？要采用媒体千人成本核算法，去核算哪种广告媒体所需费用低而效果好，力争以较少的投入收到较好的效益；④设计实施广告发布进度，在药品广告市场竞争的今天，设计广告媒体发布广告的进度尤其重要，例如，当同类药品较多时，应及时发布药品广告，先声夺人抢占市场，给目标受众对广告药品形成清晰的印象，有利于品牌形象的建立；如果广告媒体跟不上市场发展，则其广告效果甚微。

3.广告媒体广告投入常用方法

首先采用先多后少法：具体实施办法是在广告投入初期，加大投入费用，利用多种广告媒体的时段、版面刊播药品广告信息，当企业产品在市场有一定知名度后，再逐步减少广告投入。前期加大广告投入的目的是帮助企业快速打开市场，尽早在消费者中确立品牌形象，后期逐渐减少广告投入，转入广告品牌对消费者起到定期刺激的作用，可以减少广告费用的投入而不影响广告的效果。

其次是平均投入法：企业采用定期在广告媒体刊播药品广告，每次投入的广告的费用基本相等，此方法适用于消费量大的常用药物，如感冒药类、广谱抗菌药、胃肠用药等，选择平均投入法目的，是提醒消费者在何时何地实施购买行为，避免因长期不刊播该药品信息，使消费者对该药品记忆模糊、印象不深、慢慢消失等问题。

试点推广法：有些药品企业规模小，产品品牌知名度不高，采用试点推广法，即企业采用先在小范围运用广告媒体发布广告信息，在试点成功的基础上，逐步加大选择广告媒体的种类与发布范围。随着市场的打开，生产经营规模的扩大，企业取得了较好的经济效益。由于采用以点带面循序渐进法，大大降低了广告投入的风险。

📖 案例分析

西安杨森吗丁啉的媒体创意

西安杨森的吗丁啉的"想去哪，就去哪"案例，是实力媒体向"CANNESLION"提交的两份有创意的媒体购买案例之一，也是国内少有的整合营销媒体案例。

1.锁定目标群

众所周知，几乎所有的胃药厂都会遇到这样的问题：胃药的重度消费群在什么地方？他们什么时候发病？……这些问题由于缺乏数据支持，经常使厂商与广告公司面临各种困扰。结果往往是为了接触到小小一部分重度消费者而消耗很多广告费。2001年，在制订年度计划时，首要任务是要找出使用胃药的主要消费群来进行针对性的投放。首先假设几类消费群为主要的购买对象，再对这几类假设的消费群进行分析。实力媒体假设其中一类是经常出差及旅游的人群，由于他们经常在外地，食宿没有规律且有水土不服的可能，因此，他们需要带少量有效的药品。其后，再以"CMMS"的数据印证了实力媒体的假设。从数据上，实力媒体发现这群消费者占超过所有胃药使用者的30%以上的购买量。因此，锁定这部分人群为主要接触群，从而制定出实力媒体的广告方向。

2.如何与他们沟通

最直接的当然是跟"旅游"相关。实力媒体的合作伙伴盛世长城广告公司便朝着"旅游"的方向发展出去，创造出"想去哪，就去哪"的广告语。结合了他们上一年设计出来的"青蛙"肖像,集年轻活力于一身,从而突出表现了整个活动的主题。最后,实力媒体的沟通主题确定为"当我出差公干时,吗丁啉是我必备的胃药"。

3.媒体的选择

在整个活动发展过程中,媒体的选择可以说是比较顺利的一环,所选的媒体应具备:①覆盖率高;②信息要有针对性;③需要有适当的广告环境,可以更加容易地贴近目标群;④由于整个活动的预算有限,媒体花费不能太高。

最后,经商讨后实力媒体认为报纸旅游版面是最佳选择。

4.具备吸引力形式的诞生

如何能为一个"低兴趣层"的产品做成一个富有人情味、高偏好度的广告,硬广告肯定不是一个好的选择。软文的阅读率高,但又如何把吗丁啉的信息带进其中,最后实力媒体把两者具有的优点结合起来,建议把代表吗丁啉的"青蛙"肖像放在旅游的文章当中。

西安杨森的吗丁啉的"想去哪,就去哪"案例,整个概念的诞生可以说是完美无瑕。盛世长城广告公司的创意、参与,加之客户的支持把它成功地展现在我们面前。首先,实力媒体对锁定目标群做了大量的工作,通过大胆假设与科学市场调查的论证,最后锁定经常出差及旅游的人群为媒体目标,为后面媒体投放奠定了良好的基础。其次,在媒体的选择上,结合众多因素,巧妙地选择报纸旅游版面作为主要媒体,媒体的针对性较强,既节省了费用又达到不错的效果。最后,在媒体的内容上,把代表吗丁啉的"青蛙"肖像放在旅游的文章当中,软硬结合,独辟蹊径的广告形式取得了出人意料的效果。另外,值得一提的是,本案展示出团队合作的巨大力量,盛世长城广告公司的媒体创意对实力媒体策划西安杨森吗丁啉的成功起了巨大的推动作用。相信今后,媒体公司与广告公司可以尝试更多合作,共同达到目的。

思考题

1.简述大众广告媒体与小众广告媒体的特点。
2.报纸与电视广告媒体的特性有哪些?
3.印刷媒体和电波媒体在广告产品的适用性上有什么区别?

实训四　药品广告设计

【实训目标】
(1)了解药品广告设计的基本准则。
(2)熟悉药品广告设计方法。

【实训内容】
(1)利用所学药品广告知识,收集各类药品广告信息。
(2)为某药品企业设计一幅药品广告。

【实训方法】
(1)利用课余时间,到有关市场考察收集药品广告。
(2)参考收集来的药品广告,独立设计一幅药品广告。
(3)班级内交流、展示所设计的药品广告。

【实训作业】

(1)绘制药品广告效果图(广告词、素描或彩图)。

(2)在效果图上附上广告创意说明。

第六章 产品与生命周期

学习目标

【知识目标】

掌握药品周期各阶段市场营销策略；熟悉药品整体概念和药品组合概念；了解药品组合策略和产品市场周期理论。

【技能目标】

能够运用药品组合策略和药品周期理论，策划一个药品或一组药品的市场营销策略。

第一节 药品及药品组合策略

一、药品的整体概念

药品的整体概念是指药品具有某种使用价值的物质形体，由药品实质、药品形式和药品延伸三个方面构成。

1.药品实质

药品实质是药品能为消费者提供某种效用和利益，从而使消费者的需求得到一定的满足。药品的实质是消费者需求的基本内容，是药品的基本要素，也是药品的核心。例如，消费者购买某种药品，不是为了获得它的化学成分，而是为了防治疾病，起到康复保健的作用。

2.药品形式

药品形式是药品向市场提供的实体与劳务的外观形态。通常以剂型、形态、商标、包装、装潢表现出来。例如，消费者购买药品，不但要求性能可靠、疗效高、不良反应小，而且对规格、剂型等也有不同的要求。

3.药品延伸

药品延伸已经不是药品实体本身，它实际上是在药品交换过程中，消费者由购买药品而得到的其他附加利益的总和，如质量保证、送货上门、售后服务、客户咨询等，这些也是用户所注意的。在市场竞争激烈的情况下，只有对药品提供更多的附加价值，才能在竞争中取胜。

药品市场营销是从满足消费者需求的角度，来研究药品的。因此，只看到药品的实体，是一种不完善的药品概念。完整的药品概念既包括药品的实体，又包括为消费者提供的便利和服务，图6-1是药品的整体概念。

由图6-1看出，药品整体概念的三层含义是一个有机的整体，只有三层含义都是优质的药品，才算是优质药品。药品整体概念是随着消费者和用户对药品需求的不断提高，逐渐扩大

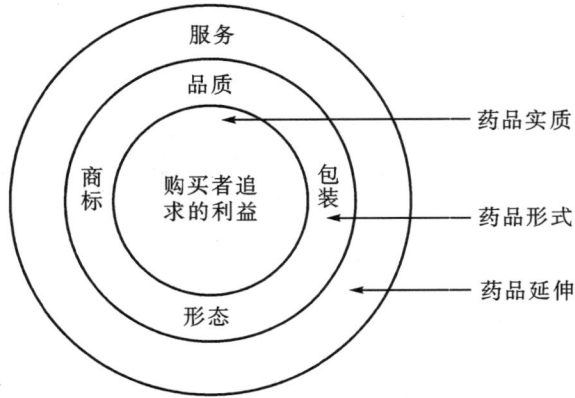

图 6-1　药品的整体概念

的。随着科学技术的进步,人们的消费需求日益提高,企业生产和销售药品必须重视消费者对药品的剂型、质量、包装等方面的需求,为顾客提供更多的附加利益,药品才有竞争力。未来竞争的关键,不在于企业能生产什么药品,而在于药品所能提供的附加值和人们以价值来衡量的性价比。在市场经济条件下,没有药品整体概念,企业在现代市场竞争中就难以生存和发展。

二、药品组合

药品组合是指企业生产或经营药品的范围,它由药品组合的广度、深度、关联性构成。

不论是生产药品的生产企业,还是销售药品的经营企业,都生产或经营着许多药品,这许多不同药品,分为若干不同的药品线,每条药品线又包括许多药品品种。所谓药品线,即药品大类,是一组相关的药品。例如,有的药品线是与消费者的共同需要相关;有的药品线是与使用配套相关;有的药品线是与相同的销售渠道相关;有的药品线与某种价格范围相关等。所谓药品品种,是指某一药品大类中不同剂型、规格、形状、价格的药品。

(1)药品组合的广度　是指企业经营药品大类的总和,也就是药品线的多少。

(2)药品组合的深度　是指在同一条药品线中,所包含的不同的规格或型号药品的个数,即每条药品线内有多少品种或规格的药品数目。

(3)药品组合的关联性　是指各个药品线在生产、经营、使用等最终用途、销售渠道或其他方面相互关联的程度。

图 6-2 是药品组合的广度、深度、关联性与药品项目、药品线之间的关系。

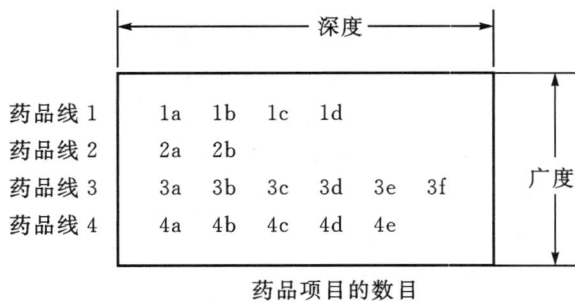

图 6-2　药品组合关系示意图

由图 6-2 可以看出,一个企业为了获得最大的销售额和利润,确定一个最佳药品组合策略是十分重要。

三、寻求最佳药品组合策略的途径

企业寻找未来最佳药品组合策略的途径:一是扩大经营范围,向药品组合的广度发展;二是组织专业化经营,向药品组合的深度发展;三是实行连带经营,向药品组合的关联性发展。

例如,双鼎制药集团是以从事极具挑战性的尖端制药领域为核心产业,实施多元化经营、横纵向一体化发展的中外合资企业。秉承"不断学习,超越自我"的企业理念,以"为生命创造绿色"为使命,双鼎制药集团历经十余年踏踏实实的艰苦磨炼,已发展成为以新药研究为基础,制药为主导的现代化高新技术企业集团。双鼎集团目前形成了以抗生素药、心脑血管药、抗肿瘤药、肝炎用药、妇科用药等为主的较为完善的产品组合体系。利福平(舒兰新)注射液、利福霉素钠(立复欣)注射液、苦碟子(悦安欣)注射液、云芝菌胶囊、痛经颗粒等产品均以其确切的疗效和良好的品牌形象畅销全国,年销售收入逾亿元。双鼎制药集团创新产品组合策略途径和营销战略模式,精化渠道,拓宽网络,强化终端,不断提高市场占有率,拥有一支专业并富有挑战精神的营销团队,与全国药品企业界建立了深度合作。

知识链接

苏格拉底说:"认识你自己,才能认识这个世界。"的确,你若想成功,首先你要对自己有一个正确的认识,因为只有在正确评估自己的基础上才能选择对自己最有利的行业入行,以便"扬长避短",以最快的速度走进财富之门。

第二节　药品生命周期的特点和策略

药品生命周期是一个很重要的概念,它和医药企业制定药品策略以及其他营销策略有着直接的联系。管理者要想使企业的药品有一个较长的销售周期,以便赚到足够的利润来补偿在推出该药品时所作出的一切努力和经受的一切风险,就必须认真研究和运用药品的生命周期理论。此外,药品生命周期也是营销人员用来描述药品和市场运作方法的有力工具。

一、药品生命周期概念

阿司匹林在临床已运用了一百多年,至今还是那么充满活力,不断发展,没有表现出衰退的迹象。然而,国内有些药厂费了九牛二虎之力搞出一个新产品,然后动用所有力量推向市场,希望快速得到回报,不想事与愿违,产品却很快地走完生命旅程,寿终正寝。为什么有的企业产品生命周期长,有的企业产品生命周期短呢?

药品生命周期是把一个药品的销售历史比作人的生命周期一样,要经历出生、成长、成熟、老化、死亡等阶段。就药品而言,也就是要经历一个开发、导入、成长、成熟、衰退的阶段。故药品生命周期可分为开发期、导入期、成长期、成熟期和衰退期五个阶段。但典型的药品生命周期一般可以分成四个阶段,即导入期、成长期、成熟期和衰退期。

开发期是指从开发药品的构思到药品正式上市的时期。此期间该药品销售额为零,医药企业投资不断增加。

导入期又称引入期或介绍期,是指新药首次正式上市后的最初销售时期。其销售缓慢,同时由于引进药品的费用太高,初期通常利润偏低或为负数,但此时没有或只有极少的竞争者。

成长期是指药品转入批量生产和扩大市场销售额的时期。经过一段时间试销成功后,药品已有相当知名度,购买者逐渐接受该产品,销售快速增长,利润也显著增加。但由于市场及利润成长较快,容易吸引更多的竞争者。

成熟期是指药品进入大批量生产,市场已达到饱和,处于竞争最激烈的时期。通常这一阶段比前两个阶段持续的时间更长,市场上的大多数药品均处在该阶段,因此管理层也大多数是在处理成熟药品的问题。此时市场成长趋势减缓或饱和,药品已被大多数潜在购买者所接受,利润在达到顶点后逐渐走下坡路。由于市场竞争激烈,医药企业为保持药品地位需投入大量的营销费用。

衰退期是指药品已经老化,进入到逐渐被市场淘汰的时期。这期间药品销售量显著衰退,利润也大幅度滑落。优胜劣汰,市场竞争者也越来越少,药品逐渐老化,转入药品更新换代的时期。

由此可知,药品生命周期就是指药品从进入市场开始到被市场淘汰为止的全过程。在药品生命周期的不同阶段,医药企业药品的销售额、成本水平、利润水平、价格水平、市场竞争情况及消费者的态度都呈现为不同的变化趋向,从而具有不同的特点。这些变化特点正是药品生命周期曲线的特点:在药品开发期该药品销售额为零,医药企业投资不断增加;在导入期销售缓慢,初期通常利润偏低或为负数;在成长期销售快速增长,利润也显著增加;在成熟期销售减缓或饱和,利润在达到顶点后逐渐走下坡路;在衰退期销售开始急剧下降,利润也大幅度滑落。

据此,典型的药品生命周期曲线正是从药品的市场销售额和利润额的变化来进行分析判断的,反映的是药品的销售情况及获利能力在时间上的变化规律(图6-3)。在实际的营销中,应用药品生命周期理论更多的是分析药品品种或具体品牌。

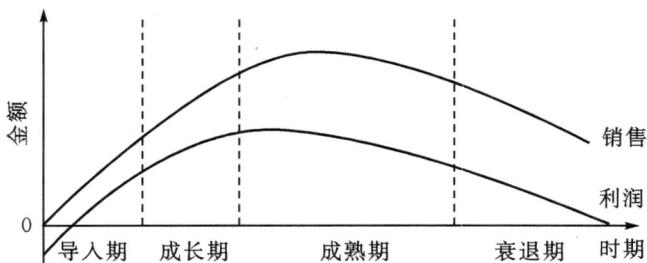

图6-3 药品市场的生命周期

由上可知,当产品进入生命周期的衰退期时,医药企业可以对该产品采用新的营销组合,从而使销售量再一次大幅度提高,获得更多的利润,延长产品的生命周期。比如,国产"环丙沙星注射液"将零售价40元左右降低到15元左右,使其缩小了的市场销量得到较大的提高。另外,不断开发新市场,当一个产品在某个地区进入衰退期时,企业为了延长该产品的生命周期,采用向未开发地区进军从而达到延长产品生命获得利润的目的。这种形式是外资企业进入中国市场最常见的手段及欲达到的目的。如治疗高血压的第一代ACEI类药"卡托普利"(巯甲丙脯酸)在国外已经走过成熟期,市场在萎缩,利润在减少,此时该公司的决策者决定将这一产品打入中国等未开发的世界其他市场，从而给了这一产品第二次生命。

药品生命周期是一个假设概念和一条理论曲线，对药品生命周期概念的理解要注意以下几点。

（1）药品生命周期实际上是特指药品的市场寿命、经济寿命，而不是指药品的使用寿命、自然寿命，不可将药品的市场寿命与使用寿命混淆起来。药品的使用寿命是指药品的自然使用时间，即药品的具体物质形态的变化。药品的使用寿命的变化伴随着药品的物质形态磨损消耗，而针对药品的实体的磨损消耗和耐用程度，使用寿命的长短主要受自然因素的影响，与药品本身的性质、性能、使用条件、使用频率、使用时间等因素有关，这是具体的、有形的变化；药品的市场寿命是指药品的市场经济寿命，它表明药品在市场上的变化过程，是针对药品的社会形象和销售状况而言。它的长短与科技发展、社会需要、市场竞争、消费者爱好等社会市场因素有关，它是无形的、抽象的演变。药品的经济寿命结束，并不一定出现物质磨损，而只是一种"精神磨损"。因此，药品的市场寿命与使用寿命并无必然的联系。有的药品使用寿命很短，但其市场寿命很长，反之亦然。

（2）营销学主要研究药品品种的寿命，而不是某种药品的效期。因为药品类别、药品品种和药品品牌的寿命周期是各不相同的。药品类别的寿命周期最长，有些药品类别受人口、经济等因素的影响，还无法预测其周期变化规律，几乎可以无限期地延续下去；药品品牌的周期变化很不规律，企业可以长期使用下去，也可以经常变化；而药品品种的寿命周期是典型的，它的发展变化过程有一定的规律可循。

（3）药品的生命周期是就整个医药行业或整个市场而言。一个企业的销售资料，一般不能确切地说明某种药品的生命周期问题，并且医药行业的药品生命周期也是一个相对概念。医药行业在不同的国家，其药品的生命周期也是不一致的。有的药品在发达国家已经进入成熟期或衰退期，而在发展中国家则可能刚进入导入期。

（4）不同的药品具有不同的生命周期，各种药品在生命周期整个过程中的表现形式，并不完全同图6-3（只是一种理论上的描述）的情况一致。事实上，药品在市场上受到各种因素的影响，因此，各种不同药品或同一种药品的不同阶段所经过的时间长短是不同的。而且还有许多药品没有按市场生命周期的正常规律发展。例如，有的药品刚进入市场就"夭折"了；有的药品刚进入市场后几经波折，才缓缓进入成长期；有的药品刚上市就急速成长，迅速打开销路；有的药品进入成熟期或衰退期后，又再次出现多个成长期等。

（5）药品生命周期曲线是一种定性描述，其各阶段的划分也只是经验性判定。因为在理论上尚无一定的标准或定量计算方法，所以，这样的判断，有时带有较大的主观随意性。一般的经验数据：在导入期，销售增长率不稳定；在成长期，销售增长率大于10%；在成熟期，销售增长率在0.1%～10%；在衰退期，销售增长率为负值。

知识链接

药品生命周期理论的意义

（1）药品生命周期理论揭示了任何药品都和生物有机体一样，有一个从诞生—成长—成熟—衰亡的过程，故应不断创新，开发新药。

（2）借助药品生命周期理论，可以分析判断药品处于生命周期的哪一阶段，推测药品今后发展的趋势,正确把握药品的市场寿命,并根据不同阶段的特点,采取相应的市场营销组合策略,增强医药企业竞争力,提高医药企业的经济效益。

（3）药品生命周期是可以延长的。

总之,药品生命周期由于受各种因素的影响会产生各种变化,但总的形态基本上还是呈正态分布,并且随着市场的竞争和科技的发展,多数药品的生命周期都在不断地缩短。

二、药品生命周期各阶段的特点

（一）导入期的特点

此时药品销售量少,消费者对药品不了解,除少数追求新奇的顾客外,几乎无人实际购买该药品;生产技术受到限制、性能还不够完善;药品销售量极为有限,制造成本高;价格决策难以确立,销售价格通常偏高,可能限制了购买,也可能难以收回成本;尚未建立最理想的营销渠道以及高效率的分配模式;生产者为了扩大销路,不得不投入大量的促销费用,对药品进行宣传推广,故广告费用和其他营销费用开支较大;利润较小,甚至为负利润,医药企业承担的市场风险最大。

（二）成长期的特点

这是需求增长阶段,有越来越多的消费者对药品已较为熟悉,开始接受并使用,销售渠道顺畅,药品需求量和销售量迅速增长,企业的销售额迅速上升;药品已经定型,生产工艺基本成熟,大批量生产能力形成,因而生产成本大幅度降低,利润迅速增加;与此同时,竞争者看到有利可图,将纷纷进入市场参与竞争,使同类药品供给量增加,价格随之下降,威胁医药企业的市场地位,市场竞争开始加剧。

（三）成熟期的特点

这是药品走入大批量生产并稳定地进入市场销售阶段,随着购买药品的人数增多,销售量达到顶峰,虽可能仍有增长,但增长速度缓慢,随着市场需求逐渐趋于饱和及减少,销售增长率甚至呈现下降趋势;同时,药品普及率高并日趋标准化,生产量大,生产成本低,利润总额高但增长率降低;行业内生产能力出现过剩,市场竞争尤为激烈,药品售价降低,导致生产或经营同类药品的医药企业之间,不得不加大在药品质量、花色、规格、包装、服务和广告费用等方面的投入。

（四）衰退期的特点

随着科技的发展以及消费习惯的改变等原因,药品的销售量和利润持续下降;药品在市场上已经老化,不能适应市场需求,陷于被市场淘汰的境地;医药企业生产能力过剩日益突出;市场上以价格竞争作为主要手段,努力降低售价,回收资金;一些医药企业纷纷转入研制开发新药,甚至已经有其他性能更好、价格更低的新药和替代品上市,足以满足消费者的需求;此时成本较高的医药企业就会由于无利可图而陆续停止生产或退出市场,该类药品的生命周期也就陆续结束,以致最后完全退出市场（表 6 - 1）。

表 6 - 1　药品生命周期各阶段的特点

	导入期	成长期	成熟期	衰退期
销售额	低	增加	大	下降
生产量	小	扩大	大	萎缩
价格	高	较高	一般	降低
成本	高	降低	低	上升
利润	低	上升	高	下降
消费者	创新采用者	早期采用者	早、晚期大众	落后采用者
竞争者	少	加剧	激烈	淡化

三、药品生命周期各阶段营销策略

（一）导入期的营销策略

在药品导入期,由于消费者对药品十分陌生,医药企业必须通过各种促销手段把药品引入市场,力争提高药品的市场知名度。医药产品的引入需要高水平的促销努力,以达到:①告诉医生和患者他们所不知道的新产品;②引导他们使用该产品;③快速建立销售通路进入医院及药店。在国外,药厂多采用先推出或创造一个概念,然后利用专家的影响、学术的支持、媒体的广告、业务代表的推广,让大家接受这一概念,从而接受与这一概念相配套的产品。这样的例子很多。如杨森公司的吗丁啉推出了"胃动力",诺华公司的洛汀新推出了高血压的"肾保护"的概念,建立起这一概念与产品的必然联系,在医生和患者接受了这一概念的同时也接受了这一产品;另一方面,又遇到导入期的生产成本和销售成本相对较高,医药企业在给新药定价时不得不考虑这个因素。所以,在导入期医药企业营销的重点主要集中在促销和价格方面,一般有四种可供选择的策略(图 6 - 4)。

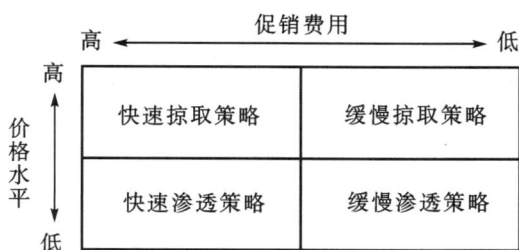

图 6 - 4　导入期的营销策略

1. 快速掠取策略(高价高促销策略)

在这一阶段多采用快速掠取策略,医药企业以高价格和高促销费用推出新药。这种策略的形式:采取高价格的同时,配合大量的宣传推销活动,广泛宣传新药的优点,把新药推入市场。其目的在于先声夺人,抢先占领市场,并希望在竞争还没有大量出现之前就能收回成本,尽可能获得利润。

这种策略主要适用于以下情况：

(1)必须有很大的潜在市场需求量，并且大多数消费者还不知道该药品；

(2)这种药品的品质特别高，功效又比较特殊，优于同类药品或者在某些方面有新奇之处，很少有其他药品可以替代；

(3)目标顾客求新心理强，消费者一旦了解这种药品，常常急于购买该药并愿意出高价购买；

(4)医药企业面临着潜在的竞争对手，必须尽快培养顾客对本药品的"品牌偏好"，快速地建立良好的品牌形象。

2.缓慢掠取策略(高价低促销策略)

医药企业以高价格和低促销费用相结合推出新药。这种策略的特点：在采用高价格的同时，只用很少的促销努力，从而获取尽可能多的盈利。高价格的目的在于能够及时收回投资，获取利润；低促销的方法可以减少销售成本。

这种策略主要适用于以下情况：

(1)药品的市场比较固定、明确；目标市场的潜力和规模有限，竞争威胁不大；

(2)大多数潜在的消费者已经了解或熟悉该药品；

(3)适当的高价能为消费者接受，并且他们愿意出高价购买；

(4)药品的生产和经营必须有相当的难度和要求，普通医药企业无法参加竞争，或由于其他原因使潜在的竞争不迫切。

前两条是制定低促销水平的依据；后两条是制定高价格水平的依据。

3.快速渗透策略(低价高促销策略)

以高促销费用和低价格的组合向市场推出新药。这种策略的方法：在采用低价格的同时作出巨大的促销努力。其特点是可以使药品迅速进入市场，有效地限制竞争对手的出现，为医药企业带来巨大的市场占有率。该策略的适应性很广泛。

这种策略主要适用于以下情况：

(1)药品应有相当大的市场容量，以此形式占领该市场是符合医药企业基本利益的；

(2)消费者对这种药品不太了解，因此必须支付大量的促销费用；

(3)消费者对价格十分敏感，即需求价格弹性大，因此只能采取低价格；

(4)潜在的竞争比较激烈，因此为了提高竞争能力，必须尽可能压低售价；

(5)药品的单位生产成本可随生产规模和销售量的扩大迅速下降，因此医药企业可望在大量销售的基础上，以薄利多销的形式迅速取得满意的盈利。

4.缓慢渗透策略(低价低促销策略)

以低价格和低促销费用推出新药。这种策略的方法：在新药进入市场时采取低价格，同时不做大的促销努力。低价格本身就具有促销作用，有助于市场快速的接受药品；低促销又能使医药企业减少费用开支，降低成本，以弥补低价格造成的低利润或者亏损。

这种策略主要适用于以下情况：

(1)药品的市场容量大，药品适用面广，因此以低价去占领市场是值得的；

(2)消费者对药品有所了解，促销作用不明显，因此可以降低促销费用；

(3)消费者对价格十分敏感，需求价格弹性大，因此低价有显著的扩大销售的作用；

(4)潜在竞争激烈，因此为提高竞争能力应采取低价。

该阶段市场营销策略的重点是要突出一个"快"字和"准"字。"快"即尽量缩短导入期的时间,以最快的速度使药品进入成长期;"准"就是看准市场机会,正确选择新药投入市场的时机,确定适宜的药品价格。

(二)成长期的营销策略

成长期是药品生命周期中的关键时期,医生和患者都已接受公司推出的概念与药品,同时仿制品也登场进入竞争的角色。医药企业的任务是使药品迅速得到普及,扩大市场占有率,尽可能地维持市场成长,并保持销售增长的好势头。医药企业的营销重点应该放在保持并且扩大自己的市场份额,加强自己的竞争地位,加速销售额的上升方面。另外,医药企业还必须注意成长速度的变化,一旦发现成长的速度由递增变为递减时,必须适时调整策略。这一阶段可以适用的具体策略有以下几种。

1.药品策略

改进药品质量,完善药品性能;不断增加药品的新特色,在商标、款式、规格等方面作出改进,改良包装和服务,增加药品新的用途,争创优质名牌药品。例如,产品的包装与剂型的改进,"双黄连口服液"由100mL大瓶装改为10mL每支的小包装。

2.价格策略

充分利用价格手段,虽然在成长期市场需求量较大,但在适当时医药企业可以保持原价或适当调整价格,以保持药品的声誉和吸引更多的消费者。对于高价药品,可降低价格,以增加竞争力。当然,降价可能暂时减少企业的利润,但是随着市场份额的扩大,长期利润还可望增加;此阶段不可轻易抬价,否则容易引起消费者的波动。如公司销售让利与价格下降5%以吸引更多的使用者。

3.渠道策略

进一步开展市场细分,创造新的用户。如"尼莫地平输液"由原来的原发性蛛网膜下腔出血的细分市场到外伤性蛛网膜下腔出血这一细分市场。积极开拓新的市场领域,努力疏通并增设新的销售机构和销售网点,加强向市场渗透的能力,以利于扩大药品的销售面。例如,从医院处方药销售到药店的非处方药销售,史克公司的"西咪替丁"(泰胃美)就是其中之一。

4.促销策略

改变医药企业的促销重点。如在广告宣传上,从介绍药品的疗效转向树立企业和产品的形象,突出药品特色,争创名牌,以利于进一步提高企业药品在社会上的声誉;由导入期的以建立和提高药品知名度为中心转变为以说服消费者接受和购买该药品为中心,同时加强售后服务,强化消费者的购买信心。如公司的广告目标从产品的知名度、概念的推广建立转移到说服医生开处方及患者主动买药上来。

该阶段是医药企业销售的黄金时期,市场策略的重点应该突出一个"好"字。即在继续扩大生产能力的同时,进一步改进和提高药品质量,防止因药品粗制滥造而失信于顾客,设法使药品的销售和利润进一步增长,扩大市场占有率,掌握市场竞争的主动权,获取最大的经济效益。切勿因药品畅销而急功近利,要加强品牌宣传,力争创名牌,树立药品声誉和医药企业信誉。

(三)成熟期的营销策略

药品的销售成长率达到某一点后将放慢步伐,进入相对的成熟阶段。它分为成长中的成熟、稳定中的成熟、衰退中的成熟三个阶段。由于销售成长的减缓,使整个行业中的生产能力过剩,从而使竞争加剧。如"双黄连口服液"全国有近70个厂家进行生产,由于竞争的严重,许多公司在感到已无能为力时,他们就会放弃这些成熟产品而去发展新产品,而这是一种忽视新产品的低成功率和老产品仍有高潜力的做法。

成熟期是医药企业获取利润的黄金阶段,随着销售量的增多,投入相对会减少。由于市场竞争十分激烈,医药企业应系统地考虑市场、药品及营销组合以调整策略,采取措施确保市场占有率和努力延长药品的成熟期。

1.市场调整策略

市场调整策略又称市场多元化策略,即通过努力开发新市场,寻求新用户,来保持和扩大自己的药品市场份额。可以通过下述几种方式实现药品的使用人数的增加。

(1)通过努力寻找市场中未被开发的部分,开发药品的新用途,寻求新的细分市场。例如,使非使用者转变为使用者,不断地说服医生和患者使用该产品。

(2)通过宣传推广,刺激现有顾客,促使顾客更频繁地使用或每一次使用更多的量,以增加现有顾客的购买量。

(3)通过市场细分,努力打入新的市场区域,进入新的细分市场。如地理、人口、用途的细分,采取差异性策略和防御性策略相结合,从广度和深度上开拓新市场。

(4)重新为药品定位,寻求新的买主,赢得竞争者的顾客。

如"地奥心血康"在成熟阶段采用进入新的细分市场向心脏保健OTC药品方向进军,使1998年的销售额比1997年同比又上了一个新台阶,成为一个销售10年而不衰的国产典型产品。抗高血压药"洛活喜"在中国市场自1996年开始成功地使用了转变非使用人战略和争取竞争对手顾客战略的两种战略方法,配合大力促销手段,成为目前在中国市场上抗高血压药中钙离子拮抗剂的第一品牌。

2.药品调整策略

药品调整策略又称为"药品再推出",是指以药品自身的调整来满足消费者的不同需要,吸引有不同需求的消费者,从而提高销售量。药品整体概念的任何一个层次的调整都可视为药品再推出。

产品生命周期曲线的关键在于产品调整策略。可以通过改进该产品的特征,使其能吸引新用户或增加现行用户的使用量,从而改善销售。这相当于将一产品稍作改动后再次推出,药品的再次推出可采用如下几种战略形式。

(1)质量调整　即增加药品的功能性效果,目的注重于增加产品本身的功能特性,如安全性、有效性、缓释性、控释性及口感等,常用"更强""更大""更好"等术语进行广告宣传。例如,国外"青霉素"从需要做皮试到不需要做皮试,安全性更高。某药厂提出他们的"双黄连口服液"改进质量后口感更好,儿童易接受等。

(2)特点调整　目的注重于增加产品的新特点,扩大产品的新适应证或新用途、新理论等,从而使这一成熟的老产品又以新的面孔推向市场,注入了新的活力。其成功的典范如百年老药"阿司匹林",发明时作为解热镇痛药,但多年后解热镇痛药市场竞争严峻,市场份额被"非阿司匹林类解热镇痛药"抢占。就在这一关键时刻,研究人员通过发现小剂量"阿司匹林"可以抑制血小板凝集,能用来预防冠心病与心肌梗死,从而成功地进入了这一新的细分市场。目前小剂量的"阿司匹林"又成功地进入了癌症预防药市场,使"阿司匹林"的生命不断延长。另一个成功的例子是钙离子拮抗剂"硝苯地平"。其在 1968 年发明时是作为治疗冠心病的药物,销售了 16 年后在 1984 年研究发现其在扩张外周血管治疗高血压中效果明显,从而进入了高血压这一巨大的市场,产品生命得到延续。还有一个例子就是目前大家讨论最多的美国辉瑞公司的"伟哥",它是研制用于冠心病治疗的。在临床试验中发现疗效不佳,公司即对这一产品宣布死刑。对于这一产品来说意味着未上市就结束了生命周期,而就在此时,研究人员发现了伟哥的一个新的功能是治疗勃起功能异常,从而使这一产品起死回生,创造了目前医药史上的销售奇迹。还有杨森公司推出的"硝酸咪康唑乳膏",即在原有的"硝酸咪康唑乳膏"基础上增加了抗炎的特点。史克公司推出"康必得"治疗重感冒,主要目的也不外乎巩固和促进康泰克在感冒药市场的地位,延长其生命周期。

（3）剂型及包装调整　即增加药品美感上的需求,如规格大小、重量、材料质量、添加剂以及附属品等。目的注重于使每个厂家可以获得一个独特的市场个性,以获得忠诚度,改进后增加疗效或使用方便。这种例子在医药界很多。如"硝苯地平"由普通片剂 1 日 3～4 次,到缓释剂 1 日 2 次,以及目前的控释片 1 日 1 次,不断地在发展;阿斯特拉公司的"特布他林"（博利康尼）由片剂到喷雾剂型;我国的中药也由原来的汤剂到目前的胶囊剂、微丸剂;某公司的风湿液由 100mL 装改为 10mL×6 支礼品装,都是采用了这一战略成功的实例。

3. 营销组合调整策略

营销组合调整策略是指通过改变定价、销售渠道及促销方式来延长药品的成熟期。也就是说,医药企业通过调整营销组合中的某一因素或者多个因素,以刺激销售的回升,这方面的手段主要有:

（1）通过降低售价来加强竞争力;

（2）改变广告方式以引起消费者的兴趣;

（3）采用多种促销方式,如大型展销等;

（4）扩展销售渠道,改进服务方式或者货款结算方式等。

如杨森公司的"硝酸咪康唑乳膏"、史克公司的"康泰克",在中国大陆成功建立了分销渠道,疏通、细化发展通路,在城市市场饱和后,在偏远的乡村市场也可以随处见到杨森、史克的产品。这就是这两家公司成功使用营销组合改进分销渠道战略的胜利。

该阶段市场竞争尤为激烈,医药企业应当采取进攻和防御并举的策略。因此,市场策略的重点是要突出一个"改"字和"长"字。"改"即对原有的药品市场和营销组合进行改进或调整;"长"即争取千方百计维持甚至扩大原有的市场份额,尽量延长药品的市场生命周期,推迟衰退阶段的到来,创造更大的利润。

（四）衰退期的营销策略

当药品进入衰退期时,大多数产品形式和品牌最终会衰退,市场份额降低、销售额降低、利润降低,就像复方降压片、人用四环素、土霉素、链霉素、脑组织液等。销售衰退的原因很多,主要有技术的进步,新产品的代替,消费者用药习惯的改变,竞争的加剧,治疗效果不佳,药品的副作用被认知等。故有的弱势药品不但不能给医药企业带来利润,反而会成为企业的负担,耗费企业的资源,甚至影响企业在市场上的信誉,所以应该放弃,以节省费用开发新药。

但是同时也要注意到,原来的药品可能还有其发展潜力,医药企业不能简单地加以放弃。有的药品是属于市场营销策略不当,而有的药品就是由于开发了新用途或者新的功效而重新进入新的生命周期。故医药企业必须认真研究药品在市场中的真实地位,然后决定是继续经营下去,还是放弃经营。通常有以下几种策略可供选择。

1. 维持策略

维持策略指医药企业保持药品传统特色,在目标市场、价格、销售渠道、促销等方面维持现状。因为这一阶段很多医药企业会自行退出市场,所以,对一些有条件的医药企业来说,并不一定会减少销售量和利润。使用这一策略的医药企业可配以药品延长寿命的策略。医药企业延长药品生命周期的途径是多方面的,最主要的有以下几种:

(1)通过价值分析,降低药品成本,以利于进一步降低药品价格;

(2)通过科学研究,增加药品功能,开辟新的用途;

(3)加强市场调查研究,开拓新的市场,创造新的内容;

(4)改进药品设计,以提高药品性能、质量、包装、外观等,从而使药品生命周期不断实现再循环。

2. 缩减策略

缩减策略指在保证获得边际利润的条件下,有限地生产一定数量的药品,以满足部分老顾客的需求,医药企业仍然留在原来的目标上继续经营,只是根据市场变动的情况和行业退出障碍水平在规模上作出适当的收缩。如果把所有的营销力量集中到一个或者少数几个细分市场上,以加强这几个细分市场的营销力量,也可以大幅度地降低市场营销费用,以增加当期的利润。

3. 撤退策略

撤退策略指医药企业决定放弃经营某种药品以撤出目标市场。在撤出目标市场时,医药企业应该主动考虑以下几个问题。

(1)将进入哪个新区域,经营哪种新药,可以利用以前的哪些资源。

(2)品牌及生产设备等残余资源如何转让或者出卖。

(3)保留多少存货和服务以便在今后为过去的顾客服务。

药品在此阶段已经形成了较大的生产能力与萎缩的市场之间的矛盾。因此,对大多数医药企业而言,应当机立断及时实现药品的更新换代。营销策略的重点应抓好一个"转"字,即转向研制开发新药或有计划、有步骤地转入新市场。

📖 知识链接

药品组合策略

针对市场的变化,调整现有的药品结构,从而寻求和保持药品结构最优化,这就是药品组合策略,以下是几种可供选择的策略。

(1)扩大药品组合策略　包括开拓药品组合的宽度和加强药品组合的深度。

(2)缩减药品组合策略　当经济不景气、原材料与能源供应紧张、药品线中有使利润减少的存货时,医药企业可以考虑缩减药品线,把更多的资源投入到利润率较高的药品线上,以增加药品的获利能力。

(3)药品线延伸策略　所谓药品线延伸就是企业超出现有范围来增加它的药品线的长度,也就是将企业现有药品线加以伸长的一种行动。

药品线延伸策略主要有以下三种类型。

向上延伸：指原定位于低档药品的医药企业进入高档药品市场,在原来产品线上面增加高档药品。

向下延伸：指在原有的产品线中的高档药品下面增加一些低档次药品。

双向延伸：是指原来生产中档药品的企业在占据市场优势之后,决定朝产品线的上下两个方面延伸,同时增加高档药品和低档药品。

(4)药品线填充策略　是指医药企业决定在现有药品线的经营范围内增加新的药品项目,增加药品组合的深度,从而延长药品线。所有药品线延伸是有区别的。

(5)药品线现代化策略　虽然医药企业药品组合的长度、宽度、深度都非常合适,但药品线的生产形式可能已经过时,这就必须对药品线实施现代化改造。

思考题

1.药品的整体概念中药品包括哪些层次?
2.药品生命周期中的成长期和成熟期各有什么特点?
3.试分析药品导入期和衰退期的市场策略。

技能抽考项目三　六味地黄丸的产品策略

1.抽查内容

六味地黄丸药品的产品策略项目。要求被测学生能理解药品的整体概念;掌握药品生命周期的特点,药品生命周期各个阶段营销策略,延长药品成熟期和确保市场占有率的方法和措施。

2.考试要求

(1)技能要求　六味地黄丸是一个成熟期的药品,该药品的产品策略项目要求被测学生理解分析药品的整体概念和药品生命周期的特点及营销策略;制定延长药品成熟期和确保市场占有率的措施。

(2)操作规范及职业素养要求　服装整洁,体态端庄大方,面带微笑;普通话标准,语言明细,逻辑准确,体语恰当;善于沟通,给人以亲切感。

(3)组考方式　利用提供的条件,在测试卡上分别回答问题,并能提出成熟期产品的促销策略。

(4)测试时间　40分钟。

第七章　价格与效益分析

学习目标

【知识目标】

掌握影响药品价格的因素,药品的定价策略,企业经济效益评价的标准和经济效益指标体系;熟悉药品价格的构成要素,药品定价的方法;了解药品调价策略。

【技能目标】

学会运用成本加成定价法制定药品价格,经济效益评价指标体系评价企业经营状况(财务管理、经济效益情况)。

第一节　药品价格的构成

一、药品价格的构成要素

价格是市场营销组合诸多因素中十分敏感而又难以控制的因素,它直接关系到产品能否被消费者接受,决定着企业的收入与利润,是企业参与市场竞争的主要手段。

企业要制定合理的药品价格,必须首先了解药品价格的构成要素。药品价格是在药品价值的基础上形成的,是药品价值的货币表现。它是由制造成本、期间费用、国家税金、企业利润四个要素构成的。

(一)制造成本

制造成本是药品生产企业在生产一定数量的某种药品时各种耗费的货币表现形式。它是药品价格构成中最主要、最基本的因素,是价格构成的主体,也是药品价格的最低经济界限,即保本界限。如果药品价格低于其制造成本,企业就会出现亏损甚至倒闭。

药品制造成本主要由固定成本和变动成本两部分组成。固定成本,是指在一定范围内不随药品的产量变化而变化的成本,如生产性固定资产折旧费等;变动成本,是指在一定范围内随药品的产量变化而成正比例变化的成本,如原材料、燃料、工人及直接生产管理人员工资等。当企业产量为零时,制造总成本等于固定成本。

(二)期间费用

期间费用又称中间费用,是指药品从生产领域到消费领域转移过程中所发生的劳动耗费的货币表现。它由三部分组成:一是药品生产经营企业的药品销售费用,如药品销售的广告费用、运输、储存、销售等环节的费用等;流通环节上发生的期间费用,由于环节不同,成为各种不同的价格构成要素,如在批发环节发生的期间费用,形成批发价格的构成要素;在零售环节发生的期间费用,形成零售价格的构成要素;二是企业管理费用,如管理人员工资、办公费、无形资产摊销等,管理费用是药品生产经营企业从事药品生产经营的管理必不可少的费用,不同的环节产生的管理费用也要进入各自的价格体系中;三是财务费用,主要是指药品生产经营企业在经营活动中取得银行等金融机构提供资金贷款的利息。

制造成本加期间费用等于药品的完全成本,即真正意义上的总成本。

(三)国家税金

国家税金是指药品生产经营企业为社会所创造价值的货币表现。税金是国家积累的重要来源,我国税法规定,药品生产经营企业必须义务交纳税金,它具有无偿性和强制性的特点。税金的高低直接影响着药品价格的高低,因此,国家税金也是药品价格构成的重要因素之一。

(四)企业利润

企业利润是指药品销售收入减去制造成本、期间费用和国家税金后的余额,即药品生产经营企业销售药品所得到的收入,减去生产和经营这种药品所支出的成本、费用及税金后的余额。它不仅是药品价格构成中的重要因素之一,也是所有药品生产经营企业追求的最终目标,是药品生产经营企业可持续发展的重要保障。

二、影响药品价格的因素

药品价格是药品价值的货币表现形式,但药品价格并不完全等于其价值,因为还有一些其他因素在影响着药品价格。

(一)药品价值

药品价值是药品价格形成的基础,药品价值的大小决定了药品价格的高低。一般来说,药品包含的价值量大,价格就高;价值量小,价格就低。当然,价格并不完全同价值一致,它时而高于药品的价值,时而又低于药品的价值,但它始终是在药品价值附近上下波动的。因此,在制定药品价格时,不能脱离药品的价值,而应以药品价值为依据,以确保药品在交换过程中,能基本体现劳动的等量交换,符合等价交换的原则。

(二)药品的定价目标

药品企业的定价目标是为药品企业的经营目标服务的,不同的药品企业在不同的阶段、不同的市场有着不同的经营目标,相应的其定价目标也有所不同。

1.以实现最大利润为定价目标

获取最大利润是药品企业生存和发展的基础。但获取最大利润,并不等于给药品制定最高的售价。过高的价格和利润,首先可能会遭到消费者的反对,减少销售量;其次会吸引更多的竞争者进入市场;第三会招致政府的干预。一旦出现这种情况,药品企业希望通过药品的高价来获取最大利润的目标肯定是无法实现的,这是药品企业定价时的一种短期行为。因此,以实现最大利润为定价目标应是一个长期的目标,即药品企业定价时不能只为了眼前的一种药品或一段时间的利润最大化,而应该放眼未来,进行价格、销售额、成本、利润额的综合分析,选择能带来最大利润的合理价格水平。

2.以扩大市场占有率为定价目标

市场占有率是指药品企业的销售量(额)占同行业销售量(额)的百分比,即药品企业产品在市场需求中所占的份额。市场占有率反映了药品企业对药品市场的控制程度,即药品企业在竞争中的地位。对药品企业来说,市场占有率的高低比药品销售量及利润的增减更为重要。药品企业的销售量和利润增加了,并不说明药品企业的竞争地位增强了;如果竞争对手的销售量和利润也增加了,而且增加的幅度更大,那么药品企业的竞争地位就不是增强,而是削弱了。所以,药品企业为了追求长远利益,巩固和提高自身的竞争地位,常常把扩大市场占有率作为定价目标。此时,最有效的方法就是采用渗透式定价,即制定低价,主要是低于竞争者的价格,以此来吸引消费者,扩大销售量,占领竞争者的市场,从而实现扩大市场占有率的目标。

3. 以获取高投资报酬率为定价目标

投资报酬率又称投资收益率,是指利润与投资总额之比,反映了药品企业收回投资并获得利润速度的快慢和时间的长短。投资报酬率高,则投资收回的就快;反之,投资收回的就慢。而投资报酬率的高低又与药品价格及销售量有着密切的联系。如果药品企业为了尽快地收回投资,并取得利润,那么就应该在制定药品价格时以获取较高的投资报酬率为定价目标,即在药品成本的基础上,加上一定比例的预期利润。一般来说,投资报酬率应高于同期银行贷款的利率。以获取高投资报酬率为定价目标的药品企业,其药品价格也较高。此时应特别注意的是,企业药品的高价一定要被消费者接受,否则会由于价格太高而使需求减少,造成药品卖不出去。

4. 以稳定价格为定价目标

药品市场激烈的价格竞争往往使药品企业竞相削价。从短期来看,这对消费者是有利的。但对于药品企业来说,常常会造成两败俱伤,破坏了市场供求的正常状况。因此,从长远来看,对消费者也是不利的。为了避免削价过度给药品企业带来的威胁,企业会把稳定药品市场价格作为定价目标。特别是一些实力雄厚的药品企业,为了巩固自己的竞争优势地位,常常互相默契地制定一个大家都能接受的药品价格,这个价格对市场有较大的影响力,一般不易变动。我们常把制定这种价格的大企业称之为"价格领袖"或"价格领导者"。

5. 以适应竞争为定价目标

药品价格竞争是药品市场竞争的重要内容。在激烈的市场竞争中,药品企业常把如何适应竞争作为药品定价的目标。药品企业在给药品定价时,一般有三种选择:一是低于竞争者的价格;二是与竞争者同等价格;三是高于竞争者的价格。一般来说,规模大、实力强的药品企业,他们的药品价格往往比较高,而且不易变动;一些新的药品企业要想将药品打入市场,只能采用与竞争者相同的价格;而一些规模较小的药品企业因其实力较弱,其药品的价格会略低于竞争者的药品价格。

(三)药品的供求关系

药品的价格与药品的供求关系有着密切的关系。市场上,药品的供求关系平衡是相对的、暂时的,而不平衡才是绝对的、经常的。药品供求关系不平衡有两种表现形式:一是药品供过于求,这时要想达到供求平衡,就必须抑制供给,刺激需求,因此药品价格会下跌;二是药品供不应求,这时要想达到供求平衡,就必须扩大供给,减少需求,因此药品价格会上涨。所以,市场上药品的供求关系决定着药品价格的高低。药品企业在制定药品价格时,应预测药品的供求状况,并以此作为药品定价的依据。

(四)药品市场的需求弹性

需求弹性是指因药品价格变动而引起需求量变动的比率。它反映了药品价格的变化对需求量变化的影响。一般情况下,价格上涨,需求就减少;价格下降,需求就会增加。这是药品供求规律的客观反映。因为药品价格可直接影响药品市场需求,所以药品企业制定的药品价格高低会影响企业药品的销量,从而影响药品企业营销目标的实现。因此,企业在给自己的药品定价时,必须测定药品市场需求的价格弹性。

需求弹性的大小可用需求弹性系数来表示,即需求量变动的百分比与价格变动的百分比的绝对比值。如果某类药品的价格稍微有一点变化,需求量就会发生很大的变化,说明此类药品的需求价格弹性较大,即此类药品的需求量对价格变化的反应非常灵敏,如一些名贵的中药材。对这类药品,企业采用较低的价格或降价,可以刺激需求,扩大销售,增加药品企业的盈利;如果某类药品的价格有较大变化,也只会引起需求量发生较小的变化,说明此类药品的需求价格弹性较小,即此类药品的需求量对价格的反应较迟钝,如治疗必需的药品。对这类药品,药品企业采用低价或降价的手段,意义不大,而提高药品的价格可增加盈利,因为需求弹性小的药品需求变化受价格变动的影响较小,提高价格不会造成由于需求大幅度减少而引起的药品企业销售量减少;如果某类药品价格变动的幅度与需求量变动的幅度完全相同,则此类药品的价格弹性系数等于 1。对这类药品,企业提价或降价对药品的需求量无多大影响,可采用平均价格。

(五)药品的竞争因素

药品企业在给药品定价时,既要考虑到消费者,又要考虑到竞争者。竞争对药品企业定价的影响是非常大的。在质量相似的同类药品中,企业药品定价过高,就会失去消费者,减少企业的销量和盈利。如果是没有其他参与市场竞争的新药品,定价高带来的高利润,会吸引大量的竞争者进入市场,形成竞争过度的状态。企业如果定价过低,一方面会减少单位药品的利润,另一方面可能会引起同行的不满而遭到反击,从而引起价格战。所以,药品企业定价时,应认真分析竞争对手的定价目标、价格策略及实施价格策略的措施,做到知己知彼。

药品企业定价时可以将竞争者的药品价格及药品情况作为参照对象。如自己的药品与竞争者的药品相似,则价格也应该相近;如比竞争者的药品好些,则定价可以高于竞争者;如比竞争者的药品差些,则价格应该比竞争者药品价格低些。

知识链接

市场价格是在市场竞争中形成的,市场竞争越激烈对价格的影响越大。按照市场竞争的程度,将市场竞争分为四种情况。①完全竞争:指没有任何垄断因素的市场状况,价格完全由供求关系决定。②完全垄断:又称纯粹垄断市场或独占市场,指某一种产品完全被一个厂商垄断和控制。③垄断竞争:在现代经济中,完全竞争或完全垄断的情况很少见,比较接近现实的是垄断竞争,既有垄断倾向,又有竞争成分。④寡头竞争:是竞争和垄断的混合物,指某种商品的绝大部分由少数几家大企业生产或销售,每个寡头都有能力影响和控制市场价格。

(六)药品的消费心理

药品的价格是否适当,是决定消费者是否购买药品的一个重要因素。消费者在选购药品时,通常要将药品价格与其价值作比较,只有在他们感到物有所值时才会决定购买。消费者对药品价格和价值的这种感受和评价,就是消费者消费心理的一种重要表现。一般来说,作为企业定价依据的药品实际价值和消费者个人所感受的价值是不一致的。因此,药品企业在定价时,就必须考虑到消费者的心理因素。在现实生活中,消费者的消费心理有不同的类型,如经济实惠的心理、追求名牌药品的心理、追求药品时尚和新颖的心理等。药品企业在定价时,应分析消费者的不同心理类型,使药品价格符合其特点和变化。例如,在经济欠发达的地区,人们的消费心理偏重于对物美价廉、经济实惠药品的追求,对价格非常敏感;而在经济发达地区,人们的消费心理则偏重于追求药品的品牌、档次、时尚、新颖等,而对价格并不太在乎。所以,只有认识到消费心理对药品价格的重要影响作用,研究和掌握各类消费者的心理特征,才能制定出消费者易于接受的药品价格。

(七)药品市场的宏观环境

药品企业在制定药品价格时,还应适应不断变化的宏观环境。另外,政府也会对药品价格进行适度的干预和控制。

1.与药品价格相关的法律、法规与政策

我国的《药品管理法》《中华人民共和国反不正当竞争法》《中华人民共和国价格法》等法律,以及药品定价方面的政策,都对药品企业定价进行了约束和规范。

2.利率

利率包括贷款利率和存款利率。贷款利率决定药品企业的利息成本,同时也会影响到药品企业的资金支持。存款利率则影响消费者的储蓄与消费比例,这些都会对药品价格产生影响。

3.通货膨胀

通货膨胀会引起药品成本的上升,增加药品企业的经营风险,所以,药品企业在定价时,应考虑到这一因素的影响。

知识链接

货币价值与货币流通量

货币是衡量价值的尺度,商品价格一方面取决于商品价值的高低,另一方面取决于单位纸币所代表的价值量的大小。市场上纸币流通量与商品流通保持一定的比例,市场商品价格才能保持稳定。纸币流通量过多,导致通货膨胀,货币贬值,价格上涨。反之,导致货币紧缩,致使市场疲软,商品积压,价格下跌。

(八)其他影响因素

1.药品的质量

一般来说,消费者对质量好的药品,能接受较高的价格。所以,在质量合格的前提下,高质高价,低质低价。

2.药品的声誉

对声誉好的药品,消费者能接受较高的价格。所以,名牌药品可以比一般品牌药品的价格稍微高一些。

3.药品的流行性

一些高度流行的药品,如与保健相关的产品,符合消费者追求时髦的需求,可以将价格定

的高一些。

4.药品的购买频率

购买频率低的药品,一般可制定较高的价格;而购买频率高的药品,可制定较低价格,薄利多销。

第二节　药品定价方法与策略

我国药品价格主要有两类:政府定价和市场调节价。因为二者的指导思想和目标不同,所以定价方法也不相同。

一、政府定价

《药品政府定价办法》规定政府定价的原则:①生产经营者能够弥补合理生产成本并获得合理利润;②反映市场供求;③体现药品质量和疗效的差异;④保持药品合理比价;⑤鼓励新药的研制开发。

药品政府定价,要综合考虑其合理生产经营成本、利润,同类药品或替代药品的价格,必要时要参考国际市场同种药品价格。

具体计算公式如下。

1.国产和进口分装药品出厂价的计算公式

含税出厂价=(制造成本+期间费用)/(1-销售利润率)×(1+增值税率)

2.药品零售价的计算公式

零售价=含税出厂价(口岸价)×(1+流通差率)

3.进口药品口岸价计算公式

含税口岸价=到岸价×(1+关税率)×(1+增值税率)+口岸地费用

口岸地费用主要指报关费、检疫费、药检费、运杂费和仓储费等。

4.医院制剂零售价的计算公式

零售价=制造成本×(1+制造成本利润率)

5.中药饮片的出厂价(批发价)的计算公式

含税出厂价(含税批发价)=[原药实际进货价/(1-损耗率)+辅料费+各项费用]×(1+成本利润率)×(1+增值税率)

6.中药饮片零售价的计算公式

零售价=含税出厂价×(1+流通差率)

二、市场调节定价法

市场调节价是药品生产企业根据药品生产经营成本和市场供求情况来制定的药品价格,主要有成本导向定价法、需求导向定价法、竞争导向定价法等几种定价方法。

(一)成本导向定价法

企业以药品的各种成本或投资额作为定价依据的方法,称为成本导向定价法。它是以成本或者投资额为基数,加上企业要达到的预期利润,从而制定出药品的基本价格,主要有以下几种基本形式。

1. 成本加成定价法

成本加成定价法就是先计算出单位药品的总成本,再加上一定比例的利润。其中,单位药品的总成本等于单位药品的变动成本与所分摊的固定成本的和。计算公式

单位药品价格＝(平均总成本＋预期利润)÷产品产量　　　　　　　　　　(公式7-1)

例1：某企业生产一种药品,固定总成本为200000元,单位变动成本为3元,预计药品产量为100000盒,企业期望获得的利润率为20%,求该药品的销售价格。

此药品的定价过程

固定总成本　　　　200000元

变动总成本　　　　3×100000＝300000元

总成本　　　　　　500000元

预期利润　　　　　500000×20%＝100000万元

按公式7-1计算

单位药品的售价＝(500000＋100000)÷100000＝6(元)

成本加成定价法是一种应用最普遍的定价方法,其优点是操作简便易行,特别是在市场环境稳定的情况下,可以保证药品企业获得稳定的利润。但它也具有药品生产企业定价忽视市场需求及竞争的因素,只是"一厢情愿"。因此,制定的药品价格缺乏针对性、灵活性。

2. 投资报酬率定价法

投资报酬率定价法即是根据药品企业的总成本和计划的总产量,加上按投资报酬率计算的投资报酬额,作为定价基础的定价方法。计算公式

单位药品价格＝(总成本＋投资报酬)÷总产量　　　　　　　　　　　　(公式7-2)

例2：某药品生产企业投资200000元生产一种新药品,其固定总成本为800000元,单位变动成本为40元,预期投资报酬率为10%。计算当销售量为10000盒时,此种药品的售价是多少?

此药品的定价过程

固定总成本　　　　800000元

变动总成本　　　　40×10000＝400000元

总成本　　　　　　800000＋400000＝1200000元

投资报酬　　　　　200000×10%＝20000元

按公式7-2计算

单位药品价格＝(1200000＋20000)÷10000＝122(元)

即只有企业把这种新药品价格定为每盒122元时,才能获得预计的投资报酬。

投资报酬定价法便于企业对药品价格的控制,其优点是可以保证药品企业实现既定的目标利润,并考虑到销量对制定药品价格的影响。但这种方法同样是药品生产企业导向的定价方法,没有考虑到药品市场竞争和需求的实际情况。它存在两个明显的问题:一是从销售量倒算药品价格,忽略了药品价格是影响销量的重要因素;二是预测的药品销售量一旦与实际的药品销售量有较大出入时,则严重影响到药品企业的利润。所以,这种方法一般只有药品市场占有率很高或具有垄断性质的药品企业才能使用。

3.收支平衡定价法

收支平衡定价法又称盈亏平衡定价法,它是以总成本和总收入保持平衡为定价原则的。当总收入等于总成本时,企业的利润为零,收支平衡,此时的价格使企业不盈不亏,即为保本价格。计算公式

药品的收支平衡价格(保本价格)＝固定成本总额÷销售量＋单位药品变动成本　（公式7-3）

例3:某企业生产某种药品的固定成本是20000元,单位药品变动成本为20元,如果预计销售5000盒,求其收支平衡价格。

按公式7-3计算

单位药品的保本价格＝20000÷5000＋20＝24(元)

即当每盒药品的价格定在24元时,企业不亏也不盈,但如果每盒药品价格低于24元,企业就会出现亏损。这种方法计算简便,不但可以使企业明确收支平衡时的药品价格,而且还可计算在各个价格水平上的盈亏状态,为企业的价格决策提供依据。但并不是企业在任何情况下都可以采用这种定价方法,因为它侧重于保本经营,所以,只有企业在经营不景气的情况下,才采用这种定价,以渡过难关。

4.**边际贡献定价法**

边际贡献定价法又称边际效益定价法或变动成本定价法。这种定价方法主要是以减少亏损为目的,即单位药品价格＞单位变动成本。企业定价时,只计算成本中的变动成本,不计算固定成本,而以预期的边际贡献来补偿固定成本。所谓边际贡献,是预计销售收入减去变动成本后的收益。采用这种方法定价,尽管药品价格高于变动成本的差额不足以补偿固定成本,但可以部分补偿固定成本,所以虽然还是亏损,但比不生产要少亏损一些,如果按这种价格能增加销售量,则亏损会更少一些。

例4:某药品的固定成本为500000元,单位变动成本为5元。由于市场不景气,一直没有销量。现有一用户出价每盒6元,订购200000件,问企业能否接受?

从弥补总成本来看,显然做不到。因为销量200000盒的总收入是1200000元,但总成本是1500000元,亏损300000元。但如果不接受,则企业要损失500000元,因此,从变动成本看可以接受,企业可以少亏损200000元。

(二)需求导向定价法

需求导向定价法是根据消费者对药品价值的感受和需求强度来定价,而不是依据企业的成本定价,主要有三种形式。

1.**理解价值定价法**

理解价值定价法是药品企业根据消费者对其药品价格的理解程度来制定自己药品价格的一种方法。消费者对药品价格的理解往往并不是以成本为基础的,因此,他们认可的药品价格,不一定是药品的实际价值。不同的消费者对药品价值的理解不同,从而对药品价格的估计也不一样。所以,药品企业可以利用一些有效的营销手段,来提高消费者对自己药品价值的理解程度,使他们接受企业制定的药品价格。药品企业采用理解价值定价法制定药品价格,关键在于能否对消费者的理解价值作出准确的判断,定价过高或过低都会给企业经营带来不良的影响。如药品企业定价高于消费者对药品的理解价值,即便这个价格是建立在高成本而不是高利润的基础上,消费者也不会购买;如药品企业定价低于消费者对药品的理解价值,则既降低了药品的身价,又减少了企业的收益。因此,企业只有深入了解消费者的心理、竞争产品的

情况等,才能根据消费者对药品的理解价值,制定出合适的药品价格来。

知识链接

　　凯特比勒公司生产的牵引机每台价格为 2.4 万美元,比一般牵引机要贵 4 千美元。该公司的经营人员为上门询问的顾客算了以下账:2 万美元是与竞争者同一型号的机器价格;3 千美元是为产品更耐用多付的价格;2 千美元是为产品可靠性更好多付的价格;2 千美元是为公司服务更佳多付的价格;1 千美元是为保修期更长多付的价格;2.8 万美元是上述总和的应付价格;4 千美元是折扣;2.4 万美元是最后价格。这份清单实际上是引导顾客如何理解该商品的价值,使他们认为只要付 2.4 万美元,就能买到价值 2.8 万美元的牵引机一台。

2. 比较定价法

　　比较定价法是药品企业根据对药品价格需求弹性的研究和对市场环境的调查来决定药品价格的一种方法。

　　药品的价格需求弹性不同,决定了其需求量对价格变化的反应程度不同。对需求价格弹性小的药品,由于消费者需求对价格变化反应较小,企业可通过适当提高药品价格来增加盈利;而对需求价格弹性较大的药品,则可适当降低药品价格来刺激、扩大消费者的需求,从而扩大销售量,增加盈利。一般来说,企业可以把药品分别以高价和低价两种价格出售,比较它们的销量和利润,最后确定一种对企业最有利的价格。

　　例 5:某药品单价为每盒 20 元,平均每月售出 5000 盒。如果降价至 17 元,则每月会增加销量 1500 盒,问这种方案是否可行?

　　每盒 20 元时,收入为 100000 元;降至 17 元时,收入为 110500 元。利润增加了 10500 元。这说明虽然药品的价格降低了,但因为销量的增加,使利润增加了,所以,此方案可行。

3. 反向定价法

　　反向定价法是以消费者接受的零售价为基础,以加成率为依据,反向计算出企业药品的批发价或出厂价的方法。

　　例 6:某药品的零售价为 30 元,其零售价加成为 20%,批发价加成为 10%,求这种药品的出厂价。

　　根据成本加成定价法计算公式:单位药品价格=单位药品总成本×(1+加成率),则这种药品的出厂价计算过程

药品的零售价	30 元
药品的零售价加成	30−30÷(1+20%)=5 元
药品的批发价(即零售商成本)	30−5=25 元
药品的批发价加成	25−25÷(1+10%)=2.27 元
药品的出厂价(即批发商成本)	25−2.27=22.73 元

　　反向定价法是药品生产企业常采用的一种定价方法,由于用这种方法制定的药品价格是以消费者接受的药品价格为基础的,所以在市场上比较有竞争力。

(三)竞争导向定价法

　　竞争导向定价法是药品企业以竞争者的同类药品的价格为依据,充分考虑自己药品的竞争能力,选择有利于在药品市场竞争中获胜的药品价格定价的方法。竞争导向定价法有以下

几种形式。

1.随行就市定价法

随行就市定价法又称流行水准定价法,指药品企业按照行业的平均价格水平来制定药品价格的方法。这样在同行业中,所有企业的药品价格基本一致,使企业间的竞争降到了较低的限度。同时因为这个价格又是大家都可以接受的,所以也能保证每个企业都获得适当的利润。因此,随行就市定价法成为一种应用普遍的药品定价方法,特别是一些中小企业更乐于采用这种方法定价。

2.倾销定价法

倾销定价指药品企业为了控制市场,以低于药品市场价格的价格向市场抛售药品,借低价赶走竞争对手而占领药品市场的定价方法。

由于药品价格在市场竞争中起着非常重要的作用,同类药品价格低,就会吸引消费者前来购买;价格高,就无人问津。一些实力雄厚的大企业为了巩固自己的竞争优势地位,扩大市场占有率,就会以低于市场平均价格的价格,甚至是低于成本的价格,把自己的药品拿到市场上参与竞争,而其他企业,特别是一些实力薄弱的小企业,无力进行这种价格竞争,最终只得被迫退出市场。大企业的这种做法称为倾销。它一旦占领了其他企业的市场,往往会抬高药品价格来补偿倾销时低价销售的损失。这种定价会使市场处于一种不稳定状态,使中小企业处于不平等的竞争中。所以,它在很多国家都是被严格限制使用的。

3.投标定价法

投标定价法是采用招标的方式,由竞争者投标出价竞争,以最有利于招标方的价格成交的一种定价方法。其过程一般是由买方公开招标,卖方竞争投标,密封递价,到期当众开标,买方按物美价廉的原则择优选取,中标者与买方签约成交。

在这种定价方法中,企业的递价水平非常重要。递价水平高于竞争者的递价,就会失去中标机会;递价水平低于竞争者的递价,就会增加中标机会。但并不是递价越低越好,它有一个界限,即企业的递价不能低于边际成本,否则企业就得不到适当的收益。因此,企业在投标前要计算其预期利润(以中标率和利润率来计算),最后根据最高预期利润来选择递价。

例如,表7-1是某药品企业最高预期利润递价。

表7-1　某药品企业最高预期利润递价表

企业递价(元)	企业利润(元)	中标率(%)	预期利润(元)
1000000	10000	60%	$10000 \times 60\% = 6000$
1200000	30000	30%	$30000 \times 30\% = 9000$
1300000	80000	10%	$80000 \times 10\% = 8000$
1500000	100000	2%	$100000 \times 2\% = 2000$

由上表可见,企业的最高预期利润是9000元,所以企业递价时应选择1200000元。

三、药品定价策略

价格竞争是一种十分重要的营销手段。在药品市场营销活动中,药品企业为了实现自己的经营目标,应根据不同的药品、市场需求和竞争情况,采取各种灵活多变的定价策略,使药品价格和市场营销组合中的其他因素更好地结合,促进和扩大销售,提高企业的整体效益。

(一)新药品定价策略

新药品的定价是企业价格策略的一个关键环节,它关系到新药品能否顺利进入市场,并为以后占领市场打下基础。企业推出新药品的定价有以下几种策略可供选择。

1.撇脂定价策略

撇脂定价又称高价厚利策略,是指在新产品上市之初,将价格定得很高,尽可能在短时期内赚取高额利润,犹如从鲜奶中撇取奶油。适用条件:新产品具有相当的时尚性和独创性,市场需求价格弹性较小,销售对象主要是那些收入较高、对价格不敏感或具有求新和猎奇动机的消费者,可利用其求新心理,通过高价刺激需求。

撇脂定价策略是一种追求短期利润的策略,其优点是能使企业尽快收回投资,赚取利润,有利于企业扩大生产规模;同时这种策略使价格本身留有余地,如需求减少或遇到竞争对手时,可以主动降价,获得消费者的好感,在竞争中占有较大的主动性。但是撇脂定价策略也有缺点:其一,在新产品尚未建立起良好声誉的情况下,高价将得不到经销商和消费者的支持,必然影响市场的开拓;其二,价格过高,可能会影响销量;其三,高价高利极易诱发竞争,从而缩短了企业新产品的高额利润时期。因此,企业在实行撇脂定价策略时,应加强促销活动,辅以公共关系等措施沟通与社会公众的关系,维护企业的良好形象。

例:美国企业家雷思诺2005年看准艾滋病药物市场,对药品爱思塔研发投产后,快速上市推入市场。定价为12.5美元/盒,而其成本只有0.8美元/盒。短短半年时间,就获得了156万美元的税后利润。

2.渗透定价策略

渗透定价又称薄利多销策略,是指在新产品上市之初,将价格定得较低,甚至可能低于生产成本,以便于市场渗透,取得较高的市场占有率。适用条件:潜在市场较大,需求价格弹性较大,低价可以增加销量;新产品存在规模经济效益,企业的生产成本和经营费用会随着生产的扩大而下降,有供大于求的趋势或具有可替代性的产品。

渗透定价策略的优点是产品能迅速渗透进入市场,打开销路;薄利多销,可取得良好利润;有效地抵制新的竞争者进入市场,不会引起实际或潜在的市场竞争。但是企业本利回收期太长,不利于企业资金周转,经营风险较大;价格改变余地较小,难以应付短期内骤然出现的竞争或需求的较大变化,后期如需要调高价格时可能引起消费者心理上的反感;低价可能影响企业的形象,引起消费者对产品质量的怀疑。

例:2002年,美国的麦考斯克公司通过技术改造,降低成本,将药品马昂斯塔的价格降到12.5美元/盒,而同时期,其他药品生产企业的同类产品价格售价为40美元/盒,这样一来,公司就迅速占领了市场,取得了竞争优势地位。

3.满意定价策略

满意定价策略又称君子定价策略,是指在新产品上市之初,采取对买卖双方都有利的策略,制定一个介于撇脂定价与渗透定价之间的适中价格。上述两种策略,它们的优、缺点都很突出,当然有些产品采用撇脂定价策略有利,有些产品采用渗透定价合适,但有相当多的新产品需要寻找一个令企业和客户都满意的价格,满意定价策略既可避免因价高而具有的市场风险,又可避免因价低带来的困难,适用于那些产销比较稳定的产品,如常用处方药等。这种定价策略的缺点是比较保守,不适于需求复杂多变或激烈竞争的市场环境。

如果企业推出的是仿造的新产品,定价的关键是如何进行市场定位,特别是仿制品的定位应尽可能避开市场上原有创新者的定位。

(二)折扣让价定价策略

折扣让价定价策略是指药品企业为了鼓励客户及早付清货款、大量购买、淡季购买或鼓励渠道成员积极销售本企业的药品,而在基本药品价格的基础上以一定比例降低其基本价格的定价策略。

1. 现金折扣策略

现金折扣策略是指药品企业对于以现金交易或分期付款的客户提前以现金支付货款者,按原定价格给予一定折扣的方法。它的目的在于鼓励客户提前付款,加速药品企业的资金周转,减少收账费用和坏账,降低经营风险。一般现金折扣的大小应比银行存款利率稍高一些,比贷款利率稍低一些,这样对药品企业和客户双方都有利。

2. 数量折扣策略

药品企业为鼓励大量购买或集中购买,按照购买药品数量达到的标准,分别给予不同的折扣,买得越多,折扣越大,实质上是将大量购买时所节省的流通领域中费用的一部分返还给购买者。数量折扣主要有两种形式。

(1)非累进折扣 规定一次购买某种药品达到一定数量,或购买多种药品达到一定金额,给予折扣优惠。鼓励顾客大量购买,通过减少交易次数和时间,节省销售费用。

(2)累进折扣 规定顾客在一定时间内购买药品达到一定金额或数量时,按总量大小给予不同的折扣。鼓励顾客经常向本企业采购,成为可信赖的长期客户。

3. 交易折扣策略

交易折扣是指根据各中间商在药品市场营销中的作用和功能差异,分别给予不同的折扣,促使他们愿意执行某种市场营销功能(如推销、储存、服务),故又称功能折扣。交易折扣的多少,随行业与产品的不同而定;同一行业和同种产品,以中间商所承担工作的风险而定。一般来说,给予批发商的折扣较多,零售商的折扣较少,中间环节越多,折扣率也就越大。如某药品的零售价为 20 元,零售折扣为 10%,批发折扣为 20%,即卖给零售商 18 元,卖给批发商16 元。

4. 季节折扣策略

经营季节性药品的企业,对销售淡季来购买的买主,给予折扣优惠,鼓励中间商及用户提早采购,减轻药品企业的仓储压力,加速药品销售,使淡季也能均衡生产,旺季不必加班加点,药品企业的生产和销售在一年四季保持相对稳定。如滋补药品的销售可以采用这一策略。

5. 推广让价策略

推广让价是指药品生产企业为了鼓励中间商开展各种促销活动,给予某种程度的报酬,或以津贴形式或以让价形式推广,尤其适用于新药品的导入期。

6. 跌价保证策略

跌价保证即药品生产企业向中间商保证,当药品生产企业下调药品价格时,对于买主的原有存货,依其数量退回或补贴其因跌价造成的损失。这种方法对于中间商和用户是一种有效的保证措施,使他们安心进货而不用顾忌进货损失,在竞争激烈或开拓市场时,有利于调动中间商的积极性。

(三)心理定价策略

心理定价策略是针对消费者不同的消费心理,来确定药品价格的一种策略,用以满足不同类型消费者的需求。

1.尾数定价策略

尾数定价是药品企业有意将药品制定一个与整数有一定差额的价格,使顾客产生心理错觉从而促使购买的一种价格策略。由于药品价格的尾数一般用奇数,并且特别习惯用"9",故又称奇数定价法。例如,某种药品标价为 9.8 元,这比标价 10 元要受欢迎。消费者会认为该价是经过精心核算的价格,是对顾客负责的表现,使消费者对药品定价产生信任感。另外,在顾客心理上,9.8 元只是几元钱比整数 10 元要少许多。

2.整数定价策略

整数定价策略是指药品企业在定价时,不保留价格尾数的零头,而是向上进位取整数的定价策略。对高档药品、具有特殊功能的药品或价值大的药品,可以采用整数定价策略,以迎合消费者"一分钱一分货""便宜没好货,好货不便宜"的心理,提高药品的产品形象,方便顾客的选购,从而促进购买。

3.声望定价策略

声望定价就是对在消费者心目中有一定威望、声誉和信任感的药品制定较高价格的一种定价方法。一般消费者都有求名心理,根据这种心理,在顾客心目中有声望的药品企业、药品,可以把价格制定得比市场中同类产品高一些。名牌药品、有声望的企业的药品可以用这种策略定价。

4.招徕定价策略

招徕定价是药品企业利用消费者的求廉心理,在制定药品价格时,有意按接近成本甚至低于成本的价格进行定价的策略。通过降低少数药品价格吸引顾客登门购买,以达到销售其他正常价格药品的目的。如某些药店随机推出降价药品,每天每时都有一两个药品降价出售,或者酒家饭店推出的每天一个"特价菜",都是招徕定价的做法。采用招徕定价策略时要注意以下问题:①特价品应是消费者经常使用的药品,为消费者所熟悉,其"特价"对消费者应有相当的吸引力;②特价品是真正的削价,以取信于消费者;③企业所经营的药品应是品种繁多,以利于顾客在购买特价品时选购其他药品;④特价药品的品种和数量要适当,因为数量太少会使大多数顾客失望,而数量太多又会损失过大。

5.习惯定价策略

有些药品,尤其是消费者经常购买、使用的常用药品,已经在消费者心目中形成一种习惯性的价格标准。这一类药品的价格不应轻易更改,免得引起顾客的不满。药品企业宁可在药品的内容、包装、容量等方面进行调整,也不应该采用调价的方法。日常生活中的饮料、大众食品和普药一般适用于这种策略。

四、药品调价策略

药品调价策略是指药品生产经营企业根据客观环境和药品市场形势的变化而对原有药品价格进行调整的策略。因为药品企业的生产经营状况和市场形势都在不断变化,所以,企业也应采取相应的措施调整药品价格。企业调价有两种情况:一是根据市场情况的变化主动进行调价;二是在竞争者价格变动之后进行应变调价。

(一)主动调价策略

主动调价是药品企业在竞争对手价格没变的情况下率先降价或升价。

1. 主动降价策略

一般主动降价有两种方式。

(1)直接降价　即明降,直接降低产品的价格。例如,国家发展和改革委员会于 2007 年 4 月 9 日宣布,调整 188 种中成药的零售价格,平均降价幅度为 16%,最大降幅 52%。调整后的价格于 4 月 16 日起正式执行。

(2)间接降价　即暗降,企业保持价格目录表上的价格不变,通过送货上门,增加免费项目等手段降低实际价格;有时也可通过改进药品性能,提高药品质量或者以新药品的形式出现来降低实际价格;或者增加药品的量,增大各种折扣和回扣,馈赠礼品等,在维持名义价格不变的前提下降低产品的实际价格。

企业在主动降价时,首先应估算该药品的需求价格弹性,如果是富有弹性,降价便能收到较好效果;如果是缺乏弹性,降价则不一定能达到目的。其次,要注意选择降价时机。对此,美国市场学家哈依克提出了五大原则:①淡季时降价比旺季时降价有利;②同种产品降价次数太多会失去市场占有率;③短期内降价不足以阻止新品牌的进入;④新品牌降价效果比旧品牌好;⑤在销量下降时降价效果并不理想。

药品生产经营企业在降价时,还应掌握降价的幅度。降幅太小,不能引起消费者注意,不能增加销量;降幅太大,又可能造成企业亏损和影响消费者信心。所以,适当的降价幅度是成功降价的关键。

药品降价虽然可以使企业保持或扩大市场占有率,但也有很大的风险性。第一,它很容易使顾客产生误解,认为该企业的药品质量低于竞争者的药品质量;第二,降价销售所得到的市场占有率往往是脆弱的、暂时的,顾客往往会转向另一个药品价格更低的企业;第三,如果长期降价,会使企业无利可图。所以,药品企业在采用主动降价策略的同时,应以其他营销措施相辅。

2. 主动提价策略

主动提价策略是药品企业根据客观环境的变化而主动提高药品价格的策略。药品企业主动提价可能的原因:①药品成本上升,妨碍企业合理利润的取得;②由于通货膨胀,货币贬值,企业不得不涨价来补偿货币贬值造成的损失;③药品供不应求,企业通过升价,抑制部分需求;④竞争策略的需要。以药品的高价位,来显示药品的高品位。这在实力雄厚的大企业中经常采用。

主动提价策略也有两种方式。

(1)直接提价　即明涨,直接宣布提高药品的价格。例如,神州制药公司在取得了安脑通片专利证书,并建立了稳定的经销商队伍和终端营销人员队伍后,于 2009 年 1 月 1 日以提高 35% 的价格在市场推出,当年销售收入增加 55%,而销售量也增加了 88%。

(2)间接提价　即暗涨,药品企业采取一些方法使药品价格保持不变但实际隐性上升。方法:①改变药品的装量、规格,而价格不变,如原来是每盒 12 粒,现改为每盒 10 粒;②使用较为低廉的包装材料,或采用大容量包装,以降低包装成本;③对药品进行改进,或更换药品品牌,以新药出现。这样尽管价格有些上涨,但药品有改进,弱化了消费者对价格的敏感。

一般来说,调高药品价格常常会遭到顾客、经销商,甚至是本企业销售人员的反对,所以采用这一策略时必须慎重。第一,要掌握好涨价的幅度,如果是差别较大的药品,对消费者吸引力强,需求价格弹性大,升价幅度可以大一些;反之,升价幅度应该小一些。如果是由于成本上升,而且该行业竞争激烈,药品升价幅度一般不宜超过成本上升幅度。实行渗透定价的药品升价幅度,应以不损害已经建立的市场稳固地位为前提。第二,要选择恰当的升价时机。在国外有些行业常把升价放在通货膨胀时期,而且升价幅度往往高于通货膨胀率,原因是消费者在通货膨胀期间容易接受加价。第三,在加价时,企业应通过各种方式与消费者沟通,如提高产品质量、适当增加产品分量、赠送一些小礼品等,并通过广告宣传,向顾客说明原因,以求得消费者的理解和接受。

(二)被动降价策略

被动降价策略是药品企业因竞争对手率先降价而作出应变反应的降价策略。在同质产品市场上,如果一个企业降价,其他企业只能随着降价;如果一个企业提价,其他企业如无必要可以不跟进,最终可能迫使提价企业取消提价。而在异质市场上,因各企业对自己的产品有一定程度上的垄断,故对竞争者价格变动的反应有更大的自由。

1.不予理睬、维持原有的营销组合

药品企业认为随竞争者削价会减少利润,而药品价格保持不变,市场份额损失不大,必要时很容易夺回来,可以任凭消费者对本企业产品的忠诚程度决定去留。

2.保持价格不变、修改其他营销策略

当药品企业认为运用非价格手段竞争比降价更合算时可采用这一策略。在异质市场中,由于消费者要考虑药品品质、服务水平、商标可信赖程度等因素,这就会抵消消费者对药品价格的敏感程度。这样,竞争者降价就不可能夺去本企业较多的市场,或者只是夺去较差的市场。药品企业可以通过进一步改进药品品质、服务质量等使顾客认为其支付的每一元钱都物有所值,药品价格相对于质量而言还是廉价的,还是能稳定其购买信心。

3.相应降价策略

采用这种策略,一般是药品企业认为药品市场对药品价格非常敏感,而且竞争者的降价幅度又很大,如果企业不跟进,就会丢失太多的市场份额,影响企业以后的市场竞争和生产经营活动。至于降价的幅度,应在竞争者降价后,根据本企业产品与竞争者产品的差别程度、市场占有率、厂牌声誉等因素进行具体分析,以确定一个恰当的降价幅度。

上述三种对策,究竟应该采用哪种,药品企业必须在对竞争者和本企业的情况进行深入调查、全面了解后才能作出决策。

第三节　药品定调价程序

一、政府定价药品的定调价程序及要求

根据药品政府定价申报审批的办法,列入国家发展和改革委员会定价目录的国内首次上市销售的药品,应由药品生产经营企业向省级价格主管部门提出定价申请,由省级价格主管部门审核后转报国家发展和改革委员会;列入省级政府定价目录的国内首次上市销售的药品,由药品生产经营企业向省级价格主管部门提出定价申请。

　　列入国家发展和改革委员会及省级政府定价目录的已上市销售药品,药品生产经营企业不再申请报批,由价格主管部门根据市场调查资料审定价格,在审定新价格前可暂按原价销售。

　　对同一种药品,原则上每年审定一次价格。在此期间,价格主管部门可根据药品实际购销价格等情况及时调整价格。药品生产经营企业也可根据药品市场供求和药品生产的成本变化,按照价格管理权限向价格主管部门提出调价申请。

(一)国产药品定调价申报要求

1.书写国产药品定调价申报报告

　　申报报告包括:①申请定调价药品的通用名称及商品名称;②剂型、规格;③药品适应病症及药理作用;④生产经营企业的基本情况;⑤定调价理由;⑥要求核定的价格水平建议。其中,调价申请报告还应包括该药品市场实际出厂和零售价格水平。

2.签章

　　填写国产药品价格申报表并加盖申报企业公章。

3.国产药品价格申报附属资料

　　申报附属资料包括:①药品生产经营许可证、营业执照和批准生产文件、药品使用说明书及企业上年度利润报表的复印件;②取得 GMP 认证资格的证明;③属原研制或享有国家专利、行政及新药保护的证明;④申请定价的,要提供申请定价药品与国内市场同种(类)药品的质量、临床疗效、安全性和价格水平等方面的比较材料。

(二)进口(进口分包装)药品定调价申报要求

1.书写进口(进口分包装)药品定调价申请报告

　　进口(进口分包装)药品定调价申请报告应说明:①进口药品的通用名称及商品名称;②剂型、规格;③适应病症及药理作用;④国外生产厂家、国内经销商、代理或分销商的基本情况;⑤进口数量;⑥定调价主要理由;⑦要求核定的价格水平建议。其中,调价申请报告还应包括该药品在中国国内市场的实际零售价格水平。

2.填写进口(进口分包装)药品价格申报表

　　填写完毕须加盖申报企业公章。

3.进口(进口分包装)药品价格申报附属资料

　　申报附属资料包括以下内容:①申请定调价药品的进口注册证和进口分包装批准文件;②合同及代理或经销协议书;③报关单、海关进口关税、代征增值税缴款书;④药检报告书和药品使用说明书;⑤购货发票和信用证;⑥港口发生的各种杂费(包括报关费、药检费、卫生检疫费、储运费等)发票;⑦在中国专利保护或行政保护情况及国外专利保护证明材料;⑧申请定调价的进口药品在生产国的出厂价、零售价情况及其销往其他国家的到岸价(离岸价)、零售价情况;⑨定调价品种与国内市场同种(类)药品的质量、临床疗效、安全性和价格等方面的比较。以上 9 项附属资料可以提交复印件。其中第①、③两项须向省级价格主管部门提供原件,阅后退回。

二、市场调节价药品的定价程序

1.确定定价目标

　　药品企业确定定价目标时,应从企业的经营目标出发,综合考虑市场药品的供求情况、市场竞争情况及药品市场营销的其他因素,权衡各种定价目标的利弊,慎重地选择和确定。

2.测定需求

药品企业应详细调查了解药品有多少潜在的顾客,即市场容量,还应分析药品价格变动对市场需求量的影响,掌握不同价格水平上的需求量。

3.估计成本

药品成本是药品价格的重要组成部分,是定价的基础。药品企业要想获得利润,定价就不能低于平均成本。因此,要认真估算成本,研究成本如何随生产经营规模的变化而变化。

4.分析竞争者的价格与特色

药品企业定价,必然会受到竞争者同类药品的制约。要想在药品市场竞争中获胜,药品企业就必须认真分析竞争药品的价格及其特色,为自己的药品制定出具有竞争力的价格。

5.选择定价方法

根据药品企业的定价目标,选择合适的药品定价方法,计算出药品的基本价格。

6.确定定价策略

药品企业采用一定的定价方法,定出药品的基本价格后,还要考虑到影响价格的诸多因素,选择适当的定价策略对药品的基本价格进行调整,确定出药品的最终价格,并上报价格主管部门备案。

第四节 药品企业经济效益的评价

一、药品企业经济效益的概念

药品企业经济效益是指一定时期内劳动耗费和劳动占用同经营效果的比较,以及经营效果给整个社会带来的经济利益。

劳动耗费包括物化劳动和活劳动的耗费,是为组织药品生产、流通,从事药品采购、运输、保管、销售和经营管理所引起的一系列支出;劳动占用是指固定资产、设备设施、包装物、物料用品等占用,其货币表现为固定资金和流动资金;经营效果包括销售额和利润额的微观经营效果和通过满足社会需要程度表现的宏观经营效果。

企业正确计算销售收入和利润,依法纳税,按规定合理分配税后留利,正确处理国家、企业和员工之间的物质利益关系。财务管理的特点是涉及面广、综合性强、灵敏度高,是围绕企业资金运行所进行的一切管理工作的总和。通过财务管理可以为企业领导者提供企业经营活动情况与经营成果的重要财务信息,作为经营决策和组织管理的重要依据。

二、药品企业经济效益的评价标准

评价药品企业经济效益的标准涉及面广,情况错综复杂。评价标准的确定,必须以效益二重性的特点为依据。

1.药品流通速度

要加快使药品从生产领域进入流通领域的速度,从而使药品资金占用少,周转快,提高社会经济效益和企业的经济效益。

2.满足社会需求程度

通过药品可供量与社会购买力的比较,药品库存与市场适销程度的比较,物质技术设备、服务水平与社会需求规模不断扩大的比较,来衡量满足社会需求的程度。

3.获取利润的情况

在组织药品流通过程中的劳动消耗一定要得到补偿,为国家积累税金,取得合理利润。

总之,评价药品企业经济效益的标准应该是满足社会需求和取得利润的统一。也就是在满足社会需求的基础上,以销售额为中心,以利润为目标的评价标准。

三、药品企业经济效益评价的指标体系

药品企业评价经济效益的指标主要有两大类:一是经济效益指标;二是服务效益指标。这两大类指标构成了药品企业经济效益评价的指标体系。

(一)评价药品企业经济效益的指标

评价药品企业的经济效益主要是评价企业经营过程中各项经济指标的完成情况,一般包括满足社会需求程度、劳动耗费、劳动占用和经营成果等指标。

1.满足社会需求程度的经济指标

(1)药品销售额　是指药品企业在一定时期内销售药品数量的货币表现,是整个指标体系中最基本的指标,是评价经济效益的基础。因此,同一时期内药品销售额越多,反映企业满足社会需求的程度越大。评价时一般用销售计划完成率来表示。

$$销售计划完成率=\frac{实际完成销售额}{计划销售额}\times100\%$$

(2)经营品种数　是指企业经营药品的不同品种、规格、剂型的总数,也是反映企业满足社会需求的指标。在同一时期内,企业经营品种越多,反映社会需求满足程度越大。评价时多用经营品种完成率表示。

$$经营品种完成率=\frac{实际经营品种数}{必备目录品种数}\times100\%$$

(3)药品适销率　是指适销对路药品与库存药品的对比。它反映企业药品资金占用是否合理和满足社会需求的程度。

$$药品适销率=\frac{库存适销药品总额}{库存药品总额}\times100\%$$

(4)药品市场占有率　是指药品企业经营的某种药品销售量(或额)占该药品市场总销售量(或额)的比重。

$$药品市场占有率=\frac{本企业某种药品实际销售量(或额)}{同类药品市场实际销售总一(或额)}\times100\%$$

2.劳动耗费的经济指标

(1)药品期间费用　是指药品企业在一定时期内药品流通过程中的全部支出。这个指标常用期间费用额和期间费用率表示。

期间费用额是指全部支出的绝对额,包括销售费用、管理费用和财务费用。

期间费用率也称费用水平,是指企业在一定时期内药品期间(流通)费用额与药品销售额的百分比。

$$费用率 = \frac{药品流通费用额}{药品销售总额}100\%$$

药品期间费用与经济效益成反比关系。

(2)劳动效率 是指在一定时期内每个员工所完成的工作量指标。它反映药品销售额与劳动消耗之间的对比关系。正常情况下,劳动效率与经济效益成正比例关系。

$$劳动效率 = \frac{药品销售额}{员工平均人数}(万元/人)$$

$$员工平均人数 = \frac{月初在册人数 + 月末在册人数}{2}$$

3. 劳动占用的经济指标

药品企业要想提高经济效益,就必须合理地运用企业资金,减少占用,加速周转,从而节约药品流通占用的资金。

(1)药品资金占用率 是指在一定时期内,药品资金平均占用额与药品销售额的百分比。它表明,每销售 100 元药品所占用的药品资金额。一般地讲,占用率越低,反映企业经营管理水平越高。药品资金占用率与经营管理水平成反比例关系。

$$药品资金占用率 = \frac{药品资金平均占用额}{全年药品销售额} \times 100\%$$

(2)药品资金周转速度 是由药品周转次数或周转天数表示的。在药品流通中,药品资金不断地由货币变成药品、再由药品变为货币循环运动。在一定时期内(1 年、1 季、1 个月)所周转的次数或周转一次所需要的天数叫药品资金周转速度。周转速度越快,药品资金利用率越高,经营就越好。

$$经营资金周转次数 = \frac{药品销售额}{药品资金平均占用额}$$

$$经营资金周转天数 = \frac{本期末数(年 360 天、季 90 天、月 30 天)}{周转次数}$$

4. 经营成果的经济指标

经营成果的经济指标是评价药品企业经营效益的综合指标,包括经营利润额、利润总额、人均创利税额和经营利润率、销售利润率、药品资金利润率、资金利税率等。它反映企业实现的利润水平和上缴利税的综合指标。

(1)经营利润额 是指药品销售收入扣除进货成本、费用和税金后的余额。

经营利润额 = 药品销售额 - 进货成本 - 费用 - 税金

(2)经营利润率 是指经营利润额与销售额的百分比。它反映了药品流通中每销售 100 元药品所取得的经营利润。经营利润率越高,说明经营效果越好。

$$经营利润率 = \frac{经营利润额}{药品销售额} \times 100\%$$

(3)利润额 是指企业营业利润和营业外各项利润之和,是企业的总利润。

利润额 = 经营利润额 + 营业外收入 - 营业外支出

(4)销售利润率 是指每销售 100 元药品获得利润额的百分比。它反映企业销售的盈利程度。

$$销售利润率 = \frac{利润额}{药品销售额} \times 100\%$$

（5）药品资金利润率　是指药品资金平均占用额与利润额的百分比，是反映企业药品资金使用的综合效果。

$$药品资金利润率＝\frac{利润额}{药品资金平均占用额}×100\%$$

（6）人均创利税额　是指企业在一定时期的利税总额与员工平均人数之比。它反映企业每位员工工作成果和为国家贡献大小的指标。

$$人均创利税额＝\frac{利润总额＋税金}{员工平均人数}$$

（7）资金利税率　是指上缴利税总额与资金占用额的百分比。它反映企业实现利润和上缴税金水平的综合指标。

$$经营利税率＝\frac{利润额＋税金}{资金平均占用额}×100\%$$

（二）评价药品企业服务效益的指标

评价药品企业服务效益的指标是反映药品企业服务质量和社会效果的指标。

1.顾客满意率

顾客满意率是对药品企业服务态度、服务质量满意程度的评价。顾客满意率一般设满意、较满意和不满意三个等级。

$$顾客满意率＝\frac{消费者满意票数}{回收总票数}×100\%$$

一般满意率以 85% 为衡量标准。

2.服务项目便利率

服务项目便利率是药品企业应设置的服务项目和已设置的服务项目的对比。它反映药品企业为顾客服务的便利程度。

$$服务项目便利率＝\frac{已设置的服务项目}{应设置的服务项目}×100\%$$

每个药品企业应在经营活动中尽量便利消费者购货。服务项目便利率越高，越便利顾客购买，服务质量越高。

3.药价计量准确率

药价计量准确率是企业在一定时期内准确计量药价的营业笔数与总营业笔数的对比，反映药价计量的准确程度。

$$药价计量准确率＝\frac{药价计量准确笔数}{药价计量营业总笔数}×100\%$$

药价计量准确程度表明药品企业执行政策、遵守职业道德、公平交易、计量水平、经营管理水平等方面的程度。

4.营业行为规范率

营业行为规范率是指药品企业在一定时期内规范化营业行为与营业行为总数的百分比。它反映药品企业规范化行为的程度。

$$营业行为规范率＝\frac{规范化的营业行为数}{营业行为总数}×100\%$$

营业行为规范率越高，说明药品企业文明经商水平越高。

四、药品企业经济效益分析的内容

药品企业经济效益分析是在日常核算的基础上,对其所提供的数据、资料进行分析研究,了解经营活动的变化规律和发展趋势,揭示各项定额指标的完成情况及其存在的问题,及时提出改进措施,不断提高经营管理水平的活动。

1.药品销售额

药品销售额是企业在一定时期内销售药品量的货币表现,它是企业经济效益指标体系中的基本指标。在劳动消耗相同的条件下,药品销售额越大,经济效益也越好;反之,经济效益就越差。但销售额不仅受销售数量影响,还受药品价格和药品种类构成影响。所以,用销售额考核经济效益时必须考虑价格和药品种类构成的影响。

2.制造成本

制造成本是指生产一定数量的某种药品所耗费的物质资料的货币表现和支付给劳动者的工资等的总和。具体地说,有以下四个方面:

(1)原料、辅料、包装材料、燃料动力消耗费用的支出;

(2)生产工人和直接管理生产的管理人员的工资支出;

(3)企业厂房和机械设备、设施等固定资产的折旧;

(4)其他直接支出。

中药材的成本则包括中药材生产过程中使用的农机具的折旧、种子、肥料、农药、燃料及其他有关耗费等物质费用及工作人员的劳动报酬。

制造成本是制定药品价格最主要、最基本的要素,也是制定药品价格的最低经济界限。药品制定的价格低于其制造成本,就会导致企业亏损。

3.国家税金

国家税金具有强制性和无偿性的特征。税率是国家确定的,是以税法的形式固定的,是国家财政收入的主要来源。

(1)价外税 直接由企业利润来负担,企业不能把它再加入药品价格转嫁给消费者。如所得税等。

(2)价内税 可以加入到药品价格中,随药品出售而转嫁出去,如增值税等。

税率的高低直接影响着药品价格的高低。

4.期间费用

期间费用是药品从生产领域到消费领域转移过程中所发生的劳动耗费和用于品牌、网络建设费用消耗的货币表现。具体地说,有以下三个方面。

(1)销售费用 对药品的价格影响最大。它包括推广促销费用(如广告、宣传、技术推广费用);销售机构费用(工资、奖金、福利、培训、管理、差旅费等);市场开发费用(市场调查、市场管理费用等);医学费用(如药品注册年检、三期临床验证等);发运费用(运输、运输保险、仓储费用等)。

(2)财务费用 主要是金融机构贷款利息。

(3)管理费用 非生产性管理人员的工资、奖金、福利、培训、办公、差旅费等。

固定成本:不随药品种类及数量的变化而变化的成本,如厂房、机械、设备的折旧,市场调研费,新药研发费等。

变动成本:随药品种类及数量的变化而变化的成本,如原材料、燃料、储运费用,销售提成等。

5.企业利润

药品企业获取利润的多少,是由药品销售额、制造成本、国家税金和期间费用水平等因素决定的。因此,药品企业利润是药品企业经营管理水平的直接体现,它既是药品价格构成的重要因素,也是药品企业生产经营活动所追求的最终目标,更是考核药品企业经济效益的综合指标之一。

利润率是表明企业利润水平的相对指标。因为它具有可比性,可以用来比较同类企业或一个企业不同时期的利润水平。所以,它比利润额更能全面反映企业的经济效益。利润率可分为药品销售利润率和资金利润率。药品销售利润率间接地反映企业各种劳动耗费的节约程度。在药品价格不变的情况下,劳动耗费越少,利润就越多,药品销售利润率就越高。

6.药品企业效益分析的一般格式

(1)A——药品的销售量。

(2)B——按出厂价格计算的药品销售收入:B＝A×出厂价。

(3)C——按国家规定的销售税金(增值税等):C＝B×税率。

(4)D——制造成本:D＝A×单位成本。

(5)E——期间费用(销售费用、财务费用、管理费用)。

(6)F——企业利润:F＝B－C－D－E。

(7)G——所得税:G＝F×税率。

(8)H——纯利润:H＝F－G。

知识链接

利润是企业的命脉。没有利润,即使有最佳的产品、最好的形象、最优秀的员工,企业也会很快就陷入困境。

药品企业经济效益评价的各项指标是相互依存,相互配合,相互制约的。它们分别从不同方面反映着企业的经济效益,由于企业的经营任务和经营条件不尽相同,考核药品企业经济效益的侧重点也应有所区别,不能一概而论。应从企业的实际情况出发,确定适合企业经营特点的指标体系,并处理好企业经济效益和社会经济效益,近期效益和长期效益之间的关系。

五、提高药品企业经济效益的途径

1.改革企业流通体制、建立新的经营机制

转换经营机制是提高药品企业经济效益的根本途径。应以提高经济、社会效益为中心,以保证人民用药安全、及时、有效为目的,按照大医药、大市场、大流通的要求,进一步转变观念,转变经营机制,转变经济增长方式;努力实现资产一体化,生产、经营集约化,零售连锁化;大力推行总经销、总代理制,实现集团化、规模化、专业化、连锁化、多元化经营;搞好资本运营、实行药品企业组织结构和资本结构的重组,组建大型药业集团,优化经营要素配置,增强企业发展实力。

改革的方向是政企分开,彻底实行所有权和经营权的分离,使企业真正成为经营上独立、

管理上自主的经济实体。让企业从计划经济束缚中解放出来,在经营、价格、分配等方面彻底放开搞活,调动一切积极因素搞活经营。

2.加强市场调查研究、发挥商情信息作用

药品企业应准确地预测、掌握市场供需变化动态,科学地组织药品生产、流通。研究消费心理,采取灵活多样的促销手段,扩大药品销售。

3.积极参与市场竞争、努力开拓药品市场

开拓市场,一要开拓药品生产、经营品种;二要开拓销售区域,想尽办法向纵横辐射,扩大销售渠道;三要开拓销售市场,巩固老顾客,吸引新顾客;四要开拓服务领域,在做好售中服务的同时,重视做好售前、售后服务,实现全方位服务,使顾客买得称心、放心,用后舒心。

4.采取科学的管理方法、提高经营管理水平

在经营过程中,在购、销、运、存各环节全面推行保本保利的管理方法,使企业经营在科学的轨道上运转,以心中有数代替盲目经营;在管理上,利用现代科学的管理理论和方法,全面落实目标经营责任制,使每个员工都能将责、权、利结合起来,调动积极性,更好地完成经营目标;在资金上,要科学、合理地分配和占用,千方百计地加速其周转,以产生良好的经济效益;在库存上,要经常进行库存结构分析,保证药品适销对路,减少药品积压;在费用支出上,要健全支出制度,力求节约开支;要严格掌握费用支出标准,严格控制不合理的支出,严防浪费;在分配上,要贯彻按劳取酬、多劳多得、兼顾公平合理的原则,适当拉开档次,奖优罚劣,奖勤罚懒。

5.提高职工队伍素质、提高劳动效率

竞争出人才,竞争出效益。竞争体现了优胜劣汰,形成人的优化。有人说"优秀人才是最大的资本",所以,提高职工素质,是提高经济效益的根本保证。

思考题

1.药品价格的构成要素有哪些? 有哪些因素可以影响药品的价格?
2.市场调节价的定价方法有哪些? 各有什么特点?
3.简述新药的定价策略。
4.简述药品企业效益分析的主要内容。

技能抽考项目四　健胃消食片的经济效益分析

1.抽查内容

药品为企业带来的经济效益分析项目。要求被测学生掌握药品的成本、费用、国家税金和企业利润的基本构成和逻辑关系,计算成本、费用、税金和利润。

2.考试要求

(1)技能要求　健胃消食片是一个企业自主定价的药品,假如目前的总产量为500万盒,销售量为480万盒,单位药品制造成本为5元,销售费用为2元/盒,管理费用分摊为1元/盒,财务费用为0.5元/盒,国家税金的综合税负按10%计算,所得税税率为25%,含税出厂价为13.8元/盒。

根据以上数据分析该产品为企业创造的纯利润。

（2）操作规范及职业素养要求 服装整洁，体态端庄大方，面带微笑；普通话标准，语言简洁、准确、生动，语速适中；条理清楚，给人以亲切感。

（3）组考方式 利用提供的条件，在测试卡上分步计算出销售收入、制造成本、期间费用、国家税金、企业所得税和企业纯利润。

（4）测试时间 40分钟。

第八章 渠道与销售通路

学习目标

【知识目标】

掌握药品销售和药品销售渠道的概念;熟悉药品销售渠道的模式和优缺点;了解药品销售渠道的主要形式,药品销售渠道的管理原则和方法。

【技能目标】

能够根据药品特性和药品企业的基本情况,选择药品的销售渠道模式。

第一节 药品销售的特点与原则

一、药品销售的概念与特点

药品销售是指将药品通过一定的途径从生产企业流通到用户的过程。药品销售是药品生产经营的重要环节,是实现和提高企业经济效益的重要手段,也是提高企业竞争能力的重要措施。因此,药品销售是影响企业兴衰成败的关键。

药品销售与一般商品的销售,既有共同点,又有一定的区别。共同点是,它们均为商品,受价值规律的支配和供求关系的影响。其特点主要表现在以下几个方面。

1. **特殊的消费对象**

药品用于各种疾病的防治,因而其消费者是患有特定疾病的特定人群,人们只有当需要预防、诊断和治疗疾病时才会去购买药品。

2. **消费者用药的被动性**

患者多数是根据医生的处方购买和使用药品的,除非处方药外,不能自行确定购药的品种。

3. **专业性的销售人员**

药品作用于人体,参与机体代谢,调节人体的生理和病理过程,因而消费者十分关心药品对人体的影响。消费者在购买药品时往往希望得到咨询服务,这就要求销售人员应该熟悉自己所销售的药品,并具有较高的专业水平,能够给消费者满意的咨询服务。

4. **消费需求的可预测性**

防治性的药品往往随着人口的增长而增加销量,需求呈现相对稳定的增长趋势。因为疾病的种类和发病率都是在可预测的范围内,所以,药品的消费需求是相对稳定的,也是可以预测调控的。

5.药品供货的特殊性

药品有一定的有效期规定,同时药品既要防止积压,又要防止脱销。要保质保量供应人民用药,应该做到"药等病",而不能"病等药"。而且,药品供货在一定时空范围内具有应急性,当出现疫情、灾情或战争时,药品销售量激增且时间性强,因此,应有合理的药品储备。

6.药品更新速度快

医药科技水平的提高,加深了人们对许多疾病的认识,也催生出许多具有特殊疗效的药物;现代生物技术的应用,更加速了新药的研究与开发,因此,新、特药品也不断出现,加快了药品的更新速度,这对开辟药品销售市场提出了更高的要求。

7.药品销售有严格的法制管理

使用药物是关系到人的性命与健康的大事,因此,药品的销售责任重大。各国对药品销售都有较为严格的法制管理,有严格的质量标准、产业政策、行业规范和专门法规来管理药品的生产和经营行为。

二、药品销售的基本原则

(一)合法性原则

1.合法的销售单位

国家对药品生产经营实行许可制度。销售药品的经营企业,必须是取得药品经营许可证和营业执照的合法企业,否则不能从事药品销售活动。国家大力整顿医药市场,治理无证经营、变相无证经营或"借医卖药"等药品流通领域的混乱状态。

2.合法的客户

企业必须将药品销售给有合法资质的客户,即取得医疗机构执业许可证的医疗机构,或取得药品经营许可证、营业执照的药品批发或零售企业。不得将药品销售给无证无照企业和所谓的药品集贸市场。

3.规定的经营范围

经营企业应按照药品经营许可证和营业执照所批准的经营范围开展业务活动。药品批发企业不能从事零售业务,药品零售企业也不能从事批发业务。发生超范围经营,按无证经营处理。如持有本地药品经营许可证而到异地经营,则须再到经营地办理"证"与"照",否则按无证经营处理。药品生产经营企业还应严格依法销售特殊管理的药品(医疗用毒性药品、麻醉药品、精神药品、放射性药品),严格遵守国家有关处方药与非处方药的销售规定。

(二)安全性原则

市场上很多商品可以按其质量的优劣来划分等级,并按其等级论价销售。但药品只有合格与不合格之分,药品的使用价值集中表现在质量上。所以,凡销售的药品必须是合格的,不合格的药品一律不能流通。为防止不合格药品流入市场,在仓储管理与账目管理上,合格与不合格药品必须分开。

凡伪劣药品一律不能销售,也不得将已过期失效的药品更换批号、生产日期或重新包装再销售。

(三)真实性原则

为了开拓市场,扩大销售,开展药品宣传是一项经常性的工作。但药品宣传要做到内容真实,实事求是,恰如其分地介绍药品的治疗作用、不良反应、禁忌证和注意事项等。不允许为了销售药品而夸大宣传药物疗效,缩小药物不良反应,误导用户。正确地宣传药品也是销售人员的职业道德和企业的基本准则,必须严格执行国家关于药品广告的有关规定。

(四)有效性原则

药品有效性的保证涉及生产和流通的诸多环节,而销售则是保证药品有效进入消费环节的最后一关。在采购过程中,要防止不合格药品或假冒伪劣药品入库;在保管过程中,要防止药品受阳光、空气、温度和湿度的影响而变质失效;对进入零售环节的药品,更应严格把好质量关。

(五)经济性原则

药品销售是一种经济活动,必须讲求经济效益。医药经济是国民经济的重要组成部分,因此,应该在保证质量的前提下,尽量取得效益最佳化,利润最大化。这就要求药品企业应加强内部经济核算,降低销售成本,增加销售收益。

药品具有特定的销售对象。他们分别是具有合格资质的法人或特定的患者。因此,销售人员要研究不同区域的气候特征、自然灾害特点、疾病发生规律及消费者用药习惯等,以满足不同市场的需求,保障人民群众的用药需求。

第二节　药品销售的主要形式

药品销售的形式是多样化的,而且每个企业随时都在根据市场的变化进行调整。按其在流通过程中的不同作用可分为批发商和零售商;按药品销售的空间形式可分为直接销售与中间商销售;按是否对产品拥有所有权可分为经销商和代理商,代理商又分为总代理和区域代理。总代理是指全国范围内或跨区域的销售代理;区域代理是指地区的销售代理。经销商则对药品拥有所有权,经销商一般注重销售而不注重市场开发。

一、药品批发

(一)药品批发的概念

药品批发企业是介于药品生产企业与药品零售企业之间的经营者,它的主要形式是医药集团公司。药品批发是药品批发企业进行大宗药品买卖的一种经营活动,是药品流通的中间环节,是组织药品流通的枢纽。药品批发具有如下特点:①批发的销售对象,一般是零售企业、医疗机构和其他批发单位,其业务交易在企业和集团之间进行;②批发销售每次交易数量大,但交易次数较少;③批发售出的药品往往仍处于流通环节中,而不是流通环节的末端,其流通还需继续下去,批发企业的购买目的是为了转卖;④未经批准,药品批发企业不得从事药品零售业务。

(二)药品批发企业的分类

药品批发企业主要有以下几种分类方法。

1.按药品批发企业的经营范围分类

(1)综合性药品批发企业　一般经营品种多,规格齐,范围广,具有"全"的特点。

(2)专业性药品批发企业　一般专门经营某类或某几类药品,虽然范围不广,但每类药品的品种规格齐全,具有"专"的特点。

2.按药品批发企业的活动区域分类

(1)全国性药品批发企业　其业务范围覆盖全国各地。

(2)区域性药品批发企业　其业务范围主要在某些区域内进行。

(3)本地区药品批发企业　其业务范围一般局限在本地。

此外,还可以从批发商在流通渠道中所处的位置、隶属关系、规模大小等方面进行分类。

(三)药品批发企业的分布原则

合理设置药品批发企业,从宏观上调控药品批发企业的分布,有利于促进生产力的发展;有利于扩大与加速药品流通,降低流通费用;有利于批发企业自身的经营管理;有利于药品市场体系的完善;更有利于人民群众的及时用药,保障健康的需要。在调控药品批发企业分布时应注意以下原则。

1.合理流向的原则

商品的自然流向,一般是以大中城市或交通枢纽城市为中心,跨省区形成特殊联系的经济区带。突破行政区划分,按市场经济规律和物流规律设置批发网点,可减少药品流转环节,克服倒流或迂回流通等不合理现象,使药品流通畅通无阻。

2.经济核算的原则

药品批发网点的设置必须符合优化的要求。要用最短的时间、最近的距离、最低的费用、最少的资金占用来完成药品批发流转。要根据经营的品种、流转额的大小、供应对象的分布状况来考虑批发企业的分布数目、专业分工及其规模,使每个批发企业都有适当的业务范围,以便有效地发挥企业的人力、财力、物力的作用,获取最佳经济效益。

3.为零售服务的原则

药品经过零售环节,才能到达消费领域。批发企业要使零售企业的进货方便,为零售企业提供各种服务。

(四)药品批发企业的任务

药品批发企业的基本任务:严格执行《药品管理法》等法律法规,在做好为生产服务,为零售服务,为消费者服务,取得最佳社会效益的同时,不断开拓并占领市场,降低流通费用,实现企业的最佳经济效益。其具体任务主要包括以下方面。

1.执行国家政策法规、制定贯彻实施措施

国家对药品的销售有明确的要求和法律规定。药品批发企业必须严格执行《药品管理法》《中华人民共和国产品质量法》(简称《产品质量法》)《药品经营质量管理规范》(GSP)以及各种特殊药品的管理规定。要根据企业的具体情况制定可行的实施措施。

2.研究产销规律、协调产销关系

药品市场上,药品的品种、数量、质量、价格等方面仍然存在一定的供求矛盾。药品批发企业应该在购、销、储、运各环节的业务活动中,研究购销变化,探讨其规律性,制定协商产销关系的方法,解决产销中的矛盾。

3.实施药品的购、销、储、运业务活动

药品批发企业的中心任务就是组织药品的流通。企业应根据市场需求,制订药品的流转

计划并认真落实,管理好药品的采购、运输、储存与销售等各项物流环节,同时经常督查各物流环节,发现问题,及时改进,以确保物流有序和通畅。

4.实行科学管理、提高管理水平

管理信息化是提高药品批发企业综合管理水平的重要措施。当今,市场竞争瞬息万变,中国加入WTO,竞争伙伴的增多,竞争范围的加大,竞争程度的加剧,都对企业管理提出了更高的要求。当中国企业走向世界,外国企业进入中国后,更应该有全球性的眼光和国际化思维,及时掌握世界医药贸易的新动向和发展趋势,建立计算机网络管理系统,敏锐地观察、分析和判断各方面的信息,准确把握市场机遇,扩大药品销售,不断提高企业的经济效益和社会效益。

(五)药品批发企业的业务管理

1.提高销售人员的素质

药品销售是通过销售人员进行的,他们的业务能力和文化素质对销售工作的影响是十分显著的。批发企业应该按照GSP的要求选配药品销售人员,并定期进行业务培训。销售人员应熟悉所经营药品的品种、规格、数量、生产厂家、注册商标、作用、特点和价格,应熟悉客户并善于沟通,应了解药品生产经营的法律法规。

2.加强管理、降低销售费用

企业内部要精简,机构设置要合理,工作效率要提高,要实行全面质量管理,推行企业管理电子化,降低各项费用,提高经济效益。

知识链接

《药品生产质量管理规范》(GMP):Good Manufacturing Practice of drugs

《药品经营质量管理规范》(GSP):Good Supply Practice

《药品临床试验管理规范》(GCP):Good Clinical Practice

《药品非临床研究质量管理规范》(GLP):Good Laboratory Practice for Nonclinical Laboratory studies

《中药材生产质量管理规范》(GAP):Good Agriculture Practice

《医疗机构制剂配制质量管理规范》(GPP):Good Preparation Practice

二、药品零售

(一)药品零售的概念和特点

药品零售是指将药品销售给消费者的过程,是药品流通环节的终端(最后环节)。药品零售企业是指把药品直接销售给消费者的具有法人资格并获得合格资质的经济组织。药品零售具有如下特点。

1.药品的销售对象是消费者

零售药品的购买者是为了自己的消费而购药,并不是为了转售。

2.成交量小

药品零售时,每次交易数量小,但交易次数多。

3.进入消费领域

药品一经售出,便离开流通领域而进入消费领域。

(二)零售药品企业的经营原则

1.为人民健康服务的原则

零售药品企业应以患者为本,为满足患者需求,解决消费者困难而开展工作。

2.社会效益与经济效益并重的原则

药品用于防治疾病,关系到人们的身体健康和生命安全,具有很明显的社会效益特征。一切以劣充优,以假充真,服务质量低劣等行为,或只讲经济效益,忽视社会效益的做法都是与社会主义药学道德原则相违背的。作为零售药品企业,既应重视经济效益,又应重视社会效益,坚持两个效益并重。

3.质量第一的原则

零售药品企业应做好药品质量监控,确保药品质量,保障患者用药的安全有效。

4.讲究信誉的原则

要扩展业务,寻求发展,就应坚持信誉为本,对供货方和客户都要真诚相待,热情周到,互惠互利。

(三)药品零售的渠道

药品可经医疗机构药房、社会零售药店、药品零售连锁经营、普通商业零售企业的专柜、网上药品零售组织等渠道零售给消费者。

1.医疗机构的药房

医疗机构药房是主管医疗机构内药品和药事管理事宜的技术职能科室。它负有根据医疗需要,编制药品采购计划,做好药品供应、管理等工作的任务。医疗机构可以根据临床需求,按法律、法规的规定使用处方药和非处方药。处方药必须凭执业医师或执业助理医师处方购买使用。医师处方必须遵循科学、合理、经济的原则。医疗机构药房根据医师处方调配药物。

2.社会零售药店

社会零售药店是指以一定地区为范围,面向广大群众的零售药品商店。它以小病轻症患者为主要服务对象,以销售非处方药和普通处方药为主,特别是非处方药销售有很大的发展空间。

📖 知识链接

非处方药(OTC):不需要凭医师处方即可自行判断、购买和使用的药品。

甲类非处方药:在药师指导下销售、购买和使用! OTC 字样标记为红色。如感冒药、镇痛药、止咳药、咽喉含片、助消化药、抗胃酸药、维生素、外用药、护肤保健药。

乙类非处方药:需阅读药品使用说明书并按照说明书使用! OTC 字样标记为绿色。如驱肠虫药、滋补药、避孕药、通便药。

(1)社会零售药店的特点　一是开放性。即向社会公众开放,面向全体市民销售药品。虽一般带有地段性,但有别于医院药房只面向来院就医患者售药。二是经营商业性。社会零售药店既有医药卫生单位的公益性属性,又有经营模式的商业性。它要照章纳税,要讲经济效益。经营品种的选定以满足消费者需要并兼顾获取利润为依据。

(2)社会零售药店的申办　开办零售药店必须依法取得药品经营许可证和营业执照。零售药店应配备与其经营规模相适应的执业药师和药师以上的专业人员。药店营业员、保管员等职员必须经过培训,持证上岗。药店应有与所经营药品相适应的营业场所,做到宽敞、明亮、整洁、卫生、布局合理。

(3)定点药店与非定点药店 社会零售药店有定点药店(即基本医疗保险定点药店)和非定点之分。定点药店是指经统筹地区劳动保障行政部门审查,并经社会保险经办机构确定,为城镇职工基本医疗保险参保人员提供处方外配服务的零售药店。处方外配是指参保人员持医师处方在定点零售药店购买药品的行为。参保人员在定点药店购买处方药,可以按药品报销范围目录,从个人医保账户内支出;而在非定点药店购药则不能从医保账户内支付药费。

定点药店的设置应具备必要的条件:①持有药品经营许可证和营业执照并年检合格;②有健全和完善的药品质量保证制度,可以确保药品供应安全、有效;③具备及时供应基本医疗保险用药和 24 小时提供服务的能力;④能严格执行城镇职工基本医疗保险制度有关的政策法规,与社保机构共同做好各项管理工作;⑤有较强的药学技术力量,能保证在营业时间内至少有一名执业药师在岗,营业人员则需经药品监督管理部门培训合格;⑥定点药店接受劳动保障行政部门、药品监督管理部门、物价部门的监督检查。

3.普通商业零售企业的专柜

在药品零售网点数量不足、布局不合理的地区,普通商业企业可以销售乙类非处方药,但必须经过当地的地、市级以上药品监督管理部门审查、批准、登记,符合条件的颁发乙类非处方药准销标志。根据便民利民的原则,销售乙类非处方药的普通商业企业也应合理布局。鼓励并优先批准具有药品经营许可证的零售药店与普通商业企业合作,在普通商业企业内销售乙类非处方药。普通商业企业销售乙类非处方药时,应设立专门货架或专柜。普通商业企业不得销售处方药和甲类非处方药,不得采用有奖销售、附赠药品或补品销售方式销售乙类非处方药。企业有关管理人员和销售人员必须经过专业知识培训、考核并持证上岗。普通商业企业必须从合法渠道及具有合格资质的供应商处采购乙类非处方药。此外,普通商业企业连锁店的总部还应具备与所经营药品和经营规模相适应的仓储条件,并配备一至多名药师以上资格的药学技术人员,负责质量验收和日常质量管理工作。

4.网上药品零售组织

网上药品零售组织,是利用网络信息技术和药品配送系统通过网络向药品消费者提供药品和药学服务、进行药品零售交易业务的药品零售组织。其主要药事管理职能与药品零售组织基本相似。但是,这种网上药品零售组织不同于传统的药店或药房。其特征是没有传统药店或药房的现场销售场所,利用药品配送系统,直接将药品送到消费者手中,执业药师不能与消费者面对面地提供用药指导。

网络信息技术的发展和电脑及网络技术在公众中的普及,必将促使各种网上药品零售组织迅速增加。

(四)零售药店的管理

技术业务管理是确保药品质量,保证患者安全、合理用药的关键。各级技术人员应当做到责任清楚,岗位明确。特别是对药品采购、验收、处方审核、业务咨询等关键岗位应强化管理。

工作制度管理是保证工作有序,不出差错,提高服务质量的基础。因此,应该结合本店的实际情况,制订一系列工作制度,包括采购、验收和保管制度;审方、调配、校对、发药制度;药品信息和咨询服务制度;业务学习制度;价格管理制度;特殊药品管理制度等。总的原则是,规章制度的制定和执行,应有利于工作的有序开展,有利于保证药品的质量,有利于患者的合理用药,有利于为社会公众服务。

(五)零售药店的药品陈列

应该严格按照药品分类原则陈列药品。药品与非药品分开陈列,内服药与外用药分开陈列,处方药与非处方药分开陈列。非处方药的柜架上要有非处方药的专用标记。所有陈列的药品都要明码标价,要标明品名、厂名、规格等内容。

知识链接

POP 为英文 point of purchase 的缩写,意为"卖点广告",其主要商业用途是刺激引导消费和活跃卖场气氛。它的形式有户外招牌、展板、橱窗海报、店内台牌、价目表、吊旗,甚至是人体卡通模型等。常用的 POP 为短期的促销使用,其表现形式夸张幽默,色彩强烈,能有效地吸引顾客的视点唤起购买欲。POP 的制作形式有彩色打印、印刷、手绘等方式。

(六)零售药店的药品销售

应该严格按照处方药和非处方药分类管理办法销售药品,并应该严格按照特殊管理药品的零售管理规定管理。

消费者对非处方药可以自行选购、使用,也可以要求在执业药师的指导下进行自我药疗。但处方药的购买必须凭医师处方,执业药师负责对医师处方进行审核签字,要依据处方正确调配和销售,对处方不得擅自更改或代用。对配伍禁忌或超剂量的处方,应当拒绝调配和销售。必要时,经处方医师更正并重新签字后方可销售。

三、药品代理商

药品代理商是指受委托人委托,替委托人采购或营销药品并收取佣金的一种中间商,一般由药品商业公司或个人组成。代理商与批发商的主要区别是它不拥有药品的所有权。药品代理商按一定标准可分为产品代理和区域代理。

(一)产品代理

产品代理具体表现为采购代理和营销代理。采购代理通常与委托人有长期的业务关系,提供进货、验货、仓储、送货、信息、产品选择等服务;营销代理则帮助生产者营销全部或部分药品,它对价格、付款及其他营销条件等方面有较大的权力,其功能相当于生产者的营销部门。

(二)区域代理

全国总代理和地区总代理,由于地区范围的不同,其营销权利与义务也不相同。有实力的药品商业公司倾向于做全国总代理,全权负责全国的市场开拓、营销工作,药品的价格制定、实物配送、资金回笼、售后服务等都由代理商承担。当然代理商的义务是确保在一定时间内达到一定的营销额。从这一点上考虑,一些实力相对较弱的公司就退而求其次,承担一定地区营销代理的角色。而药品生产企业则会依照自己不同的市场战略进行选择。

四、药品连锁经营

(一)药品连锁经营的概念

药品连锁经营是指药品流通领域若干药店,以共同进货或授予特许权等方式联合起来,实现服务标准化、经营专业化、管理规模化,共享规模效益的一种现代药品营销方式和组织形式。药品连锁企业是由总部、配送中心和若干个门店构成的经营组织形式。总部是连锁企业经营管理的核心,配送中心是连锁企业的物流机构,门店是连锁企业的基础,承担日常零售业务。

(二)药品连锁经营的基本特征

具有较多的药品超市门店;较低的药品售价;较大的营业面积;相对一致的 CIS 设计;连锁的组织形式;现代化管理技术的应用。

(三)药品连锁企业的开办

药品连锁企业应是企业法人。药品连锁企业总店及其所属门店应分别取得药品经营许可证和营业执照。

只有通过认证的药品连锁企业,才可跨地域开办连锁分部和门店。跨地域开办的药品连锁分部,由配送中心和若干个门店构成。跨地域开办的药品连锁企业,由所跨地域的上一级药品监督管理部门,在开办地药品监督管理部门审查的基础上,审核并同意后通知开办地发给药品经营许可证。跨省连锁企业的开办,由国家食品药品监督管理局审批。药品连锁企业在其他商业企业或宾馆、机场等服务场所设立的柜台,只能销售乙类非处方药。

(四)药品连锁企业的管理

药品连锁企业的总部应具备采购配送、财务管理、教育培训等职能。总部质量管理人员及机构应该符合同规模药品批发企业的标准。配送中心应该具备进货、验收、储存、养护、出库、运输、送货等职能,其要求和标准应与同规模的药品批发企业相同。配送中心只准向该企业连锁范围内的药店进行配送,不得对该企业外部进行批发和零售。门店执行总部的制度、规范和要求,承担药品日常零售业务,不得自行采购药品。

第三节　药品销售渠道

一、药品销售渠道的概念

在很多教科书上,在许多营销人员的大脑里,关于药品销售渠道是这样描述的"药品从生产者到患者之间的通路"。我们不敢说这句话是错误的,但我们认为它是一般性的,未得市场精髓的。那么药品销售渠道的实质应该是什么样的呢? 我们认为应该是药品从生产者到患者之间的最短通路。就像我们选择航线一样,能从北京直飞台北,坚决不经香港飞台北。但同时对这个"最短通路"的衡量又不是表面上的和形式上的,而是一种以赢得利润为始终依据点的细节与整体统一的最短,宏观与微观一致的最短(图 8 - 1)。

二、药品销售渠道的组成

一般表述:药品销售渠道是由药品生产企业、药品经营企业和零售终端组成的。这个描述错了吗? 其实它也没错,但它依然是肤浅的。如果我们拨开面纱,你就会发现渠道是由人组成的,是一个个人用双手把药品从生产者的库房传递到患者(消费者)手中的。所以必须以"对人"而不是"对物"做工作的态度去建立药品销售渠道。抓住人的需求,抓住各环节中起关键作用的人。这是调动药品销售渠道活力的基础(图 8 - 2)。

图 8-1　如果能直达台北，绝不绕道香港

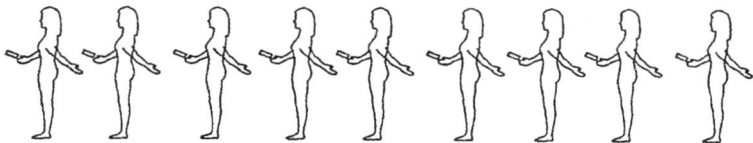

图 8-2　渠道是由人组成的

三、影响药品销售渠道的最根本性因素

既然药品销售渠道是药品从生产者到消费者的最短距离，既然也是由人组成的，那么怎样才能使它发挥活力，以达到目的呢？这个活力源是什么呢？是企业经理？是产品？都不是！其实质是"利益"（当然这里并不否认精神价值的驱动作用），是在药品销售渠道上传递药品的每一个人或团体的利益。怎样分配利益将是调动活力的关键，亦是控制药品销售渠道运行的关键（图 8-3）。

图 8-3　渠道就是经常让人感到有"利市"拿

四、选择药品销售渠道的意义

在药品企业经营过程中，绝大多数药品生产企业并不是将其产品直接销售给消费者，而是借助于市场营销商（中介机构）将药品进行分销。

药品生产企业和药品经营企业均想利用合理的销售渠道销售药品，使药品及时、安全、顺利地到达消费者手中，花较少的费用，实现其商品价值。因此，分析、研究销售渠道的结构和策略，选择合理的销售渠道，主要有以下几方面的意义：①药品能否及时转移到消费者手中，关系到企业能否顺利地实现自己的市场营销目标；②减少药品在流通领域中的时间，加速药品企业资金周转速度和提高经济效益；③降低药品企业流通费用，提高利润；④为药品企业开拓广阔市场，扩大企业的市场占有率；⑤有利于为用户服务，为顾客的购买带来方便；⑥有利于密切产销关系，促使药品流通企业根据消费者的需求去组织货源，促使药品生产企业根据市场需要安排生产,提高药品的适销度。

知识链接

菲利普·科特勒认为:"一条销售渠道是指某种货物或劳务从生产者向消费者移动时,取得这种货物或劳务的所有权或帮助转移其所有权的所有企业和个人。"因此,一条销售渠道主要包括经营中间商(因为他们取得所有权)和代理中间商(因为他们帮助转移所有权)。此外,它还包括作为销售渠道的起点和终点的生产和消费者,但不包括供应商、辅助商等。

五、药品销售渠道的选择原则

选择药品的销售渠道,首先就是要理解药品本身的属性和特征,包括药品的知识含量(这是药品销售的沟通深度),然后是要理解服务需求(这是药品销售的服务深度),还有理解渠道宽度(这是药品销售的广度),最重要的是要理解药品的目标顾客。特别是要理解患者(消费者)的服务要求:便利购买,服务保证。

选择药品的销售渠道要遵循现代营销的法则。

(一)速度、细分、直接、服务

选择最短销售通路的目的就是快速传递产品。根据药品的细分市场特性选择合适的销售渠道,便于药品从生产者到达患者手中最直接、最简捷,能够很好地与客户沟通,尽力满足客户的需求,全方位为客户提供服务。

(二)价值链竞争

合理利用价值链的利益分配,充分发挥价值链各链点的优势,利用社会资源,克服缺点保持优点,保留竞争优势,避免竞争劣势。降低管理难度,提高经济效益。

六、药品销售渠道的具体模式

(一)直销模式

直销是药品销售渠道中最直接的销售通路,就是药品生产者与患者直接见面沟通。直销模式受到客观因素控制,一般企业不采用这种模式。

```
┌─────────┐
│  制造商  │
└─────────┘
     │
┌─────────┐
│ 最终用户 │
└─────────┘
```

直销模式的特点表现在具有直接、深入沟通,变化速度快的优点,但也表现出一些缺点,如投入大,效率低,管理难度大。

(二)直营模式

直营是药品销售渠道中最新型的销售通路,就是药品生产者通过终端零售商与患者直接见面沟通。直营模式是目前药品销售渠道中通路较短的销售模式,因为这种模式一直在医药主渠道中实现药品的传递,有利于药品监督管理部门进行监督管理,并且这种模式价值链分配合理,药品传递速度较快,沟通服务直接方便,适应不同的细分市场,所以是很多现代药品企业首选的销售渠道模式,特别是新产品上市初期大都选择这种销售渠道模式。

直营销售的基本结构如下。

```
   ┌────────┐
   │ 制造商 │
   └────────┘
   ┌────────┐
   │ 零售商 │
   └────────┘
   ┌────────┐
   │ 最终用户 │
   └────────┘
```

直营模式的特点主要表现在厂家替代社会代理商,基础稳固,速度快,有利于服务终端,提高终端推力。但前期投入较大,效率较低,管理难度大。

根据不同的市场细分和药品生产企业对渠道管理的方式特点,直营模式常常表现为自设区域销售机构形态和办事处(第三方物流)形态两种。

1. 自设区域销售机构形态

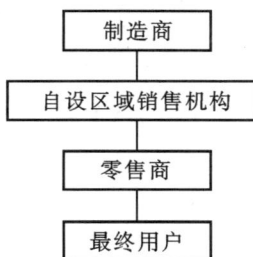

```
   ┌────────┐
   │ 制造商 │
   └────────┘
   ┌──────────────┐
   │ 自设区域销售机构 │
   └──────────────┘
   ┌────────┐
   │ 零售商 │
   └────────┘
   ┌────────┐
   │ 最终用户 │
   └────────┘
```

2. 办事处(第三方物流)形态

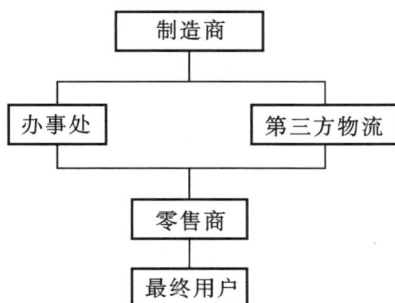

```
        ┌────────┐
        │ 制造商 │
        └────────┘
    ┌────────┐  ┌──────────┐
    │ 办事处 │  │ 第三方物流 │
    └────────┘  └──────────┘
        ┌────────┐
        │ 零售商 │
        └────────┘
        ┌────────┐
        │ 最终用户 │
        └────────┘
```

(三)分销模式

分销是药品销售渠道中最传统的销售通路,也是大多数药品企业采用的渠道模式,是药品生产者通过药品生产经营企业多层次分销最后到达终端零售商与患者见面沟通的模式。因为历来药品销售都是采取这种模式,社会资源丰富,价值链各环节分工合作,利益合理分配,管理简单成熟,所以成熟企业特别是成熟产品最终都会走到这条通路上来。

分销模式的基本结构如下。

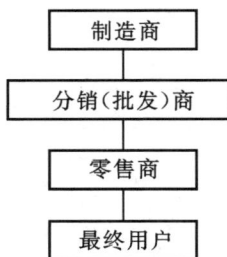

```
    制造商
      │
  分销(批发)商
      │
    零售商
      │
    最终用户
```

分销模式的特点主要表现在厂商分工合作,价值链较长;投入少,效率高,管理简易,充分利用社会资源;由于分销模式重心高,常常表现是市场基础不稳固,缺乏长期保证,应变速度较慢。

分销模式也根据分销的层级分为大分销、小区域分销和分货商分销三种变化形态。

1. 大分销形态

```
    制造商
      │
   一级分销商
      │
 二级(N级)分销商
      │
    零售商
      │
    用户
```

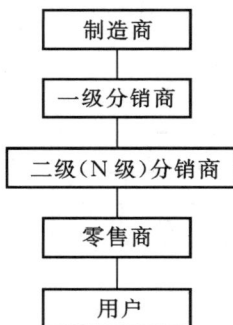

2. 小区域分销形态

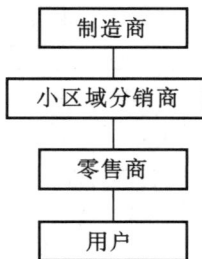

```
    制造商
      │
  小区域分销商
      │
    零售商
      │
    用户
```

3.分货商分销形态

第四节　药品销售渠道管理策略

一、处方药与甲类非处方药销售渠道管理

国家对药品实行处方药与非处方药分类管理制度。药品分为处方药与非处方药不是本质属性的分类,而是从管理方面对药品的界定。非处方药分为甲、乙两类。经营甲类非处方药,必须具有药品经营许可证,并配备驻店执业药师和药师以上的药学专业技术人员,故甲类非处方药的销售渠道类同于处方药销售渠道。图8-4是其销售渠道管理的结构。

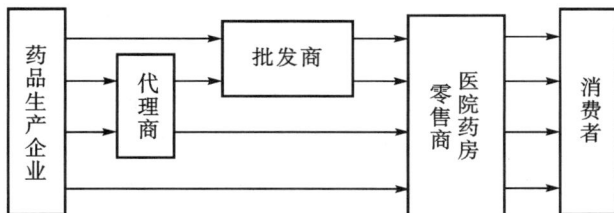

图8-4　处方药与甲类非处方药销售渠道结构示意图

1.A型营销渠道

药品生产企业→药品零售企业→消费者。它是药品生产企业把药品销售给零售商,再由零售商转卖给消费者,中间经过零售商这一中间环节。这种营销渠道,可以通过零售商点多、面广的优势,克服药品销售与市场需求在时间和空间上的差异,把药品更广泛地销售出去。这种营销渠道经过的环节少,随着市场经济的发展,这种形式具有普遍性。

2.B型营销渠道

药品生产企业→批发商→零售商→消费者。这是传统的营销渠道模式,它是药品生产企业把药品销售给批发商,批发商再转卖给零售商,最后零售商再出售给消费者。中间经过两个或两个以上的流通环节。

3.C型营销渠道

药品生产企业→代理商→零售商→消费者。这种营销渠道模式,是经过药品生产企业委托的代理商,并由代理商将药品销售给零售商,最后零售商再出售给消费者。

4.D 型营销渠道

药品生产企业→代理商→批发商→零售商→消费者。这种营销渠道模式,经过较多的环节,最后到达消费者。在开发药品国际市场时,通过信托公司、经纪人或其他代理中间商开拓国际市场时,采用 D 型营销渠道具有重要意义。

二、乙类非处方药的销售渠道管理

经营乙类非处方药,除了在处方药营销渠道销售外,也可以在相应的地方药品监督管理部门批准的非药品专营企业(如超市、宾馆、副食店等)以外的商业中零售。必须指出,批准允许销售乙类非处方药的普通商业企业不得销售处方药和甲类非处方药。图 8-5 是其销售渠道的结构模式。

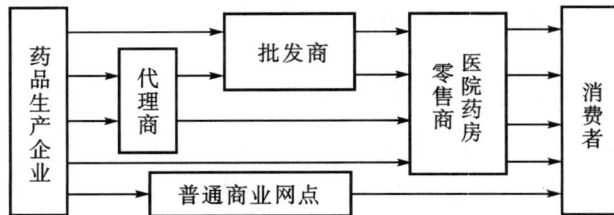

图 8-5　乙类非处方药的销售渠道结构示意图

(1)药品生产企业→零售药店→消费者　是指药品生产企业将药品销售给零售药店,然后由药店销售给消费者。

(2)药品生产企业→代理商→零售药店→消费者　在这种销售渠道中,药品生产企业通过一定的代理商将药品销售给零售药店,然后再由零售药店销售给消费者。

(3)药品生产企业→代理商→药品批发公司→零售药店→消费者　因为药品生产企业没有自己的营销网络,所以只能借助于代理商的销售力量销售药品。

(4)药品生产企业→药品批发公司→零售药店→消费者　这种渠道与前一种渠道相比只是少了一个代理商。

(5)药品生产企业→普通商业网点→消费者　这种营销模式更大程度地方便了消费者。

三、影响药品销售渠道选择的因素

药品企业要把生产的药品及时地销售出去,必须正确地选择销售渠道。而在选择销售渠道之前,必须认真分析和研究影响销售渠道的因素(图 8-6)。

(一)市场因素

市场因素是影响药品企业正确选择销售渠道的重要因素之一,市场的性质决定销售渠道策略,具体应考虑以下几个方面。

1.市场需求量及单次购买量

如果市场需求量大而单次购买量小,应选择长而宽的销售渠道,以扩大市场占有率;如果市场需求量小而单次购买量大,应选择短而窄的销售渠道。

2.潜在顾客的状况

如果潜在顾客分布面广,市场范围大,就要利用长渠道,广为推销。

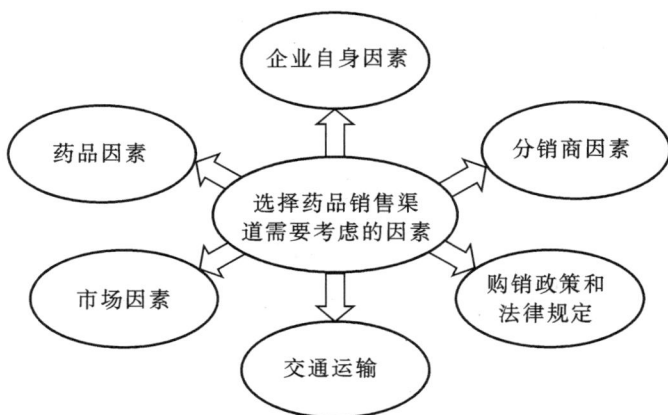

图 8-6　影响药品销售渠道选择的因素

3. 市场的地区性

目标市场聚集的地区,销售渠道可以短些,一般地区则采用传统销售渠道,即经批发商与零售商销售。

4. 消费者购买习惯

对于一般常用药物,价格低廉,顾客无须仔细地选择,要求购买方便,随时能就近购买,因此,应选择长而宽的销售渠道,销售网点也尽量分散;而对一些价格昂贵的特殊药品等,一般应选择短而窄的销售渠道。

5. 市场需求的季节性

很多产品在销售市场往往有淡季和旺季之分。一般淡季时销售渠道可短些,旺季时应扩大销售渠道,充分利用中间商的作用。如清凉油、风油精之类,夏季是其销售旺季,市场需求量很大,销售时间集中,这时应多采用广泛的销售渠道,充分发挥中间商的作用。

6. 竞争者的销售渠道

同类产品一般要采取同样的销售渠道,比较容易占领市场。一般说来,医药企业应尽量避免与竞争者使用相同的销售渠道,除非企业的竞争能力超过竞争对手。

(二)药品因素

药品本身的特点对销售渠道的决策起着决定性的作用。药品的产品因素主要考虑以下几个方面。

1. 药品价格

一般说来,药品价格越高,就应减少销售渠道的环节,可采用直接销售或只经过很少的中间环节,以避免最终售价的提高而影响销售;反之,价格较低的产品,其利润较低,需要大批量销售方能赢得一定的利润,只有广泛采用中间商销售,才能扩大销路。

2. 药品的重量和体积

因为药品的体积和重量会直接影响到产品运输费用和储存费用,所以,对于体积大的重型产品,应选择直接供应或中间商极少的间接渠道;小而轻的产品,则可以选择较长的销售渠道。

3. 药品的技术要求

产品的技术性和售后服务要求高的药品或需要经常保养的药品,销售渠道要短。对于技术极为复杂的产品,或者是销售后技术服务非常重要的产品,应尽量由生产企业直接供应用户;如果确需通过中间商推销的,生产部门应设立专门的技术服务网点,以方便用户。

4.药品的时尚性

时尚性较强的产品,如营养口服液或保健食品,应快产快销,缩短销售渠道,加速产品周转。

5.药品的保质条件和易损性

对有效期短的药品,应选择尽可能短的销售渠道,以便及时销售;对于易毁的药品,如必须在低温下保存的药品或储存养护要求高的药品等,也不宜采取过多的中间环节转手,以减少上下搬运中的损耗。

6.新药产品

为了较快地把新产品投入市场,占领市场,药品生产企业应组织特别的销售力量,直接向消费者或利用原有销售渠道销售。

(三)药品企业自身因素

1.企业实力

企业实力主要包括人力、物力、财力,如果企业实力强,可建立自己的分销网络,实行直接销售,否则应选择中间商推销产品。在一般情况下,企业规模大,资金雄厚,市场声誉高,对销售渠道就有更多的选择余地,甚至可自立销售机构,不需任何中间商;而对资金有限的中小企业来说,一般必须充分依靠中间商的力量。

2.企业的管理能力

一般而言,企业的营销管理能力较强,市场营销经验丰富,可采用短的销售渠道;相反,则应尽可能利用中间商进行销售。从我国目前情况看,大多数药品企业只具备生产管理能力,但缺乏销售业务管理能力和营销经验。因此,大部分药品还必须依靠中间商进行销售。

3.企业对渠道的控制程度

有些企业为了有效控制销售渠道,宁愿花费较高的直接销售费用,建立较短而窄的渠道。也有一些企业可能并不希望控制渠道,则可控制销售成本等因素采取较长而宽的销售渠道。

4.企业的售后服务网络

企业可采取直接销售渠道售后服务网络管理,或者利用中间商帮助其进行售后服务管理。

(四)分销商因素

分销商因素主要包括规模大小、对终端市场的覆盖率、影响力等。如果当地某一分销商能覆盖全部或大部分终端市场,则可采用独家分销模式,而如果当地各分销商的能力都有限,相互竞争激烈,则可采用多家分销模式,以提高对终端市场的覆盖率。假如零售商的实力强,经营规模较大,则可直接利用零售商进行销售。

(五)其他因素

药品销售渠道,除受上述因素影响外,还受其他一些因素的影响,如交通运输条件,国家对有关药品的购销政策、价格政策、法令、条例等。这些都是企业选择销售渠道时应认真考虑的,特别是政府有关立法及政策规定,包括财税政策和整顿药品市场的一系列法律法规。

四、药品销售渠道管理方法

药品企业选定了某个渠道方案后,就要着手建立渠道,实施对渠道的管理。渠道管理包括对中间商的选择、激励和控制等环节。

(一)选择中间商

选择中间商首先要确定其能力的标准。对不同类型的中间商以及他们与企业的关系,应确定不同的评价标准。这些标准包括四个基本方面。

1.中间商的销售能力

要了解该中间商是否有训练有素的销售队伍、其市场渗透力有多强、销售地区有多广、曾经销售哪些产品、能为顾客提供哪些服务等。

2.中间商的支付能力

为确保销售商的财务实力,要了解该中间商是否有足够的资金支付能力。

3.中间商的经营管理能力

要了解中间商的管理人员是否有足够的才干、知识水平和业务经验等。

4.中间商的信誉

要了解该中间商在社会上是否得到信任和尊敬,是否愿意和生产厂商真诚合作等。

要了解中间商的上述情况,企业必须收集大量的有关信息。如果必要的话,企业还可以派人对被选取中的中间商进行直接调查。

(二)激励中间商

药品生产企业必须不断地激励中间商,促使其做好药品销售工作。尽管药品生产企业和中间商签订的合同里面已经规定了中间商的责任和义务,这些义务还必须通过生产企业的经常监督和鼓励才能更好地实施。激励中间商的方法主要有以下几点。

1.中间商的经营心理与需求分析

了解中间商的经营目标和需要,必要时可作出一些让步来满足中间商的要求,以鼓励中间商。菲利普·科特勒认为,要激励中间商出色地完成销售任务,生产企业必须从尽力了解各个中间商的不同需要和欲望做起。

2.设立合理的奖惩制度

鼓励中间商多销货早回款,通常做法:当中间商营销量药品累计到一定数量后(可以按1个月计算,也可按1年统计)给予他一定数量的返利,或者是当经销商当月回款时也给予一定数量的返利。相反,当中间商没有达到合同约定的营销量或不按期回款时,则给予一定的经济处罚。

3.给予各种权利

给予中间商适当的权利,如独家经销权或者其他一些特许权。中间商经销药品如果利润少甚至亏损,他们的积极性自然不会高。在一个市场上授予某个中间商以独家经销权,可以在广告和其他促销活动方面得到该中间商较大的支持,当然这应视具体的市场条件而定。

4.共同进行广告宣传

当药品生产企业的药品进入一个新市场时,其商标通常不为当地人所知晓,因而中间商一般不愿意经营这种药品,除非生产企业强有力的广告宣传支持,提高药品的知名度。

5.进行人员培训

药品生产企业可通过提供技术指导、宣传资料、举办药品展示会、指导商品陈列、帮助零售商培训营销人员或邀请中间商派员参加生产企业的业务培训等工作,来支持中间商开展业务活动,提高专业水平,改善经营管理,促进药品营销。

(三)渠道控制

中间商都是一些独立企业,不是药品生产企业的从属机构,所以,生产企业要控制全部渠道是比较困难的。有些企业解决这一问题的方法是建立自己的分销机构,但是采用这一做法的成本很高;有些企业则是通过特约代营或独家经销等方式,通过第一级渠道环节来控制整个渠道,但并不是每个生产企业都能够控制渠道的,这取决于生产厂商的实力、信誉以及市场条件等多种因素。但是,一般来说,能够成功地控制渠道的企业往往能够在市场上获得成功。

要控制渠道,首先要让各个中间商了解企业的营销目标;其次要确定评价中间商工作绩效的各项标准。包括销售目标、市场份额、平均存货时间、市场成长目标、广告宣传效果等。标准越具体,评价起来越容易。

企业定期按一定的标准衡量中间商的表现,检查中间商的销售额、市场覆盖、服务、付款以及利润等方面的情况,然后对那些成绩不佳的中间商进行分析诊断,并采取相应的激励措施。一旦渠道控制失灵,就应该考虑更换中间商。

(四)渠道调整

药品生产企业的任务不能仅限于设计一个良好的销售渠道,并推动其运转。随着市场的变化,药品生产企业对销售渠道系统还要定期进行调整,适应市场的新动态。由于某个中间商的经营不善而影响整个渠道的效益时,药品生产企业可以考虑淘汰该中间商,调换新的中间商。有时生产企业会考虑停止使用某种类型的销售渠道。

案例分析

成功的销售渠道决策

2003 年,某药品企业的一个补血类保健品 A 开始进入补血保健品市场。多年来,补血保健品市场竞争非常激烈,并且 A 品牌选择了在上海——这个普遍反映不太好做的区域建立样板市场,但 A 品牌通过终端渠道革命,打开了市场。一年后,该产品以极小的市场成本遍布新的销售终端,并充分发挥产品优势使销量每月成倍增长。应该说,A 产品是补血市场同质化的产物,就产品本身而言,它有一些特别之处,但是要想仅仅通过这些特别之处打开市场,与红桃 K、血尔相抗衡,明显缺乏足够的资本。不过有句话说得对——"当产品、促销、价格都产生不了差异的时候,就找渠道。"众所周知,娃哈哈一直采取跟随策略,其成功就是源于背后强大的网络支持。那么,补血类保健品 A 能不能依靠网络渠道成功呢?

一、市场分析

补血保健品市场基本上是红桃 K 在 10 年前开垦出来的,其强大的宣传攻势以及领先一步的优势,都使其一直在市场中独占鳌头,同时阻挡了大批简单模仿者的跟进。但是也正是这种市场独占地位,造成了红桃 K 目标消费群体太过宽泛,长期未进行细分的产品市场受到了后进者的猛烈攻击。2001 年,实力型企业康富来推出血尔产品,紧扣市场细分策略,锁定城市市场和白领女性,避开红桃 K 的强势领域,其得力的销售政策,使"功效持久"概念撼动了红桃 K 的霸主地位。2002 年,万基药业女人缘美颜胶囊跟进,锁定高端,细分出"补血+祛除黄褐斑"市场。

现在,补血保健品市场变得丰富起来,渠道变得拥挤了。此种情况下,A企业要想在现在的渠道上有所作为,恐非易事。最可能成功的办法就是"让开大路走两厢",抓住终端这一销售的神经末梢。我们知道,无论采用何种经销模式,补血类保健品的终端都集中于大中型商场、大卖场和药店。如果说"大中型商场+大卖场+药店"的终端设计体现了"消费类渠道"的特色,那么A企业能否采用更具"专业性渠道"特色的终端设计呢?如"医院+OTC药店"。事实上,采用"医院+OTC药店"还有一个优势,就是可以运用院线专业推广和专业医师咨询等方法内外激活渠道销售力。

同是补钙,张三说:"一片顶过去五片,方便!"李四则说:"少量多次,更易吸收!"让消费者无所适从,补血保健品的竞争研究也大致如此,往往着眼于竞争本身,因而竞争大多处于战术层面。

在"大中型商场+大卖场+药店"这些惯有的补血保健品消费性渠道终端上购买补血保健品除了用于送人目的之外,其购买前提就是了解确实有贫血的存在,这种购买需求往往来自对贫血症状的体验或惯有观念的接受(女人需要补血)。所以,在该类渠道终端上的销量不可避免地是受到市场宣传的引导。

如果跳出补血保健品本身,围绕"改善贫血"这一根本需求,我们就会关注到红桃K、血尔之外的产品,除东阿阿胶、福胶等为代表的传统阿胶类药字号补血产品之外,还有以速力菲等为代表的临床医保类补血产品的医院终端。

既然临床医保类产品是补血市场三分天下的有机构成体,该领域就应当列入补血产品市场开发研究的范畴,也就可以结合医学角度而非单纯地从市场角度分析该领域的销售力。市面上的补血产品在长期的市场运作中,根据贫血人群的特点和购买能动性,采用年龄标准对该市场进行细分:成人市场(主要是女性消费者),如红桃K生血剂、血尔等;青少年市场,如红桃K状元装等;婴儿市场,如康恩贝集团的贝贝血宝、红桃K的宝宝乐养血颗粒等。在消费性渠道终端上,成人和青少年两块市场都可以从贫血的症状或传统的补血观来促成基本购买动力,但是宝宝的贫血属于隐性贫血,铁缺乏初期无明显症状,在消费性渠道上就显得动力不足。我们从医学角度来分析贫血的病因,就能清楚了解购买补血产品的基本动力,则其渠道终端的变革就自然浮出水面。

以下就是结合医学角度对女性、青少年、儿童的补血需求和惯有的"大中型商场+大卖场+药店"的消费性渠道终端之间相互的适应能力所做的简要剖析。据此,将能充分理解A企业的渠道变革成功的基础+针对女性消费者,销售终端适应能力分析(表8-1)。

表8-1 销售终端适应能力分析

补血原因	终端的适宜性辨析
妊娠期妇女	关于孕妇和胎儿的特殊需求时期,其购买的谨慎性和医院的权威性,满足其第一购买动因,医院及其关联门店在专业性上更胜消费性渠道一筹
妇科疾病	医院医生的处方和推荐,是满足该层面购买动因的最佳点位;尝试性购买后的持续性购买已遍布的OTC门店就可以满足

补血原因	终端的适宜性辨析
月经	大卖场等消费性终端可以适应购买,但遍布的 OTC 药店终端同样不仅满足购买便利,而且已为消费者接受
减肥	因为减肥而需要补铁补血的观念尚未为消费者普遍接受,从购买便利角度,OTC 药店已经可以满足

针对青少年和儿童,销售终端适应能力分析如下。

青少年的购买需求大多来自病症:脑疲劳、食欲不振、抵抗力低、记忆力和注意力下降等,往往可以用消费性渠道满足,销售终端中偏专业性的 OTC 药店可以满足其消费市场。

小儿的补血需求是隐性贫血,由于铁缺乏初期无明显征兆,家长不容易及时发现。由此隐性贫血的特点,可以判断出婴儿市场的补血产品购买第一动因来自于医院的相关科室,而非直接在消费市场上体现,所以满足该市场的第一销售市场落实在医院这一专业性销售终端上,比较其他大卖场等消费性销售终端上更具权威性和可操作性。

二、销售渠道决策

通过以上分析,A 企业完全可以确认,渠道创新变革,从"大中型商场＋大卖场＋药店"的传统消费性终端设计转向"医院＋OTC 药店"的专业性终端布局是适应补血产品的购买需求和销售目的的,而且由于这一变动,市场竞争可以从战术层面转向战略层面,避开了红桃 K、血尔等强势品牌的直接竞争,在新的战略领域扩张市场,这对一个新品入市是非常重要的,并且在投入产出比上也更为合理和具有诱惑力。

思考题

1. 具有什么特征的产品适合于直销(产品指最终消费品)?
2. 厂家自设区域销售公司有什么优点? 有可能出现哪些问题?
3. 制造商采取密集多头代理有何利弊?
4. 针对主要竞争对手大分销模式,有何方法取得竞争优势?

技能抽考项目五　葡萄糖注射液销售渠道策略

1. 抽查内容

葡萄糖注射液销售渠道策略项目。要求被测学生根据提供的相关资料,分析并选择合适的销售渠道,并根据选择的销售渠道确定激励和评估经销商的方法。

2. 考试要求

(1)技能要求　葡萄糖注射液是一个用量大,区域性强,运输费用高的产品。能熟练运用药品销售渠道的相关知识分析案例;能选择合适的药品销售渠道;能确定激励和评估经销商的方法,有效管理药品的销售渠道。

（2）操作规范及职业素养要求　服装整洁,体态端庄大方,面带微笑;普通话标准,语言简洁、准确、生动,语速适中;条理清楚,给人以亲切感。

（3）组考方式　利用提供的条件,在测试卡上完成销售渠道选择,并能提出激励和评估经销商的方法。

（4）测试时间　40分钟。

第九章 促销与公共关系

学习目标

【知识目标】

掌握药品促销的概念和作用,常见的药品促销方式,公共关系的概念;熟悉药品促销的基本策略,公共关系的原则;了解影响促销组合的因素,公共关系的职能。

【技能目标】

能够灵活运用人员促销、广告促销和营业推广的技巧,使用公共关系的特点促进销售;懂得公共关系的作用和熟悉公共关系的常用方法。

第一节 药品促销的概念与作用

我国加入 WTO 后,药品市场竞争日趋激烈。药品企业若想取得好的效益,一方面要注重药品的质量,生产出适销对路的好产品,另一方面也要通过适当的促销活动,将自己的药品信息传递给消费者,吸引他们购买本企业的产品,在消费者需求满足的同时,实现企业的最佳经济效益。

一、药品促销的概念

药品促销是指药品企业通过各种有效的方法和手段,将药品的信息传递给消费者或用户,帮助和说服他们关注自己的产品,激发购买欲望,并促使他们实现最终购买行为的一系列活动。

与一般商品不同,药品促销有其特殊性。首先,药品是特殊商品,其使用价值极为特殊,关系到人的生命健康。必须依法认真进行质量管理,保证其质量,保证其使用安全有效;其次,药品近 90% 是通过医生开处方供应患者使用的,所以,药品促销的主要对象之一是医生。企业通过各种促销活动,向医生介绍药品的性能、特点及疗效,并与同类药品进行比较,因此,首先应使医生对本企业产品感兴趣。

促销的实质是企业与消费者之间的信息沟通活动。通过这种沟通,消费者最终认可了企业的药品,而企业则销售了自己的药品,达到了促销的目的。

二、药品促销的作用

当前,药品市场竞争越来越激烈,这就使促销显得越来越重要。药品促销的作用主要表现在以下几方面。

（一）传递信息，引导消费

药品市场交易活动是由买卖双方共同实现的，若要使这种交易活动顺利进行，买卖双方必须相互沟通信息。卖方如果不了解买方的需求，就不可能生产和销售适销对路的药品；同样，买方如果不了解卖方的供应信息，就不会有新的需求。药品不同于其他商品，其针对性强，消费者主要是在医生的指导下使用药品，而医生用药的选择则主要依赖于药品企业的推荐和宣传。所以，药品企业应通过各种促销活动，不断地向医疗机构和药品销售商提供自己的产品信息，使购买者知道企业生产经营什么药品，这些药品有什么特点，到什么地方可以买到等，从而引起购买者的注意和兴趣，激发其购买欲望，引导其新的消费。当然，企业要使自己的促销对购买者产生较大的影响，真正起到"消费指南"的作用，还必须深入了解购买者的需求信息，并以这些信息指导自己的生产经营，做到使自己的药品适销对路。由此可见，企业的促销活动并不是简单的单向信息传递，而是一种生产者、经销者和购买者的多向信息沟通。通过这种信息沟通，加强了三者之间的密切联系，强化了药品流通过程中各环节的协作，加快了药品的流通速度。

（二）刺激需求，促进成交

消费者的需求往往具有可引导性。企业应通过促销活动，激发、引导消费需求，使潜在的需求变为现实需求。例如，当一种新的药品刚上市时，消费者由于不了解它，不知道它是治疗什么疾病的，有什么特点，就不会购买这种新药品。所以企业必须通过促销活动，宣传新药品的作用、用途及特点，使消费者了解新药品，引起他们的兴趣，引导他们去购买，从而打开新药品销售的大门，增加企业的效益。同样，当一种老药品销售量下降时，企业也可通过适当的促销活动，使这种药品的需求得到某种程度的恢复和提高，创造出新的需求，这样也可以保持和增加企业的收益。

（三）滋生偏爱，稳定销售

在药品市场激烈竞争的条件下，对于各企业同类药品，消费者往往不易比较出它们之间的细微差异。这时，企业可通过促销活动，大力宣传自己的药品区别于竞争者药品的特点，即宣传自己药品相对于竞争药品的优点，使消费者产生深刻的印象或好感，认识到本企业药品可以给他们带来的特殊利益，加深他们对本企业药品的了解，使他们可以轻易地，从众多竞争药品中选择本企业的药品。在激烈的药品市场竞争中，企业的销售量可能会波动很大，这是其市场地位不稳定的反映。企业可通过促销活动，促使更多的消费者"偏爱"本企业及其药品，达到稳定销售的目的。

（四）塑造形象，提高声誉

一般来说，消费者对形象好、声誉高的企业及其药品抱有好感，有较高的信任度，愿意和喜欢购买、使用。而对形象差、声誉低的企业及其药品，则退避三舍，不敢购买。这说明企业形象的好坏、声誉的高低，会直接影响到企业的经济效益。因此，塑造企业形象，提高企业声誉对稳定企业的市场地位，增加企业的经济效益是非常重要的。企业可通过促销活动，宣传企业取得的明显进步和突出成就，宣传企业的名、特、优药品及其良好的服务，使消费者对企业及其药品产生好感，并赢得他们的信任，从而提高了企业及其药品的形象和声誉。这样就可带动企业药品的销售，增加企业的经济效益。相反，如果没有促销活动，即使企业取得了突出成就，生产出了优质药品，消费者也无从知道，也就无法树立企业的形象，达到提高企业声誉的目的，当然也就不会增加企业的经济效益了。

第二节　药品促销组合策略

药品促销的方式包括人员促销和非人员促销两类,而非人员促销又分为广告促销、公共关系和营业推广三种。促销的目的在于对药品消费者进行劝导和服务,帮助他们认识企业及其药品,从而实现购买行为。因为不同的促销方式在药品销售过程中所起的作用不同,各有特点,所以使用单独的促销方式,往往不能取得满意的效果。如果根据市场环境,把不同的促销方式有机地结合在一起,发挥综合促销的互补作用,就可能使药品企业顺利实现销售目标。

促销组合是指药品企业为了取得最佳的促销效果,有目的、有计划地将各种促销方式有机地结合起来,综合运用,形成一个整体的促销策略。促销组合的基本原则是促销效率最高而促销费用最低,即各种形式的结合是相辅相成、补充而不重复、协调而不矛盾、效果最佳而不浪费的配合。

一、影响促销组合的因素

在实际工作中,药品企业应根据下面几个因素来决定促销组合。

(一)目标因素

药品企业的整体目标具有阶段性的侧重点,由于目标重点不同,则促销组合策略也不同。以提高知名度和塑造良好形象为主要目标时,应以公共关系和广告为主;而以销售药品为主要目标时,公关是基础,广告是重点,人员促销是前提,营业推广是关键。

(二)药品的性质

对于不同性质的产品,消费者的购买动机和购买行为是不同的,因而所采用的促销组合必须有所差异。一般来说,生产资料类产品(如原料药)具有技术性强、价格高、批量大、风险大等特性,购买时一般要经过研究、审批等手续,因此,应以人员促销为主,配合公共关系和营业推广,而广告相对使用较少;消费品主要供个人和家庭生活之用,面广量大,常以广告促销为主,辅以公共关系和营业推广,人员促销相对较少,因为人员促销工作量大、费用高。

(三)药品的价格

一般来说,高价药品由于使用风险大,应以公共关系和人员促销为主,低价药品以广告和营业推广为主。

(四)药品所处的生命周期阶段

药品处于不同的生命周期阶段,企业应该采用不同的促销组合策略。一般来说,在市场导入阶段,药品企业应该多做广告和其他宣传工作,扩大产品的知名度,诱导中间商进货和消费者试用。在市场成长阶段,企业的促销手段仍以广告为主,但重点是宣传企业及产品品牌,增加消费者的好感和偏爱,扩大产品的销售量。在市场成熟阶段,将有大批的竞争者进入,企业促销以广告为主,但注重于竞销,利用公共关系,突出企业声誉,力创名牌,同时辅之以营业推广,吸引消费者。药品进入市场衰退阶段后,企业以营业推广为主,结合提示性广告和减价等,刺激产品的销售,维持尽可能多的销售量。

（五）购买者的准备阶段

在知晓阶段，广告与公共关系扮演了最重要的角色，此时人员促销或者利用营业推广，效果都会比较差；在消费者了解阶段，主要影响效果来自广告与人员促销；在消费者信服阶段，则主要受人员促销与营业推广的影响。最后，在后续再定购阶段，也依赖于人员促销与营业推广，以及某些程度的提示性广告。

（六）市场的性质

对不同的市场应该采用不同的促销组合。如在地理位置狭小、交易额大或者顾客比较集中的市场上，应该以人员促销为主，配合广告策略进行促销组合；而在顾客分散、交易额小、购买频率高、地理位置广泛的市场，应该以广告为主。与此同时，药品企业应当注意各种买主的不同需要和购买目的，选择恰当有效的促销方式。

（七）促销预算

促销预算费用就是用于促销活动的费用开支，由于不同的销售方式所需的费用不同，应该力求以尽可能少的促销费用达到预期的促销效果。

二、药品促销的基本策略

药品促销组合有两种基本策略："推动"策略和"拉引"策略。

（一）"推动"策略

"推动"策略即药品企业运用人员促销和营业推广等方式，将自己的产品推向市场。生产企业用"推动"策略将药品推向经营企业；经营企业再把药品促销给医疗机构或直接促销给消费者。

"推动"策略是普遍采用的促销策略，一般有以下几种方式。

1.促销人员走访用户

促销人员可携带样品或目录，直接和用户见面，介绍产品，回答提问，消除疑虑。在竞争激烈的药品市场中，用户一般是不会主动到生产经营企业求购药品的，因此，企业应主动出击，将合适的产品送到适合的用户面前，并与用户建立稳定的联系。

2.建立销售网点

为方便消费者，企业可在人口稠密区域设置销售网点，以推动销售。

3.以优质服务推动销售

服务是产品整体概念的重要组成部分。药品质量跟踪、用药咨询、药物不良反应监测等，已越来越受到药品生产经营企业的重视。

4.举办学术讲座

许多企业在开发出新药时，邀请医药界专家或本企业技术人员举办学术讲座，向用户介绍新药的性质、作用、疗效、用法等，促进用户对新药的认识，从而达到促销的目的。

（二）"拉引"策略

"拉引"策略即药品企业用广告宣传等方式，引导消费者对本企业及其产品产生兴趣，吸引消费者购买的促销组合策略。

"拉引"策略主要有以下两种方式。

1.广告宣传

广告促销是"拉引"策略中最常用的一种。它通过各种广告向消费者传递药品信息,引起消费者的兴趣并产生购买行为。

2.创名牌树形象

企业只有得到消费者的信任,才能吸引大量的消费者。而优质的产品和满意的服务是企业获得消费者信任的基础。如果产品质量低劣,服务不周到,信誉不高,就会使消费者望而却步,甚至造成一些严重的后果。所以,诚信的企业形象对于吸引消费者是非常重要的。

在竞争激烈的药品市场中,药品企业如何运用"推动"和"拉引"策略,应根据自身条件和市场环境灵活掌握。在药品销售过程中,企业只有把这两种基本策略结合运用,才能取得满意的效果。

第三节　常见的药品促销方式

一、人员促销

(一)人员促销的概念和特点

1.人员促销的概念

人员促销是指企业通过促销人员以面对面交谈的形式,直接向用户进行口头宣传和介绍,以达到销售药品目的的一种促销活动。

人员促销是最古老、最普遍的一种直接促销方式。在目前药品企业市场营销中,它仍然是一种最有效的促销形式,特别是在药品的销售中,人员促销更显出其重要性。药品企业在售出药品的同时,应特别关注药品的疗效及不良反应等相关信息的反馈,而销售人员在这方面有着不可替代的作用。

人员促销中的"人员",指生产企业的促销员、批发企业及零售企业的售货员等。

2.人员促销的特点

人员促销与其他促销方式相比,既有优点也有缺点,其优点主要表现在以下几方面。

(1)灵活性　促销人员在与用户面对面的直接交往中,可以及时地回答用户对企业和药品各个方面的质疑,消除疑虑。同时,在面对面接触的过程中,还可以针对产品价格、付款时间、交货地点等问题进行灵活机动的洽谈,这对于交易的达成是非常有利的。

(2)针对性　由于促销人员和用户当面洽谈,可以通过观察了解用户,针对用户的不同特点和反应,有针对性地调整自己的工作方法,以适应用户,诱导用户购买。

(3)选择性　促销人员可选择最有可能成为潜在用户的对象,展开调研,开展洽谈,有重点地进行促销,提高交易成功率。

(4)及时性　人员促销可以应对市场变化,及时掌握用户的购买动机,抓住机会,促成交易。

(5)完整性　促销人员承担了从选择对象、拜访到洽谈、成交的整个销售过程的工作,甚至包括咨询及相关服务,体现了销售环节的完整性。

人员促销的缺点主要有以下两个方面。

（1）支出较大、成本较高 由于每个促销人员直接接触的顾客有限，销售面窄，特别是在市场范围较大的情况下，人员促销的开支较多，这就增加了药品的销售成本，一定程度上削弱了产品的竞争力。

（2）对促销人员的要求较高 人员促销的效果直接取决于促销人员素质的高低，而且随着科学技术的发展，新药品种层出不穷，对促销人员的素质要求越来越高。要求促销人员必须熟悉新药的特点、作用、用途、不良反应及应用注意事项等。要培养出理想的促销人员比较困难，而且耗费也大。

（二）人员促销的作用

人员促销属于直接销售。促销人员直接和广大消费者接触，向他们介绍和宣传药品，并说服他们购买药品。促销人员的工作直接关系到企业市场营销的成败，所以人员促销的重要性逐渐被企业所认识，促销人员也从企业生产经营的配角逐渐成为企业生产经营活动的中心。目前，某些企业的促销人员已达到全体员工的 60%～80%。

人员促销在市场营销中的作用主要有以下几方面。

1.双向沟通、收集情报

促销人员直接与消费者或用户接触，是一种典型的双向沟通方式。一方面促销人员要把企业的产品信息传达给消费者，并回答他们的问题，消除他们的疑虑；另一方面，由于促销人员和消费者之间经常直接接触，可以及时了解有关的市场信息，如药品的销售情况、价格的变化情况、竞争者的情况等，并及时向企业有关部门及决策者反馈，对企业改进药品的生产和经营起到积极的促进作用。所以，促销人员是企业和消费者之间沟通的桥梁。

2.交流感情、巩固用户

促销人员所从事的工作不仅仅是销售药品，同时他们还要做好药品的相关服务工作。促销人员对消费者或用户的服务包括：为他们提供良好的售前和售后服务，为他们提供技术咨询和协助，为他们进行资金的融通等。由于促销人员和消费者或用户经常接触，相互之间容易结成深厚的友谊，而这种友谊的建立，可以为进一步建立贸易合作伙伴关系奠定深厚的基础，这对于企业巩固与用户之间的关系，稳定产品销售是十分重要的。

3.开拓市场、提高效益

企业的人员促销不仅要巩固老客户，更重要的是要不断开发新客户，扩大新市场。企业的生存是建立在巩固老客户的基础上，而企业的发展则是建立在不断寻求新客户，开拓新市场的基础上，这也正是促销人员的一项重要工作。促销人员可以充分利用自己对市场信息反应敏感、交往范围广泛等优势，不断地寻求本企业产品的现实用户和潜在用户，充分了解他们的需求，为企业开拓更广泛的市场，寻求更多的客户，为增加企业的经济效益和发展后劲发挥积极的作用。

知识链接

人员促销的基本形式

随着商品经济的发展，市场营销活动日益广泛，人员促销的形式也日益丰富。大多数企业主要采用以下几种形式：①上门促销——由促销员携带商品的样品或图片、说明书、订货单等走访顾客，促销商品，其特点是促销员向顾客靠拢，是促销员和顾客之间情感联系的纽带；②柜台促销——商店的营业员向光顾该店的顾客销售商品,其特点是顾客向促销员靠拢,便于顾客挑选和比较;③会议促销——利用各种会议的形式,如展销会、洽谈会、交易会、订货会、供货会等宣传和介绍商品,开展销售活动,其特点是促销员群体向顾客靠拢,促销集中,成交额大。

二、广告促销

(一)广告促销的概念与特点

1.广告促销的概念

广告促销就是指借助于报刊、杂志、广播、电视等广告媒体的宣传而进行的促销活动。

广告(advertising)一词源于拉丁语,有"注意""诱导""大喊大叫"和"广而告之"的意思,即向广大公众告之某种事物。它有狭义和广义之分:广义的广告是指广泛面向大众传播信息的活动;狭义的广告是指经济广告,也称商业广告,是企业通过各种媒体有计划地向广大消费者传递商品或劳务信息的一种促销形式。

商业广告一般包含五个方面的内容:①广告是企业和用户之间广泛联系的纽带,而不是个人之间的行为;②广告要支付一定的费用,这是现代商业广告的一个突出特征,它使广告与新闻宣传区别开来;③广告是通过特定的媒体来实现的,最常见的广告媒体有广播、电视、报刊、杂志,人们称之为四大广告媒体;④广告必须有特定的对象,即企业所宣传的产品或劳务的最终消费者或用户,以及对他们有影响的社会公众;⑤广告必须有明确的主题内容,广告应针对目标市场的需求,有效地宣传产品的整体概念,并突出产品为消费者所带来的利益。

药品广告的种类繁多,一般有两种分类方法。一种是根据广告的内容分为药品广告和企业广告。药品广告就是针对企业的药品开展的广告宣传,企业广告是以介绍企业的名称、品牌、厂址、厂史等企业情况,向消费者提供信息的广告。另一种是根据广告的媒体分为报刊广告、杂志广告、广播广告、电视广告及其他媒体广告,它们各有特点,企业可根据自身特点与广告特点的适应性来选择不同的广告媒体。

2.广告促销的特点

与其他促销方式相比,广告促销具有间接性、简练性、单向性和广泛性的特点。

(1)间接性 在其他促销方式中,促销人员与消费者都会有不同程度的接触。只有广告促销,必须借助于媒体去影响消费者或客户。广告促销的这种间接性对企业选择广告媒体提出了更高的要求。企业若想取得较好的促销效果,就应该选择消费者喜爱的媒体。例如,治疗老年性疾病的药品广告,通过老年杂志、报刊或老年电视节目等传播,效果就比在其他媒体或节目中传播更好一些。

(2)简练性 广告促销是借助媒体传播来实现的。因为媒体的信息载量十分有限,所以企业在设计和制作广告时应不断提炼、精益求精,力求广告形式简洁、内容精练,篇幅短小精悍,寥寥数语就能把企业和药品的信息传递给消费者和客户,并给他们留下深刻的印象。

(3)单向性   与其他促销方式的双向沟通不同,广告促销属于单向沟通。企业通过广告宣传向消费者及客户传递信息,但无法直接得到消费者的反馈信息。因此要求企业广告的内容清楚明了,易于理解,便于广大消费者和客户接受。同时,企业还应通过其他渠道了解消费者和客户的反馈信息,收集用户的意见和建议,以利于企业不断改进工作。

(4)广泛性 因为广告促销的媒体大多是新闻媒体,而新闻媒体传播信息的最大特点之一就是范围广泛,所以,广告促销的范围比其他促销形式要广的多。企业可以通过广告把相关的信息同时传播给广大的消费者和客户,造成广泛的影响。

(二)广告媒体的选择策略

不同的广告媒体,其特点和作用各不相同。企业在选择广告媒体时,应充分考虑各种广告媒体的优缺点,力求扬长避短,取得最好的广告效果。

另外,企业在选择广告媒体时,还应考虑以下几个标准:①广,指媒体的覆盖范围要广;②快,指媒体的传播速度要快;③准,指媒体的传播对象要准确;④强,指媒体的影响力要强;⑤新,指媒体的表现形式要新颖;⑥廉,指媒体的收费要相对低廉。

一般来说,广告媒体的选择策略有以下几种。

1.无差别市场广告策略

无差别市场广告策略,是指在一定时期内,运用各种广告媒体向同一个大目标市场推出相同内容主题的广告,广为宣传,迅速占领市场。这种策略的效果虽然较好,但成本较高,效率不高。

2.差别市场广告策略

差别市场广告策略,是指在一定时期内,针对细分的目标市场,选择部分媒体或媒体组合进行广告宣传。之所以选择,一是为了投石问路,待市场扩大后再采用其他媒体;二是为了节约成本,提高所选媒体的效率。

3.集中市场广告策略

集中市场广告策略就是把广告力量专注于一个或几个细分的目标市场。采用这种策略一般是从企业自身力量考虑,选择目标市场,避免力量分散而缺少力度。

4.动态策略

动态策略的特点是无一定媒体选择,完全根据需要和信息反馈情况来确定下一步媒体的选择方案。动态策略有两种情况:一是先宽后窄,即先采用较多媒体,征得广告信息反馈、研究反馈来源后,以反馈较多的媒体作为下一步媒体的选择目标;二是先窄后宽,即以少数媒体开头,观察反应,若反应不强烈,则有两个对策,或者另择媒体再试,或者启用更多的媒体同时开展广告攻势。

5.媒体组合策略

各种媒体功能、特性各异,使之合理搭配进行广告宣传是很有效的。如报纸与广播搭配,可使不同文化程度的消费者都能接受广告信息传播;电视与广播搭配,可使城市与乡村的消费者都能接受广告信息传播等。

(三)广告目标与广告预算

1.广告目标

不同的企业,在不同的阶段,其具体的广告目标可能不同。企业一般有以下三种广告目标。

(1)告知 指向市场提供有关新药品、新用途、价格的变化、服务内容等信息,以引起消费者的注意。一般用于产品的导入期。

(2)劝说 常用于产品的成长期。当消费者对某一药品还没有形成品牌偏爱,正在不同品牌中进行选择时,企业的广告目标主要是劝说消费者购买自己的药品。此时,广告应突出产品特色,重点介绍本企业药品的优点,促使消费者形成品牌偏爱。

(3)提醒　适用于产品的成熟期。此时企业广告目标是希望消费者不要淡忘本企业的药品,提示消费者及时购买。

2.广告预算

为了使广告的投入与收益之比达到满意的效果,企业在进行广告促销之前,除了做好媒体选择等工作之外,还应做好广告预算。广告预算的方法有以下几种。

(1)销售比例法　根据销售额的一定比例来确定广告费用。

(2)量力支出法　根据企业的经济能力来确定广告费用,量力而行。广告费用的支出不影响企业的生产经营和其他必要的经费开支。

(3)竞争对抗法　参照行业的平均广告费用或竞争对手的广告费用,来确定本企业的广告费用。行业或竞争对手的广告费用往往是经过实践得出的经验,具有参考价值。

(4)目标任务法　根据企业的市场目标来确定广告目标,再根据广告目标来确定广告费用。

(四)广告促销的原则与管理内容

1.广告促销的原则

企业进行广告促销时,必须遵循以下原则。

(1)真实性原则　是广告促销的一个重要原则。药品的特殊性决定了药品广告遵循真实性原则是非常重要的。药品企业做广告时必须做到实事求是,不能弄虚作假、欺骗消费者,只有这样才能赢得消费者和客户的信任,才能达到企业广告促销的目的。否则,不仅会引起消费者和客户的不满,影响企业形象,而且违反了国家的法律规定,还要受到相应的处罚。我国《广告法》明确规定"广告应当真实、合法,符合社会主义精神文明建设的要求""广告不得含有虚假的内容,不得欺骗和误导消费者"。

(2)思想性原则　企业的广告不仅仅是宣传药品和服务,而且也反映企业的经营思想和道德风貌,同时它还会影响到广大的消费者。所以,企业广告必须注重其思想性。社会主义企业的广告必须遵循党和国家的方针政策,体现社会主义精神文明,鼓励人们奋发向上,提倡科学,坚决扬弃资产阶级和封建思想,反对迷信、色情。

(3)艺术性原则　广告应具有艺术性,能给人以美感。只有美的东西,才会对人们产生较大的影响力,人们才愿意接受,所以广告必须把有关药品和劳务的经济信息和人们喜闻乐见的艺术形式有机地结合起来,成为一件美好的艺术品,给人以启迪和教育。当然,艺术性要建立在信息真实性的基础上。

(4)效益性原则　经济效益是企业生存和发展的基础。企业的一切营销活动都必须围绕着经济效益来开展,广告促销也不例外,也要讲经济效益,即用尽可能少的广告费用,取得尽可能大的广告效果。所以企业在设计、制作广告和选择广告媒体时,一定要从实际出发,本着节约的原则,少花钱,多办事,从而提高广告的经济效益。

2.广告促销的管理内容

我国于1994年10月27日颁布了《中华人民共和国广告法》,于1995年2月1日起施行。作为企业的经营者和广告从业者,必须了解有关广告的法律规定和管理内容。

(1)申请发布广告时应交验的证件　根据我国《广告法》的规定,企业自行或者委托他人设计、制作、发布广告时,应当具有或提供真实、合法、有效的证明文件,包括营业执照、药品生产许可证或药品经营许可证;质量检验机构对广告中有关产品质量出具的证明文件;确认广告真实性的其他证明文件等。

另外,我国《广告法》对药品企业利用广播、电视、报纸、杂志以及其他媒体发布药品广告进行了特殊规定,即在发布前必须依照有关法律、法规,由有关行政主管部门对广告内容进行审查;未经审查,不得发布。因此,药品企业申请发布广告,还必须交验有关行政主管部门对广告内容审查的批准文件。

(2)药品广告的审批机构及批准形式　发布药品广告必须经企业所在地的省级药品监督管理部门批准,并发给药品广告批准文号;未取得药品广告批准文号的,不得发布。

(3)发布药品广告的媒体　处方药可以在国务院卫生行政部门和国家药品监督管理部门共同指定的医学、药学专业刊物上做广告,但不得在大众传播媒体发布广告或者以其他方式进行以公众为对象的广告宣传。

(4)药品广告内容限制规则　《药品管理法》规定:药品广告的内容必须真实、合法,以国务院药品监督管理部门批准的说明书为准,不得有虚假内容。药品广告不得含有不科学的表示功效的断言或者保证;不得利用国家机关、医药科研单位、学术机构或者专家、学者、医师、患者的名义和形象做证明;不得与其他药品、医疗器械的功效和安全性进行比较;非药品广告不得有涉及药品的宣传。

我国《广告法》规定:药品广告不得含有法律、行政法规规定禁止的其他内容;麻醉药品、精神药品、毒性药品、放射性药品等特殊药品,不得做广告。

三、营业推广

(一)营业推广的概念与作用

1.营业推广的概念

营业推广又称销售促进,指企业在某一段时期内采用特殊的手段对消费者实行强烈刺激,以促进企业药品销量迅速增长的一种策略。

营业推广常用的手段包括赠送样品、发放优惠券、有奖销售、以旧换新、组织竞赛、现场示范等。

营业推广有时也用于对中间商的促销,如转让回扣、支付宣传津贴、组织销售竞赛等。另外,各种展览会、博览会也是营业推广常采用的手段。营业推广具有两个相互矛盾的特点:一是强烈的刺激性,许多营业推广方式具有强烈的吸引力,让顾客感觉到机不可失、时不再来,以此促使顾客对产品积极购买;二是产品的贬值性,有些营业推广方式往往会表现出卖主急切出售的意图,如果使用不当,就会使顾客怀疑产品的质量、价格,对此企业在进行营业推广时应尽力防范。

2.营业推广的作用

营业推广有以下几方面的作用。

(1)通过营业推广,在短时间内达成交易　当消费者对市场上的药品没有足够的了解,未能作出积极反应时,企业可通过营业推广的某些促销措施,如发放优惠券等,引起消费者的兴趣,刺激他们的购买行为。

(2)通过营业推广,企业可以有效地影响、抵御和击败竞争者　在市场竞争中,当竞争者发起大规模促销活动时,营业推广往往是反击竞争者的有效武器,企业可通过减价、试用等方式来增强其经营的同类药品对顾客的吸引力,从而稳定和扩大自己的顾客队伍,抵制竞争者的介入。

（3）通过营业推广,促进与中间商的中长期业务关系 生产企业在销售药品时,与中间商保持良好的关系,取得他们的合作是非常重要的。因此,生产企业常常通过营业推广的某些形式,如折扣、馈赠等劝诱中间商更多地购买本企业药品,并同厂家保持稳定的业务关系,从而有利于双方的中长期合作。

（二）营业推广的形式

企业开展营业推广时,首先应根据营销目标来确定营业推广的目标;或是争取新顾客,扩大市场份额;或是鼓励消费者多购,扩大产品销量;或是促销落后产品,延长产品生命周期。营业推广目标确定后,企业就应选择适当的手段,制订具体的实施方案来实现既定目标了。营业推广的方式多种多样,大致可分为对消费者的推广、对中间商的推广和对促销人员的推广三类。

1.对消费者的营业推广

对消费者的营业推广是直接激发消费者立即采取购买行为的方法,鼓励现有药品使用者增加使用量,吸引未使用者购买。

（1）赠送样品 企业将一部分产品免费赠予目标市场的消费者,以此来介绍药品的质量、性能、特点及使用方法等,从而刺激消费者的购买欲望。这种方法可以使消费者得到实惠,效果较好。赠送样品的方法可以是广告赠送、邮寄赠送、现场赠送等。这种方法对新产品的介绍和推广最为有效,但费用较高,一般适用于保健品类。

（2）特价销售 即在原价的基础上,按一定比例降低药品的价格,以此来刺激消费需求,扩大销量。

（3）赠送印花 是指企业在消费者购买自己的药品时,赠予一定张数的印花。消费者凑足一定数量的印花后,可兑换某些促销品。赠送印花对好奇心较重的青少年消费者影响较大,可刺激他们大量购买本企业药品,达到扩大销量的目的。

2.对中间商的营业推广

对中间商的营业推广,主要是为了取得中间商的支持和配合,鼓励中间商购买和销售本企业药品,增加中间商对企业和药品的信任度,从而达到促销的目的。

（1）购货折扣 即生产企业在中间商购买本企业药品达一定数量时,给予一定的折扣优惠。折扣的形式可以是现金折扣,即中间商购货达到一定数量时,按原货款金额给予一定的折扣;也可以是实物折扣,即中间商购货达到一定数量的药品时,生产企业赠送一定数量的同类药品。购货折扣的主要目的在于刺激中间商增加对本企业药品的进货量。

（2）推广津贴 即企业对中间商促销本企业药品时所耗费用的一种补贴。如为酬谢中间商为药品企业代为举办药品咨询而给予一定的补贴,称为咨询津贴。推广津贴主要是为了鼓励和酬谢中间商在促销本企业药品方面所做的努力。

（3）促销会议 企业可以通过举办各种药品展销会、技术交流会、行业年会等,向中间商促销自己的药品,借以培养和密切与中间商的合作关系,促进中间商积极购买和销售本企业的药品。

3.对促销人员的营业推广

对促销人员的营业推广主要是鼓励促销人员积极开展促销活动,刺激他们去寻找更多的潜在用户,努力增加药品的销路。

(1)红利提成　是企业按促销人员完成的药品销售额或利润给予一定的提成。销售多的提成就多,销售少的提成就少。药品企业常用这种方法鼓励促销人员大力促销药品。

(2)促销奖金　指企业为鼓励促销人员完成或超额完成促销任务,而给予的一定数额的奖金。如完不成任务,则无法得到奖金。

(3)促销竞赛　指企业组织促销人员开展的以提高促销业绩为中心的促销比赛。促销竞赛的内容包括促销数额、促销费用、市场渗透、促销服务等,规定奖励的级别、比例与奖金(品)的数额,用以鼓励促销人员。对成绩优良、贡献突出者,给予精神奖励、奖品、奖金、记功、授予称号、晋升、加薪、旅游等。

第四节　公 共 关 系

一、公共关系的概念及特征

公共关系源自英文(public relations,PR),意思是与公众的联系,因而也叫公众关系,简称公关。从市场营销学的角度来谈公共关系,只是公共关系的一小部分,即企业为了使社会广大公众对本企业和企业的药品有好感,在社会上树立企业声誉,选用各种传播手段,向广大公众制造舆论而进行的公开宣传的促销方式。公共关系具有以下几个基本特征。

1.公共关系是一定社会组织与其相关的社会公众之间的相互关系

这里有三层含义。其一,公关活动的主体是一定的组织,如企业、机关、团体等。其二,公关活动的对象,既包括企业外部的顾客、竞争者、金融界、新闻界、政府各有关部门及其他社会公众,又包括企业内部的员工、股东。这些公关对象是企业公关活动的客体。所以,企业的公共关系可分为内部公共关系和外部公共关系。企业内部的公共关系包括员工关系和股东关系,主要是增进企业内部的团结,提高凝聚力;企业外部的公共关系包括企业与所有外部公众的关系。从营销学角度研究的公共关系,主要指外部的公共关系。企业与公关对象关系的好坏,直接或间接地影响着企业的发展。其三,公关活动的媒介是各种信息沟通工具和大众传播渠道,作为公关主体的企业,借此与客体进行联系、沟通和交往。

2.公关活动目标是为企业广结良缘,在社会公众中创造良好的企业形象和社会声誉

良好的形象和声誉是企业无形的财富,是企业富有生命力的表现,也是公关的真正目的。企业以公共关系为促销手段,利用一切可以利用的途径和方式,让社会公众熟悉企业的经营宗旨,了解企业的药品种类、规格及服务方式等,使企业在社会上享有较高的声誉和良好的形象,促进企业药品的顺利销售。

3.公共关系是一种信息沟通,是创造"人和"的艺术

公共关系是企业与其相关的社会公众之间的一种信息交流活动。企业通过公关活动,沟通企业上下、内外的信息,建立相互间的理解、信任与支持,协调和改善企业的社会关系环境。所以,公共关系追求的是企业内部和企业外部人际关系的和谐统一。

4.公共关系是一种长期活动

公共关系着手于平时努力,着眼于长远打算。公共关系的效果不是急功近利的短期行为所能达到的,需要连续的、有计划的努力。企业要树立良好的形象和声誉,不能拘泥于一时一地的得失,而要追求长期的稳定的战略性关系。

公共关系是企业促销的重要手段之一,但它并不是直接促销某个具体的药品,而是利用公共关系,将企业的经营目标、经营理念等传达给社会公众,使公众充分了解企业,增进企业与公众的关系,树立企业的整体形象及声誉,为开拓目标市场创造良好的条件,从而间接促进企业药品的销售。

因为公关活动经常利用新闻报道进行,公众一般对新闻报道没有对广告那样的戒心,比较容易接受,而且费用也比广告促销要少,所以越来越受到企业的重视。当然,新闻单位和个人绝对不能为了私利,为假冒伪劣的药品和企业的违法行为进行宣传,绝对不能利用宣传工具损害广大消费者的利益。

二、公共关系的原则

企业在开展公关活动时,应遵循以下原则。

1. 实事求是的原则

公共关系必须以事实为基础。企业通过公共关系向公众传递的信息必须是客观真实的、公正的和全面的。

2. 维护公众利益的原则

维护公众利益的原则是公关工作的职业道德准则。公共关系以一定的利益关系为基础,企业只有为社会作出贡献,切实给公众带来利益,才能在企业与公众利益一致的基础上,求得更大的发展。否则,只顾企业利益而忽视公众利益,在交往中损人利己,不考虑企业形象和声誉,就不能构成良好的关系,也就毫无公共关系可言了。

3. 遵纪守法的原则

"公关"决不可理解为"攻关",后者是指用不正当的手段来实现自己目的的歪门邪道。公共关系是一种科学的经营管理方法,其全部活动必须符合法律规定,必须在法律和道德的框架内进行。

三、公共关系的对象

公共关系工作的对象就是公众。所谓公众,是指与企业经营管理活动发生直接和间接联系的社会组织和个人,主要包括顾客、经销厂商、新闻媒体单位、社区、上级主管部门和企业内部职工等。企业通过与顾客的公共关系,能够不断地吸引现有的顾客和潜在的顾客;通过与报纸、杂志、电视、广播等新闻机构的公共关系,一方面争取舆论对企业营销政策的支持,另一方面利用新闻媒体扩大企业的影响;通过与银行、物资、商业、劳动人事部门等协作单位的公共关系,保证企业经营活动的正常进行;通过与上级主管部门的公共关系,争取给予经济上和政治上的倾斜;通过与企业内部员工的公共关系,创造和谐的人际关系环境,激发员工的积极性、主动性和创造性。

四、公共关系的职能

公共关系的职能主要有以下四个方面。

1. 收集信息

企业进行公共关系活动的基础是收集来自各方面的信息。例如,公众对企业药品、形象的反应、社会环境的变化等。

2.当好参谋

企业的公关部门应该向有关管理部门提供关于企业知名度与信誉度的评估、公众心理分析预测、公众利益与企业方针的相符程度等情况,并对决策者提供建议,当好决策者的参谋。

3.协调关系

企业应通过公共关系创造良好的舆论气氛,建立协调友好的社会关系。

4.劝导公众

企业可通过提供优惠或赞助等公关活动,博取公众的好感。也可通过提供周到的服务,引导公众重视并接受本企业的整体形象,认可本企业的药品。

五、公共关系的作用

公共关系在企业市场营销活动中的作用,主要体现在下面四个方面。

1.公共关系有利于建立和维护企业信誉和形象

当今社会,企业竞争日趋激烈,这种竞争既是技术和经济的竞争,也是企业信誉的竞争。企业信誉不仅仅是企业文明经商、职业道德的反映,而且也是企业经营管理水平、技术水平、工艺设备、人才资源等企业素质的综合反映。信誉常和形象联系在一起,企业形象是社会公众和企业员工对企业整体的印象和评价。企业信誉高,形象自然就会好。公共关系的主要任务就是通过采用恰当的措施,如提供可靠的药品、良好的售后服务、保持良好的企业之间的关系等,树立良好的企业形象。

2.公共关系有利于建立企业与消费者之间双向信息沟通的渠道

信息对现代企业来说是至关重要的。企业应该有计划地、长期地向公众传递企业的信息,同时随时监测环境的变化,对外界的信息进行收集和反馈。在反馈中,既要报喜,也要报忧,应及时了解消费者对本企业及其药品的意见及消费需求的变化趋势,从而生产或销售确实能满足消费者需求的药品,增进企业及其药品的市场竞争能力。

3.公共关系有利于企业改变公众的误解,传播正确的信息

现代社会,大众传播业非常发达,为企业提供了更多的市场信息与机会。但同时也不可避免地将一些不真实的信息迅速传播,引起公众对企业的误解,损害了企业的形象。而良好的公关工作能消除企业形象危机,容易使企业渡过难关。

4.公共关系有利于增强企业内在的凝聚力,协调与外界的关系

企业要想顺利发展,其内部就要充满生机和活力。而企业活力的源泉,在于全体员工的积极性、智慧性和创造性。良好的公共关系有利于调动企业员工的积极性,充分发挥他们的智慧性和创造性。同时,良好的公共关系还有利于企业取得外界公众的理解和协作,为企业创造良好的外部环境,使企业能顺利地发展下去。

六、公共关系的活动方式

公共关系工作涉及方方面面,工作内容也因对象不同而有差异。企业开展公共关系活动的方式有很多,可根据公关目标、对象、条件、企业规模、市场环境等因素灵活选择。常见的公关方式有以下几种。

1.庆典活动

庆典活动是企业与其内、外部公众沟通信息的最好机会。庆典活动的主要形式有开业典礼、周年纪念、聚会庆典等。

2.新闻宣传

公共关系经常利用新闻报道向公众传播企业及其药品的信息，以引起消费者的注意。所以，企业应当争取一切机会与新闻界建立密切的联系，及时将具有新闻价值的信息提供给新闻媒体，加深公众对企业的良好印象。

知识链接

新闻宣传稿的撰写技巧

写新闻一般要具有六要素，即何时、何地、何人、何事、何故和如何，人称"五个 W 和一个 H"（When、Where、Who、What、Why、How）。

新闻写作一般由标题、导语、主体和结尾几部分构成。①标题是新闻内容的概括和提示，是新闻的"眼睛"，是吸引读者阅读的首要因素。②导语是新闻开头的第一句话或第一自然段，具有统领全篇，引导阅读的作用。③主体是新闻的主要部分，是对新闻事实进行具体的报道和说明。这一部分要用充分的有说服力的事实材料来阐明新闻的主题。④结尾是新闻的最后一句话或一段话，主要阐明新闻事实的意义等。

知识链接

公共关系广告撰写

公共关系广告的类型主要包括：①实力广告，是指用广告的形式，向公众展示组织在人才、资金、规模、设施、技术等方面的实力；②观念广告，是向公众宣传组织的经营目的、管理哲学、价值观念、传统风格、组织文化、企业精神等；③信誉广告，是宣传企业的信誉和良好形象的最直接的一种公共关系广告形式；④公益广告，是显示企业对公益事业热心支持的广告。

撰写公共关系广告的规则：①讯息要简单；②避免商业痕迹；③尽量少用陈腐的形容词；④要诚恳、坦率；⑤富有特色。

3.赞助活动

赞助是企业无偿提供资金或物资支持某一项事业，以获得一定的形象传播效应的社会活动，是搞好公关工作的一种有效手段。常见的赞助活动有赞助慈善与福利事业、赞助体育运动、赞助教育事业、赞助学术会议、赞助竞赛活动等。

4.建立横向联系

与消费者、社会团体、大专院校、科研单位、政府机构、银行等建立密切的联系，加强互利性合作，争取他们的支持。

5.社会活动

积极组织、参加各种社会活动，如举办新闻发布会、展销会、博览会等，向公众推荐药品，介绍医药学专业知识，增进了解。

6.听取和处理公众的意见

积极收集公众对企业及其产品质量、销售等方面的意见,及时改进,迅速告知公众并予以感谢,这种做法既满足了公众的要求,又密切了企业与公众之间的关系,有利于长远发展。

思考题

1.企业为何要进行药品促销?

2.公共关系的作用有哪些?

3.营业推广有哪些形式?

技能抽考项目六　复方氨酚烷胺片促销策略

1.抽查内容

复方氨酚烷胺片促销策略项目。要求被测学生根据提供的案例,分析顾客的类型,针对不同的顾客选择正确的促销方式,按正确的步骤完成促销,并能解决顾客提出的异议。

2.考试要求

(1)技能要求　复方氨酚烷胺片是一个常规大品种,学生能熟练运用药品促销的相关知识分析案例;能选择合适的促销方式;能确定促销的基本步骤;能处理顾客的异议。

(2)操作规范及职业素养要求　服装整洁,体态端庄大方,面带微笑;普通话标准,语言简洁、准确、生动,语速适中;条理清楚,给人以亲切感。

(3)组考方式　利用提供的条件,在测试卡上完成顾客分析,并能提出销售促进的方法和顾客异议处理方法。

(4)测试时间　40分钟。

第十章　维护与市场监督

学习目标

【知识目标】

掌握品牌维护、市场维护和市场监督的概念;熟悉通路市场维护和终端市场维护的内容、方法和注意事项;了解市场维护的作用和意义,市场监督的方法。

【技能目标】

能发现并维护好通路或终端市场的问题,会使用销售工具;懂得销售工具的范围和作用,对区域经理、销售人员、广告部门和经销商监督的内容,市场监督的方法和范围。

第一节　药品市场维护

一、品牌维护

(一)品牌维护的概念

品牌维护是公司对药品营销工作中品牌提升、市场维护等经营活动进行效果评价,效果检测的过程。

(二)品牌维护的宗旨

维护品牌高度。

(三)品牌维护的策略

遵循宽度推广与深度推广相结合的原则。

据统计,在国外推广一个知名品牌的时间至少需要 3～5 年,品牌达到一定知名度后的每年投入也至少需要 1000 万美元来进行维护。品牌在达到一定的高度之后,就需要进行品牌的维护工作,这样才能使品牌永葆青春活力和市场竞争力。

二、市场维护

如果把市场分为一级市场、二级市场、三级市场,那么市场维护就相应成为对各级市场的维护。对于一级、二级市场网络的维护(即对总经销商、二批商的管理)最主要的工作就是维护稳定的价格体系,有效地防止窜货,有效地保障通路畅通无阻;对三级市场(即终端市场)的维护则是直接影响着终端销售,因此它是市场维护的根本。

(一)营销网络的维护

在市场经济日趋成熟的条件下,药品市场有许多药品生产企业组织生产的品种类似,这些药品生产企业生产出来的药品,有许多在功能、性质、实用性等方面较为接近,消费者面临着许多的选择。药品生产企业则希望众多的药品经销商来经营本企业的产品。什么是经营中间商、中间商的作用、中间商的类型、中间商的选择方法,给药品生产企业决策者们提出了药品营销领域内的种种实质问题。药品营销网络由多种类型的中间商参与构成了其中的各个环节及层次。为了正确运用药品营销网络策略,须对从事药品营销的中间商进行认真的研究和分析。

1. 药品生产经营中间商的概念及作用

(1)药品生产经营中间商的概念　药品生产经营中间商是指介于药品生产企业与消费者之间,专门从事药品从生产领域向消费领域转移,促成买卖行为发生和实现,具有法人资格的经济组织或个人。

(2)药品生产经营中间商的作用　药品生产经营中间商一头连着药品生产企业,另一头连着药品消费者,能直接同药品生产企业和最终消费者发生经济关系。不同类型的药品生产经营中间商因业务性质的不同,所发挥的作用不尽一致,其基本作用如下。

1)促进药品生产:从药品生产环节上看,药品生产企业通过药品生产经营中间商组织收购,药品生产企业所生产的药品才能转化为货币资金的流通,为药品生产企业继续扩大再生产创造了条件。假如药品生产经营中间商不及时组织分销,药品生产企业生产的药品除占用仓库外,更重要的是因产品积压,大量的资金被生产资料(包括原材料、辅料、包装材料等)占用,无法组织新的生产。有的药品有效期短,生产及应用季节性强,容易过期失去使用价值,造成经济损失。药品生产商只有把生产出来的药品通过经营中间商及时采购、储备、供应、分配,才能保证药品流通进入良性循环状态。

2)保障市场供给:药品从生产领域转移到消费领域存在着时间和空间上的差异。所以,在药品离开生产线尚未到达最终消费者之前,必须进行储备。由于药品生产经营中间商承担了药品储存任务,保障了药品市场的正常供给。药品生产经营中间商参与储备药品还有下列优点:一是承担了药品在进入消费领域前的经济风险;二是资金的投入,增加了生产领域的资金总量;三是药品生产企业不承担储备任务后,可集中精力进行技术革新,从事药品生产。

3)调节供销矛盾:药品生产经营中间商调节药品生产企业和消费者之间在产品数量上的差异。药品生产企业与消费者在药品的品种、规格上也有矛盾,由于药品生产企业实行专业化生产,产品种类少、产量大,而消费者则需求规格、品种齐全、包装体积小的产品。药品生产经营中间商多采用化整为零的方式来进行数量上的调整,即把购进的药品经过加工、分装后再出售给消费者。药品生产经营中间商调整药品生产企业和消费者之间在品种及等级上的差异,药品生产经营中间商(如药材公司、医药公司、医疗器械公司等)常以分级和组合的方式调整药品类型差别。所谓分级,是指将药品按一定的规格(或质量)分成数个等级的过程。其组合是指将各式各样的药品按照品种给予搭配,组合的目的是便于消费者购买。

4)提高经济效益:药品生产经营中间商的存在简化了药品交易关系,在药品生产企业和消费者之间起到桥梁纽带作用。由于药品生产经营中间商熟悉药品市场的供应及社会需求和各种复杂的营销环境,加上丰富的营销经验及雄厚的资金,缩短了药品的流通时间,用较少的人力与资金实现了较大的药品流通量,加速药品转化为货币的时间,减少了社会资金在流通领域的占用量,其经济效益与社会效益显著。

2.药品生产经营中间商的类型

药品营销网络系统由各种中介组织构成,药品生产经营中间商存在多种形式,按流通过程中所起的作用可分为药品批发商、药品代理商、药品零售商、药品采购代理商等。

(1)药品批发商　是指专门从事药品批发业务的经营机构,是位于药品营销网络系统的起点或中间环节,是药品营销网络系统的重要组成部分。药品批发商从生产企业购进药品,然后转卖给其他药品批发商、药品零售商(包括医院)或各种非盈利组织(如红十字会系统及社会福利部门)等。药品批发商在流通领域里的地位,相对于药品零售商来讲,具有下列特点:①药品批发商的批发业务主要是大批量购进和大批量销售,每次业务成交数量较大,业务覆盖的药品市场区域较大;②药品批发商的交易对象均属于产业市场,如其他药品批发商、药品零售商和医院等,药品批发商的业务往来多在药品生产企业和集团之间进行,药品批发商的促销方式主要靠人员促销,做广告促销相对少些;③药品批发商不直接面对最终消费者,批发出售后的药品多数进入流通领域,其他药品批发商购买的目的是为了转卖或用于生产性材料;④药品批发商在其专营的产品大类内,通常同时经销多家同类企业相互竞争的产品(包括全国的品牌、进口品牌等);⑤药品批发商为保证用药安全,通过对药品批发专营(指从正规药品生产厂家进货),基本上杜绝假冒伪劣药品进入流通领域。

药品批发商种类较多,但随着市场经济的发展,我国目前的药品批发商业体制改革重组基本完成,计划经济年代设立的各级药品批发企业(如省级、地市级、县市级药材公司或医药公司)实施多年的"统一计划、分级管理、差额调拨"的业务功能基本丧失。从目前实际情况分析,药品批发企业有下列类型:①药品生产企业成立的自销批发机构,如药品生产厂、药业生产集团(包括外商企业集团)的药品营销公司、药品贸易公司、营销部、销售部等,该类机构可直接向国内外的其他药品批发企业、药品零售企业销售产品;②专职药品批发企业,通过企业改制,一大批从各级药材采购供应站及医药公司分离出来的新的药品批发企业集团公司(包括私人资本、中外合资企业)应运而生,该类药品批发企业多以股份制的经济组合形式,董事会的管理模式进行药品生产经营管理;③中药批发交易市场,目前,国家批准设立的中药交易市场达数十处(多为经营中药材个子、饮片),按其规模大小、经营品种的多少,习惯分为初级药品批发市场、中级药品批发市场、高级药品批发市场。所谓的初级药品批发市场,系指靠近产区,以产地药材为主而形成的小型药材交易市场,如山东省枣庄、陕西省潼关等市场;中级药品批发市场,在省内及邻省区域范围内有一定的影响力,其范围经营的规模相对大一些,品种较多,如成都市荷花池药市、西安市万寿路药市、广州市清平药市、济南千佛山药市等;高级药品批发市场,在全国范围内,甚至在国际上有重大影响,从历史上到现在均享有较高的声誉,如河北省安国(祁州)药市,自明万历年间至今有 400 多年的历史,药业发达、久负盛名(包括在欧美、东南亚地区),素有"药都"及"天下第一药市"之称;安徽省亳州药市,由于地理位置优越,交通便利,全国各地的中药材在亳州药市集散交易,并被列入全国百强市场前十名。

进入 21 世纪后,由于企业兼并及收购的原因,药品批发商的数量将会减少,药品批发商在市场营销网络系统中占支配地位的"批发主导型"时代已成为过去。药品生产经营企业要想保持药品市场竞争优势,必须扩大企业规模,走"强强联合"的路子。

(2)药品代理商　代理系指药品经营企业通过合同形式与药品生产企业签订药品代理协议,取得该药品生产企业全部产品或部分产品的销售权,从而形成药品生产和经营企业之间稳定的产销合作关系。在此代理关系中,药品生产企业为委托方,药品经营企业为代理方。委托与代理双方每年确定一定的代理药品品种及销售数量,药品生产企业规定药品出厂价格与市场销售的最高限价,药品经营企业多实施非买断经营的代理方式,药品生产企业确定市场销售的最高限价是为了保持市场占有率。药品代理商又称为药品居间商人,是受药品生产企业的委托,从事药品购销业务。根据药品代理商与药品生产企业和药品生产经营企业业务联系的性质,又可分为药品产业代理商、药品销售代理商、药品寄售代理商和药品经纪商,分别叙述如下。

1)药品产业代理商:又称为药品产业代表,是受药品生产企业的委托,并与药品生产企业签订销货协议,在一定的区域内负责代销药品生产企业生产的药品。药品产业代理商与药品生产企业是委托代销关系,只负责代销产品,履行销售药品业务手续,通常无权决定交易条件和药品价格。药品生产企业按销售额的多少付给药品生产经营代理商一定比例的酬金。药品生产经营代理商通常与两个以上的生产互补产品(非竞争产品)的药品生产企业签订代销协议。此类代理商近似于药品生产企业自己的销售机构,适用于小企业和新企业。小型及新成立的药品生产企业由于没有营销经验或产品有限,没有资金成立本企业的销售机构,可利用此类代理商进入药品市场。大型药品生产企业在开发新的药品市场时,由于不确定因素很多,一般先启用代理商销售产品,待企业产品销路打开后,再派本企业营销人员前往该药品市场设立药品营销网点。

2)药品销售代理商:一种独立的药品生产经营中间商。通常被授权独家经销药品生产企业的全部产品。其销售地区不受限制,并对交易条件及药品价格有一定的决策权,是买断经营的代理方式。一个药品生产企业只能使用一个药品销售代理商。按照协议规定,双方关系一旦确立,药品生产企业不准再委托其他代理商或本企业的营销机构对外推销药品。实际上是药品生产企业将全部的营销工作委托给药品销售代理商,即药品销售代理商全权处理销售药品生产企业的产品。由于药品销售代理商具有上述众多的权利,相对来讲要承担药品生产企业较多的义务。如双方协议中规定,在一定时间内要完成的药品销售指标;代理期间不准经销其他企业的同类产品;要为药品生产企业提供市场信息;负责药品的国内外展销及广告等促销活动等。药品销售代理商可以向药品生产企业提出改进产品的规格、式样及定价方面的建议。

3)药品寄售代理商:又称为药品信托商,是受托经营现货代销业务的药品生产经营中间商。药品生产企业根据协议向药品寄售代理商交付产品,药品寄售代理商再以自己的名义,以寄售的形式接受顾客委托,代办转让出售药品,售后把所得货款扣除佣金和有关销售费用后,余者再返还给药品生产企业。药品寄售代理商有下列特点:一是药品寄售商要自设仓库及营业机构,要存储和陈列药品,便于消费者及时买到现货;二是对于新开辟的药品市场能够挖掘潜在的购买力,处理销路欠佳产品有一定的作用。

4)药品经纪商:药品经纪商的主要作用是为买卖双方牵线搭桥,协助买卖双方当事人洽谈业务,是在买卖双方谈判交易中起着媒介作用的药品生产经营中间商。药品经纪商的特点:一是没有药品所有权;二是没有现货,不需承担经济风险;三是药品经纪商与买卖双方没有固定关系,业务成交后提取佣金。

3.中间商的选择

前面我们已把药品生产经营中间商的概念、作用及中间商的类型已详细叙述,现在讨论的主题内容是怎样去选择药品生产经营中间商,药品生产经营中间商的质量如何,直接影响药品生产企业或药品经营企业的业务推广及经济效益,药品生产企业及药品经营企业依据下列条件去选择药品生产经营中间商。

(1)企业目标市场　选择的药品生产经营中间商,其服务对象应与本企业的目标市场相一致,具体而言,挑选的药品生产经营中间商他们的业务性质一定要和本企业产品的销路相适应,这是基本的条件。例如,生产中成药或中药饮片的药品生产企业,一定要挑选一个或数个专门批发或专门销售中成药或中药饮片的药材公司或医药公司来经销本企业的产品,其他类药品生产经营中间商的选择方法以此类推。

(2)中间商的地理位置　优越的地理位置便于药品的运输、储存、保管和发货。药品生产企业在选择药品生产经营中间商时,要考虑中间商所处的地理位置是否与本企业的顾客相接近,一般是药品零售商所处的地理位置应位于消费者流量大的地区,药品批发商应具备较便利的交通运输及仓储条件。

(3)中间商的营销能力　药品生产经营中间商的营销能力、实体分配能力如何,直接影响着药品生产企业及药品经营企业的经济效益。应选择经营有相互连带需要的中间商,例如,药品生产经营中间商只重视销售那些利润大有利可图的药品,而对于利润稍低些的药品漠不关心,又不注意进行实体分配,会直接限制和冲击药品生产企业的产品销售。药品生产企业要尽量不去选择经营竞争对手药品的中间商,当竞争对手的产品的质量、价格、声誉明显好于本企业的产品时,尤其注意。若是本企业的产品确实有很强的竞争优势,可将本企业产品交给经营竞争对手产品的中间商去销售。

(4)中间商的经济实力及商业信誉　资金雄厚和财务状况较好的药品生产经营中间商,不仅可以按期结清货款,而且在特殊情况下还会对药品生产企业资金方面提供某些帮助,如提前预交货款等。在选择药品生产经营中间商时,要多方面调查分析所选择的经营中间商的商业信誉、资金及财务状况的优劣、经营业绩、利润记录。多年来的工作实践及教训告诫我们,经济实力及商业信誉不良的药品生产经营中间商会给商业伙伴带来不必要的麻烦,甚至经济方面的重大损失。事实上经济领域里的经济纠纷案件很多,要有高度的警觉感。

(5)中间商的促销措施及管理水平　选择的药品生产经营中间商是否愿意承担促进销售方面的部分费用,如利用报刊、杂志、广播、电视在广告宣传方面的经费。从现实情况看,拥有独家经销权的药品生产经营中间商,多乐意单独做促销宣传工作,或与药品生产企业合作承担部分宣传费用。所以,愿意承担部分促销费用的药品生产经营中间商是药品生产企业所选择的重要合作伙伴。药品生产经营中间商其营销管理能力、管理水平如何是药品营销网络系统能否正常运转的关键。如果所选择的药品生产经营中间商,其企业领导班子具有开拓精神及较高的管理水平,各项工作安排得井井有条,业绩显著,足可以说明他们值得依赖,相信会把企业的营销工作做好,是理想的合伙人。如果某药品生产经营中间商对现有的经营企业管理无序,由于管理水平低,企业内部混乱不堪,在市场占有率和销售增长方面都较低,营销效果差。此类药品生产经营中间商则不能选择录用,以免牵扯到本企业的信誉及影响产品销售。

4.营销网络市场维护的基本工作要点

(1)价格体系的维护　药品营销网络中价格的波动是市场上最为敏感的营销因素。企业价格的调整往往传播快,经销商应变也快,业内有"定价定江山"之说。所以,药品生产企业和药品经营企业都非常重视药品价格体系的维护。

(2)防窜货　窜货又被称为倒货、冲货,是渠道冲突的一种具体表现形式,主要体现为产品跨区销售。窜货已经成为国内医药营销工作中的一个顽疾,控制窜货很可能会导致企业失去原有的营销渠道,影响销量;任其发展又可能会降低企业对市场的控制力,破坏市场秩序,造成价格混乱,甚至使得消费者对品牌失去信心。

1)窜货分类:按窜货的目的及对市场的影响程度不同可分为自然性窜货、恶性窜货和良性窜货。

自然性窜货是指经销商在获取正常利润的同时,无意中向自己辖区以外的市场倾销产品的行为。这种窜货在市场上是不可避免的,只要有市场的分割就会有此类窜货。它主要表现为相邻辖区的边界附近互相窜货,或是在流通型市场上,药品随物流走向而倾销到其他地区。如某药品在甲地零售价格低于乙地,乙地消费者可能在条件允许的条件下去甲地购买,这种产品多集中于治疗慢性病且需长期服用的药品。这种形式的窜货,如果货量大,该区域的价格体系就会受到影响,从而使利润下降,严重时可发展为恶性窜货。

恶性窜货是指为获取非正常利润,经销商蓄意向自己辖区以外的市场倾销药品的行为。经销商向辖区以外倾销药品最常用的方法是降价销售,主要是以低于生产企业规定的价格向非辖区销售。恶性窜货给企业造成的危害是巨大的,它不但可以扰乱企业药品的整个价格体系,降低渠道总利润,还会使分销商丧失积极性,并最终放弃经销该企业的药品,混乱的价格甚至还可导致企业失去消费者对其药品、品牌的信任与支持。恶性窜货是我们通常所指的窜货,也是医药企业最为关注和重点打击治理的市场现象。

良性窜货是指企业在开发市场初期,有意或无意地使其经销商的药品流向非重要经营区域或空白市场的现象,多见于流通性较强的市场。在市场开发初期,良性窜货是有利于企业的,可在空白市场上提高其知名度和市场占有率而无需任何投入。但是由此而在空白市场上形成的价格体系尚不规范,因此企业在重点经营该区域市场时应对其进行重新整合。

2)窜货现象产生的原因:窜货之所以在药品生产企业营销管理的重压之下依然发生,归根结底是一个"利"字,利润永远是渠道成员追求的目标。同时我们也应该意识到,药品营销渠道窜货现象存在的原因是多方面的,主要包括以下几点。①渠道政策有偏颇:表现在价格体系上。药品营销只要存在价格差,窜货就不会断绝。紊乱的价格体系是窜货的重要源头之一。一些企业在制定价格策略时,由于考虑不周,隐藏了许多可导致窜货的隐患。②药品企业管理水平有待提高:这主要体现在管理制度不完善和销售管理不力两方面。有些企业根本没有控制窜货方面的制度,对代理商、经销商以及销售人员没有严格的约束政策,更没有奖惩措施。③药品的产品差异为窜货提供了可能:由于药品在包装及销售情况上形成的差异,也为医药产品窜货提供了契机。国家为了加强对药品的管理,对药品包装、说明书相关内容在法律上都有明确的规定。④市场环境的客观影响:药品市场环境的客观影响主要体现在对市场供需的影响上。药品市场需求受很多因素的影响,需求发生了变化,而生产企业的营销策略没有及时变更,也容易给窜货制造可能。

3)渠道窜货的控制措施:医药产品窜货的最大危害莫过于让销售者失去操作市场的信心,因为很多实例已经证明,频繁的窜货虽然在短期可以提高药品企业的销售量,但最终后果是销售量都有不同程度的下降,甚至产品遭到市场封杀。窜货的危害是严重的,原因是多样的。为了解决存在于企业营销中的顽症——窜货,可以从原因着手,采取相应的策略,以有效地遏制窜货的发生。

①完善渠道政策:一是药品企业应建立完善、公正的价格体系。二是科学规划药品营销渠道。根据具体药品的特点,是处方药还是非处方药,销售终端主要在零售药店还是在医疗机构

等因素综合考虑中间商的选择,这主要包括中间商的数量和分销合作形式。三是制定合理的激励措施,药品企业在制定激励措施时,应注意政策的持续激励作用,政策应能协调生产企业与各地经销商之间的关系,尽量为所有经销商创造平等的营销环境。四是制定现实的营销目标,药品企业应对现有市场环境、市场容量进行调研、总结,对自我资源进行评估,在此基础上制定符合实际的营销目标,尤其是要根据产品所处的不同的生命周期、经销商的分销能力来衡量营销目标是否合理。

②提高营销管理水平:一是完善渠道管理制度,因为渠道管理者和各经销商之间是平等的企业法人关系,销售网络不可能通过上级管理下级的方式来实现,所以企业要通过完善的合约来约束经销商的市场行为;二是加强营销队伍的建设与管理,营销队伍是营销制胜的保证与根本,为防止营销人员窜货,应加强营销队伍的建设与管理。

③实行产品包装的区域差异化:在不同的区域市场上,相同的产品采取不同的外包装形式,通过对产品不同外包装的识别,可以在一定程度上控制窜货。

④完善沟通与监督机制:与经销商多面沟通,了解季节变化或者药品的销售环境。当药品企业外在客观环境发生变化并影响到市场需求时,及时修订销售目标。像那些季节性强的药品,如感冒药,春秋多发季节的销售指标与夏冬季节的一定要有所区别。

(3)通路通畅 判断药品营销网络的好坏优劣,关键就看网络中药品流动是否通畅。通路通畅就有利于药品的流通,方便终端网点和消费者购买药品,否则,不通畅的网络就影响药品的流通,影响药品的销售。

5.营销网络市场维护的基本内容

(1)产品维护 包括以下几方面。

销售:做好产品维护就是要及时了解药品在中间商的库存量,保证中间商的安全库存。对于畅销的药品要及时补货,防止断货。任何药品的一次断货往往影响几个月乃至半年的销售量,甚至给产品带来毁灭性的灾难。优秀的企业和业务人员把防止药品断货当做营销的第一要务。

分销:现代营销不再是药品的储存仓库的转移,帮助下游企业分销是药品生产企业和上游经销商的重要任务之一。药品生产企业和各级经销商的共同促销、分销可以加快药品销售速度,尽早满足消费者的购买欲望,是药品企业的责任,同时又能够创造良好的经济效益和社会效益。药品分销包括网点分销和品种分销(备注:网点分销指在不同类型网点,各要达到什么样的分销率;品种分销指在不同类型网点,各要卖进去多少个品种规格)。

陈列:药品生产企业和药品经营企业为了宣传产品,常常都有自己药品的陈列窗(柜、货架)。药品在陈列窗(柜、货架)上应保持什么样的展示状况(如哪个品种应该放在哪个位置,应该有几个展示面等)对方便客户和消费者选购药品具有直接的关系,药品在陈列窗(柜、货架)陈列数量的多少对展示产品有直接影响。药品展示面太少或两侧陈列窗(柜、货架)仍有陈列空间时要尽量增加陈列数量。

促销:定期做好渠道促销活动。

(2)价格维护 在日常走访分销商时,对产品价格体系进行维护。凡属于控制的渠道价格就一定要保持价格的相对稳定性和合理价格的延续性。价格维护包括出厂价格、总经销价格、分销商价格、终端价格(药店、超市)等价格的全面维护。

(3)物流维护 在日常走访分销商时,对产品物流体系进行维护。防止物流体系的混乱,防止窜货和断货。物流维护包括检查货物的区域专销章、经销商库存表(含实物)、进货单、发货单等。

6.做好营销网络维护的具体要求

(1)定点、定时、定线巡回拜访　由专门的销售人员每人负责一定数目的分销商,按照标准的拜访路线和拜访频率,定期对每个分销商进行走访。

对整个市场有一个全面了解,按分销商 ABC 类型确定每种类型网点的数目和分布。

确定不同类型商家的拜访频率:A 类分销商拜访频次;B 类分销商拜访频次;C 类分销商拜访频次。

设计经销商拜访线路图,根据最佳交通线路设计拜访路线。

(2)制定规范　做好药品营销网络维护工作的基础是制定每项工作的标准;每个销售人员每周拜访经销商的频次和每天拜访的家次;在不同类型网点应保持的安全库存。

7.做好营销网络维护的设计工具

(1)销售手册　公司介绍、市场介绍、产品介绍、陈列规范、媒体计划、促销计划等。

(2)销售包　样品——我们的新品是这样的;宣传品——图文并茂的产品手册;计算器——用于报价和订货时的及时准确的计算;笔——记录拜访要点等;记事本——备忘录;双面胶——维护 POP 等;工具刀——随时准备整理陈列;抹布——维护产品的清洁;其他办公用品。

(3)拜访卡　是药品销售渠道维护人员记录和监控经销商药品销售、库存、价格、陈列、促销、竞品活动等方面状况的基本工具。

(二)终端市场维护

1.药品零售终端的概念及分类

终端是药品营销网络系统的网点之一,是药品批发商和消费者之间的中间环节,是药品流通领域的终点。药品零售终端把药品以零售价格出售给最终消费者,标志着药品离开流通领域而进入消费领域,使广大消费者的需求得到满足,其商品价值得以实现。药品零售终端具有下列特点:一是药品零售商的交易对象多为最终消费者,而不是转售及加工;二是药品零售商的交易额通常是少量的,而不是大批量的。在过去的一个世纪里,药品零售方式一直处于推陈出新、更迭交替发展之中,医药卫生领域里的药品(包括保健品及医疗器械)其零售形式可谓种类多多,富有戏剧性及挑战性。商品经济高度发达的今天,药品零售企业的变化较为显著,新组织、新的营销网络模式层出不穷。下面以商店型药品零售商、药品零售组织中的多种营销模式为例介绍各种药品零售终端。

(1)商店型药品零售商　其类型较多,如果按所有制性质分类,可分为国有药品零售商(包括公立医院药房、医药公司及药材公司下属的门市部或药店)、集体所有制药品零售商、合资经营药品零售商、个体或私人资本药品零售商;按经营药品的品种分类,可分为综合性药品(中药、西药等)零售商、专业性药品(系指中药饮片、中成药、医疗器械等专卖店)零售商。

(2)药品零售组织　传统的药品零售商多为分散的、独立的经济实体,现代的药品零售组织是由集团化、系统化的大型药品企业集团组织构成。其代表模式主要有药品公司连锁店、药品自愿连锁店和零售合作组织、药品特许经营。①药品公司连锁店:是由一个所有权下的公司统一经营管理,即在同一个公司的控制下,统一管理其店名、经营方式、定价等。少则 2~3 家药店连锁、多则数百家药店连锁。药品连锁店优势很多,例如,可综合利用批发和零售的功能,直接向国内外药品生产商订货;大量购进药品可利用物流配送中心给各连锁药店送货,降低运输费用;可利用购买数量大的优势与药品生产企业进行药品价格折扣,最大程度地获得数量折扣的优惠待遇;由于集中管理,连锁公司内部可实行专业分工;启用优秀专业人员在存货、配送、定价、促销方面实施科学管理;统一做广告宣传,减少促销费用,使所有药品连锁店受益;将分散的企业利润集中使用,投资于现代化经营设施建设,如现代化的信息服务中心及物流配送中心等。总之,药品连锁店的优势来源于它的规模,规模大具备讨价还价的能力,通过降低药品进价,赚取较大的经济效益。药品连锁店巨大的采购与销售能力较适合大型的、具有品牌优势的药品生产企业,尤其是营销面广和产品相对标准化的药业集团公司。发展药品连锁经营业务是我国中小型药品生产企业和药品经营企业,形成规模效益的必由之路。对于药品生产企业来讲,注意开发适合药品连锁店经营方式的药品,与药品连锁经营集团公司建立稳固的供货关系,有助于本企业药品营销网络系统日臻完善。②药品自愿连锁店和零售合作组织:面对药品公司连锁店的竞争压力,引发了独立药店的竞争反应,它们组成两种联盟,自愿连锁店和零售合作组织。这两种营销联盟组织的主要区别在于由谁来组织。自愿连锁店是由药品批发商牵头成立的以统一采购药品为目的的联合组织;零售合作组织是各个独立药品零售商按自愿互惠互利原则组成的统一药品采购组织。这两种组织与药品公司连锁店的本质区别,在于这两种联合组织的成员所有权均是独立的。③药品特许经营:在药品零售行业中,有两种药品特许经营组织模式,一是药品生产企业主办的药品特许经营组织;二是药品经营企业主办的药品特许经营组织。如药品生产企业和药品经营企业在某目标市场设立的药品营销组织,该药品特许经营组织类似企业代办机构性质。但是该药品特许经营组织的所有权一般不为主办企业拥有。药品特许经营方式适用于那些急于开辟新目标市场的药品零售企业。因为被特许经营的药品零售商在购买特许权时提供了资金,所以主办单位(药品生产企业、药品经营企业)无需投资。因为特许经营药品零售店是自己风险投资,所以在药品营销工作方面比较认真努力。获特许经营权的药品零售商因使用了主办单位(药品生产企业、药品经营企业)的知名药品商标品牌,可使该营销组织(药品零售店)避开药品公司连锁店组织带来的业务上的冲击。此类营销模式常常被一些小型药品零售企业视为一种防守性能较好的盾牌,同时也被药品生产企业和药品经营企业作为大举进攻药品营销目标市场的有力武器。

2. 药品零售终端的药品陈列

药品的陈列应该严格按照药品分类原则陈列药品。药品与非药品分开陈列,内服药与外用药分开陈列,处方药与非处方药分开陈列;非处方药的柜架上要有非处方药的专用标记;所有陈列的药品都要明码标价;要标明品名、厂名、规格等内容。

(1)药店药品陈列的原则 总体原则是产品生动化,指通过最佳的陈列地点、最大的陈列面积、最优的陈列形式,配以醒目的 POP 宣传品,吸引消费者的注意,让消费者在有限的时间内获得更多的药品信息,增加被选购率,刺激购买欲望。

1)药品的陈列应清晰、分类清楚:为了保证药品陈列达到明晰的效果,让顾客清楚地看到自己想买的药品,需要做到三点:①贴有价格标签的药品正面面对消费者;②每一类药品不应该被其他药品挡住视线;③为了保证看清货架下层的药品可以采取倾斜陈列。

2)药品陈列应该方便顾客拿到:应拆开中包装,以最小单位包装陈列为好,包装间有适当空隙,且包装不应该有损坏。

3)在货架上应该陈列放满:合理安排药品的陈列,在一个长 1m 的货架上至少要陈列 5 种药品,包装较大的药品至少也要陈列 4 种药品。

4)有明确的标识指明陈列药品的位置:为了可以保证顾客准确地寻找到自己所需要的药品,药品陈列的位置要有明确的标示牌。

5)按照进货先后陈列药品:由于药品有保质期和有效期等特殊性,所有陈列药品还应该根据药品的特殊性作出特殊安排,先进的药品陈列在易于拿去的位置,后进的药品陈列在较为隐蔽的位置,确保"先进先出,后进后出",减少资源浪费。

6)按照药物的关联性陈列药品:对于药品而言,更多考虑药品的治疗学逻辑,按照症状学逻辑陈列药品,应该将咳嗽药和感冒药放得近一点。至于按照治疗逻辑,还是按照症状学逻辑做些调整,这是一个值得深入研究的问题。除此之外,同类的药品应垂直陈列,陈列的药品应该与上层隔板有一定距离。

(2)药店药品陈列的方法 主要有集中陈列、特殊陈列两种类型。

1)集中陈列:将某种药品集中陈列于某个地方,对于周转比较快的药品应采取这样的方法,给这类药品一个好的位置。

上段陈列:是货架的最高上层,高度在 120~160cm,通常陈列一些推荐药品,或有意培养的药品,待一定的时间后可以移到下一层即黄金线。

黄金陈列线:高度在 85~120cm 是人眼最容易看到、手最易于拿取药品的陈列位置,所以也是最佳陈列位置。该位置一般陈列高利润、首推的药品,即有品牌力、独家代理或经销的药品。

中段陈列:货架的第三层是中段,高度约为 50~85cm,该位置主要陈列一些低利润的药品或为了保证齐全性,或因顾客需要不得不出售的药品,或已经进入衰退期的药品。

下段陈列:货架的最下层,高度为离地 10~50cm,常陈列一些体积较大,重量较重,易碎的药品。

2)特殊陈列:是在集中陈列的基础上作出变化性的陈列方法。有将药品整齐的堆积起来的整齐陈列法;有将特价药品随机列于货架的随机陈列法;特别推荐某种专用药品,进行特别促销的岛式陈列法;在货架中央抽出隔板,形成一个狭长的陈列空间,向消费者推荐新药品,这种方法称为狭缝陈列法。在一些特殊药品中会有很多不同的创造性陈列方法,这些陈列方法都具有一定的吸引力,对消费者起到鼓励购买的作用。

3.药品零售终端的药品销售

药品的终端销售应该严格按照处方药和非处方药分类管理办法销售药品,特殊药品应严格特殊管理药品的零售管理。

患者对非处方药可以自行选购、使用,也可以要求在执业药师的指导下进行自我药疗。但处方药的购买必须凭医师处方。执业药师负责对医师处方进行审核签字,要依据处方正确调配和销售。对处方不得擅自更改或代用,对配伍禁忌或超剂量的处方,应当拒绝调配和销售。必要时,经处方医师更正并重新签字后方可销售。

特殊管理的药品应按国家有关法律和法规严格执行。麻醉药品、一类精神药品、放射性药品、解毒药品、试生产新药都不能零售。对二类精神药品需凭盖有医疗单位公章的医生处方实行限量供应;配方应有执业药师严格审核;配方人和核对人均应签字;处方保存两年备查。销售配方用的毒性药品,应凭盖有医生所在医疗单位公章的正式处方限量供应;在调配时,必须按照医嘱,计量准确,由配方人员及执业药师复核、签名盖章后方可售出;处方保存两年备查。

4. 终端维护的基本工作要点

(1)检查终端的硬件 终端的体制、规模、经营情况、主要竞品的消费量、地理位置、经济实力、促销热忱度、内部人员、组织情况等直接关乎药品的销售业绩。

(2)维护终端的软件 如果说终端的硬件具有先天性,改变硬件条件具有局限性的话,终端软件的维护更加有利于提高药品的形象,从而提高产品的销售量。

(3)加强人员队伍管理 企业销售员队伍和终端营业员队伍是合作伙伴关系中做好药品销售的决定性因素,目前很多企业把培训终端营业员作为重要销售促进的方法之一。

(4)加强客户管理 "客户就是上帝""以客户为中心"就是要求在终端维护中,重视客户的反映,及时帮助解决客户的问题,创造新的销售机会。

(5)倾听一线的声音 销售一线往往能够传递来自消费者心声,满足了消费者的愿望就是促进销售的实现。终端维护就是要听取来自一线的声音。

(6)收集竞品资料 在终端维护中,经常都可以看到竞争对手的营销策划。掌握对手的竞争手段、收集竞品的资料有利于针对竞品制订竞争策略,制订竞争方案。

(7)总结经验教训 营销活动是在不断总结经验教训中提高药品的销售业绩,取得品牌和效益的成功的;维护市场就是为了发现市场运作中的经验教训。在总结经验教训基础上,克服不足,发扬成绩,就能不断进步。

(8)调整方法手段 针对终端市场存在的问题,通过调整方法和手段克服问题,解决问题。

5. 终端维护的基本内容

(1)日常维护 在日常走访终端时,对产品和广告进行维护。

(2)重点维护 对易被竞争对手破坏的"问题终端",实施每天维护。对于周末客流量大的终端客户,有针对性地在周五对其进行维护。

(3)产品维护 包括以下几方面。

销售:分析药品销量的增减情况,发现药品的销售情况及时补货,防止断货。

陈列:药品在陈列窗(柜、货架)上应保持什么样的展示状况(如哪个品种应该放在哪个位置,应该有几个展示面等)对方便客户和消费者选购药品具有直接的关系,药品在陈列窗(柜、货架)陈列数量的多少对展示产品有直接影响。药品展示面太少或两侧陈列窗(柜、货架)仍有陈列空间时要尽量增加陈列数量。

促销:定期在店内进行除常规货架展示以外的药品推广活动,如搭建地堆,进促销区,组织人员促销,上商店邮报,进行折价销售等。

6. 做好终端维护的基本要求

(1)定点、定时、定线巡回拜访 由专门的销售人员每人负责一定数目的药品销售终端网点,按照标准的拜访路线和拜访频率,定期对每个终端进行走访。

对整个药品市场有一个全面了解,按终端类型(如大卖场、大超市、柜台市、中小超市、小药店等)确定每种类型网点的数目和分布。

确定不同类型药店的拜访频率:按药店 ABC 类型确定每种类型网点的数目和分布。A 类药店拜访频次;B 类药店拜访频次;C 类药店拜访频次。

设计药店拜访线路图,根据最佳交通线路设计药店拜访路线;根据目标药店数和路线数目确定需要跑店人员数量。

（2）制定规范　做好终端维护工作的基础是制定每项工作的标准：每个销售人员每月拜访药店的天数；每个销售人员每天拜访药店频次等；在不同类型网点应保持的安全库存，及时提醒药店经理补货；新品上市后必须半个月时间卖进去，新品上市每个月必须增加的销售终端网点数量，在不同类型药店陈列产品的效果评价。

（3）明确分工　药品生产企业和经销商必须成为市场终端工作的策划者和管理者，而经销商更应该成为做终端的主力军，终端销售网点应该是积极的配合者和响应者。

7. 做好零售终端维护的设计工具

（1）销售手册　公司介绍、市场介绍、产品介绍、陈列规范、媒体计划、促销计划等。

（2）销售包　样品——我们的新品是这样的；宣传品——图文并茂的产品手册；计算器——用于报价和订货时的及时准确的计算；笔——记录拜访要点等；记事本——备忘录；双面胶——维护POP等；工具刀——随时准备整理陈列；抹布——维护产品的清洁；其他办公用品。

（3）拜访卡　是跑店人员记录和监控店内产品销售、库存、价格、陈列、促销、竞品活动等方面状况的基本工具。

知识链接

如何做好产品终端市场的维护

一个产品想得到良好的销路，首先要抢占终端市场，而当一个产品占领了很大的终端市场后是不是这个产品就一定能卖得好呢？商家是不是就可以高枕无忧可以坐享其成了呢？显然答案是不可能的，产品到达销售终端不等于就到了消费者手里。中国有句俗话叫做"攻城容易守城难"。也就是说，如果没有对终端很好的维护，产品的销售同样达不到预期的效果。

那么，如何维护好销售终端呢？随着市场的健全，竞争加剧，越来越多的企业意识到终端的重要性。

首先，要保证较高的铺货率。美国可口可乐公司曾经提出个营销口号就是"买得到"。买得到三个字听起来简单，但是不容易做到，甚至被一些商家忽略。虽然产品做到无处不在并不现实，但是起码要保持很高的铺货率，如在超市的货架上常常让消费者只闻产品名，不见产品货，这不仅错失了销售良机，还容易让消费者产生抵触情绪。

其次，加强销售人员的责任感，经常监督回访，能够大大促进产品的销售，并通过建立与终端商家以及业务人员的良好关系，可以激励他们的工作积极性，还可以适当采用赠送礼品等方法来实现。

再次，各个销售环节应该统一作战，销售人员要认真听取上级指挥，做到有计划，有目标的维护销售体系，大力提高销售人员的素质，使其在实际操作中善于思考，灵活运用，充分调动各种有利于产品销售的手段、方法来完善营销网络。

（三）市场维护要点

1. 抓住主要服务对象

做销售的时候我们经常说搞定某个人，就是拍板的人。做售后服务的时候也是一样，即使你的服务被客户方其他人员都认可了，客户负责人一个"不"字就可以否定你的一切，所以你所在的服务一定要得到客户负责人的认可。

2.不要轻视客户那里的每个人

客户那里的每个人都很重要,如果你只顾及了负责人的感觉,对别人提的要求置之不理,就大错而特错了。当别人提的要求与责任人有冲突时,你要不厌其烦的给予合理的解释,以期得到别人的理解。你要明白,他们中的某个人到明年也许就是负责人或会成为你续签合同时的障碍。

3.抓住主要解决的问题

销售活动中经常会出现许多问题,这是正常现象。维护人员解决完主要问题后,应马上离开,避免又提到其他问题。

4.不要讲太绝对的话

世上没有绝对的事情,你不要轻易说"绝对没问题"或"绝对怎么怎么";你可保持沉默,如果必须要说的话,你可以说:"一般是没有问题的""有问题的话,您及时打公司或我的电话""正常来讲应该是没问题的"之类的话。

5.举止、谈吐、衣着、大方得体,表现出公司的文化底蕴

维护人员的一言一行都代表所在公司的形象,千万不可太随意。维护人员的一句话一个动作都可以丢掉一个客户,所以,业务人员都要养成良好的职业习惯,注意商务礼仪。

6.不要与客户大谈竞争对手的不是

贬低别人是为了抬高自己,但事情往往事与愿违。贬低别人正因为你害怕别人,不妨大度一点,也给别人一点肯定,有助于给自己树立好的形象。

7.与客户主要负责人及技术人员建立一条长期联系的通道

通过电话、传真、email、QQ、私用电话、地址等联系方式经常和客户保持联系,就可以随时听取客户的意见,及时疏通和解决问题。

8.打好扎实的专业基础

打好扎实的专业基础是一条不是技巧的技巧。巧妇难为无米之炊,丰富的医学药学专业知识和一定的营销知识是做好市场维护的基础,大家都应该明白这个道理。

9.公司内部矛盾和问题不要反映到客户那里去

涉及公司内部的商业秘密、领导层的矛盾等企业内部问题,终究是企业的内部矛盾,不应该对外人泄露。如公司经营问题、公司决策层矛盾、老板的缺点等,把公司的问题反应到客户那里,会让客户感觉公司没什么凝聚力,降低客户对公司的信任度。

第二节　药品市场监督

药品市场维护是药品在市场上的销售管理,是实现销售的前提;药品市场监督是药品在市场的销售检查,是保障药品销售的保证。药品市场监督人员对上是总经理的参谋,对下是各级销售主管的辅导员,有时还要兼做一些监察工作。它的内容包括了企业战略、营销策划、市场运作管理等方方面面。

一、对区域经理的监督内容

1.监督区域的销售目标落实、费用预算和货款回笼情况

区域销售目标的完成是整个企业销售目标完成的基础保证,在全市场、全过程中监督销售目标完成,就是加强药品销售的过程管理,促进销售目标的按时完成;区域市场的费用一方面要与市场销售进度一致,防止费用超过预算而销售收入却没有完成进度;另一方面要合理开支费用,保证销售市场的维护和品牌力的提高,还要保障销售人员的积极性的提高。货款及时回笼既是药品销售不可分割的环节,也是保障公司总部资金正常周转的重要环节,市场监督人员及时发现货款回笼中存在的问题,对于全公司可持续发展具有重要的现实意义。

2.区域的市场推广、促销计划及执行

根据公司计划,每个区域市场都有按照公司计划分解的区域市场推广的计划和促销计划。执行好区域市场的推广计划和促销计划,是保障区域市场完成年度目标任务的重要手段之一。药品市场监督人员要检查和指导区域市场计划的落实情况,提高计划的执行力。

3.区域营销网络的建设、管理

区域营销网络是公司的无形资产,也是区域完成年度目标任务的组织保证。加强区域营销网络的建设和管理,是区域经理的重要任务之一,区域经理要把建设和管理好区域网络当做区域的首要任务,提高区域市场网络的价值。药品市场监督人员要检查监督区域经理在市场网络保值增值的效果并作出评价。

4.销售人员的招募、培训及考核

根据公司安排,区域市场在合理的编制范围内,要加强市场销售人员的考核和培训,提高销售人员的业务水平。同时,还要淘汰不合格的销售人员,引进优秀的销售人员,提高和保持营销团队的整体素质。

5.对经销商的巡访工作

区域经理在做好营销团队管理的同时,要按时巡访区域经销商,保持与经销商的经常联系。药品市场监督人员要监督检查区域经理定期巡访经销商的巡访记录,有时还要抽查经销商的巡访情况。

二、对销售人员的监督内容

1.各市场信息的收集反馈、网点开发管理、客户服务等工作

销售人员在区域经理的领导下收集市场信息,开发新的销售网点,做好客户的客情维护是一项重要业务活动,这些工作都要有计划、有检查、有落实,除了区域经理要经常监督检查外,药品市场监督人员也要定期检查,并及时发现问题和指导解决问题。

2.销售终端的访问、拿订单情况

药品销售人员要按时巡访销售终端市场,保持与终端客户的经常联系。药品市场监督人员要监督检查药品销售人员定期巡访销售终端的巡访记录,有时还要抽查和了解销售终端的巡访情况。

3.POP 的张贴工作

药品营销人员的又一重要任务就是要做好终端市场的 POP 张贴工作。药品市场监督人员要检查 POP 张贴的数量、张贴的位置等,对于张贴不美观,或者太高或太矮的都要要求重新

张贴,以确保广告的效果。

4. 各种推广、促销活动的参与情况

药品销售人员要积极参加药品的推广、促销活动。对于不积极参加推广、促销活动的营销人员,有权建议区域经理批评、处分,甚至解聘。

三、对广告部门的监督内容

1. 广告活动计划及预算

区域市场的广告活动计划要与公司广告活动具有一致性。既不能盲目扩大广告的投放量,超过广告预算计划,也不能随意减少广告投放量,造成品牌无形资产的透支。药品市场监督人员要及时掌握广告投放情况,指导广告的合理投放。

2. 广告活动执行及效果评估

广告计划一旦确定,区域市场就要及时组织资金执行广告活动,并对广告活动执行情况和执行效果进行科学评估。药品市场监督人员要重点检查媒体广告执行情况和了解广告执行效果,对效果欠佳的广告执行情况及时提出建议,由公司广告管理部门和经理层修订广告计划。

3. 各种广告制品的内容审核

药品市场监督人员要在所在区域监督检查广告制品在媒体投放的效果,收集广告执行过程中消费者对广告制品的评价,审核广告制品的执行程序是否符合公司要求。

4. 促销品的设计、制作和管理

促销品与广告制品一样,都是促进药品销售的工具之一。促销品的设计和制作的好坏直接影响药品的形象和促销效果,所以促销品的设计、制作必须符合公司整体形象要求。同时,促销品也是公司的资产,不得随意发放,因此,促销品的管理也要科学合理,防止走失和浪费。

5. 广告的传播策略及传播计划

广告的传播常常受到媒体因素和人员因素的影响,在区域市场常常需要具体情况具体分析,与公司计划有些出入。药品市场监督人员要及时了解广告传播策略和计划变更的依据,作出变更前后的效果分析。对变化造成不良影响的计划提出改进建议并向总经理报告。

6. 产品的包装设计及制作

药品市场监督人员有权了解市场对产品包装设计、制作的效果评价,及时将有益于公司包装改进的建议反馈给供应部门和总经理,以便于公司改进包装,提高公司药品包装的美誉度。

四、对经销商的监督内容

1. 药品的库存状况

营销人员要经常拜访经销商,及时了解公司产品在经销商的库存情况和出库规律。药品市场监督人员要监督检查经销商合理库存情况,对没有安全库存的经销商提出合理的建议。

2. 药品的陈列情况

经销商是药品进入零售终端的必经环节,药品在经销商的陈列、分销对终端药店主动采购具有很好的引导作用,选择合适的陈列位置是营销人员的重要任务。药品市场监督人员要监督检查药品在经销商陈列情况,评价营销人员的工作效果。

3. 促销活动的参与情况

药品营销离不开促销活动,药品促销活动离不开经销商的积极参与和大力支持,常常还需

要经销商提供资金的支持,共同促进药品的销售。药品市场监督人员要监督检查经销商参与和支持促销活动的情况,并评价经销商参与的积极程度和效果。

4. 订货、出货情况

积极的订货、出货,保持安全库存是经销商的义务和责任。药品营销人员要经常检查经销商的库存情况,及时提醒经销商采购人员提出采购计划。药品市场监督人员要监督检查营销人员跟进经销商库存状况并补充货源的情况。

5. 产品的铺市情况

药品运输到经销商仓库后,必须及时铺市上柜,不能形成货物在仓库的转移。药品营销人员要及时联系零售终端,组织零售终端提货。药品市场监督人员要监督检查药品的上柜率、铺市率,及时评价药品在市场上的占有率。

6. 对公司产品的支持程度

药品市场监督人员要了解经销商对公司药品的认可度、忠诚度和对公司的支持程度。

7. 对公司的评价

药品市场监督人员要了解经销商对公司的评价,并及时将评价反映给公司管理层和总经理。

8. 对公司的建议

药品市场监督人员要了解经销商对公司的建议,并及时将建议反映给公司管理层和总经理。公司研究处理意见后及时回复给经销商。

第三节　市场维护和监督的转变

市场维护和监督说明了目前大部分药品生产企业还没有从战略高度认识到生产企业与经销商的关系,不能真正将经销商看做是生产企业所在价值链上的一个必要环节,而仅仅只看做是另一个利益主体而已。

未来的竞争将不再是单个药品生产企业与单个药品生产经营企业之间的竞争,而是药品生产企业所在的价值链之间的竞争。这就要求价值链的各个环节之间形成协调一致的合力,从而产生最大的竞争优势。从深度营销的理念出发,这就要求药品市场维护和监督的重心从秩序的维护和监督上转变到药品市场的成长上来,也就是将药品市场秩序的维护和监督与药品市场的开发结合起来,以市场的战略性发展为目的,采取各种营销策略组合,有效的实现药品市场的健康发展。那么,具体说来要实现药品市场维护和监督重心的三个转变。

1. 药品市场的制度约束向药品营销理念传播的转变

越来越多的案例表明,单纯靠严格的市场规范制度与市场监督人员的监督,越来越难以有效规范市场。一方面这种方式消耗大量的药品生产企业的人力、财力,另一方面也造成药品市场的波动与经销商的不满。在这种情况下,就必须加强药品企业的企业文化、经营理念、营销战略、策略等理念的传播,使药品经销商能够了解,进而认同药品生产企业的营销政策,这能够从根本上减少扰乱市场秩序的行为出现。也就是说,在维持严格的市场管理制度的同时,要加强软性的理念宣导,使之潜移默化地对公司产生认同,从而减少摩擦,减少短期行为的出现。

2. 药品市场的过程监控向药品生产经营企业的客户顾问转变

药品营销人员应该从市场管理者的角色转变到客户服务者的角色,切切实实对药品经销商提供必要的协助与支持,不仅能够对药品市场活动进行有效的监督与纠正,同时应该能够为经销商的经营活动出谋划策,更进一步说就是要变成客户顾问,引导其共同制订切实可行的药品市场目标和具体的市场开发计划,打消其对公司药品生产经营前景的恐惧心理。同时传授其药品市场经营与管理的必备知识,注重提升经销商的能力,从而培育他们的市场管理能力,进而加速经销商的健康成长,成为药品生产企业更可靠的营销力量。

3. 药品市场维护和监督向药品市场区域发展转变

长期以来,药品营销人员对药品市场的维护和监督已经感到焦头烂额,感觉每天都是救火队员。药品企业不断加强药品市场监督的力度,手段也日趋多样化,大量的精力与时间都放到了维护和监督上,但这是治标不治本的方法。从根本上说,药品市场不仅需要正常的维护和监督,不仅需要稳定,更需要不断地开发与培育。因此,药品营销人员应将大部分时间与精力用于药品市场的研究,与经销商一起研究药品市场的变化趋势,并制订切实可行的市场开拓方案,从而促进药品市场不断的成长。只有这样也才能真正解决药品生产企业与经销商的根本矛盾,从而有效实现市场维护和监督向药品市场区域发展和药品市场战略性成长的转变。

技能抽考项目七　药品终端市场的维护

1. 抽查内容

药品终端市场维护项目。要求被测学生能熟悉药品终端市场维护的内容,能准确从产品、价格、陈列和促销等方面进行终端维护。

2. 考试要求

(1)技能要求　懂得产品、价格、陈列和促销维护的内容,能现场维护药品的陈列位置,增加药品的展示面,运用销售工具维护 POP 广告和药品的形象,能对药品的价格、质量、真伪进行维护。

(2)操作规范及职业素养要求　服装整洁,体态端庄大方,面带微笑;普通话标准,语言明细,逻辑准确,体语恰当;善于沟通,给人以亲切感。

(3)组考方式　利用提供的条件,在测试卡上分别回答问题,并能完成药品的价格、质量、真伪、陈列的维护和 POP 广告的维护。

(4)测试时间　40 分钟。

第十一章　企划与产品策划

⊕ 学习目标

【知识目标】

掌握药品策划的概念，企划的概念；熟悉药品和药房促销企划的方法，基础状况、市场状况、产品状况和 SWOT 分析及效益分析，进度安排表；了解企划的范围与特点，企划的步骤。

【技能目标】

对实习药房的基本状况、消费群体、竞争状况进行调查并对药房促销进行策划，提出策划案；能根据企划书编制的标准格式编制不少于 2000 字的实习药房促销的企划书（或药品的企划书）。

第一节　企划的定义和要素

一、企划的定义

"企划"一词在西方发达国家就如同我们国家的"计划"一词一样，有很高的使用频率。近几年来，由于消费者的购药习惯愈来愈复杂化与多样化，消费心理瞬息万变，造成药品企业面临前所未有的冲击。不但药品行业内部的竞争愈演愈烈，而且稍不留神，企业可能就遭淘汰。客观条件逼得药品企业日益依重企划，甚至已普遍产生了"没有企划，就没有企业"的共识。

对于企划的定义，众说纷纭，如下所示。

- 企划是一种从无到有的精神活动。
- 企划是一项很具理想化的工作。
- 企划是提高成功可能性的思考活动。
- 企划就是各种想法、意见的汇总。
- 企划就是为了实现某一目标或解决某一问题，所产生的奇特想法和良好的构想。而且此一构想既可期待其成果，亦可付诸实施。
- 企划就是一出有趣的戏剧。企划人是编剧和导演，企划案就是剧本。企划人必须根据剧本，导演出一出备受欢迎的戏剧。
- 企划就是企业的策略规划，是企业整体性与未来性的策略规划。它包括从构思、分解、归纳、判断，一直到拟定策略、方案实施、事后追踪与评估过程。简言之，它是企业完成其目标的一套程序。

以上的种种定义的确涵盖了企划的一些内容，但是这些定义是不全面的，并不能完整地表达企划的内涵。

综合以上种种定义,可将企划定义为企划就是在考虑现有资源的情况下,激发创意,制订出有目标的、可能实现的、解决问题的一套策略规划。

企划是一种非常复杂的活动,它不同于一般的构思,也不是单纯的创意,它其实是一种包含创造性的策划,而这个策划又不是无中生有的,而是为了解决现存的问题,所以要求这个企划必须是可以付诸实施的。正像"西铁城"手表的企划,它的目标是为了扩大"西铁城"手表的知名度,于是这一企划的一切活动都是为了这一目标的实现。"西铁城"手表生产厂家可以运用电视广告等形式来达到这一目标,但是一般的电视广告不具备创造性,也不会引起如此巨大的轰动,而"西铁城"的企划人融入了自己的创意到促销活动中,运用飞机空投来表现自己的商品,这是一种"前无古人"的企划,并且这种企划就当时的条件来说可以实现。

由以上分析可以看出,企划包括下列几个要素。

1. 必须有崭新的创意

企划的内容必须新颖、奇特,扣人心弦,使人产生新鲜、有趣的感觉。

2. 必须有明确的主题

企划如果偏离了主题,就成了一些无目的的构思的拼凑,根本没有成功可言,更不要说解决问题了。

3. 必须有实现的可能

在现有的人力、财力、物力及技术条件下,有实现的可能,才是企划。否则,再好的企划均属空谈。

所以,企划内容不能仅仅只有正确,最重要的是打动对方的心。能否打动对方的心可以从以下几个方面来衡量:①印象刺激;②接受的程度;③感动;④造成成功的形象。

企划如果只完成理论方面的工作,则实际上只完成了该工作的一半而已。

二、企划的分类

企划根据不同的标准可以有不同的分类,常见的分类方法主要有以下四种。

1. 根据企划主体的不同分类

根据企划主体的不同可以将企划分为国家企划、省市自治区企划、企业企划、团体企划和个人企划。不论是国家还是企业、团体,都会遇到各种各样的问题,都有一定的目标。为了解决存在的问题,达到目标,它们都需要企划。只是企业的企划由于其自身的特殊性,而更加普遍,也更加完善而已。

2. 根据企划开发类型的不同分类

根据企划开发类型的不同可以将企划分为新事物型的企划和改良现状型的企划。例如,1992 年,在哥伦布发现美洲大陆 500 周年之时,美国土地公司推出的"拥有一个美国"的销售活动,就属于开发新事物型的企划。而美国"良愿"旧货店为了提升自己的形象,采取了一系列的公关手段,终于改变了消费者对"良愿"旧货店的态度和看法,这属于改良现状型的企划。

3. 根据企划部门的不同分类

根据企划部门的不同可以将企划分为新产品开发企划、广告企划、营销企划、公共关系企划、销售促进企划等。此外还可包括一般企划、员工训练企划、年度经营企划、企业长期发展企划等。每个企业因其机构设置的不同,可能还会有其他的企划。

4.根据企划实施的范围分类

根据企划实施的范围可以将企划分为单独企划和复合企划。单独企划就是在一个部门内实施的企划,广告企划、公共关系企划等都属于单独企划。复合企划是联合数个部门所形成并须多个部门共同实施的企划,企业经营的企划,就是典型的复合企划。

最近的有关实践也都显示,企划有朝向多元目标发展的倾向。

三、企划与计划的比较

当我们针对企划进行具体的思考时,会发现经营中的"企划"和平常的"计划"有太多混淆的例子,所以我们必须先澄清一下。

企划和计划之间的差异其实是很大的。企划近似于英文中的 strategy 加 plan,而计划则是英文的 plan。企划是一个能实际引导行动、创造性思考及实践的过程。所以也有人说企划是一种创造性的活动。相对地,所谓的计划就是从现在到未来,根据时间表,思考如何逐次达成目标的行为。因此企划和计划在工作中,实际上也就变成一贯相连了(表 11 - 1)。

表 11 - 1　企划与计划之差异表

企划	计划
必顺的创意	不须创意
无中生有,天马行空	范围一定,按部就班
策划沟通使能了解 摸索计划的对象 组合各种点子 考虑各种达成目标的方法	以针对企划实施为前提,具体地考虑必要的因素(人事、财务、时间、情报)可行的实践方法
掌握原则和方向	处理程序和细节
what to do	how to do
活的,变化多端	死的,一成不变
开创性	保守性
挑战性强	挑战性弱
需长期专业训练	只需短期训练

计划有时也包含企划。换言之,就是含有企划的计划。如果说企划强调自由性的话,那么,计划重视的就是确定性。当然两者都是以如何引导可预期成果的实现为主题的。

面对一个要解决的问题,总是先企划,后计划。还以本章开篇的"西铁城"手表为例,西铁城要解决的问题是如何扩大"西铁城"手表的影响,扩大其知名度。针对这一问题,企业智囊部门要首先进行企划,也就是怎么解决这个问题,出主意、想办法,经过一段时间的研究后,选择了飞机投手表"这一策略",并决定选择澳大利亚这块神奇的土地作为空投地点,到此,企划完成了。接下来的工作就是计划工作了。计划将根据企划案,拟定出实施过程中的每一个处理程序与细节。比如,第一步的工作是和澳大利亚官方商谈,获得批准在澳大利亚首都的某广场空投;第二步的工作可能是委托澳大利亚某畅销报纸登载关于这一事件的广告;第三步可能是在某机场租借几架直升机等。可见,计划是具体性的工作,也就是如何把企划的结果一步步地落实到行动中去。而企划则是把握方向性,把所有的"点子"汇总、整理,选择出成功率可能最高的企划案。

所以,一个企业内,企划部门属于高层决策部门,把握整个企业的长远发展。计划部门属于中级统筹部门,介于企划部门和具体执行部门之间。企划案形成后,交计划部门统筹安排具体实施,也就是企划部门应把握长远趋势,而计划部门则无此必要。

四、与企划有关的两个概念

为了更清楚地理解以后的论述,有必要对与企划有关的两个概念作一介绍。

(一)企划案

解决问题的方案,就是企划案。

药品企业将企划的目标确定以后,解决问题的方向性以及解决问题的难度就明确化了。企划如何达到目的,必须从提出解决方案的设计开始着手。

要提出解决方案,当然得开动脑筋想点子。点子是可以越想越多的,但是如果没有时间的限制,只是无休止地想,甚至开点子会议,有时效果也不见得好。因为有时间的限制,有时反而能想出意外的好点子,这是从事此方面工作者所共有的经验。假如在限定的期间内没提出好点子,也不可放弃。只要脑中仍持续在想这个问题,答案稍慢也无妨。因为充分了解问题后,往往可从多角度来看问题(当然,这只有在当事人想法很有弹性的情况下才可能)。充其量,这种一时提不出答案的情形与面对不熟悉的事情,却突然被要求进行评论而答不出来,是一样的。

由时间区间而提出来的点子,必须对其价值加以评估。①是否按照主题、目标前进? ②可能实行吗? ③若实行能达到目标吗? ④在现行体制下能否达成目标? ⑤是否需要有新的机能、财力、物力、情报、方法、技术等?

如此,一面检查,一面实行,然后将能实行和应实行的点子放在第一步,也就是即使亏损多少都要下决心完成。虽然,解决方法本来就可能多种,且相互之间也必定有所关联,但这个关键性的方案,还是应放在第一位。

企划中总存在着各种矛盾。例如,公司上层有人喜欢红色,不顾按资料分析显示的别的色调更有利于销售,结果还是选定了红色,甚至只要用红色,该部分的企划就过关了。

有时公司上层的抉择也能形成组织的共识,因此,虽然不够民主,但还是有很好的成果,这种例子并非没有。但是,不管是否有如此情形,负责企划的人还是应该断然地采取一种挑战性的态度,特别在了解企划工作的条件限制之后,更应有这种心理准备。

对于一个要解决的问题,提出的解决方案会不止一个,也就是说企划案不止一个。这就是所谓的"考虑一百,使用二十"。意思是说,进行数倍分量的考虑,可能只有一份是有价值的,会被最终采用。即使是具有专业水平的人,也不能在短时间内一下子就能想出解决问题的企划方案。

企划一般有六个步骤:

(1)界定问题,将问题界定得明确、浅显而重要;

(2)收集现成资料,从书报、企业资料、政府出版物等获得;

（3）市场调查，直接向消费者、同行业调查；

（4）把资料整理成情报，将死资料根据需要分析成活情报；

（5）产生创意，有创意的点子是企划案必备的要素；

（6）选择可行的方案，在得到高级主管的信任与支持和其他部门的全力配合后，选出可行性最强的企划案；在选择方案时，"好"的创意固然重要，可是"可行"的创意更需要。因为在务实的前提下，"可行"的创意往往比"最好"的创意还要好。

（二）企划书

所谓企划书，是按照一定的格式把企划案列示出来，以备其他有关人员检查审批的企划文本，也是企划案实施的依据。

为什么要做企划书呢？一个曾在通用电器公司从事广告制作达 23 年之久的企划者的经验可以告诉我们。

在他刚刚开始做企划时，为一个大的广告客户写了一份企划书，当时在通用电器公司还没有由广告制作者来写企划书的例子。当他把自己写的企划书给顾客看时，得到的却是被挑毛病、批评一番而已。直到有一天，他看到有位先生提出的企划案，带着相关的企划主旨，并将它作成一种条例式的摘要时，才意识到："喔，原来是这么回事！"于是，他就参照该企划也做成了条例式的摘要。在他提出新企划案时，一并说明了宣传的效果，结果大获好评，广告企划书也大获成功。从此，广告企划书突然受到了瞩目，成为流行时尚。

在以后的 20 年内，企划书也像企划案般地受到注目，做企划书的目的究竟是什么呢？其目的可归纳为以下三点。

（1）将企划以说明书的方式交给客户，使对方更容易了解企划意图，并给予客户一个好印象。

（2）为取得高管及职员们的确认。

（3）向销售、广告部门的人说明药品的概念、方针及战略，以取得全体员工的大力支持。

第二节　企划的过程

一、企划对象的确定

爱因斯坦说过：精确的陈述问题远比解决问题重要得多。企划人要在所有企划案形成前寻找企划对象，选择并确定企划对象。

（一）寻找企划对象

企划要有一个对象。这个对象就是企业中的各类问题和各种机会。所以，企划如果不首先确定对象，或者说确定主题，那么，就无所谓成立什么企划案了。

一个药品企业之所以需要各种企划，原因就在于，企业总是在各种宏观和微观环境中面对各家竞争对手，进行激烈的市场竞争。企业如果没有创新精神，缺乏问题意识，那么就会时刻面临着由于市场的丧失、药品的过时、管理的失误、经营的乏术，从而导致亏损或倒闭的危机。

无论是企业普通的员工，还是开发部门、经营部门、管理部门的负责人，以及企业的高层主管，他们对岗位职务越是热心，工作起来也就越有"问题意识"。这样，他们总会不断地发现许多企划对象。而且,上层人员的"问题意识"越强,越会带动和引导下层人员建立"问题意识",使一个组织思维活跃,充满生机。

找出对象,选定课题,确立主题,这是企划的开端,也是企划的最重要环节。由此可见,从最高层主管到一般员工,都有必要提高"问题意识",增强寻找和发现企划对象的能力。因为,如果没有好的主题就无法产生好的企划。

1. 企划对象的来源

敏锐的"问题意识"会帮助发现企划主题,有时候是关键主题,有时候则是企划主题的某种暗示。例如,在访问经销商并探索了问题以后,得到了如下信息。

(1)经销商对总公司的协助不甚关心。

(2)其他厂商对经销商正在积极活动。

(3)经销商对本公司的药品组合大为不满。

如此等等的"现场情报",都可能成为寻找企划对象的线索。

此外,即便在办公室,如果能够积极地分析、研究其他企划或竞争厂商的情况,以与自己公司的过去、现在做各种比较、判断,则更能明确掌握现状的问题点。例如,竞争企业的员工每人营业额年均达 300 万元,而本公司则不到 200 万元,这到底是为什么? 问题出在哪里? 如果能养成这种思考的习惯,那么远比从理论上来探讨何谓"问题意识",更能实际强化"问题意识"。

事实上,从前面所述经销商的例子,便可以产生:提高本公司对经销商协作程度的企划;对经销商防止其他厂家侵入的企划;满足经销商需要的本公司药品组合的企划等企划主题。

公司负责促销的人员,可以从访问零售药店偶尔听到的谈话中,得知竞争企业最近将在某地区推出有力的新药品,而紧急向本公司报告,结果可以使公司的调查部门深入了解事实真相,同时也能让销售企划部门紧急展开避免竞争企业的新药品破坏本公司市场占有率的促销企划。

因此,不仅企划人员,而且公司的全体员工都不得不培养"问题意识"和企划精神。

2. 企划对象的选择

企业之中虽然到处都有企划对象,但是并不能对每一个问题都去从事企划,也无法一一付诸实行。在现实状况中,有些课题并不切实,而有其他更重要的课题存在。同时,企划者本身的能力和经费预算也是有限度的。因此,有些课题恐怕无法妥善解决。在这些不同的课题之中,企划人必须决定对象课题,进入企划作业,通常有以下两种情况。

(1)企划者接受上级指令,从事某一主题的企划。

(2)自己发现、掌握企划对象,并以此为主题,从事企划思考。

企划人应该具有自己发现企划对象的能力。如果一味接受上级或其他部门提供的主题来进行企划,这对一个企划人来说,是不完全的。真正优秀的企划人应该自己主动找出企划主题,提出企划的必要性,再针对这被认同的主题提出企划案。

例如,业务部经理如果请你做一个"为某药品在全国寻找一个销售总代理的企划案"时,你不一定立即就答应:"是的,我做。"而应该有提出反问的能力。如"我认为委托总代理不一定合适,还是考虑由公司直接进入中间商渠道去做为好。"

在这方面,企划人必须经常锻炼自己的"问题意识",提高自己的"问题意识",强化确切掌握企划对象的能力。这些"问题意识"的内容,有些是对现状的批判和否定,有些是对现状的改善和提高。

如果真以积极的意识去思考"为某药品在全国寻找一个销售总代理"的话,那么,营销通路和渠道的问题、促销的问题、广告宣传的问题、产品价格的问题、业务人员管理的问题、竞争产品的对策问题等,都将会被忽视,这对公司今后长远的发展,特别是营销策略和促销能力的增强,是非常不利的。不要等到上面交代下来才去做企划,也不要对上级的指令采取盲从的态度,这是一个企划人的重要素质。

3.企划对象的界定

这种由高度的"问题意识"而发掘出来的企划对象,多多益善。

不过,却很难把所有企划对象都主题化,进而纳入企划作业,真正去付诸实行。当然,这样做也不太必要。因为,企划是为了能尽量地有效利用企业所拥有的有效资源,也就是人力、物力、时间、资金、信息等,加以组合运用。因此,比较接近现实的做法,是尽可能地在多数企划对象中,选出主要对象,将有限的智慧和时间,专注地投入其中。这就是我们所说的专注于重要的问题。如果你认为每件事都很重要,结果就会变成没有一件事是重要的。我们想同时完成多个目标,其结果往往一个目标也达不成。

有一位教师为了具体证明选定一个目标的重要,叫一名学生上台,双手各拿一支粉笔,命其同时在黑板上,右手画方,左手画圆。结果,学生的双手却都画得一团糟。

企划可以视为运用智慧,将知识、情报进行加工,以产生有效的新情报,作为新行动的依据。尤其是对重要主题,更有必要集中高度智慧和能力。因为对所有的企业来说,这种智能无论在质和量上都受到相当的限制。因此,唯有针对有限的企划对象,将智能集中投入,才能产生好的企划。

企业若要得到好的企划,就要精选企划对象,把力量凝聚于重要的主题上。除了企划者对这方面要充分的理解之外,企业管理层也要培养出判断的能力,辨别什么样的主题是值得企划的。

当然,企业的主管也可能对自己认为企划能力不太强的部下,提出不太重要的问题让他企划,以便合理地使用人才,避免将低才能的人分配去做重要的企划,而给公司带来很大的麻烦。

以下是三种界定对象的方法。

(1)细分问题 实验主义大师杜威说:"将问题明确地指出,就等于解决了问题的一半。"那么,要把问题明确化,就得缩小问题的范围,而缩小问题最好的方法,就是细分问题了。

任何东西都可细分。以电话为例,可细分为电话的颜色、形状、构造、功能、材料等。

任何问题也都可细分。以"如何防止小偷?"为例,可细分为社区和企业的警卫、门锁、警铃、报警电话、机动警网巡逻等。

发明家查理士曾说:"所谓研究,就是要把问题细分化。因而可能发现其中很多已知的,再去专心解决那些未知的。"这一段话对细分问题的重要性,做了最好的说明。

(2)改变原来的问题 例如,有一部载满水果的手推车停在楼梯口,张某要把水果抬上楼梯。由于一个人的力气不足,想找一个人来帮忙,凑巧李某路过,张某上前请李某帮忙。

李某问张某:"你有什么困难呢?"

张某答道:"我想把一车的水果弄上楼梯,一个人抬不动,所以想请你帮忙。"

李某指着不远处的电梯说:"你为什么不用旁边的电梯把水果搬上楼呢?"

张某听了,不禁哑然失笑。他并非笨蛋,竟然没想到附近有电梯可利用。他被"如何把水果弄上楼梯"的问题框死了。如今,李某把他的问题改变为"如何把水果搬到楼上"之后,搬水果的问题就迎刃而解了。

改变问题会使问题更明确、更清楚。著名经济学家傅利曼碰见别人问他问题时，总喜欢改一下别人的问题。经他改变问题后，答案自动就浮现出来了。所以我们说傅利曼是用"改变问题"来回答问题的。

（3）运用"为什么"的技巧　台湾首席企业家王永庆"追根究底"的经营理念，就是用一连串的"为什么"来追问部属，一直问到水落石出，清清楚楚，才肯罢休。"为什么"将使问题明确化、浅显化、重要化。

举个实例来说明。

假定某人想更有钱，于是产生了"我要如何才能更有钱？"的问题。

先用第一个"为什么"追问。为什么你想要更有钱呢？假定那人答道："我为了积蓄更多的钱，以便能提早退休。"原来他想要更有钱，是为了能提早退休。于是，"我要如何才能更有钱？"变成了"我要如何才能提早退休？"

再用第二个"为什么"追问。为什么你想要提早退休呢？假定那人答道："我提早退休后，才能到各地旅行。因为环游世界是我一生的愿望。"原来他提早退休，是为了要环游世界。于是，"我要如何才能提早退休？"变成了"我要如何才能环游世界？"

通过"为什么"的追问后得知，"想更有钱"与"提早退休"均非正确的问题，"环游世界"才是明确、浅显、重要的问题。

在界定问题后，立刻就有解决之道：建议他加入外交工作，或是转入旅游业。

如果我们一直停留在模糊的问题——"我要如何才能更有钱？"可能一辈子解决不了他的问题，因为"发财"比"转业"要困难多了。

界定问题是拟定企划案的一个关键步骤。怎样通过细分、改变、转换等技巧，把问题界定得更明确、浅显，将直接影响企划案的拟定及企划案的效用。

（二）确定企划对象

选择好了主题，就该到了如何通过主题，以确保使其成为企划对象。为了选出重要的企划对象，就有必要在企划会议等场合，设定简单、明了的过滤筛子。

在会议中以举手表决，或主席决定的方式，当然也是一个不错的方法。不过，最好还是希望能设定一个更可靠的判断基准。

例如，某公司把这基准定为：①必须是出席会议人数过半通过的主题；②各事业部门主管认为一定有必要的主题；③董事长或董事认为有必要的主题。把这三者当做必然企划的对象。另外，虽无法得到过半数赞成，但它是提案者或相关部门的主管强烈主张的主题，则在情况允许的范围内，作为企划对象去实施企划。

以上只是企划人或企划部门决定企划对象时，站在公司立场上，决定重大主题，接受指示而着手企划前的选择基准。

经过以上程序所选择和过滤的企划对象，也就是公认的主题。它可以被视为已经明确知道为什么要选为企划对象，会有什么期待效果（结果）或企划意义。因此，这些主题不是由下往上提的，而是由上而下命令下来的。企划者对该主题的重要性、期待和意义，都能有相当了解。而且上级也能够对负责企划的部下进行充分的说明，或经过商量和讨论来说服部下。

一个杰出的企划人，即使在接受上级的命令从事某一主题的企划时，也应该在自己的脑子里充分消化上级的用意，自己理出一套重要性和意义，以充实干劲，在精神上、体力上调整自己的姿势,以着手企划立案。

(三)进一步明确企划的主题

1.主题明确化

经过某种基准过滤之后,选出了企划对象、设定了企划主题,应该可以进入企划作业了吧? 不,在开始着手时,最先该做的作业,是尽可能让企划主题"明确化"。

所谓"明确化",有如下例子。①提高营业额的企划。②提高营业额的促销企划。③为提高某项药品营业额的促销企划。④为提高某项药品营业额50%的促销企划。⑤为提高本年度某项药品营业额50%的促销企划。⑥以提高××地区某项药品营业额50%目标而加强批发商营销渠道的促销企划。

由此谁都可以理解,这些全是以促销为主题的企划。然而,由①到⑥,主题也随着越来越清晰,也就是企划主题明确化了。

如果主题是如①项所示的"提高营业额的企划",那么不仅限于促销企划,同时也可以从广告宣传、公关宣传、人员推销、营业推广、降价、追加新产品、门市示范、展览会参展、新闻稿发布等各种手段来考虑企划。同时参与活动的产品也不限于某项药品,另外一些药品,都有可能成为企划考虑的范围。在地域上也可能以全国或本省为对象。

即使像第⑥项的情况,也还是有许多可以事先确定的部分,例如,只要营业额提高50%就行了吗? 毛利率是否也想维持? 只是暂时性的营业额提高吗? 等等。

因此,在着手企划之前,最好先同决定企划对象、主题的人,好好商量,直到毫无问题之后,才进入作业。对于一个企划人来说,反应太快并不值得提倡。

2.企划主题数字化、专有名词化

先就"数字化"来说,假定主题中提到"增加营业额",这只是一种印象,不是数字。"降低成本"也同样不是数字。但如果改成"增加营业额30%""降低成本10%",这就数字化了。如果能以数字来具体表现,那么,企划的具体目标也自然清晰起来了。

在设定企业主题时,有许多可以数字化的部分,如营业额、毛利率、投资额、期间、投入人员等,因此,首先可以考虑将数字加进企划主题中。

有些不容易直接变成数字的对象,可以用比较数字来表现,也可称为数字化。例如,比上年度增加××、B产品营业额将提高至A产品的150%,或营业额高于竞争产品120%等,化为比较数字即可。像这样以比较基准值(如比去年营业额)来把握,就能明确地数字化了。就算比较基准值是不太清晰的推定值,也比没有任何基准来得明确,企划的目标也就更清楚了。

所谓"专有名词化",则可包括地区、目标市场、营销渠道、药品、机械、工厂、原料等。例如,"降低药品成本"还不够,企划对象还是不明确。假如以"降低某项药品的包装材料费及生产加工费成本5%"来表现,则对象化为专有名词就显得清晰明确,容易作出瞄准焦点的精确企划。

曾经有一个企业,在做海外建厂企划时,就因为没有注明区域范围的专有名词,结果花了许多调研费,却在和经营者所想的完全无关的地区上进行调研。企划者凭自己的主观判断,以为是某地区,立即着手调查,这就是因为没有把对象专有名词化所造成的差错。

像这样能把数字和专有名词尽量纳入企划主题,可以说正是一种容易着手而富于效率的主题。

(四)对企划对象进一步调查研究

企划对象既已明确化,主题也已清楚之后,企划者(企划小组)应该可以开始进入作业了

吗！不,在思考企划构想,决定企划架构之前,应该先对企划对象进行充分的调查、研究。

一个最理想、最受欢迎的企划案,是在有限的费用、资源、人力、时间范围内,达到最高效果、最大成果的企划。而且最好是谁都容易看得懂、很多人都可以出力协助并参与的企划。

为了拟定这样一个企划案,就得尽量调查、把握企划对象。而这调查、把握的秘诀是多看(观察),多听,多问、多商量,多查,这四大基本原则。

1. **多看**

多看就是仔细观察现场(与企划对象有关的作业现场的有关情况),以自己亲眼所见来了解情报。比方要做药品的促销企划时,最好能亲自到该药品的生产工厂,亲自看生产过程;到流通现场(批发商、零售店等)亲眼观察,了解实情。尤其是经验较浅的企划人员,对新对象更有必要好好观察。同时,在观察时,最好能将客观的事实和现场的感受忠实地记录下来。如果有任何可以作为企划创意与构想的灵感线索,也不要忘记当场记下。因为,以现场和客观事实为出发点所作成的企划案,对企业来说,是最有效而且最受欢迎的。

2. **多听**

多听多接触产品开发者、工厂负责人、营销渠道的批发商、零售商、营业部负责人、营业员等,了解他们的想法、期望,他们对什么抱怨或不满,多问他们,并勤做笔记。

3. **多问、多商量**

多问、多商量是指由企划人自动提出问题,对于自己所观察和打听的结果,有什么疑问或不了解的地方,提出问题,深入了解。把自己的意思表达出来,以掌握现场以及与企划对象有关人士的本意。这时候,最重要的是建立起企划能被接受的基础。这种事前的了解,有助于企业的导向,同时也在确切了解对方的个性和期待中,建立起人际关系。

4. **多查**

对于过去的事例、经验、其他厂商的做法等,有必要查阅报纸(或行业刊物)、说明书、记录等,同时也有必要调查这方面的实际体验和评论。

二、产生创意

没有创意就没有企划,创意是企划必备的要素,创意是企划的灵魂。

(一)浮现企划轮廓

企划对象既已明确,也已调查、掌握住企划主题之后,终于可以进入企划的实际作业了。也就是到了企划程序的第二步。

所谓企划轮廓或企划印象,并非企划的具体创意,而是整体上的期待效果——一种希望做成的企划轮廓或企划印象。这不一定能够用语言表现,很可能变成图画、符号、或片断的单词、或简短的提示或吟叹。总之,企划轮廓或企划印象并不是内容的细节,而是自然而然地产生"希望做成这种企划"的自言自语或灵感火花就行了。

有一家面包厂商,为了提高30%营业额,而要求做一个有关新产品的企划。于是王经理被任命为专案负责人,和另外三位企划者组成企划小组,开始企划印象的作业。

该公司上年度营业额为2亿元,如果以提高30%为目标,就是6000万元,当然并不是希望在6个月或一年之内就提高6000万元,而是希望在3~5年的努力之下,提高6000万元营业额的具体企划。根据事实的了解,西式面包业竞争十分激烈,由于争夺经销店、超市等网点的进货竞争等,使得获利率有降低的倾向,而且即使开发一些其他的产品,也只能提高2000万~

3000 万元的营业额，且商品生命周期大多只有 2～3 年而已。此外，垄断性大企业的势力也在逐年增强。

从这些基本认识所描绘出来的企划印象是，若要大幅度增加营业额，那么需要注意以下方面。①没有竞争力的新产品开发行不通。②以目前的营销渠道（西式面包店及食品超市）要提高 6000 万元营业额非常不可能。③该怎么办？能不能开拓其他的营销渠道？④其他的营销渠道到底是什么？粮店、烟酒店、熟食店？⑤自己开创新的营销渠道如何？⑥自己开创可能需要巨额资金，能不能买下现有的渠道？⑦或许有什么点子可想，试着从自己开创新渠道来集中思考？⑧如果能新建 6 家一年能卖 1000 万元的面包店就好了！⑨1000 万元如果以一年 250 个工作日计算，一天 4 万元，也不算太困难！⑩总之建立在一天能卖 4 万元的 6 家经销网可以构成企划印象，就以这点和大家讨论看看吧！

当然，在企划者的笔记本上，并不只有这几个字。还包含"连锁餐厅是否合适""点心店如何""如果以甜甜圈代替面包呢"等等零星片断的想法，想到什么都在笔记本上写了下来。

在这一过程中，得到一个非常重要的企划暗示，那就是"没有必要完全新建直销店，争取 6 家加盟店并不是梦想"。于是这个企划概念，就凝聚于包含加盟店在内的零售店，达成年度目标增加销售 6000 万元的销售新企划。

就这样，能实现企划印象的创意、构想，乃至能引发这些构想的着想点，便在一再思考和寻找、苦斗中产生了。这便构成了这个企划案的核心。

（二）设定企划目标

描绘出企划印象，大致地掌握整体印象，并把这些印象尽可能简单明了地化为"目标"，这个进程可以说是顺利达成企划的一个"秘诀"。这就是"企划目标化"作业。形成企划印象以后，就要根据此印象来设定企划的目标了。以下是有关设定企划目标的三个方面。

1.印象具体化

仍拿前面的面包厂商提高营业额的例子来说。一开始接受指示的企划目标是提高 30% 营业额，也就是增加 6000 万元。因此，增加 2% 或 3% 的企划案根本用不上。然而也并不要求一口气增加二三倍。所谓 30% 可以说就是企划目标的明确化。这样一来，企划印象便易于集中目标来考虑，也容易找出企划构想。当然，如果这个企业目标一开始并没有这么明确时，企划者（小组）就不宜自行思考，而应分析上级的意思和希望，提出"目标是否在这个程度"的探询，经获得上级的认可之后，再将其化为企划目标，进行企划印象的探索。

现在假定企划工作人员接到一项指标，做一个有关流通合理化、在全国设立商品集散基地，由原料的收集到商品的售出形成合理化的网络系统的企划命题。

企划印象可能描绘出几种可能，包括由中央的流通中心到地方基地的网络，通过电脑系统的有效控制，将原料及商品有效地集中、分散的各种印象。例如"24 小时全天候作业"或"不能有破损品"等，涉及内容的印象，也都一一记下。

以这种形式，渐渐酝酿出流通系统的印象，描绘出企划概念的梗概固然不错。然而实际上在做企划时，光是这样还是有些困难的。因为这些企划印象，并没有设定明确的目标。

所谓目标，就是指这项企划实现时的期望值。以本例来说，例如，降低营销成本 15%，缩短流通时间 20%，减低破损率 50%，削减运辅人员 30% 等，这些目标都可以一一考虑，设定为企划目标。

不过这个目标值如果过分贪心则无法实现，过于偏低又失去了企划的意义。所谓目标值越高越好只是一种主观的臆想。目标越高通常企划越难做,而实现的可能性也越小。

因此,描绘企划印象的目标值,宜充分考虑企业的实际状况和对企划的期望值。将目标值设定于具有现实性,又具有挑战性的数值上。以本例来说,最后将目标值设定:①削减流通成本 10%;②缩短流通时间 20% 这两个项目上。

企划的好坏,通常由结果来判断,那么这判断只要以这个目标值来比较就相当明确了。因此,在描绘企划印象的阶段,如果能把目标值明确化,就更容易对结果做评价和判断了。

2.目标数字化

设定企划的目标值,要尽量数字化,也就是最好能以数字来表现。因为目标若以数字(绝对值或相对值)来表现时,构成企划的要素和工具等,也能够根据这个目标值而确定;相反,如果目标只是抽象性的,那么就很难明确掌握该以什么程度的要素、工具、人员来组合,以达成目标。

由于企划主题的不同,也有不少目标很难直接以数字来表现。例如,在考虑以教育训练来开发能力的企划时,企划案可以由讲课、实习、演示、讨论、自学等来组成。可是这到底能"开发能力"到什么程度? 若要用数字表现还十分麻烦。

关于技术与知识方面,某一企业在拟定员工教育培训目标时,这样表现:"达到高等院校毕业后具有 5 年实践经验的人才所具有的技术知识及技术能力。"这家企业认为这样还不够明白了解,于是又定义:"所指知识与能力,是以专门委员会拟定的问题及实际操作测验,各达 70 分以上的成绩为判定基准。"

这样一来,教育培训的目标就非常明确。某一时期的教育培训,学员考试下来,全体都达到这一合格基准。

此外,还有一个企业在拟定从外部招聘人员的企划时,以下列方式来表示所谓"人才":①化工机械设计经历 10 年以上,40 岁以下,通过本公司测验者;②具有研究开发实践经验 7 年以上,在一流或中坚企业担任管理职务 3 年以上者……。

企划目标的设定,是决定能否有效发现企划线索和创意的关键。而且在将企划整理成具体方案时,也是鉴定该内容的指标。当企划案不止一个,因构想和切入点不同而有多个方案时,企划目标也可以作为选出目标实现性高、效率好的案子时的决定指标。

3.目标不可贪多

设定目标的重要原则:①目标不要太贪多;②目标之间不能有矛盾;③明确表示目标的优先顺序。

设定目标如果太贪多,就会弄不清楚焦点该放在哪里,企划于是失去鲜明性。例如,要做一种食品企划,既要大人喜欢吃,小孩也喜欢吃;既可以当主食,也可以当副食;超市能卖,高级餐厅也能卖。目标如此贪心,看起来好像可以满足各种要求,其实很可能得出各方面都不满足的印象。

这种贪心的企划目标,必须忍痛割爱。想要加进去的要求,也要在某种程度内放弃,一心一意朝着正合焦点的方向努力。以本例来说,如果能针对"高级餐厅欢迎的点心食品企划",目标集中于一点,那么创意也会比较容易浮现出来。

决定把目标放在受高级餐厅欢迎的点心食品之后,就以高级餐厅为基础,再展开商品多样化或材料的选择、成本的降低等努力,使其化为普及型,成为超级市场也能卖的商品,逐步建立第二阶段、第三阶段的企划目标。

其次,不同目标之间不能有矛盾。所谓目标间的矛盾是指,如以降低价格的竞争手段来提高两倍的销售量,却同时又希望毛利率也增加两倍。事实上将现有药品降低价格,使竞争力增强时,毛利率必然会降低。因此,除非在大量生产的效率化、技术改革、销售革新等方面都有相当大的改变的情况下,否则是很难以低价格达到毛利率倍增的效果。这就是互相矛盾的因素了。

明确决定目标的优先顺序,也具有类似的意义。①确保 A 区 5％的市场占有率;②确保500 家零售店;③创造新药品的销售基础。

如果定出企划目标是这三点时,那么优先顺序应该是①②③、③①②、还是①③②呢?

这时候就必须清清楚楚定出顺序,如第一目标①、第二目标②、第三目标③。然后先把①当做绝对优先的企划目标,从事企划立案。检查该立案,其次再将②放进去,最后将③的构想也适当补充进去。如果②、③很难加进去时,不妨让①达到百分之百的满足。这样即使对②、③感到不足,总是比①未能满足,却只满足了②、③的企划要好。要不然如果三项并列,这项企划案将会变得面面不周到、事事不周全,一切企划的努力也都白费心血。

(三)收集情报

寻找企划构想或创意灵感大致可以分为两种:①从既知的知识、情报中探求;②通过个人或集团的智慧产生。

(四)情报条理化

努力搜寻来的情报资料,无论是第一手的,还是第二手的,虽然我们搜寻时是有目标、有针对性的,但还免不了有些杂乱无序。所以我们说,用恰当的方式将收集来的情报条理化,是决定你收集到情报是否有价值的至关重要的一点。

对日积月累收集来的情报进行整理时必须注意以下两点。

(1)收集的情报、知识、构想等不要只限于理论性的　凡和自己职务范围、兴趣范围,乃至周边相关事物,只要有点意思或值得注意的信息等,都可以毫不犹豫地列入收集范围。

(2)收集的情报、知识、构想等一定要一张张、一项项分开保存,不要贴死在剪贴簿上　这些情报可以凭印象分类,整理在大纸袋里,而分类项目刚开始也只需大略区分就可以。

创意和启示往往较缺乏系统的理论,而多半具有感觉性或灵感性要素。因此,资料不以理论而以印象分类比较便于应用,也比较能发挥作用。

例如,营销企划人员印象性分类资料袋的标题,可以分为销售促进类、广告类、活动类、海外情报类、竞争企业类、新产品类、顾客服务类等。

(五)寻找创意

创意是企划的灵魂。在企划中,创意的产生是一种动脑活动。创意虽然看起来似乎是突然涌现,但事实并非如此。唯有平常多注意、多观察,而且具有浓厚的兴趣,才能在紧急的时候产生创意。

企划需要哪些专业知识呢?

企划力的强弱将决定于企划者本身是否具有丰富的专业知识,以及强有力的综合整理的构成能力,这是非常重要的因素。例如,假定某一个水准以上的企业,要拟定一份运销合理化的企划案,那么就会需要企划者具备以下几方面的知识:①对运销本身的专业知识;②对运输机械、设备有关的专业知识;③对系统及电子计算机有关的专业知识;④对商品运销成本计算有关的专业知识等。

这些专业知识,对企划者来说,如果不懂,是过不了关的。

最近,药品生产经营企业中有些自动化程度较高的企业的储运系统使用了立体自运仓库,由于采取联动电脑系统自动进货、出货、库仓补货的预告、订货方案也能够自动制表。几年以后,不仅能以链接和带子操作,还可以直接靠人的声音来操纵出货、分级、分配等工作。这些专门知识,企划者有必要靠日常的用功来达成基础性理解。不然在实际面临企划问题时,即使看了说明书、图片、样板、听了同业者的谈话,也无法充分理解,那么就无法去拟定这种需要高度专业知识的企划案了。

除了像这类与机械或设备有关的专业知识之外,其他还有为了将程序书面化作流程表的知识,以及关于计划网络技术的实践能力等。企划复杂的情况,都要求企划者具有相当的专业知识和专业能力。

(六)创意的产生

经过艰苦的资料收集、整理阶段后,头脑中有了丰富的信息,于是创意会不断涌出。

1.创意的发想

创意的发想也称发想点子,可分为两大类别。①根据理论和经验,运用自己头脑中积存的情报,以及由外部收集来的情报为基础,予以取舍、加工、变形,组织,以获得新着想点(暗示)或灵感,并使其成熟为创意。②客观地观察与企划主题有关的现场状况,找出现场显著或潜在的事实及欲求。它不仅包括积极的欲求,还包括不平、不满、不安等消极的欲求。把握、感知、洞察这些事实所发出的信息,并妥为整理,提升至创意的阶段。

2.如何进入发想

首先,发想是由着想酝酿而成的。

单纯的念头,可以算是着想,却不能当做创意或发想。在着想之中,实际能够发展成创意的,只不过几分之一而已。而这些创意,在进入企划案中,化为实行计划的阶段时,又会减少几分之一。

例如,假定我们要考虑扎啤冬季促销对策的企划。如何才能制止冬季销售额降低而维持一定的营业额。在这个企划主题之下,首先要以种种方法来寻求"着想点"。

以下各种着想点可能出现:①可以烫热喝的扎啤如何;②冬天也开啤酒屋连锁店如何;③强调围炉喝扎啤如何;④和电热器、电暖器厂商联合做广告宣传如何;⑤在北方城市举行喝扎啤比赛如何;⑥冬季优价特卖如何;等等。

这些着想点,也许是激发企划创意的启示与念头。然而,经过种种条件的深思熟虑之后,当准备做进一步具体化尝试时,大部分却消失于无形。

这时这些着想必须化为创意。例如,同某家暖炉制造商合作:①购买暖炉则附赠一打瓶装扎啤;②举行在有暖炉房间喝扎啤的摄影比赛;③征求含有暖炉和扎啤的广告标题或歌词等创意构想。

这样一来,"着想"便化为能够纳入具体企划内容中的创意。能够酝酿到这种程度的具体创意,再在企划会议中作为提案提出,总比还在着想阶段具有更高的说服性。因此被采用的可能性也提高了。着想如果不能成为具有实行可能性的创意的话,最后往往都会消失无踪。

其次,发想是否有效。

能不能获得好的企划创意,是企划内容优劣、企划能力高下的决定因素。此时,企划者为了获得好的企划创意,便需要做各种努力,不断自我训练。因此,企划人常常要问,有没有什么有效的"发想法"。因为如果可以找到激发企划创意的有效发想法,并能熟练运用,就等于提高了企划者的能力。

再次,强化发想的程序。

想到"增强发想方法"时,到底有什么手法可循呢?而且要做到谁都容易了解,谁都可能实践。关于这些,日本学者川江朗在《增强发想法》中,提出了12个步骤可供实践参考。①明确掌握问题;②收集情报;③调查事实;④排出问题顺序;⑤设定截止日期;⑥设定解决目标;⑦以理论追溯;⑧活用关键语、核对表(check list);⑨描出印象;⑩改变观点;⑪探求类比;⑫执著思考。

(七)过滤创意

获得企划着想之后,便进入了将其酝酿成具有现实可能性的企划创意,以便放入企划案中。然而并不是所有的着想点,都能成为企划创意,因此必须做一番过滤、加工、组合等作业。

1.找出中意的点子

假设从动脑会议或现场探索中,得到了几十个甚至上百个着想点,我们就要从其中找出最切合企划主题的着想点,并将效果较好的着想点,转化为创意,纳入企划内容。

当然,一个企划案并不是只能容纳一个创意,而是可以同时容纳几个企划创意。此外,针对一个企划主题,往往不只是制作一个企划案,而可能作出数个企划案来。这些企划案又都包含几个创意。

因此,如果着想点不是很多时,就可以直接进入企划创意的阶段。如果点子太多,必须进行一番选择、过滤,将着想点一一写在链接上,读出来,研究讨论。

2.企划力与实现力并重

企划的内容,几乎可以在企划创意的阶段就决定了。然而,不管这企划创意有多么杰出,如果没有能使其实现的企划力,那么终究仍属梦想而已。实现力高的企业,拥有能够实现非常高层次而且困难的企划。相反的,实现力低的企业,则连不太难的企划,也没有能力实现。

这种企划力和实现力,可以说是推动企划的两个巨轮。对企业来说,必须努力加强这两轮的实力。

如果企划力大于实现力时,好的企划无法实现,企划力等于白费。相反的,如果企划力小于实现力,也就是有些企业的企划力追不上实现力,那么这实现力也运用不上。

实现力也就是将企划带进实现阶段的力量,可以说是一种接近企划力的东西。因此如果企划力、发想力强的话,应该是任何企划都可能产生的,然而实现力却不一定能做到。往往因为受某一轮的限制,而使企划推动不了。

3.追求差异性

通常我们把企划的假设分为三种层次。

(1)尝试层次的企划　由既知的创意或组成的企划,稍加修正、加工而成。

例如,在以女演员为主角的电视广告上,让男扮女装或反过来以女扮男装出场作为企划的创意,这也总比完全不做新尝试的陈腐企划,或完全照抄的企划稍强,这种企划至少尝试达成新鲜感和差别化。

(2)企图层次的企划　是多花一点脑筋,变化切入口,加上新创意的企划。凭借这种努力,可以获得的效果比既知创意的企划要高一些。

例如,国有铁路总公司的公关企划,打出"从一张车票开始"和"好日子去旅行"的独特广告,配合照片和印象性图样,激起公众旅行意愿的方法。这种公关广告,能够大胆突破常识阶段,用心创造独特的切入口,结果一改过去的印象,必可收到了令人耳目一新的效果。

(3)谋略层次的企划　更进一步的发想,就是一反过去既知的创意或常识的发想,作出被认为不可能的企划。某企业做药品广告希望美国总统出现在广告上,就是这种例子。

4.讲求时间效率

在寻找企业的着想点和琢磨企划创意时,有一个诀窍是设定截止时限。

所谓截止时限,是某一天几点钟为止的时间限制。也就是说,对某一企划主题,思考好的着想和将这些着想化为企划时,从必须提出企划书的截止日期,这样决定下来以后,依人类的习性,会随着截止时间的迫近而提高紧张感,被迫不得不作出一点什么出来,于是灵感和创意也被逼出来了。这就像学校的考期到了,忽然用功起来,临时抱佛脚是一样的原理。

如果是机器的话,那都是按照时间进行工作;但是人的心理和习惯如果没有急迫感,便常常拖拖拉拉地无法进入工作的状况。聪明一点的人只要开一个夜车就能考及格,发想、创意也是如此。这或许是因为人类的头脑结构天生就是这样的吧。

熟练的企划者,在决定企划主题之后,便从提出企划书的时限倒算,然后分别决定:①寻找、思考企业暗示的截止时间;②整理企划创意的截止时间;③作成企划书的截止时间。朝着这些截止时间,循序渐进地进行工作。

如果企划书提出的截止时间尚未明确决定,或还有相当长的时间时,企划者可以凭自己的计划,设定截止日期及各阶段作业的时限,以进行企划作业,也就是在自己心里设定时限,以制造紧迫感。

三、整理企划案

无论着想多么杰出,创意多么独特,如果只有立案者自己的了解和满足,则无法成为企业层次的企划。企划唯有向上级、同事提出,或向企划审议会等会议组织提案,经过审议、承认、支持之后,才能成为企业层次的企划并付诸实施。

因此,身为企划者(企划小组),首先需要具备产生杰出创意的能力,同时还必须具备将创意整理为企划书,向组织提案,经审议通过,以便在实行时得到强有力的支持的能力。为了达成这个目的,企划者必须时刻努力提高"企划书立案能力"。

(一)整理企划案的几种技术

面对杰出的构想,独特的创意,怎样才能使它们更好地与主题相互促进?怎样使企划案更容易被领导和员工理解和接受?这是企划者在创意产生后所必须解决的事情。这里介绍几种整理企划案的技术。

1.创意要适可而止

将企划创意整理成具体企划案时,有所谓整理的秘诀和技术。

因为企划永远是在有限的时间、有限的资源、有限的资金等条件限制下去实现一件事的,所以创意和效果越是贪心,这些资源的分配就会越分散而不明显。此外企划也会失去新鲜度,让魅力散失。希望企划人记住,割舍、放弃是企划的一项极其重要技术。

2.将复杂的企划化整为零

对于结构复杂的企划应予以层层分解。

企划可分为短期可实现的企划和需要长时间才能实现的企划两种。

在着手企划时，必须事先展望企划立案由着手至完成的全部过程，甚至若能预测其结果则将更为理想。但是事实上，要展望整体过程，具有许多不确定因素，因此想要一口气达成最终结果，往往伴随着若干的困难。这时可以对需要相当时间才能完成企划，设定几个中间阶段的"中间目标"，采取分段实现计划的企划策略方法。

3.制造企划的决胜点

企划案具有高度说服性是很重要的。说服性低的企划，无论怎样都很难获得支持和协助。

要使企划具有说服性，有一个重大条件：那就是该企划是否具有"决胜点"。具有"决胜点"的企划，焦点尖锐，容易打动对方的心。因此，在制作企划立案时，要深入思考以什么作为决胜点来整理企划。

什么是决胜点呢？它有时是强有力的企划概念，有时是企划创意的独特性，甚至是对于企划主题的鲜明切入方式。

没有决胜点的企划，正如没有吸引力的女人一样，魅力不足，吸引力不够。这一点企划人应该心里有数。

4.在企划中注入"个性"

杰出的企划往往都包含了企划者的个性，让别人一看就知道"这果然是那个人的企划"。正如同样题材的电影，因不同的导演显示出特有的差异一样。此外，同样是投球，杰出投手投出去的球也自然有其个性。

所谓企划者的个性，就是对企划的自我主张，大体而言，包括企划者的信念、哲学，甚至也可称为他的人生观。说得夸张一点，企划者把生命都赌注在企划上了。因此，杰出企划者所做的企划，强烈而深入地反映出本人的个性。这种个性的光辉，将化为企划的魅力，吸引众人，引起共鸣，而获得支持。同样的道理，一个杰出企业的企划，必然充满企业的个性，显示经营者的信念。

5.有必要准备第二、第三案

做企划案时，未必一定要把所有的精力全部投注在一个方案里。针对同一个主题，不妨有两个或三个企划案。

当然有时候企划者对某一个企划案深具信心，这时倒也不必一定要作出第二、第三案。但是，以企业的现实情况来说，通常在企划审议会时，往往会出现各种意见，这时如果事先备有代替案则比较妥当。

审议时所出现的问题，不一定是理论上的，有的是由于个人的偏好或主观，或当场所想到的意见。要想把这些意见，全部融入一个企划案中，往往有困难。然而，也不能全部舍弃，置之不理，这样做很可能反而使事关紧要的企划案无法得到支持。

这时候如果事先备有第二、第三案，则企划者可以提出"某经理的想法，和这第二案相符合，某副总的意见可以纳入第三案。不过，以提案者的想法，因为某某理由，认为第一案最适合，希望由各位审议委员决定"。可以这种方式，促成企划案通过。

与其因第一案被否决，而使企划主题本身壮烈阵亡，不如因有第二案、第三案而使该主题得以实行。

6.企划案要有一定的弹性

如果在多种提案中，使其中之一实现是一种企划技术的话，那么修正、妥协，也可以说是重要的企划技术。这是一种在企划立案或审议的过程中,经过修改、妥协,使得当初的意图即使不能百分之百地实现,但也能在某种程度上使原企划意图得以实现的想法。

妥协并不是一种两者加起来除以二的技术。而是为了贯彻企划本质所采取的形式上做适度的让步,采纳对方的意见,而结果让企划案实现的技术。

对企业中的企划者来说,事实上虽然妥协,但本质上不变的"妥协案拟定技术"是非常重要的技术。头脑要能随机应变,不怕妥协。

(二)企划案结果的预测

做企划的目的何在? 企划是为了根据该企划案采取某种行为,达成某种结果,最后期待能获取某种成果。

大家都知道计划—行动—考核(plan＋do＋check)是管理循环流程的原则;在企划方面,同样也适合这种原则。计划的部分即属于企划的部分。企划是从现状的考核(问题点的认识、分析、意识化)中引出主题,再针对这主题进行企划,根据这一企划实行以后所得出的结果,对这结果进行考核、总结,再反馈至下一个企划和行动中,这是企业中一个企划循环的完成。

为了对企划结果进行考核、检查,便需要有考核的基准,也就是必须要有某种衡量、检测的尺度。这尺度必须在企划结果得出之前,就预先准备好。通常的企划案在制作成时,会对该企划实行的结果先进行预测,这个结果的预测值,就是考核企划结果的尺度。因此,当企划案制作成时,一定要先预测结果,以便事先确立考核的尺度。

当然,属于企业日常性的工作,只要去做,就能进行得基本令人满意。

但企划不是这种例行公事的工作,而是非例行公事型的,是一种加上新的发想和行动的周期循环型计划性的活动。如果没有事先计划,就不能采取行动,如果对计划的结果不事先观测,则无法进行正确的考核。

因此,针对某一主题的企划化为实行计划时,应尽可能假想该计划实行的状况,并根据这状况而正确不遗漏要点地预测结果,并须养成以此预测作为企划的预测值记录下来的习惯。

越是复杂的企划,越难预测其结果。而越是难以预测结果的企划往往需要投入越多费用和人力。因此这类的企划即使困难,还是需要进行结果的预测。

(三)选出企划案

对一个企划主题,如果有多种创意构想时,可以因取舍、选择和组合的方式不同,而作出几种不同的企划案,而且往往有难以取舍的情形发生。

这时候,有些企划者自己就有能力进行断然的决定,而有些企划者却非要上级明确指出企划的范围,否则便犹豫不决,不知如何是好。尤其在负责审议、决定、采用企划案的上级或主管会议,对企划构想、费用及期限,没有明确的指示,只说一声"看着办吧!"这时身为企划者,就不得不对这"看着办"自行下判断了。

在这种情形下,往往会试做几种企划案,再从其中挑出自认为最好的提出去,然而,哪一案才是最好的呢? 如果每个案子都各有优缺点时,就更难决定了。

这时候,企划者该以什么基准来选择创意,选择企划案才好呢? 企划者必须拥有自己的选择基准。有关基准的选择,可以进行如下的考虑。

一种办法是,姑且不管别人是否喜欢,企划者可优先选择自己最有自信的创意组合和企划案。

　　大体上，企划者有自信的个案，内容会比较扎实，同时具有说服性。即使被许多人提出各种质询，也能颇得要领而信心十足地加以说明。

　　此外，第二种办法是，如果没有对任何一案特别有自信，每一案都各有优缺点，那么就选择企划者最喜欢的一案。就算不是最有自信的，却是自己最喜欢的企划案时，也总可以套进自己所得意的技法或得意的模式中。

　　像这种企划者自己喜欢的企划案，可以说是具有企划者的个性和特色的企划类，就算稍有困难，也还是具有想说服别人以求实现的意愿。因此，在各有利弊时，也大可不必犹豫，尽管选择根据企划者所喜欢的创意所构成的企划案模式。

　　通常比较常见的选择法往往是顾及审议人员的偏好而选择企划案。例如，总经理担任审议会的主席时，往往会分析"总经理到底喜欢哪一个构想"。而以总经理的偏好为优先顺位，却忽略了真正优秀的企划和自己有信心的企划构想。

　　这种做法虽然实现的可能性高一些，然而企划是为公司设想而做的，并不是为总经理而做的，因此当然应该以企划者自认为最有信心的企划为优先才对。

　　有几种企划案可以考虑时，对于认为不宜以企划者的自信和喜好为依据，而应采取更客观的选择基准、选择方法的人来说，则不妨采取以下的方法。

　　选择指标之一是以费用对效果比最低的企划为优先。所谓费用对效果比，是指为实现企划所需投入的总费用预估，与实现企划可得总效果预估的对比，也就是费用越小，效果越高，表示企划效率越高。

　　其次可以列入考虑的选择指标是企划案实现的难易度。在几个企划案中，以不需要太辛劳便能实现的个案为优先。企划案实现的难易度，会因实现企划所需人员、场所、工具、知识、期限、环境等的不同而有差异。例如，需要高度知识和熟练度的企划，就是难度较高的企划；需要较难制作的工具的企划，也是属于难度较高的企划。

　　企划者往往刻意选择那些比较别出心裁、实施起来困难较大的企划案。如果这是企划者个人的特殊兴趣倒也不妨，但以需要动员企业中各种要素来为之实施的企划来说，却不是一种令人敬佩的想法。如果是属于组织中的企划，则最好还是选择容易实现的企划案比较明智。

四、企划的方法

（一）角色扮演法

　　所谓角色扮演法（role playing），是站在别人的立场去思考问题的一种方法。

　　在人际交往过程中，这种把自己设想为他人，"假如我是他……"，常使自己凡事设身处地地为别人着想，而使自己广得人缘，成为别人信赖的人。

　　如把角色扮演法用在企业界的话，就变成了"假如我是顾客"。举例来说明假如你是一个销售员，那么你原来在销售某药品时，心中会想："我应当如何销售才能使顾客购买我的产品呢？"如果角色对调，把自己设想为顾客，心中就会这样想："我是一个顾客，销售员要如何向我销售才会买他的药品呢？"通过这种角色对调，销售员就会针对顾客的需求考虑自己的销售计划，从而有利于药品的顺利销售。

　　在对销售员进行训练的过程中，运用角色扮演法效果很好。另外，借助角色扮演法的启发，企划人能够不断地作出促销发展的企划。

(二)相似类推法

所谓相似类推法,是拿形体相似的东西来刺激自己产生构想的一种思考方法。

运用相似类推法最简捷的方法是从大自然中找到相似的东西,以此类推,激发出灵感。有关这类的例子,不胜枚举。例如,飞机设计的灵感来自天空的飞鸟;蛙鞋的发明,其灵感来自青蛙的后脚。美国人查理斯·道多年观察潮水的起落与波浪的变化,领悟出一套道氏股价理论。他发现,股价的涨跌好比潮水的起落,怎么来就怎么去,而且涨多少就会跌多少;在多头市场,一波比一波高,而在空头市场,一波比一波低,它的起势与波浪一模一样。

"台湾农林厅"曾运用相似类推法,利用广告手段,成功地向大众推出香蕉与凤梨两种水果产品。当时,广告企划人想利用明星来做这两则印刷广告。既要利用名人的知名度,又要突出产品,二者如何巧妙结合起来呢?广告企划人由香蕉的英文名称 BANANA,联想到台湾著名歌星包娜娜,她那甜美的歌喉、优雅的舞姿,以及那首家喻户晓的《掌声响起》,足以引起大众的注意。而且英语香蕉 BANANA 读音,与"包娜娜"恰好谐音,灵感爆发了:包娜娜与 BANAN-A,甜美的歌声与美味的水果;包娜娜 BANANA(香蕉)的诱惑,绝了!

同时,凤梨的广告也利用了走红歌星凤飞飞名字的谐音,以这位妙龄女歌星多情的口吻,向消费者推荐"甜蜜蜜的台湾凤梨"。

除了取自于大自然之外,利用别人的构想来刺激自己的构想,也是相似类推法。1982 年,日本山根昭美博士在长期研究中无意间发现了"冰温",它代表了食物保鲜的新温度区。一般认为食物到零度便会结冰的观念是错误的,只有纯水在零度才会结冰。一般水果、鱼肉等在 $-3 \sim -1℃$ 才会结冰,这是很多食物开始结冰的温度,因此称之为"冰温"。冰温能防止细菌的繁殖,是保鲜与保持食物原味的最佳温度。山根昭美博士的"冰温理论"公布之后,日本三洋电机冰箱企划部部长平石奎太,利用山根"冰温"的构想,刺激自己的构想,主动与山根联系,共同研究开发出冰温电冰箱。传统的冰箱分为冷藏与冰冻库。冷藏库的温度大约在 $7 \sim 8℃$,在此温度下细菌仍然滋长,因此食物仍会腐败;冷冻库的温度大约在 $-16℃$ 左右。在此温度食物虽可保鲜而不腐败,但消费者饱受解冻之苦。冰温电冰箱设有冰温室,保持在 $-1℃$ 的温度,既能防止细菌繁殖,又能保持食物的新鲜与原味,而且能免除解冻的烦恼。这实在是一项了不起的创意。

(三)逆反思考法

所谓逆反思考法,是完全从相反的方向来思考的一种方法。

为了修建一座动物园,决策者举行了一个专家会议,讨论怎样才能捉住老虎。会上有位拓扑学家的构思非常巧妙,他说:"不必再谈了,老虎已经捉到了!我用了一个拓扑变换:把笼子的内部变成外部、而把外部变成内部,不管哪里有老虎,都可以用这种方法捉到!"乍听起来,他的发言非常荒谬,但事后决策人从中受到了自发,建立了天然动物园。在这种动物园中,老虎和其他野兽在自然环境下生活,而参观者却被送进活动的笼子——在密封汽车里游览。正所谓:"把笼子的内部变成外部。"目前在世界上,这样的天然动物园不止一个,而且非常受游客欢迎。

运用逆反思考法,从事情的反面看一看,会使你看到通常正面所看不到的东西,从而帮助你把思维从根深蒂固的框框中解脱出来。

日本丰田汽车公司独具一格的"看板"管理方式就来源于当时的丰田副总经理大野耐一的

逆向思考。大野在考察汽车组装流水作业线时,发现由于零部件送达不及时,经常造成流水线各环节脱产停产,而仓库为防止零部件跟不上,往往储备大量暂时不用的零件,资金积压。当时,人们在考虑改进流水线工作时,往往是从前一工序向后一工序逐步下推。这样很难发现积压浪费、互不衔接的停工待料现象。大野一反常规,将问题倒过来考虑:不从前一工序向后一工序推,而是后一工序在需要时去前一工序领取正好需要数量的那些工作。这样,前一工序只要生产后一道工序所需数量的那部分可以了。各工序之间只要明确表示"某种东西需要多少",便可以衔接起来,而且消灭了积压浪费现象。

(四)列举法

列举法是一种运用联想力来思考的方法。由于联想思考的过程是先列出产品的属性或类别,再加以改变或组合,所以称之为列举法。

其实,有许多东西的"创造"都是一些看似毫无联系的事物重新组合的结果。日本千叶大学知名教授多湖辉认为:"企划内容的 97.9% 是任何人都知道的、非常常见的普通东西,当它们被一种新的关联体系重新组合起来,具有相当的时效性时,就能发展成企划。"

崔健的前任经纪人、现任指南针乐队的经理人——王晓京,只不过把京城的十大"摇滚"汇集在一起,就干出了一件轰动海内外娱乐圈的大事。1992 年冬,在他的策划下,北京十大摇滚乐队:"黑豹""呼吸""女子""指南针""AGAIN""做梦""超载""新谛"以及王勇、常宽汇集于"亚洲第一大棚"——百花录音棚,以在大陆目前为止最大的投资和最鼎盛的阵容制作了《摇滚北京》。据《中华工商时报》报道,《摇滚北京》的前期录音尚未完成,海内外音像公司的发行腕爷们便闻风而至,抢购磁带和 CD 大碟的发行权。

在新产品的开发或改良旧产品的过程中,经常要运用列举法。列举法一般分为属性列举法和类别列举法两种现进行一简单介绍。

1. 属性列举法

属性列举法很简单,只要把旧产品的属性一一列在表上,然后逐一思考改变的方向即可。以电话机为例来说明,其步骤如下。

(1)首先列举电话机的属性,它包括颜色、铃声、形状、材料、拨号盘、听筒等。

(2)然后就每一项逐一思考改变的方向。①颜色:传统的黑色可改变为什么颜色? 红色? 黄色? 白色? 还是彩色? 可不可以是透明的呢? ②铃声:传统的电话铃声可改变为什么声音呢? 鸟叫声? 狗叫声? 还是来一段交响乐? ③形状:传统的形状可改变为什么形状呢? 圆柱形? 长方形? 三角形? 还是各种各样可爱的小动物呢? ④材料:是否可选用木材? 玻璃? 陶瓷? 或金属材料? ⑤拨号盘:用按的还是用说的? ⑥听筒:传统的听筒可进行如何改变? 把它跟拨号盘分离? 不用拿在耳边即可通话?

2. 类别列举法

在开发新产品时,最常用类别列举法。这种方法也很简单,先把要开发新产品的类别产品一一列举出来,然后从个别产品的组合得到灵感。举例来说,假设要开发文具用品的新产品,其步骤如下。

(1)把与文具用品有关的产品通通列举出来,如尺子、美工刀、胶水、胶带、剪刀、订书机、订书针、大头针、曲别针、圆珠笔、涂改液、橡皮擦、铅笔盒、钢笔、拆信刀、毛笔、水彩笔、卷尺、信纸、信封、笔记簿、资料夹、包装纸、圆规、日记本、生日卡、贺年卡、地图、墨汁等。

(2)然后把其中两种或多种结合起来,从中得到灵感。

一位年仅24岁的日本小姐玉村浩美,曾经运用列举法,创造出1985年全日本最畅销的产品——"迷你文具组合"。她在文具品中选择了尺子、美工刀、胶水、胶带、剪刀、卷尺、订书机七种产品,按一定的比例缩小,然后装在一个长12cm、宽8.5cm、高3.5cm的盒子里。这种新产品上市后,一年之内就卖了300万套,一共赚了54亿日元。

(五)潜意识思考法

所谓潜意识思考法,是利用人类的潜意识思考来孕育构思、解决问题的一种方法。

人类的心理分为意识与潜意识。意识就像浮在水面的冰山,虽可观察,理解,但仅代表整个心理的一小部分;潜意识好比水面下的冰山,虽不可观察、理解,但它支撑着水面上的冰山,它不但是心理的一大部分,而且还会持续不断地思考问题并解决问题。

潜意识可孕育出构想,是人类一项宝贵的资源,然而却常常被一般人忽视。只有杰出的艺术家、发明家、企划人不仅相信它的存在,而且经常利用潜意识来创造、发明。

当今世界销量最大的香烟万宝路的成功,就是运用潜意识思考法的范例。世界上每抽掉4支烟,就有1支是万宝路。请问:万宝路为什么如此畅销?美国一家金融界权威杂志《富比世》专栏作家斯特鲁特·布洛尼克为此调查了1546个万宝路烟的爱好者。调查结果表明:许多被调查者说喜欢这个牌子是因为它的味道好,烟味浓烈,使身心感到愉快。可是布洛尼克对此表示怀疑,他认为真正使人迷上万宝路的不是它与其他烟之间在味道上的细微差别,而是万宝路广告给香烟带来的一种感觉上的优越感。为证实这一结论,布洛尼克做了一个实验:他向每个自称热爱万宝路味道的万宝路瘾君子以半价提供香烟,这些香烟虽然外表看不出牌号,但厂方可以证明这些香烟确为真货,并保证质量,同商店出售的万宝路香烟一样。但结果出乎意料,仅有21%的人愿意购买。布洛尼克解释这种现象说,烟民们真正需要的是万宝路广告、包装所带给他们的满足感。简装的万宝路口味质量同正规包装的万宝路一样,但不能给烟民们带来这种满足感。这表明,正是广告策划者设计的西部牛仔形象,满足了烟民们成为大丈夫气概的潜在欲望,才使得万宝路如此的畅销。

五、企划书的格式

原则上,企划书不应该有固定的格式。不过,对毫无经验的企划人而言,要思索出企划书的格式是极不容易的事。因此,本章依性质的不同,介绍几种常见的不同企划书的格式,以供企划新手撰写企划书时参考,同时对企划老手也有参考价值。

(一)企划书的一般格式

1.企划书的基本构成要素

企划书的种类,因提出的对象与内容不同,而在形式和体裁上有很大的差别。但是,任何一种企划书的构成都必须有5W2H1E,共8个基本要素。

What(什么)——企划的目的、内容。

Who(谁)——企划相关人员。

Where(何处)——企划实施场所。

When(何时)——企划的时间。

Why(为什么)——企划缘由、背景。

How(如何)——企划的方法和运转实施。

How much(多少)——企划预算。

Effect(效果)——预测企划结果、效果。

任何一种真正意义上的企划书必须具备上述 8 个基本要素。值得一提的是,要注意 How much 和 Effect 对整个企划案的重要意义。如果忽视企划的成本投入,不注重企划书实施效果的预测,那么,这种企划就不是一种成功的企划。只有 5W1H 的企划书不能称之为企划书,只能算是计划书。

2.企划书的一般格式

企划书的一般格式大致如下。

(1)企划书名称 企划书的名称必须写得具体清楚。举例来说,《如何防盗企划书》的名称就不够完整、准确。应该修正为《北京市朝阳区 2013 年 6 月至 12 月防盗企划书》。

(2)企划者的姓名 企划者的姓名、工作单位、职务均应一一写明。如果是集体企划的话,所有相关的人员的姓名、工作单位、职务均应写出。

(3)企划书完成时间 依照企划书完成的年月日据实填写。如果企划书经过修正之后才定案的话,除了填写“某年某月某日完成”之处,还要加上“某年某月某日修正定案。”

(4)企划目标 企划的目标要具体明确。例如,在 2013 年 6 月至 12 月,北京市朝阳区盗窃案应该降低 10%。

(5)企划的内容 是企划书中最重要的部分,包括企划缘由、背景资料、问题点、创意关键等方面内容,具体内容因企划种类的不同而有所变化。但必须以让读者一目了然为原则。切忌过分详尽、拉杂,否则会令读者感到枯燥无味。此外,还要注意避免强词夺理的内容。

(6)预算表和进度表 企划是一项复杂的系统工程,需要花费一定的人力、物力和财力。因此,必须进行周密的预算,使各种花费控制在最小规模内,以获得最优的经济效益。在预算经费时,最好绘出表格,列出总目和分目的支出内容,既方便核算,又便于以后查对。企划进度表则是把企划活动的全部过程拟成时间表,何月何日要做什么,加以标示清楚。以便日后检查。

(7)企划实施所需场地 在企划案实施过程中,需要提供哪些场地、何种场地,需提供何种方式的协助等,均要加以说明。

(8)预测效果 根据掌握的情报,预测企划案实施后的效果。一个好的企划案,其效果是可期待、可预测的,而且结果经常与事先预测的效果应当接近。

(9)参考的文献资料 有助于完成本企划案的各种参考文献资料,包括报纸、杂志、书籍、演讲稿、企业内部资料、政府统计资料、调查报告等,均应一一列出。一来表明企划者负责的态度,二来则可增加企划案的可信度。

(10)其他注意事项 为使本企划顺利进行,其他重要的注意事项应附在企划案上,诸如:①执行本企划案应具备的条件;②必须取得其他部门的支持协作;③希望企业领导向全体员工说明本案的重要意义,借以达成共识,通力合作。

现将上述企划书的一般格式进行归纳(表 11-2)。

表 11 - 2　企划书格式

	企划书的一般格式
封面	(1)企划书名称 (2)企划者的姓名　　要求具体、清楚 (3)企划书完成时间
正文	(4)企划的目标　本企划书的主要内容 (5)企划的内容
细化内容	(6)预算表与进度表 (7)企划场地 (8)预测效果
附件	(9)参考的文献资料 (10)其他注意事项

(二)常见的几种企划书格式

不同的企划书,因其内容的不同而在格式上有所变化。现分别介绍几种常见的企划书格式,重点放在企划书正文的内容安排上。

1.营销企划书的格式

一份完整的营销企划书的构造分为两大部分:一是市场状况分析,二是企划书正文。

(1)市场状况分析　要了解整个市场规模的大小以及敌我对比的情况,市场状况分析必须包含下列 12 项内容。

1)整个药品市场的规模。

2)各竞争品牌的销售量与销售额的比较分析。

3)各竞争品牌市场占有率的比较分析。

4)消费者年龄、性别、职业、学历、收入、家庭结构之分析。

5)各竞争品牌药品优缺点的比较分析。

6)各竞争品牌市场区域与药品定位的比较分析。

7)各竞争品牌广告费用与广告表现的比较分析。

8)各竞争品牌促销活动的比较分析。

9)各竞争品牌公关活动的比较分析。

10)各竞争品牌定价策略的比较分析。

11)各竞争品牌销售渠道的比较分析。

12)公司过去 5 年的损益分析。

(2)企划书正文　营销企划书正文由 6 大项构成,现分别说明如下。

1)公司的主要政策:企划者在拟定企划案之前,必须与公司的最高领导层就公司未来的经营方针与策略,做深入细致的沟通,以确定公司的主要方针政策。双方要研讨下面的细节。

　・确定目标市场与产品定位。

　・销售目标是扩大市场占有率还是追求利润。

　・制定价格政策。

- 确定销售方式。
- 广告表现与广告预算。
- 促销活动的重点与原则。
- 公关活动的重点与原则。

2)销售目标:是指公司的各种产品在一定期间内(通常为一年)必须实现的营业目标。一个完整的销售目标应把目标、费用以及期限全部量化。举例来说,从 2011 年元月 1 日至 12 月 31 日为止,销售量从 5 万个增加到 6 万个,增长 20％;营业额 1 亿元,经销费用预算 3000 万元,推广费用预算 1000 万元,管理费用预算 1000 万元,利润目标 1000 万元。

销售目标量化有下列优点。

- 为检验整个营销企划案的成败提供依据。
- 为评估工作绩效以及奖罚提供依据。
- 为拟定下一次销售目标提供基础。

3)推广计划:企划者拟定推广计划的目的,就是要协助实现销售目标。推广计划包括目标、策略、部门计划等三大部分。

目标:企划书必须明确地表示。为了实现整个营销企划案的销售目标,所希望达到的推广活动的目标。举例说明,为了实现上述销售增长 20％、利润 1000 万元的销售目标,在一年之内必须把品牌知名度从 30％提高到 50％;此外在公关活动方面,大众对公司的良好印象率从 40％提高到 60％。

策略:决定推广计划的目标之后,接下来就要拟定实现该目标的策略。推广计划的策略包括广告表现策略、媒体运用策略、促销活动策略、公关活动策略四大项。

- 广告表现策略:针对产品定位与目标消费群,决定广告表现的主题。
- 媒体运用策略:媒体的种类很多,包括报纸、杂志、电视、广播、传单、户外广告等。要选择何种媒体? 各占多少比率? 广告的视听率与接触频率有多少?
- 促销活动策略:促销的对象,促销活动的种种方式,以及采取各种促销活动所希望达成的效果是什么。
- 公关活动策略:公关的对象,公关活动的种种方式,以及举办各种公关活动所希望达到目的是什么。
- 部门计划:详细说明实施每一种策略所进行的细节。
- 广告表现计划:报纸与杂志广告稿的设计(标题、文字、图案),电视广告的创意脚本、广播稿等。
- 媒体运用计划:选择大众媒体还是专业化的报纸与杂志,还有刊登日期与版面大小等;电视与广播广告选择的节目时段与次数。另外,也要考虑总视听率与广告信息传达到每千人平均之成本。
- 促销活动计划:包括药品购买点陈列、展览、示范、抽奖、赠送样品、试用会、折扣等。
- 公关活动计划:包括股东会、发布公司消息稿、公司内部刊物、员工联谊会、爱心活动、同传播媒体的联系等。

4)市场调查计划:市场调查在营销企划案中是非常重要的内容。因为从市场调查所获得的市场资料与情报,是拟定营销企划案的重要依据。此外,前述第一部分市场状况分析中的 12 项资料,大都可通过市场调查获得,由此也显示出市场调查的重要。

然而,市场调查常被高层领导人与企划书人员所忽视。许多企业每年投入大笔广告费,而不注重市场调查,这种错误的观念必须尽快转变。

市场调查与推广计划一样,也包含了目标、策略以及部门计划三大项。

5)销售管理计划:假如把营销企划案看成是一种陆海空联合作战的话,销售目标便是登陆的目的。市场调查计划是负责提供情报,推广计划是海空军掩护,而销售管理计划则是陆军行动了。在情报的有效支援、强大海空军的掩护下,仍须依靠陆军的攻城略地,才能获得决定性的胜利。因此,销售管理计划的重要性不言而喻。销售管理计划包括销售主管和职员、销售计划、销售员的挑选与训练、激励营销人员和营销人员的薪酬制度(工资与奖金)等。

6)损益预估:任何营销企划案所希望实现的销售目标,实际上就是要实现利润,而损益预估就是要在事前预估该药品的税前利润。只要把该药品的预期销售总额减去销售成本、营销费用(经销费用加管理费用)、推广费用后,即可获得该药品的税前利润。

2.新产品开发企划书的格式

略。

六、提案、实施和检查

企划案既要提出,自然应该以被采用为前提。

(一)提案

企划案制作成并选好之后,就得提案并付诸实行了。也就是说,企划要向审议会或指导企划的上级提出报告。费尽苦心拟好的企划案,如果不能在审议会上通过,或不被决策者采纳,那么到底为谁辛苦为谁忙? 为什么要做这个企划呢? 对企划者自己来说,也许学到了一些东西,但对企业整体来说,不采用的企划案所费的劳力、精神等都浪费掉了。这对企划者和企业来说,都是不受欢迎的。

企划案既然要提出,自然应该以被采用为前提。这种想法才是企划者正确的态度。因此企划者便不得不在事前做好准备,也就是在企划案提出以前,做好充分的准备,以便尽量提高被采用率。

(二)实施与检查

企划案一旦被通过,此时撰拟企划案工作就算告一段落。企划人员可能会认为此时可以放松了,甚至有的企划人员会认为此时就可万事大吉了。但千万别忘了企划到此并未结束,还有两个非常重要的后续动作——实施与检查。再好的企划案,若不能很好地加以实施,也只能是废纸一堆,更谈不上好坏。企划人一方面要对各部门(生产、人事、财务、总务等)的任务详加分配,分头实施;另一方面根据修正妥当的预算表与进度表,严格控制企划案的预算与进度。

企划从"构思"到"检查",可以说就到此结束。但作为一个专业企划人,不应该认为就此完结,应该将上次企划结束点作为下一个企划的开始点。企划实施经过的问题点、反省点以及改善点,对企划者来说,是下次以后企划参考和学习的宝贵资料。

在检查、研究、分析结果时,最重要的态度是,不能开始就先下结论:"可能是因为……"例如,新进员工教育的企划案,效果不如预期良好时,就先下结论:"大概是授课人不热心授课吧!"于是在分析结果时,就自然只看到授课人不热心这一点,而一味地收集有关这方面的资料和意见。

第三节　产品企划概述

一、产品企划的内容

一个新产品的开发,是集合了市调人员、科研人员及公司决策层大量人力、物力、财力,经过长期基础研究,通过周密策划后上市销售的复杂过程。搞好产品的市场开发、市场维护,使产品从开发期、成长期到成熟期,并尽量延长成熟期,获取最大利润是企业可持续发展的重要内容。一个新产品的开发,必须有从基础研究到市场开发、市场维护全过程的营销企划书,这个企划书是指导这个产品整个生命周期活动的行动指南。

产品企划是指对产品从诞生至报废过程中的企划活动,主要指产品从新产品开发、生产到进入市场、打开销路的总体规划与设计,包括目标市场企划、产品定位企划、新产品开发企划、销售渠道企划、广告促销企划、服务维护企划等。产品企划是指企业如何使自己的产品或产品的构成顺应消费者、市场需求与动态,从而使自己的产品既满足了社会的需求,又提升了本企业生存和发展所需要的适当利益的一系列企划活动。

产品企划也可称为商品企划(merchandising)。1948年美国营销协会将商品企划(merchandising)解释成下列与营销有关的计划活动。

(1)适当的产品或劳务计划。

(2)适当的地点计划。

(3)适当的时机计划。

(4)适当的数量计划。

(5)适当的价格计划。

1960年美国营销协会在注重产品管理(product management)和产品寿命(life cycle)的观念之下,确定了下列参考价值极高的定义。这些定义为我们对产品企划的了解提供了极大的帮助。

(1)新产品的创造与发明。

(2)创意构思的审查。

(3)研究活动和产品开发的调整。

(4)产品的包装和商标的决定。

(5)产品上市。

(6)产品的市场开发。

(7)产品的改良及调整。

(8)发掘产品的新用途。

(9)产品修理和提供服务。

(10)产品的报废。

(11)产品企划的内容。

产品企划从类型上说包括新产品开发、旧产品的改良和新用途的拓展三方面的内容;从现代营销的观点上说,其过程和内容应包括表11-3所列的五个方面。

表 11 - 3 产品企划内容

产品创意	可行性评价	产品开发设计	产品营销设计	产品利益目标
创意之来源	技术性评价	功能设计	营销目标确定	投入
		结构设计	目标市场选择	产出
创意之方法	市场性评价	包装设计	产品价格制订	风险度
创意之前提	事业性评价	品质设计	销售渠道选择	社会效益
创意之筛选		品牌设计	促销措施选择	企业形象
		服务设计	营销组织与人员	

二、产品企划的基本思路

(一)改良旧产品的着眼点

根据目标市场需求和自身的科技、生产和财力水平,从多种角度来钻研产品,对于材料、设计、样式、包装等的改良着重于更廉价、更高质量、效用性更高的方面。

(二)开拓旧产品的新用途

对于旧产品并不予以改善或改良,而将目标放在开拓新用途的方面,这在谋求企业利益上,扮演着极重要的角色。

主要手段是通过各式各样的角度如地区、阶层、年龄类别等方面来进行消费者调查和研究,从而发现旧产品新用途的开拓方向。

(三)新产品的开发

新产品的开发与制造得当与否,对于企业的生存和成长影响最大。在当今剧变的社会、经济环境下,新产品的开发一方面必须采取符合消费者需要的方针;同时,也要尽可能配合急速发展的技术革新,用新产品引导消费者的需求,开拓新的细分市场。

三、产品企划的要素

(一)产品企划的基本要素

(1)本企业所属的行业。

(2)本企业在所属行业中所担任的任务及地位。

(3)本企业的目标顾客。

(4)本企业产品在市场中的地位。

(5)企业的组织机构。

(6)企业经营管理者的能力。

(7)企业经营管理者的经营意识。

(8)企业经营管理者对公司、公益、福利等的意识。

(9)企业的资产。

(10)企业的财务能力。

(11)企业的开发能力。

(二)产品企划的内容

1.概述

综合介绍产品的基本情况、研发动机。

2.产品状况

基本功能、作用,技术性能,技术水平。

3.市场状况

目标市场的基本情况,消费者群体,消费习惯和市场的经济环境。

4.竞争状况

同类产品的品牌力、价格、质量,对手的售后服务情况。

5.产品的优势(劣势)分析

产品的技术优势,功用优势,品牌优势,价格、质量和可发掘的优势。

6.产品开发的机会(问题)点分析

一个新产品上市要捕捉时机,时机成熟时,一定要迅速;时机不成熟,则蓄积待发。好的机会一要发掘,二要创造。

7.营销组织

简捷合理的指挥系统和能征善战的营销队伍。

8.价格策略

产品价格体系和同类产品中的价格位置。

9.渠道策略

新渠道的建立与老渠道的利用分析。

10.广告宣传

企划缘由、背景资料、创意关键等。

媒体的选择——强势媒体冲击力强,费用高;POP 媒体持续性强,费用合适。

文案的策划——剧本、报纸文稿,POP 设计。

投放的时机——上市初期的综合效果和上市后的延续性。

11.促销政策

铺市阶段——加大铺市力度,迅速提高铺市率、上柜率。

促销阶段——加速物流,迅速催熟产品。

成熟阶段——稳定价格,搞好维护,延长产品寿命。

12.效益分析

成本预算——直接成本,间接成本。

费用预算——直接费用(市调、广告、促销、理费用等),间接费用。

13.进度表

原、辅、包装材料的组织时间;生产组织时间;广告招商时间;产品铺市时间;广告提升时间;广告促销时间。

14.企划实施所需场地

略。

15.预测效果

略。

16.参考的文献资料

略。

17.其他注意事项

执行本企划案应具备的条件;必须取得其他部门的支持和协作;希望企业领导向全体员工说明本案的意义,借以达成共识,通力合作。

四、产品企划的步骤

(一)创意构思阶段

以消费者的立场,提出旧产品改良或新产品开发的创意构思,是产品企划的要旨。产品企划必须要经过下列创意构思阶段的活动。

(1)确认问题所在。

(2)明确本公司所处的环境。

(3)实施创造、系统性的研究。

(二)评价阶段

为达成有效的经营,评价产品企划的各方面内容是不可或缺的步骤。

(三)研究阶段

为使产品具体化,必须研究产品企划上的各个事项。

(四)企划阶段

经过创意构思、评价、研究等步骤,当决定进行生产时,产品企划即迈向营销组合(marketing mix)的阶段。

(五)决定阶段

对于全盘性的产品企划,进行最后的定论。

(六)实施阶段

以决策人的意见为准,各有关单位实施。

(七)控制阶段

通过一个阶段的市场推广后,应进行评估、改善以控制正确的方向,使企划业务逆行的阶段。

案例分析

定志片市场营销企划书

湖南神州制药有限公司
企划：
A. D：
市调：
二〇一二年九月十日

目　　录

前　言

一、定志片市场营销的意义及制订本计划的目的

1.定志片市场营销的意义

之所以将这一条列于篇首专门论述,是想突出明确这样一个观点:定志片的市场营销绝不仅仅是我公司的一个普通老产品的市场营销,与其他老产品相比较,定志片的市场营销工作有利于真正创造我公司的名牌产品,创造"拳头"产品;挖掘老产品的市场和效益潜力,重新塑造定志片的辉煌形象。

主要理由表现为以下几点。

(1)定志片曾经一度创造了药品营销奇迹,产生了"轰动效应",直接联系着企业的品牌和形象。

定志片是我公司首次采用纯中药生产,独家经营的预防和治疗青少年假性近视眼病的中药制剂,是目前全国市场上少有的获得"准"号批文的内服中成药。20世纪80年代中期投放市场时产生了"轰动效应",曾经一度代表了"神州制药"的企业形象。因此,定志片的兴衰在某种意义上说是企业兴衰的浓缩曲线。可以肯定,无论过去和将来,定志片都与企业的形象保持密切相关,它对市场营销追求的不仅仅是经济效益,更重要的是社会效益、企业形象和行业地位。

(2)基础研究和临床实验证明了定志片治疗青少年假性近视眼病确有独特的疗效。

定志片是根据青少年假性近视眼病的病因:先天肝、肾功能弱和后天好吃零食、甜食、偏食,肉类鱼类摄入量少,热量和维生素不足,特别是氨基酸平衡失调;病机:心阳衰弱,神光不得发越于远处,或肝肾两虚、精血不足以致神光衰微,光华不能远;制订的治则:补益气血,滋养肝肾,明目安神来增加视力。其组方是由明代眼科医学著作《审视瑶函》中经典方定志丸加减而成。历代医家治疗近视眼病用药多均源于此。目前医药市场上治疗近视眼病的保健药物也都是依此机理研制开发而成的。

定志片经过了系统的基础工艺研究、药理和毒理、临床实验研究。统计资料表明,定志片投产后,众多用户都反映良好,定志片治疗青少年假性近视眼病总有效率在86.25%以上,无任何毒副反应和重大不良反应,仅有少量厌食现象,且停药即止,无饮食禁忌。

(3)定志片市场容量大,市场营销前景光明。

依据近视眼流行病学统计资料表明,目前我国城乡青少年2亿8千万人,近视眼发病率在青少年人口中约占22%。可见,青少年近视眼患病者大约在6100万人。如按有关部门青少年近视眼发病率占总人口的5%,我国人口按13.8亿计算,全国约有7000万青少年患有近视眼病,创造了近视眼病治疗药物的巨大消费市场。同时,当代社会的激烈竞争,青少年就业、升学的巨大压力无疑形成了现实的巨大需求,现时生活水平和工资的提高也为近视眼病药物的消费奠定了坚实的购买力基础。

中华人民共和国教育部体育卫生与艺术教育司(以下简称国家教育部体卫艺司)组织专家评审了市场上治疗近视眼病的药物和医疗器械,呼吁近视眼病患者莫用防治器械。这就将一度被抢占的治疗近视眼病的药物市场,还给了组方合理的内服中成药和疗效确切的滴眼液,因此,定志片的市场容量是非常可观的,营销前景也是极为广阔的。

2.制订本计划的目的

定志片的上述可行性,要求我们必须对此有较为清醒的认识,就是把定志片作为一个重点项目来抓。应该看到这是一个涉及产、供、销各部门、各环节相互配合的综合性工作,做好这项工作有赖于正确的调度、协调,有赖于各方面的积极协作。制订本计划就是想求得各相关部门的重视和支持,达成各环节的共识。让全体成员明确面对这项工作,我们所应该采取的策略和具体措施,以便统一思想,协调行动,共同完成好这项具有重大意义的工作。

二、当前的营销状况

分析当前国内治疗青少年近视眼病的药品和器械的营销状况,有助于我们对当前的市场状况、产品状况、竞争状况及宏观环境,有一个清醒的认识,为制订相应的营销策略,采取正确的营销手段提供依据和参考。

1.市场状况

目前,国内每年对定志片的潜在需求大约在 16 亿片。我们不妨作出这样的分析:在 6000 万近视眼病患者中,除掉先天性近视眼病,真性近视眼病和所有的农村近视眼患者,我公司的定志片占领了 6000 万患者的 1/10(600 万人),按一个疗程显效量,每人十小盒计算,也应该是年销售在 6000 万盒,舍掉偏远的东三省、新疆,别除市场营销中的不力,再除掉年销售的 2/3,这样,最保守的估计定志片也可以创造年销售 2000 万盒的业绩,按现时销价,年销售额也应在 2.4 亿元以上。随着定志片市场的深层次开发,青少年假性近视眼患者及其家长逐渐正确认识定志片的治疗范围和治疗效果,那么,定志片的市场需求量必然还会不断增加。十多年来,定志片的销售数量仅 8 亿片,只满足了 30 多万青少年近视眼患者的需求,即使是在定志片营销的鼎盛时期,也由于市场开发的深度和广度不够仅达 2 亿片/年,只满足了 1.7% 的青少年近视眼患者的用药需求。之后,由于其他器械和同类药品的大量拥入,定志片在远未达到成熟期就开始衰退,当然这只是销售到全国的部分区域,而华西地区和华北地区只销售了 0.2 亿片,这是定志片营销计划中的空白区,也是我们今后开发定志片市场的重点区域市场。

2.产品状况

因定志片治疗的对象是青少年假性近视眼病患者,故其适应者只是全国 3 亿近视眼患者的 1/5,还有 2.4 亿近视眼患者服用定志片是几乎没有治疗作用的,而且这 6000 万近视眼患者有效对象中,有效治疗率也只有 86.25%,也就是说有 687.5 万青少年假性近视眼患者服用定志片后无效。这在产品营销、市场宣传中必须向患者及其家长解释清楚,并求得他们的谅解的。

另外,虽然我们力求保障产品的质量,但因为市场经济条件下,原药材等级标准混乱,生产过程中个别工序质量监督不力,产品的质量影响了产品的疗效,所以,定志片的市场占有率还远远未达到应有的水平的情况下,就开始下滑,而其他治疗近视眼病的药品和器械便乘虚而入,大举占领了市场,开拓了由定志片创造治疗近视眼病的新市场,也造成了让其他药品、用品坐收其利的现象。这不仅在商业利益上受到巨大损失,而且重要的是失去了更进一步改进第二代产品——神光胶囊的开发。现在,国家教育部体卫艺司为防止伪劣有害的防治近视用品危害青少年,专门成立"全国学生近视眼病防治工作专家领导小组",经过近一年的细致工作,认真审评了 34 种防治近视用品。审评结果表明,迄今为止,防治近视的用品全都没有确切疗效。国家新药评审委员会也对防治近视眼病的新药规定更严格的要求,最近几年几乎不会批准防近视眼病的新药上市。目前,市场上还没其他治疗青少年假性近视眼病有效率超过86. 25%的药物,特别是纯中药制剂。因此重塑定志片在市场及患者心目中的产品形象大有可为。

3.竞争状况

自从国家教育部宣告了防治近视用品的"死刑"之后,定志片的竞争对象就仅限于中、西药品了,但西药治标不治本,本身又有毒、副作用等原因与中成药存在明显差异,相应的需求范围也就和中成药有所不同。中成药市场稳定,同时,定志片与其他中成药相比有其优越性——有效率高,因此,定志片的主要竞争对象是其他各种内服中成药和中药保健品。目前,市场较为流行和有特色的内服中成药、中药保健品主要有益视冲剂(江苏)、视力神口服液(浙江)、增视灵片(海南),现分别就其特点分析如下。

益视冲剂:江苏一家药厂根据中医药理论滋阴养肝、健脾益气的理论,由何首乌、党参、当归、山药、厚朴、金樱子制成的冲剂,用于治疗青少年近视眼,其治则属于定志片的治则中的一种情况,主要用于治疗肝、脾功能较弱者,对心阳虚和肾阴虚的患者无效,且组方中无宁心安神之药,治疗有效率仅60%左右,目前市面几乎很少见得到。

视力神口服液:保健品,浙江武义县制药厂根据中国中医药学理论,组方研制的口服液制剂,主要用于预防和治疗青少年假性近视眼病,组方依据和治疗机理与定志片相似。市场上有售。出厂价×元/盒,其中广告费、临床费等0.5~1元/盒。批发、零售价格不定,目前市售价×元/盒,2003年销售了200万盒,销售收入1000万元,2004年销售340万盒,销售收入1700万元。

增视灵片:保健品,海南华泰药业有限公司根据祖国医药学理论,集历代名医治疗近视眼的经验,组方制备而成,对青少年假性近视眼治疗有疗效快、作用持久、无毒性的特点,并具有良好的预防近视作用。与配套的增视灵滴眼液配合使用,外滴内服,标本兼治。其主要成分和功能与定志片相近似。目前市场上零售价×元/套,出厂价×元/套,其中广告宣传费、临床费5~6元/套,批发零售价格不定。2002年投产,2003年销售30万套,销售收入600万元;2004年销售21.5万套,销售收入430万元。

上述各种内服中成药和保健品的组方、治则、功能主治基本相似,剂型各异。按其与定志片的竞争比较,竞争威胁排序是增视灵片、益视冲剂、视力神口服液。机会与挑战并存,定志片应凭借其技术实力和影响,抓住这一有利时机。

4.宏观环境状况

(1)国家宏观政策方面　近来,医药市场因为整顿秩序和反商业贿赂,加上SFDA"飞行"检查,导致市场较为疲软。今年,虽然市场状况尚未完全改观,但规范的药品生产、经营企业发展环境还是良好的,加上国家教育部体卫艺司基本上否定了防治近视眼非药用品市场,把本应属于内服中成药标本兼治的预防、治疗青少年假性近视眼病的市场归还于定志片,应该坚信,定志片在技术上是有特色的,在疗效上是有保障的,因而是有机会赢得巨大市场的。

(2)技术发展趋势　治疗青少年近视眼病的中成药历代都是由定志丸、杞菊地黄丸、加减驻景丸配伍组方而成,其功能主要是补心益气、安神定志和滋补肝肾、益精养血,故定志片的技术含量上只能从三个方面加强。

1)提高原药材的等级规格标准,优选"道地药材",依法炮制入药。原药材的好坏,直接影响产品的内在质量,在目前中成药的含量测定没有标准的情况下,我们可以强调"道地药材""依法炮制"、优选等级规格药材投料来保障定志片的疗效。

2)引进中药复方提取新工艺。通过新工艺,去粗取精,最大限度地获取复方有效成分而除去多糖、黏液质等非药用成分,减少服用剂量,保障产品内在质量从而达到保证产品的疗效。

3)开发组方更优化,工艺更合理的定志片第二代产品。优化处方、工艺是大势所趋,众望所归,但在其具体实现上尚有一定难度,定志片第二代(神光胶囊)已通过了处方评审,但由于中华人民共和国卫生与计生委员会和教育部对预防、治疗青少年近视眼的新药开发要求特别严格,并且在投入临床前的阻力特别大,估计近五年来内都不可能上市,"神光胶囊"是以定志片为基础研制开发的第二代产品,定志片的市场开发为"神光胶囊"的市场推介打下了良好的市场基础。

三、机会和问题分析

1. 机会(威胁)分析

机会和威胁指能影响定志片市场营销的外在因素。

主要机会如下所述。

(1)定志片治疗青少年假性近视眼病患者有效率为 86.25%,以往在华东地区、华中地区开发了一定的市场,这些地区的消费市场仍然存在,只是因为防治用品干扰了这个市场,现在重新占领这个市场具有习惯性和延续性。

(2)青少年近视眼病配镜矫治有副作用,手术矫治费用高且疗效不确定,易复发。国家教育部体卫艺司"全国学生近视用品防治工作专家领导小组"宣告防治用品的"死刑",为定志片提供了有利的市场支持。

(3)防治近视用品和部分保健品已将市场价格抬得很高,而定志片按此市场价格营销,其属成本低、利润高的产品,如果给予医药连锁公司可观的利润空间和给予营业员合理的导购费,在内部继续给公司销售人员制订较可观的提成政策,定志片定会为广大药品经销商所接受的。

主要威胁如下所述。

(1)治疗近视眼病的药物有效率不像治疗其他疾病的药物特别是西药的有效率高,并且定志片治疗青少年假性近视眼病的对象很特殊,只是近视眼病的 1/6,其他不属于这一范畴的近视眼患者如果挤进这个圈子里后,在治疗效果不明显时,会产生不正当的宣传影响定志片的声誉。

(2)混乱的中药保健品市场还将继续冲击和影响治疗青少年假性近视眼病的市场,仍有部分市场会受到相关保健品、食品和器械的拦截。

(3)被宣告"死刑"的防治近视眼器械,可能不会束手就擒,将继续变相出场和粉墨登场,这对预防、治疗近视眼病药品的市场必然产生很大的影响,加之由于患者"病急乱投医"。使用这些器械不但治不好假性近视眼病,反而影响青少年患者假性近视眼病的治疗,加剧假性近视眼病的真性近视化。

(4)青少年假性近视眼患者由于受专业人员、特别是眼科医生的不当诱导,会认为近视眼病无法治疗,而不去选择定志片作为治疗药物,这对定志片的市场开发构成很大威胁。

2. 优势(劣势)分析

优势和劣势是影响定志片市场营销的内在因素。优势指在应用中可以获得成功的一些战略,劣势指需要加以改正的一些不足之处。

主要优势如下所述。

（1）定志片曾经一度辉煌，主要因为不正当的竞争被抢占了市场，但定志片治疗青少年假性近视眼病的有效形象已深入人心，辐射到了全国大部分地区，拥有较大的市场网络。

（2）有资金、技术和人才优势，有实力进行大市场销售与其他保健品、保健器械进行竞争。

（3）我公司年销售收入 2000 万元左右，已配备了一支较好的销售队伍，形成了颇具规模的中成药销售网点，因此在销售方面具有较好的基础。

（4）我公司现有专业技术人员 108 人，中级以上工程技术人员 56 人，从人员上保证了技术支持、新产品开发、产品生产及售后服务等工作。

（5）产品具有自己的特点——眼营养专家：治疗有效率较高、市场定位准确、范围广、组方科学、工艺先进、成本低、利润高，有利于市场销售。

主要劣势如下所述。

（1）产品存在一些不完善之处，如有效率方面，定志片在药物治疗疾病的有效率中尚属低的（大多数在 95% 以上），治疗对象特殊、条件较苛刻，容易诱使非治疗范围的对象误用而产生定志片"没有疗效"的谣言。

（2）原药材等级无法控制，"道地药材"的鉴别还很难，不能确保优质、优效。

（3）瓶装定志片价格体系混乱，产品包装体形象上，还显得粗糙，不能给人以高新技术精品的形象特点。

（4）在进行市场营销方面，尚缺乏大市场营销的经验，在如何组织好订货、生产、发运、贮存、广告宣传、奖励促销等一系列环节的衔接和配合上，有待于探索和经验总结。

3. 问题分析

通过以上两个方面的分析，定志片的市场营销战略中必须解决以下问题。

（1）产品商品化方面。

- 现有技术问题的解决及产品的内在质量的保障。
- 产品规格适应市场经济的模式。
- 产品名称适应市场经济的竞争要求。
- 产品包装及形象的设计。
- 重新按新标准设计三期临床，为市场宣传准备材料。

（2）产品营销后台组织方面。

- 原药材的等级标准的制订和执行。
- 产品的原药材炮制。
- 产品生产中的过滤问题。
- 产品生产中的裂片、松片、花斑的问题。
- 产品的贮存、运输问题。

（3）产品营销的前台组织方面。

- 广告宣传的策划及实施。
- 销售渠道的建立及管理。
- 价格政策的制订。
- 促销活动及市场应变的策划和组织。
- 产品售后服务的分工、实施和评价。

四、营销目标

总目标——良好的社会效益和经济效益。

社会效益目标——树立神州制药"神行天下,洲纳百川"的企业形象,解除6000万青少年假性近视眼患者的痛苦。

经济效益目标——第一年销量:200万盒;全年毛利:360万元;第二年销量:1000万盒;全年毛利:1800万元;第三年销量:2000万盒;全年毛利:3600万元。

五、营销战略

1.营销宗旨

以广告宣传和价格政策为主要手段;以医药连锁公司和大型医院为重点;采取建立和管理销售渠道,连锁销售为主,医院、药店零售为辅的原则,进行大市场销售。

2.产品定位

定志片的营销对象是6000万青少年假性近视眼患者,全国范围内的政治、文化中心城市为定志片的重点市场。

定志片:现行产品市场逐步移交给改进型产品市场,配合定志片在适当时机对瓶装定志片发货价实行提升。

新包装定志片:该产品以全新的原、辅、包装材料,全新的生产工艺和改进后的规格(36片/盒),甚至改进后的治疗剂量占领市场。

3.渠道选择

率先在湖南各地级城市选择重点医药连锁公司试点,是定志片销售的主渠道,并将逐步扩展到全国连锁公司大卖场。

(1)湖南市场 采用"巩固阵地"的战法比较好,即公司业务员操作市场,以差价制让业务员自主运作市场,既可调动业务员积极性,公司又可掌握市场,便于其他产品的入市工作,在公司资金紧张的情况下,更为理想。

(2)代理公司 在外省部分地区寻求有意向的代理公司。

(3)大医院 在大型眼病医院直营,鼓励医生处方用药。

(4)零售店 利用有影响的大药店如"益丰""老百姓"为引导,发展新的代理或批发商。

(5)开发或销售定志片的联营企业 搞联合、委托开发、联合代理销售。

4.价格政策

(1)定价原则 ①拉大出厂价与批发价的差价,调动代理积极性。②扣率结合销量,鼓励大量多销。③以成本为基础,以同类产品价格为参考,使价格具有竞争力。④顺应市场变化,及时灵活调整。

(2)同类产品价格 ①益视冲剂:出厂价,×元/瓶;②视力神口服液:出厂价,×元/盒;③增视灵片:出厂价,×元/瓶。

(3)定志片价格 定志片:出厂价,12.5元/瓶;定志片:出厂价,12元/盒;零售价,19.25元/盒。

5.奖励政策

(1)目的 ①树立神州制药"神行天下,洲纳百川"的企业形象,扩大其影响;②帮助、支持代理商、批发商为定志片做广告;③作为奖励代理、批发的一种手段,刺激营销的积极性。

（2）方法　对于一次提货 200 件(2.4 万盒)及累计提货 400 件以上的代理、批发商,将其货款的 5% 作为基金,用作广告的资助和奖励。其中 50% 用于支付其广告费用的一半,另外 50% 以现金的形式作为给代理批发的奖励。每年一月和七月,各代理、批发商凭广告发票及有关证明材料与公司企划部联系,予以兑现。

6. 产品供应

（1）订货　随时签订购销合同,预计半年订货量约为 60 万～120 万盒。

（2）生产　每月预计产量 10 万盒左右,另外,可根据个别大客户的需求随时组织生产。

（3）运输　根据合同约定时限随时发货;在途时间约为 10 天。

（4）储存　成品仓库、片剂车间仓库分别储存 5 万盒左右。

7. 广告宣传

（1）原则　①服从企业整体宣传策略(企业形象,经费预算等);②长期性(时间保证);③广泛性(各种传播媒介);④多样性(宣传效果分析,从医生的笔尖上做文章);⑤不定期配合阶段性的促销活动(及时、灵活、各个击破)。

（2）手段　①在 3 家有影响的专业和非专业报刊、杂志及广播、电视上做广告和刊登相关的学术、科普文章;②利用各代理,批发商设计路牌、标语广告;③制作产品单页宣传广告画;④设计精美的产品包装,并在包装中插入国际视力表一份。

（3）实施　①11 月中旬推出产品形象广告(电视);②稍后推出诚征代理广告(非专业报刊);③其后推出产品性能广告(专业和非专业报纸杂志);④直接到医院,向临床医生进行宣传(送小包装样品给医生)。

8. 促销活动

（1）消费者促销　每 10 盒(零售价 195 元)送价值 88 元礼品(2 瓶神州牌杞菊地黄丸和 1 盒活性珍珠胶囊)。

（2）店员激励　每 2 盒(1 中盒)送 4 元导购费。

（3）公司营销代表激励　每 2 盒(1 中盒)给予 2 元提成。

根据市场实际需要采取两种方式进行。

1)对愿意将此品种列入终端首推的连锁或大卖场,要签订首推合作协议,凭协议公司按 7.8 元/盒供货,并给营销人员 1 元/盒的提成,首推费用由终端负责。

2)不将此品种列入首推的终端,由公司营销人员联合终端营业人员共同促销,并按下列标准给予鼓励。

- 发货价 12 元/盒。
- 终端营业人员每促销一小瓶、获 2 元的提成。
- 公司营销人员按每小瓶 1 元提成。

3)公司如果在市场投入了媒体广告,被列入首推的终端卖场,将承担每小瓶 1 元的广告费用,或将供货价提高到 8.6 元/盒。

4)终端促销品由生产厂家提供实物。

9. 产品售后服务

（1）热线电话。

（2）走访大用户和重点用户。

10. 行动方案

10 月份方案如下所述。

(1)解决定志片现存的技术问题,确定原药材等级,新工艺标准。

(2)设计制作定志片单页宣传广告画及产品包装。

(3)推出定志片报纸广告,征寻代理。

11 月份方案如下所述。

(1)地级城市选择重点医药连锁公司连锁药店进场、铺货。

(2)促销品到位。

(3)店员、营销代表培训——卖点教育。

12 月份方案如下所述。

(1)电台广告。

(2)报纸软文广告。

(3)切入校园教育——差异化营销,培养社会、青少年自身与家长的消费意识。

1 月份方案:总结、推广。

六、产品效益分析

(1)第一年销售收入　200 万盒×12 元/盒=2400 万元。

(2)年销售税金　2400 万元×10％=240 万元。

(3)年生产成本　200 万盒×4 元=800 万元。

(4)广告费用　200 万盒×1 元=200 万元。

(5)促销及提成费用　200 万盒×3 元=600 万元(按实际成本计算)。

(6)其他销售费用　200 万盒×1 元=200 万元。

(7)产品毛利　A－B－C－D－E－F=360 万元。

七、总结经验

(1)营销组织总结、改进。

(2)价格策略总结、改进。

(3)广告宣传总结,再策划。

(4)促销总结,调整促销形式和方式。

(5)经销商、店员经营调查,调整激励政策。

(6)制定新目标。

思考题

1. 什么是企划?

2. 产品策划的内容有哪些?

3. 企划的常见方法有哪些?

4. 企划书的基本构成要素和基本格式如何?

实训五　实习药房春季促销企划

【实训目标】

（1）熟悉药房促销企划的方法。

（2）能根据企划书编写标准格式编制药房促销企划书。

【实训内容】

实习药房是一家取得药品经营许可证和通过 GSP 认证的合格药房。经营有抗感染药、呼吸道用药、胃肠道用药等十大类药品。春季是疾病多发期,在春季进行药品促销活动能够扩大药房的知名度。通过促销策划,让学生掌握企划的方法、SWOT 分析、营销组织和各促销活动的效益分析。

【实训方法】

课前准备:带领学生熟悉药房的地理位置,了解药房的基本情况、市场状况和竞争状况。在课堂上,讲述企划的方法、终端药房促销的手段和药房促销企划书应该包含的内容。下课前,教师让学生独立完成企划书。

【实训作业】

（1）企划书包括哪些内容?

（2）促销企划的宣传主题是什么?

（3）完成一份促销企划书。

第十二章 计划与销售管理

学习目标

【知识目标】

掌握药品营销计划的编制程序和方法;熟悉购销合同的签订与管理,药品的销售管理规范;了解药品营销计划的作用、分类和内容。

【技能目标】

学会编制药品营销计划与药品购销合同的签订。

第一节 药品营销计划编制

一、药品营销计划的概念与作用

(一)药品营销计划的概念

计划是由一定组织为达到预定目标而制订的对未来活动的预先安排。通过计划,把经营决策展开并具体化,把企业内部的各项活动加以统一,对企业内部各个组成部分的工作在行动之前,给予具体化的规定。

药品营销计划是依据国家对药品生产经营的要求和市场需求,在科学预测的基础上,通过系统分析,精确计算和综合平衡,作出的药品生产经营活动的具体安排与部署。其安排的依据是国家要求和市场需求;安排的方法是运用系统分析、精确计算和综合平衡;安排的内容不仅涉及企业内部购、销、产、储、运各经营环节和人力、财力、物力等各经营要素,还涉及企业外部环境和消费过程的各项工作。

(二)药品营销计划的作用

药品营销计划是药品生产经营管理的中心环节,是协调企业外部环境、内部条件与经营目标之间关系的主要手段,是指导全体员工行动的纲领。药品生产经营活动必须在计划指导下进行,没有营销计划,企业的经营活动就难以顺利展开。因此,药品营销计划在管理活动中具有重要的地位和作用。

1.药品营销计划是经营决策的具体化

药品营销计划是企业生产经营管理的中心工作。药品生产经营决策的正确与否关系到企业的命运,但是,药品生产经营决策的落实是靠药品营销计划来实现的,如果对生产经营决策方案没有实施过程的布置与筹划,决策方案也只能是空谈。只有通过计划工作,把生产经营决策方案转化为对生产经营活动的具体安排并组织实施,决策目标才能实现。所以,药品营销计划是生产经营决策的具体化。

2.药品营销计划是药品生产经营管理的首要职能

药品生产经营管理的主要职能是计划、组织、指挥、协调和控制。其中,计划是药品生产经营管理活动的首要职能,是实现经营目标的基础。只有预先对未来的药品生产经营活动做好周密安排,才能使后续的组织、指挥、协调和控制等管理工作有所依据。

3.药品营销计划是协调药品生产经营各项业务活动的依据

药品企业是一个复杂的经营系统,在这个系统中有购、产、销、储、运各大环节和人力资源、财务、物资、技术、销售等各个部门,它们之间是既相对独立,又相互联系的。要想使这个有机系统正常运转,一方面要通过综合平衡使各部门得到协调;另一方面又要通过周密的安排使购、产、销、储、运各环节得到协调。这两个协调是靠营销计划为各环节、各部门下达计划指标并贯彻执行来实现的。另外,药品企业内部与外部环境的平衡也靠计划来协调。因此,药品营销计划是一个综合计划,是协调药品企业各部门、各环节业务活动的依据。

4.药品营销计划是完成药品生产经营任务的重要手段

每个企业的人力、物力、财力等资源都是相对有限的,如何合理地分配和使用这些资源,使其能充分发挥作用,是药品生产经营管理的重要任务之一。药品企业在制订药品营销计划过程中的系统分析、综合平衡和精确计算,就是解决如何将有限的人力、财力、物力等资源合理地分配到各环节、各部门的问题。只有通过科学的计划,才能使药品企业有限的资源发挥出最大的效用。因此,药品营销计划是合理分配和使用企业各种资源的重要手段。

二、药品营销计划的内容

药品营销计划是一个综合性计划,是由一系列具体计划组成的计划体系,各项具体计划有其不同的任务和内容。药品企业应根据自身生产经营的特点和需要,设计适当的计划种类。

(一)药品营销计划的种类

药品营销计划的种类可以按不同标准进行划分。

1.按营销计划的时间长短不同划分

按营销计划的时间长短不同可将药品营销计划分为长期发展计划、中期营销计划和短期营销计划。

2.按营销计划的业务内容不同划分

按营销计划的业务内容不同可将药品营销计划分为药品生产计划、药品运输计划、药品销售计划、市场调查和预测计划、药品促销计划、药品生产经营财务计划、企业基本建设和技术改造计划、企业劳动工资计划和职工培训计划等。

3.按营销计划的范围不同划分

按营销计划的范围不同可将药品营销计划分为全企业计划、部门计划和班组计划等。

(二)药品营销计划的内容

1.长期发展计划

药品企业的长期发展计划是指5年以上的经营发展计划和10年以上的长远企业规划。长期发展计划规定着药品企业在计划期内的发展方向、发展规模和主要技术经济指标要达到的水平。它是企业发展的"蓝图",具有战略意义。其具体内容包括以下几点。

(1)企业的发展方向计划 是根据消费需求的发展变化趋向,在市场细分的前提下,规划企业未来的财务对象和服务方式,在满足社会需求变化的同时,使企业得到发展。

(2)企业的发展规模计划 是长期计划的重要内容,包括企业固定资产总值的提高水平、人员及经营品种扩大的水平和经营能力提高的水平等。这些内容是通过企业的基本建设计划、设备更新改造计划、人员发展计划、药品品种发展计划和经营管理机构调整计划来实现的。

(3)企业技术经济指标发展计划 对反映企业经营管理水平的主要技术经济指标的发展作出计划,是企业长期发展计划的又一重要内容。它主要包括对计划期末要达到的销售总额、利税总额、经营品种数、员工福利水平、计划期末市场占有率、资金利润率、劳动效率等指标的提高幅度、计划期末药品流通费用水平的下降幅度等技术经济指标作出计划。

2.中期营销计划

药品企业的中期营销计划是指 2~5 年的营销计划。它是根据计划期内企业外部环境发生的变化,对企业长期计划目标进行的分阶段落实。

3.短期营销计划

药品企业的短期营销计划是指企业的年度营销计划或季度、月度计划。短期营销计划规定了企业在计划期内的药品生产、药品运输、劳动工资、财务、员工教育、基本建设及技术改造等各项活动的任务和要求,是全体员工在计划期内的行为纲领。其具体内容包括以下几点。

(1)药品生产计划 反映的是药品供应与社会需求之间的平衡比例关系,规定企业最主要的购、产、销、储、运经营活动的计划。药品生产计划是企业年度营销计划的主体和中心,是制订其他计划的基础。它是由药品购进、生产、销售、储存、运输等部分组成,具体包括购进总值、购进品种、主要品种生产数量;销售总额、药品类别、销售额和主要品种的销售量;库存总额、库存品种、期初库存和期末库存等指标。

(2)药品运输计划 是根据药品生产计划的要求,反映实现药品空间转移的计划,具体包括运输到达地点、运输品种、运输量、运输方式和运输工具等。

(3)劳动工资计划 是具体规定企业在计划期内的劳动效率、员工人数和工资总额的计划,具体包括全员劳动效率、业务人员劳动效率、员工人数、工资总额和平均工资等指标。

(4)财务计划 是以货币形式综合、全面地反映药品企业经营活动和财务成果的综合性计划。它是由资金计划、药品生产经营费用计划、利润计划组成的。具体内容包括:①资金占用总额、流动资金占用额、流动资金占用率、流动资金周转率等;②药品流通费用占用额、药品流通费用占用率;③利润总额、净利润、资金利润率、流动资金利润率等项指标。

(5)员工教育计划 是指企业在计划期内培养、培训和教育员工的计划,具体内容包括培训对象、培训名额、培训时间、培训内容和方式等。

(6)基本建设及技术改造计划 是具体规定药品企业在计划期内新增生产经营能力和设备改造的计划,具体内容包括建设项目、规模、投资额、技术改造项目、设备购置数量、购置金额等。

季度计划和月度计划是企业药品生产经营年度计划的执行计划,是年度营销计划的具体化。

三、药品营销计划的编制程序和方法

(一)药品营销计划的编制依据

药品企业编制的各种计划构成了有机的计划体系,它规定着药品企业在一定时期内购、产、销、储、运的经营指标和实施步骤,贯穿于企业生产经营活动的全过程。为使企业营销计划符合客观实际,反映客观经济规律的要求,更好地指导企业开展购销活动,必须了解药品营销计划编制的客观依据。药品营销计划编制的主要依据包括以下几个方面。

1.对药品生产经营管理的有关政策、法律、法规及要求

国家对药品生产经营管理的政策、法律、法规及要求是在充分认识和运用客观经济规律的基础上,结合计划期的经营方向和经济任务制订出来的,是企业编制药品营销计划的重要依据。

2.药品企业生产经营外部环境的社会经济情况和药品市场发展变化趋势

药品企业在编制计划时,要对社会情况和本地区、本行业经济情况进行深入的调查研究。调查研究的内容是较为广泛和比较复杂的。一般包括全国和当地药品生产经营的发展情况;医疗卫生事业的发展和卫生经费的增减情况;全国药品市场购买力的变动情况;医疗单位对各种药品的数量、质量、品种、规格等要求的动向和使用的变化情况;药品的升级换代、同类品种更替变化的情况;改革流通体制,实行开放式、多渠道、少环节的流通形式以后,药品市场出现的新问题、新情况以及全国药品购、产、销、储、运情况等。在调查研究的基础上,根据药品市场信息和市场预测的资料作出经营决策,制订药品企业的各项营销计划。

3.药品企业经营的历史资料和前期计划执行情况的分析资料

药品营销计划工作具有历史的继承性和连续性,要对计划期的经营业务作出事前安排,作出符合实际的正确估量,就必须了解企业计划执行的历史现状。因此,要对企业历年经营活动的历史资料和前期执行情况进行系统地分析研究,发现经营活动的特点,掌握药品流通的规律性,总结计划工作的经验。这对编制本期营销计划具有重要的参考价值。前期计划执行情况,反映了企业组织药品生产经营已达到的水平,它是计划期安排各项指标的出发点。但在编制计划时,由于前期计划的执行尚未结束,必须根据已执行计划期的统计资料,加上未执行计划期的预计完成数,检查分析计划执行情况。

(二)药品营销计划的编制程序

药品营销计划的编制程序大体分三个阶段,即编制计划的准备阶段、提出计划草案阶段和计划正式确定阶段。

1.编制计划的准备阶段

编制计划的准备阶段主要是收集编制药品营销计划所需的依据资料,并在此基础上加以研究、分析风险和机会。药品企业编制营销计划所需资料一般分为三类。①宏观环境资料,如国家对药品行业管理的有关政策、法律、法规及要求;本地区的经济发展水平等。②市场环境资料,如市场需求情况,包括药品的市场情况及进口药品情况;社会购买力的变化及医疗保险制度的发展;疫情变化与医疗单位措施的变化;竞争企业与其他企业签订的购销合同或代理合同等。③企业内部资料,如上级主管部门下达的计划指标;企业长期计划的分年度指标;企业计划年度内可提供的生产经营能力和各种技术经济指标定额;企业经营的历史资料和上年度计划完成情况等。

2.编制计划草案阶段

在资料准备、分析充分后,便可着手编制具体计划草案。此阶段的工作主要分三个步骤。

(1)确定年内生产经营活动要达到的各种目标　如销售总额目标、利润目标、经营品种目标和服务质量目标等。此阶段的这些目标带有假定成分,可根据后续工作需要加以修正。

(2)通过计算平衡核定计划目标　主要是通过做好长期目标和短期目标的平衡、目标和任务的平衡、各项计划指标之间的平衡后,将第一步制定的目标确定下来。

(3)编制计划草案　根据核定后的计划目标,运用科学的方法编制计划草案。

3.确定计划方案阶段

计划草案形成以后,由药品企业组织有关人员对计划草案进行讨论、评价、修订,然后将修改后的计划草案提交企业领导部门及员工代表大会审定,审定后的计划即为正式计划。

(三)药品营销计划的编制方法

药品生产经营企业编制计划的方法常用以下几种。

1.综合平衡法

综合平衡法既是编制计划的原则,也是编制计划的最基本方法。这种方法是根据比例发展规律,用系统分析的方法对企业和企业内部各项计划指标之间,在数量上确定合理比例关系,以保持平衡的一种计划方法。编制营销计划时,应做好以下几方面的平衡:①企业计划目标之间的平衡;②计划目标与企业经营能力的平衡;③计划目标与劳动力的平衡;④计划目标任务与企业资本的平衡。

综合平衡法在药品营销计划工作中的具体运用主要是编制各种平衡表,综合平衡各方面的比例关系。如药品生产计划平衡表,药品资源分配平衡表,市场药品可供量与社会购买量及结构平衡表,通过平衡法来反映各有关指标之间的联系和比例关系。

必须指出,在编制计划时,可提出多种符合平衡原则的计划方案,进行研究比较,从中选择一种最佳计划方案。其选择标准应是以尽可能少的物化劳动耗费和活劳动耗费,取得尽可能大的经济效益。在计划工作中,有些计划指标不是采用编制平衡表法,往往采用计算方法对有关指标反复研究换算,并依据国家的方针政策,对各项计划指标进行适当调整并加以确定。这仍然是综合平衡法的具体运用。

在药品营销计划的综合平衡中,各方面比例关系是很复杂的,存在着诸多矛盾。因此,在进行综合平衡时,对各方面的问题和各种比例关系,应抓住主要矛盾,决不能不分主次,把主要指标同次要指标并列起来。药品生产经营过程中的主要矛盾是市场供需之间的矛盾,它具体体现在药品生产经营计划中。企业的药品生产经营目标是反映生产经营活动的基本指标,其他各项指标都要以药品生产经营目标为基础搞好综合平衡。

2.编制计划的辅助方法

在编制药品营销计划的过程中,还须借助数学及其他方法作为综合平衡法的补充。常用的辅助方法有以下几种。

(1)定额法　定额是指在一定时间内,在一定的技术经济条件下为了完成一定的工作量,在人力、物力、财力的利用和消耗方面,应当遵守或达到的标准。它是药品企业实行经济责任制的主要依据。药品营销计划的定额一般有药品生产定额、药品资金定额、费用定额、利润定额、劳动效率定额、人员定额等。

定额法也称技术经济核算法,是利用已经确定的某项起主导作用的计划指标和有关先进可靠的定额来确定另一项与之有必然联系的计划指标的一种方法。此法适用于一切有经济定额的指标,是一种较简单又直接的方法。计算方法

另一项需要确定的计划指标＝已确定的某项计划指标÷额定　　　　　　（公式 12－1）

例：某药店计划期销售额为 80 万元,每个营业员计划销售额为 20 万元,则计划期应安排 4 人。

运用定额法确定计划指标,关键问题是必须制定出一个既科学先进,又切实可行的定额。没有科学的计划定额,就无法编制出科学的计划。目前药品企业制定定额的方法一般有经验估计法、统计分析法、技术测定法、类推比较法(即典型定额法)。在实践中可根据需要与可能来选择某一种方法。随着企业定额管理的完善,这种方法在药品营销计划工作中的应用范围将进一步扩大。

(2)固定比例法(亦称系数法或比重法)　是以历史上(包括报告期内)已形成的各项经济指标之间的比例关系为基础,结合计划期的变动因素来推算计划期有关计划指标的一种方法。这种方法一般仅限于计算一组结构性计划指标时采用。例如,在计算药品生产计划中的药品种类构成指标时,可采用这种方法。计算公式

某类药品计划期销售额＝本企业计划销售额×某类药品销售额占全部药品销售额的比重

（公式 12－2）

例：某药店确定计划期销售额为 800 万元,依据过去形成的经营几大类药品构成比例为抗生素类占 50%,解热镇痛药类占 10%,抗过敏药类占 10%,中成药类占 30%。若计划期销售额仍按这个构成比例安排,各类的销售额分别如下。

抗生素类　　　　　800×50%＝400 万元

解热镇痛药类　　　800×10%＝80 万元

抗过敏药类　　　　800×10%＝80 万元

中成药类　　　　　800×30%＝240 万元

如需进一步确定各类药品内部小类的销售金额,可以对各大类再进行分类,如可分为针剂、片剂、丸剂等若干小类,根据各小类的内部比例推算。必须指出,运用这种方法必须是历史上形成的比例关系比较稳定,并与计划期的比例关系相似。否则,不宜采用此种方法。

（3）动态关系法(亦称动态法)　是以某项经济指标历年发展变化的动态趋势或平均增长速度为基础,来确定计划期该项计划指标的一种方法。这种方法简便易行,适用范围较广。计算公式

计划期该项指标＝报告期该项指标×(1±增长速度)　　　　　　　　　（公式 12－3）

例：某零售药店近几年的药品零售额,年平均增长速度稳定在 20% 左右,考虑到计划期无大变化,仍保持往年的平均增长速度,试安排计划期的药品零售额。假定报告期的药品零售额预计为 40 万元,则

计划期的药品零售额＝40×(1+20%)＝48 万元

如果估计计划期有影响增长速度的因素,则应认真研究调整原来的增长速度,然后再计算计划期的计划指标。

（4）比较法(也叫对比法)　是把计划中初步安排的某一项计划指标,与本单位可比时期(如前期、上年同期或历史上某一时期)的同类指标或跟条件大致相同的外单位的同类指标进

行比较，审定计划指标的一种方法。其目的是使计划指标安排得更加合理。

例：某药店计划期几个主要指标与前期同类指标的对比情况（表12-1）。

表12-1　某药店计划期主要指标与前期同类指标对比

指标	单位	计划期	前期	计划期比前期（±％）
销售额	万元	2405	2060	+16.7
利润额	万元	160	130	+23
费用率	％	2.38	2.56	-0.18
资金周转速度	次/年	12.08	12.02	+0.5
员工劳动效率	元	82100	69100	+18.8

从表12-1可以看出，计划期安排的指标与前期比较，该药店计划期的主要计划指标，均比前期好。即销售增长16.7％，利润增加23％，费用水平下降0.18％，资金周转加快0.06次/年，即提高0.5％，员工劳动效率提高18.8％。所以，计划期安排的各项计划指标是比较先进的。

在安排某一项计划指标时，有时可能提出多种不同方案，这时可应用比较法，进行分析比较，确定合理的计划指标。应当指出，在运用比较法时，必须注意相互比较的同类指标所涉及的期间长短、企业经营范围、包括的具体项目、指标的计算方法等必须一致，即注意对象的可比性。否则，对比的结论将是不可靠的。

上述编制计划的辅助方法，都有一定的应用条件和适用范围。在编制计划时，必须充分考虑计划期的变化因素，根据具体情况，正确选择一种或几种方法进行计算，使计划指标安排得更加合理，但无论采用哪一种方法，计算出来的计划指标还必须运用综合平衡法，反复研究，最后加以确定。

在计划工作中，除应用上述方法外，还常常运用典型推算法、指数法等。随着现代科学技术的发展，也可以利用流动计划法、网络计划技术等现代计划方法，提高计划的科学性和准确性。

四、药品营销计划的执行、调整、检查和总结

（一）药品营销计划的执行

药品营销计划编制完毕仅仅是计划工作开始，更重要的是将计划的内容落实下去，并力争实现。执行计划工作的基本要求：①全面完成计划，即全面完成计划规定的一切指标；②均衡完成计划，要避免由于负荷不均影响计划完成质量。为实现上述要求，药品企业在执行药品营销计划的过程中，要注意做好以下几项工作。

1. 把计划指标层层分解落实

把不同的计划指标，层层分解为若干具体指标，落实到各基层单位及个人，使企业自上而下的各个岗位、各个环节，甚至每一个人都有具体计划指标，使每个单位和每个员工都明确在执行计划过程中自己应尽的责任和努力的目标，从而保证计划的实现。

2. 严格实行考核与健全经济责任制度

为了衡量药品企业内部各个单位和员工是否完成了自己的任务，必须进行严格的考核。

把完成计划任务的数量和质量与经济利益联系起来,对出色完成计划任务者给予必要的奖励;对不能完成计划任务或给企业造成损失者给予必要的经济处罚。这样可以调动广大员工执行计划的积极性和责任感,确保计划任务的完成。

(二)药品营销计划的调整

药品营销计划在执行过程中,因主客观的原因,有时需对计划作出必要的调整。如国家的某些方针、政策的改变,市场竞争或因灾情、疫情、军需、援外等特殊需要,供需发生的较大变化,药品品种、价格、数量、质量、规格不适应市场需求,原计划指标不符合实际情况等,就应对原计划进行必要的调整。对计划的调整,一般采取分级管理的原则,由原批准计划的单位审批。没有审批之前,仍按原计划执行。年度计划的调整时间,一般最晚应在第三季度以前进行,不能接近年终再要求调整,只有这样,才能使计划对企业的经营活动起指导作用。

(三)药品营销计划的检查

药品营销计划的检查就是通过对计划执行情况的分析,及时发现药品营销计划执行中的偏差和薄弱环节,以便采取措施予以消除;可以发掘和动员新的潜力,保证药品营销计划的完成或超额完成;可以及时发现药品营销计划是否落实,是否符合国家的方针、政策,以便采取适当措施加以解决。

检查药品营销计划执行情况的方法很多,主要有以下几种。①统计检查法,是通过对一定时期内统计报表及文字说明材料的全面分析,了解计划执行情况的方法;②实地调查法,是领导部门及有关人员直接深入到药品生产经营实践中,对计划的执行情况进行了解,收集第一手资料的方法,实地调查可以分为定期检查和临时抽查;③座谈汇报法,是通过召集有关人员座谈,听取计划执行情况的汇报,了解计划执行情况的方法。

在实际工作中,可根据需要对上述方法进行选择,但要注重实地调查,收集第一手资料,及时发现问题,解决问题,确保药品营销计划目标的实现。

(四)药品营销计划执行情况的总结

药品营销计划期结束时,对药品营销计划执行情况进行总结,是加强计划管理,提高计划工作水平的重要环节。对计划执行情况总结的内容主要包括以下几方面:①计划完成进度情况;②各项计划指标完成和未完成的程度及主客观原因;③各主要指标本期实际比上年或上年同期实际增减程度及其原因;④国家有关方针政策的贯彻执行情况;⑤计划期内医药市场变化特点及今后的发展趋势;⑥计划执行过程中采取的措施、办法、成功的经验以及存在的问题等。药品企业将检查计划执行情况按年度、季度写出书面总结,作为今后加强计划性,改善企业计划管理的依据。

第二节　药品购销合同

药品营销的最终目的是达成药品交易。小量的药品交易可以在医院药房、社区药房、零售药店等即时完成;大量的药品交易需要以药品购销合同体现。所以药品购销合同的运用是药品营销不可缺少的内容。药品购销合同就是供需双方为了有偿转让一定数量的药品,明确各自的权利和义务而签订的合同。

一、药品购销合同的条款与文体格式

药品购销合同的格式常见的有表格式和条款式。表格式，就是把当事人协商好的内容，逐项地填入事先印好的表格中。条款式，即把双方协商好的内容，归纳成几条，再书写或打印成协议。本节主要介绍条款式合同的写法。

(一)药品购销合同的条款格式

1.标题

标题一般按合同的性质写出名称即可，如"××药品购销合同"等。

2.双方单位全称

双方单位全称要写明签订合同的双方单位的全称或代表人的姓名。

3.正文

正文部分是合同的核心，大体应包括以下内容。

(1)标的物　任何一份经济合同都必须有标的物，而且必须把名称、规格、型号写出来，以免今后出现不必要的争执。

(2)标的物的数量　在购销合同中，数量的规定要准确、可靠，计量单位也不得含混不清。

(3)标的物的质量　质量的技术要求和标准一定要具体。药品的质量必须符合国家药品标准的规定。

(4)价款或酬金　是指取得标的物的当事人一方所支付给对方的以货币数量表示的代价。在书写合同时，对标的物的单价、总金额和给对方或第三方的酬金一定要有明确的计算标准，并写进经济合同之内。

(5)经济合同履行的有效期限和地点　在合同中对有效期限和地点规定得越具体，就越有利于当事人双方安排生产、组织收购或履行其他特定的任务，并对双方当事人起到制约的作用。有的合同对交货期限还要规定是一次交货，还是分批交货；交货地点应规定是在供货方交货，还是在车站、码头或购货单位仓库等。

(6)货款结算办法　货款结算分同地结算和异地结算两种，通常随标的物交接办法而定。同时，合同中还应写明因发生某种情况减少或拒绝付款的条文。

(7)包装和验收方法　经济合同中对药品包装的式样、包装材料的质地、体积、重量、药品标志及其他有关包装事宜等应有明确的规定。药品的验收一般分为抽查和普查两种，也应列入合同条款中。

(8)违约责任　这是对不按合同规定履行义务的制裁措施和发生自然灾害、意外事故而不能履行合同义务的处理。违约责任是合同不可缺少的重要内容，是履行合同的保证，也是解决双方纠纷的重要依据，所以必须写进合同。

4.结尾

结尾部分应包括三方面的内容：①正文的下方写明合同双方的单位全称和代表人姓名，并签字盖章，如需双方上级单位证明或签证机关审核的，还应注明上级机关或签证单位的名称，并加盖印章；②写明签订合同的日期；③附则，可按条款列出。

(二)药品购销合同的文本格式

药品招标购销合同(文本格式一)

2015 年××省××市医疗机构药品集中招标采购药品购销合同

本合同于_____年____月____日由_____为甲方和_____(投标人名称)(以下简称"投标人")为乙方按下述条款和条件签署。

鉴于医疗机构为获得以下药品和伴随服务而进行集中招标采购,并接受了投标人对上述药品的投标(详见投标报价表)。本合同在此声明如下:

1.本合同中的词语和术语的含义与通用合同条款中定义相同。

2.下述文件是本合同的一部分,并与本合同一起阅读和解释。

(1)投标人提交的投标函和投标报价表。

(2)药品需求一览表。

(3)通用合同条款及前附表。

(4)中标通知书。

3.投标人在此保证将全部按照合同的规定向医疗机构提供药品和伴随服务,并修补缺陷。

4.合同所涉及的药品详见附表。

5.本合同有效期一年。合同期内,如遇国家规定或新的文件决议,按国家规定和新的文件决议执行。

6.此合同一式四份,市药品、医疗器械(耗材)集中招标监督管理委员会,市医疗机构药品集中招标管理委员会,甲方和乙方各一份。

甲方(盖章)_____　甲方代表(签字)_____

签订日期:_____年_____月_____日

乙方(盖章)_____　乙方代表(签字)_____

签订日期:_____年_____月_____日

药品购销合同(文本格式二)

合同编号：

供方：　　　　　　　　　签订时间：　　年　　月　　日

需方：　　　　　　　　　签订地点：

一、药品品名、产地、规格及包装、单位、数量、单价、金额及交货时间

药品	产地	规格及包装	单位	数量	单价	金额	交货(提)时间
合计人民币(大写)							

二、质量要求：

三、验收方式及提出异议期限：

四、运输方式、到达港站及费用负担：

五、结算方式及期限：

六、违约责任：

七、解决合同纠纷方式：

八、其他约定事项：

对供方资格的认证意见： 　　经办人：　　　　认证部门(章) 　　　　　　　　　　年　月　日	对需方资格的认证意见： 　　经办人：　　　　认证部门(章) 　　　　　　　　　　年　月　日	
供方 单位名称(章) 单位地址： 法定代表人： 委托代理人： 电话： 邮编： 开户银行： 账号：	需方 单位名称(章) 单位地址： 法定代表人： 委托代理人： 电话： 邮编： 开户银行： 账号：	鉴(公)证意见： 经办人： 监(公)证机关(章) 　　　年 月 日 注：除国家另有规定外,鉴(公)证实行自愿原则。

有效期限：　　　年　月　日至　　年　月　日

药品购销合同(文本格式三)

合同编号：

供方：　　　　　　　　　　　签订时间：　　年　　月　　日

需方：　　　　　　　　　　　签订地点：

一、药品品名、产地、规格及包装、单位、数量、单价、金额及交货时间

品名	产地	规格及包装	单位	数量	单价(不含税价)	金额	交(提)货时间	备注
合计人民币 (大写)								

1. 质量要求：	供方	单位(章) 地址： 电话： 传真： 邮编： 开户银行： 账号： 纳税人登记号： 法定代理人： 委托代理人：	需方	单位(章) 地址： 电话： 传真： 邮编： 开户银行： 账号： 纳税人登记号： 法定代理人： 委托代理人：
2. 验收方式及提出异议期限：				
3. 交提货地点、方式：				
4. 运输方式、到达港站及费用负担：				
5. 结算方式：				
6. 违约责任：				
7. 解决合同纠纷方式：				
8. 其他约定事项：				

　　本合同经双方同意,并遵循国家食品药品监督管理总局《药品购销合同管理及调运责任划分办法》

　　有效期限：　　年　　月　　日至　　年　　月　　日

　　　　　　　　　　　　　　　　　　　　　　　××省工商行政管理局监制

二、药品购销合同的签订、变更与解除

(一)药品购销合同的签订

签订合同是药品经济活动业务基本程序的重要内容。购销合同的签订,意味着企业担负着履行合同的义务,它是药品生产经营企业法人之间为顺利进行药品活动而缔结的具有法律效力的契约或协议。药品生产经营企业在签订购销合同的过程中,应重点把握两个方面:一是要遵循订立经济合同的原则和要求;二是要熟悉和掌握签订合同的具体条款。

1.订立经济合同的原则和要求

合同是一种法律行为,是双方当事人之间为实现某一特定目的,在自愿、互利、等价、有偿的基础上,经过协商,遵照法律规定而签订的协议。合同一经签订就产生法律关系,当事人双方都应按合同中的规定承担合同范围内的义务和享受合同范围内的权利。因此,药品生产经营企业业务人员要有高度的责任感和对企业负责的精神,权衡利弊,慎重行事,订立合同要遵循以下原则和要求。

(1)合同当事人必须具备法定资格,否则签订的合同在法律上无效。

(2)必须遵照国家的法令、法律、方针和政策签订合同。其内容和手续程序要符合有关合同管理的具体条例和实施细则的要求。任何单位和个人不得利用合同进行违法活动。

(3)签订合同的供求双方应该周密仔细的调查研究和进行市场预测,认真考虑自己与对方是否具备履行合同的各种条件,尤其对第一次打交道的企业,必须进行切实认真的调查研究,不能单凭产品样品便贸然地签订合同。签订合同之前要对其生产许可证、营业执照等证件进行详细审验,并对厂房设备条件、技术条件、劳动效率、生产能力以及资金、原材料、辅助材料等方面进行尽可能深入的了解,这样才能为签订合同提供可靠的依据,也为最终实现合同打下稳固的基础。

(4)签订合同必须贯彻平等互利的原则。平等是指经济合同当事人的经济、法律地位平等;互利是指签订经济合同的双方当事人在经济活动中都有利益可得,彼此的权利义务相等。

(5)协商一致。经济合同是双方的法律行为,双方当事人的意志必须一致,合同才成立。这是一切合同最基本的法律特征。

(6)等价有偿。等价有偿的原则是经济核算在经济合同关系中的法律表现形式。这反映了社会主义经济组织之间公平合理的经济协作和药品与货币的交换关系。

2.购销合同的具体条款

购销合同一般说来包括以下具体条款,由于各单位执行情况不同,下列条款可供参考。

(1)品名 即正名,是指药品的通用名称,品名应该是经过正式批准的药典名称或传统药物的保留名称。如当归、白术、黄连上清丸、复方新诺明等。一般不用别名签订合同,以免给采购、发货和入账带来不必要的麻烦。

(2)产地、规格 产地是指药品的生产地或生产厂家名称的简称。规格是指药品的容量、含量、等级等,等级一般用于中药产品。因为药品的产地不同、规格不同,其价格、疗效和质量(中药)各异,所以在签订购销合同时,一定要把药品的产地、规格详细注明,以免到货后发生验收麻烦。

(3)单位 是指药品的计量单位。合同的计量单位一定要采用国际通用或常用的计量单位,如千克(kg)、克(g)、瓶、盒、袋、桶、箱等。

（4）数量 是指采购所需要的具体数量。采购数量的确定要注意其单位和规格,在单位和规格的基础上决定采购数量。

（5）价格与金额 价格是指经供需双方同意后的协商价格。购销的原则一般要求以价格合理、各方面技术条件好的药品为首选。但在购销价格上还必须注意协调各方利益,并充分发挥合同价格的杠杆作用。金额是指每份合同的每个品种的价格与数量乘积的总和。若几个品种共用一份合同时,先将每个品种的金额算出,再将各个品种的金额合计,就是该合同的金额。合同书填写必须完善,不得缺项漏项,用字用词需准确,重要的数字要用中文大写,防止篡改。

（6）约定损耗 指购销双方共同协商所规定的药品在途中自然损耗的破损部分。这是因为药品在流通中,要经过装卸和运输,容易造成一定的损耗和破损。这种途中损耗是正常的,关键是如何确定合理损耗占药品总量的百分比例。为了使购销双方有章可循,国家商业部、中国药材公司等部门曾制订了有关药品在途损耗的规定,凡在规定之内的,由购方负责,规定之外的(即超耗部分)由销方负责。在签订合同时,有的合同注明按规定负责损耗(即按国家有关损耗的规定),有的注明途中破损及损耗均由销方负担。购方要根据购货实际情况,在销方能接受的情况下,双方进行协商后,在合同中注明。

（7）交货日期 指从签订合同之日起到购方收到货物为止的日期和时间。有的注明现货交易,有的注明急用速发,有的注明季度后交货,有的注明自提交货,也有的注明具体交货日期。

（8）交货地点 包括两层含义:一是指销方所负责运输和承担责任的地点;二是指销货方交货的最终地点。有的是销方仓库交货,有的是销方火车站交货。应根据所采购的品种,由购销双方协商确定。

（9）包装 指合同规定的外在包装。一般地说,包装不计价,由销方负担。合同中规定包装的目的是为了便于在途中运输和保管。

（10）合同附则 ①质量要求,指需方对药品质量的具体要求,对中药材的要求是正品,符合中国药典规定,身干无杂、无虫蛀、无霉变;对西药和中成药的要求是符合中国药典或局(部)颁药品标准;②验收办法,指购货方对所采购药品的验收方式,有购方仓库验收,有销方仓库验收,有抽样验收,有全数验收等;③作价办法,指合同价格有无扣率或有无让利部分,采购品种不同,扣率或让利不同,不论何种扣率或让利,作价办法都必须在合同上注明;④运输方式,指药品运输的形式,具体的运输形式有航空、火车特快专递、火车慢件、汽车送货、邮寄、自提等,不论何种运输方式均应由双方协商确定;⑤付款方式和时间,付款方式是指对药品交易所引起的货币收付关系进行了结和结算的方式,结算的一般方式有同地结算和异地结算两种形式,前者在药品的购销中用的较少,后者采用的较多,异地结算方式是指不在同一城镇范围内在银行开立账户的收、付款单位之间的转账结算,一般有托收承付、委托银行收款、汇兑、信用证、限额结算、票汇结算等几种结算方式,付款时间是指购销合同中所规定的具体承付货款的日期或时间,一般是凭发货凭证托收承付,一些急用药品有的先付款后发货,也有的是货到承付、货到1个月托收承付、货到2~3个月或更长时间付款、货到代销销完后付款等,具体情况则根据供需双方合同要求及协议实施;⑥经济责任和义务,一般情况下供货方负责药品的途中运费、质量责任和正常破损之外的超耗部分、负责中药材的质量责任和代办中药材发运的义务,采购方负责药品自供方下货火车站到本单位的汽车运费、负责中药材的全部运费,实际上,对购销双方协商同意并在合同中注明的规定,双方都要按合同承担各自的经济责任和义务。

(11)购销双方代表签字　购销双方要注明合同签订的日期,购销双方的全称、法人代表、委托办理人、详细地址、传真号码、电话号码、开户行、银行账号、税号、邮政编码等,以便在业务往来中能及时联系。

(12)购销双方单位盖章　以上全部内容完毕后,购销双方单位盖上公章,本份合同就可以正式生效。一般情况下,不加盖购销双方单位公章不能生效,以免引起合同纠纷。

(二)检查合同

购销合同签订后,交专人登记和管理,并对所签订的合同进行检查。其目的是对个别价格不当、规格不符、数量不对的品种,要及时与对方电话或传真联系。

(三)履行合同

履行合同是指购销双方按照合同上的各种规定与条款严格执行合同的过程。虽然合同的履行是由购销双方来共同完成的,但作为采购方,应尽最大努力履行合同,以树立企业的良好形象和信誉,为今后的业务往来打下基础。

(四)购销合同的变更与解除

依照合同法购销合同有一定的变更与解除条件,只要发生下列之一者即可变更或者解除,否则,不得变更或解除。

1.合同的变更与解除原则

当事人双方经协商同意,并且不因此损害国家利益和社会公共利益,可以变更或解除合同。法律、行政法规规定变更或者解除合同应当办理批准、登记等手续的,依照其规定。

2.不可抗力发生时

由于不可抗力致使经济合同的全部义务不能履行或者由于另一方在合同约定的期限内没有履行合同,当事人一方有权通知另一方解除合同。因变更或解除经济合同使一方遭受损失的,除依法可以免除的责任以外,应由责任方负责赔偿。

3.当事人一方发生合并、分立时

由变更后的当事人承担或分别承担履行合同的义务和享受应有的权利。

第三节　药品销售管理

一、药品销售业务的管理

销售业务管理工作是指药品生产经营企业保持与各地经销商、终端客户的正常联络,处理有关业务事务,保证公司的药品及时铺市、销售,并及时向经销商、终端客户及消费者进行宣传、咨询和提供有关服务。

(一)营销计划的制订

(1)根据公司发展战略和市场情况,会同市场部主管(经理)制订区域年度销售计划。会同市场部主管(经理)将公司批准的年度计划分解下达各区域市场。

(2)按月检查年度计划执行情况,密切掌握动态,及时调整,完善措施,保障全面完成药品生产经营执行计划。各区域市场于每月29号前将下月货款回收计划和药品生产经营执行计

划递交销售业务管理部门,销售业务管理部门于 30 号前将所有计划整理成册汇总后,报总经理审批后交生产指挥系统。

(3)各区域市场将每月的工作总结和下月的工作计划报销售业务管理部门,销售业务管理部门归纳总结后报总经理。

(二)营销人员的管理

(1)协调与当地政府等有关部门的业务关系,根据业务需要办理必要的手续(如药品注册等),保障业务的正常开展。

(2)全面执行公司各项规章制度,要做到编制健全、分工明确、任务具体、重点突出,有安排、有检查、有总结、有记录。

1)营销人员的外勤考核,由本人填报出差单,交考勤员作为外差考核依据。外勤期间,应经常保持同公司的联系。出差单一律在回公司两天之内填报,否则不记考勤。

2)营销人员回公司后,一律在第二天到公司办理账务,汇报详细情况(书面)后,安排正常休息。

3)除开正常休息外,营销人员在公司期间,必须每天向考勤员报到,整理资料和接受公司的安排。

4)营销人员请各类假,须书面向市场部经理请假,按审批权限程序审批;市场部经理请各类假,须书面向销售业务管理部门负责人请假,按审批权限程序审批。

5)其他劳动纪律按公司有关规定执行。

6)考勤员严格履行职责,销售业务管理部门负责人每月抽查一次。

(3)认真执行各种业务规范和标准,坚持填写工作日志,按时上交述职报告和各种报表、资料,保障各项工作有序运行。如新开发客户报告表、业务日报表等。

(4)圆满完成上级领导交办的临时任务和其他工作,做到有效果、有落实、有汇报,同时有义务协助本公司其他部门和员工在当地开展工作。

(5)营销人员的调离和岗位变动,必须在上级的监督下办理移交手续,三方签字方可离岗。

(6)营销人员自觉遵纪守法,加强组织观念,相互团结友爱、协调内外关系,塑造完美公司形象。

(7)营销人员积极参加各种培训,全面领会公司理念,发扬公司企业精神,表现公司企业文化,不断提高自身素质,将"××公司"的完美形象展示给全社会。

(8)销售业务活动必须按照经济法规和公司要求,签订有效协议和合同,办理有关手续和单据,做到程序合法,单据齐全。

(9)销售人员每天要走访联系经销商,对主要经销商的财务、采购、销售等人员保持经常联系,并及时掌握对方内部经营状态,特别是本公司药品的销售情况和同类产品的销售动态,与经销商密切配合,做好终端促销工作。

(三)经销商的管理

(1)营销人员开辟新的业务网点,是发展新的销售市场、增加销售业务必须做好的中心工作。开辟新的网点必须解决好三个主要问题。

1)经销商的合法性。营销人员必须拿到经销商的两个有效文件:①营业执照;②生产(经营)许可证(专营许可证等);③药品经营质量管理规范认证(GSP 认证)证书。

2)经销商的资金承付能力。营销人员需现场考察经销商的资金承付能力,并向公司提交市场部经理签字的书面报告。

3)经销商要有好的销售网络。营销人员需对经销商的十个以上主要销售网点考察,并向市场部经理书面报告考察结果。

(2)经销商网络建设。一般以经销、特约经销的形式在目标市场确定2~3家经销商,条件特别好的市场可以设立总经销,但要特别考虑好销售网络和覆盖面。

(3)经销商的一般标准。①具备国家规定的证件、执照,有固定的经营场所;②具有法人资格,能承担民事责任;③具有良好的经营能力,经济效益好;④对本公司的产品有信心,有合作前景;⑤在所在区域的营销网络有一定的覆盖面。

二、药品销售内务的管理

销售内务管理工作的职责是对公司药品在国内外市场的各项销售业务工作实施协调和运作,利用各种机会向用户和消费者介绍公司及产品情况,及时准确答复客户的来信来电咨询,并建立客户营销档案,同时组织考核公司职能部门、区域市场营销工作绩效。

(一)购销合同

公司购销合同要符合《合同法》的要求,逐步推广格式合同,合同统一由公司存档。

(1)合同书填写必须完善,不得缺项漏项,用字用词需准确,重要的数字要用中文大写,防止篡改。

(2)不得自订和乱订款项,如对方提出新的合同要求,须经过逐级请示后,方能生效。

(3)购销合同必须按照经济法规和其他法规要求签订。

(二)业务开票

(1)财务部门开票员根据签订的有效"购销合同"或货款到账情况开具发货通知单。

(2)发货通知单开出当天,开票员应将发货通知单的第三、四、五、六联交经销商,第一联存档,第二联交财务部门(可据企业实际调整顺序)。

(3)需开具发票者,由营销人员申请,财务部门按发货通知单第三联(开票联)内容开具销售发票,发票在一周内交营销人员或经销商。营销人员必须及时衔接发票接、发手续。

(三)发货

(1)仓储员每天须凭发货通知单第四、五、六联发货,原则上当天开票,必须当天发货,不得拖延发货时间,遇特殊情况货未发出时应重新填写发货日期。

(2)仓储员要严格按照票据指定方式发货,不得擅自更改,填写货单时,字迹清楚规范,并反复校对无误后方可交运。

(3)货物发出后,应电话通知区域营销人员,并登记留存备查。

(4)每天将货运情况填制"货运日报表"交财务部门。

(四)接待工作

(1)接待员要仪表整洁、落落大方,语言要规范、有礼貌,客人来访时,应作出接待记录。

(2)接待员除熟悉药品销售业务外,对公司经营情况应有较全面的了解,同时有应付各种客人的能力,能巧妙回答客户提出的各种问题,但不得泄露公司的商业秘密。

(3)接待员根据来访对象的要求,迅速处理有关事宜,或安排业务程序,尽量满足对方愿望,如不能满足对方需求时,耐心给予解释,取得对方理解。

(4)对在职权范围不能解决的问题,及时报告上级或有关部门办理,决不能拖延推诿。

(5)公司负责人应抽出一定的时间同来访者见面,加深感情联络,听取客户反映,收集市场信息,了解市场动态。

(五)营销档案的建立

(1)公司内部营销资料按前述资料归档保存。

(2)客户档案是营销网络的主要数据资料,应加强管理。

(3)建立客户档案的目的是建立市场营销网络,及时赠送资料,介绍公司及产品销售情况,了解客户对本公司产品使用情况及同类产品使用情况,协商市场推广事宜。

(4)建立客户档案的内容包括主要负责人姓名、主要经营人员数量、文化程度、住址、营业地址、电话、手机、个人爱好、客户的经营状况、经济实力、销售网络等。

三、售后服务

售后服务工作的职责是处理客户和消费者的来信来函、电话咨询、退货换货等业务活动,售后服务工作一般由具有药学专业技术的人员担任。

(一)来信来函处理

客户来信来函询问本公司产品及产品价格等,用印刷的统一格式信笺答复,答复时间不超过3天,原信件应编号存档。

(二)电话咨询

电话内容要逐一记录,并注明发话人的姓名、地址、联系电话号码等。根据来电内容逐一答复。接电话时,铃响即迅速拿起话筒,使用"您好,××公司"等规范用语和"您好""再见"等礼貌语言,使用"您好"开头语。回电话时要耐心、细致、认真,使用普通话,语言亲切;打出电话应主动报出公司名称、本人姓名。用语简练、尽量缩短通话时间,做好电话记录。

(三)退换货

(1)经相关部门鉴定确认属正常原因的退货,应退回公司(基地)处理,并开票冲账。退货必须由区域营销人员先期办理退货审批手续,包括退货数量、品种、规格、时间、退货衔接和退货方式等,退货的运输由营销人员办理,储运员协办。

(2)对非常原因或未经认可的退货、换货,公司一般不予受理。

(3)协助经销商和终端客户及消费者辨别公司产品真假,帮助经销商查处和打击假货。

📖 **案例分析**

神州制药 2012 年年度经营计划

神州制药有限公司是一家以中成药生产经营为主,以食品、保健食品为辅的经营生产性企业。主要产品有心脑血管用药:安脑通片(胶囊)、消脂素、舒心宁和天麻洋参片等;眼科用药有:定志片、杞菊地黄丸和珍珠粉。其他感冒用药、妇科用药等还有近50个品种。

神州制药年生产能力10000万瓶(盒),2011年生产销售约4000万瓶(盒),年销售收入近18000万元。公司主要营销市场是湖南省各地市,销售收入达到10890万元,2011年创公司在湖南地区销售收入历史新高。湖北、广东、广西、陕西市场是去年新开发的市场,当年就见到了一定效果,其中湖北、广东两个新市场实现销售回款 650 万元,广西、陕西市场也实现了零的突破。2012 年计划在继续精耕细作湖南市场的同时,重点培养湖北、广东、广西、陕西四个新市场,利用湖南、湖北培养的骨干营销人员开发新市场,利用大、中专实习生作为新营销人员后备力量,确保营销人员队伍的稳步增长;计划在继续做好安脑通片销售的同时,重点做好消脂素片、定志片的销售,在湖南利用安脑通片销售网络做大同类下游产品消脂素片的跟进销售,在湖北做好安脑通片销售的同时,做好分季节销售治疗青少年近视眼病"准"字号药物——定志片的销售。

2011 年神州制药营销工作较上年虽有较大幅度提升,但距目标销售收入 21000 万元还有一定距离,2012 年公司要力争超过这个目标,要为"过十亿战""扩张战"而努力。老子说"合抱之木,生于毫末;九层高台,起于垒土;千里之行,始于足下""行远必自迩,登高必自卑",从现在做起,从基础做起,就一定会有新的成果,一定会有新的收获。

为了适应市场运作规律,调动营销人员劳有所获,多劳多得的积极性,确保 2012 年营销目标的实现。公司对营销方案做了较大幅度的调整:采取底价结算与深度分促销两种市场营销模式,调整薪酬考核计算方法,集中营销精英经营重点市场等系列内容,使公司营销方案更加市场化,规范化,科学化。

一、营销状况

(一)市场状况

神州制药主要研究心脑血管疾病和眼科疾病的中国市场,其他市场则暂不考虑研究。中国人口多,市场大,这是一个不争的事实,相当于三四十个国外市场,与其舍近求远开发国际市场,还有许多贸易壁垒,不如精耕细作国内市场;心脑血管疾病和眼科疾病在国内市场具有很广阔的消费者空间,特别是脑动脉硬化和青少年近视眼病患者尤其多。

统计资料表明:我国 60 岁以上老年人近两亿人,心脑血管疾病发生极其普遍,死亡率高,是人类最为常见的一类疾病,已成为当今世界人口的第一大死因。心脑血管药物自 1987 年以来一直占据世界药品市场销售榜首,据 IMS 公布调查数据显示,全球药品零售额中,心脑血管疾病药物销售额最高。国内医药经济信息网统计表明:心脑血管系统用药销售和市场占有率持续增长。随着国人对健康的愈来愈重视,老年人经济条件和购买能力较好,国家对老年人健康的重视和全社会合作医疗、医疗保险的广泛使用,为脑动脉硬化等疾病药物的消费提供了经济准备。

依据近视眼流行病学统计资料表明,目前我国城乡青少年 2 亿 8 千万人,近视眼发病率在青少年人口中约占 22%。可见,青少年近视眼患病者大约在 6100 万人。如按有关部门青少年近视眼发病率占总人口的 6% 计,我国人口按 13 亿计算,全国约有 7000 万青少年患有近视眼病,创造了近视眼病治疗药物的巨大消费市场。同时,当代社会的激烈竞争,青少年就业、升学的巨大压力无疑形成了现实的巨大需求,现时生活水平和工资的提高,也为近视眼病药物的消费奠定了坚实的购买力基础。

目前,公司主导产品主要占领湖南市场,市场占有率约在 90% 左右,在湖南 95% 左右的三级以上经销商均有主导产品的经销或分销,90% 以上的地级市药品零售终端有主导产品的铺货,但县乡以下的终端铺货则不到 50%,终端力度不够,纯销结果不理想,纯销分销倒挂,形成发货不稳定,回款不持续。"农村是一个广阔的市场,在那里可以大有作为"这是我们今后一段时期内的巨大的潜在市场。

(二)产品状况

1.心脑血管疾病药物(安脑通片、舒心宁、消脂素、天麻洋参含片等)

安脑通片(糖衣和薄膜衣)是由天麻等治疗脑动脉硬化、血管神经性头痛和由何首乌等乌须黑发药材制成的具有滋阴补肾、养血息风的功能的纯中药制剂,药理实验和临床试验均表明总有效率达95%以上;投放市场二十多年来,纯销量已经超过了50000万瓶,为约5000万中老年患者提供了较好的健康服务,患者反映好,回头购买率高。但这只是为全国中老年患者中5%的患者提供了服务,是很不够的,我们有责任为超过80%的中老年患者送上我们的好药。

舒心宁是同仁堂的传统方,在日本以此处方研制的"冠心Ⅱ号"是治疗冠心病的必备常用药物,在化学药物对人类健康影响越来越引起争议的今天,在发达国家和地区,该药物具有特别重要的市场潜力。

消脂素是天然降血脂的药物,统计资料表明,"三高"人群特别是高脂血症患者在世界范围内占中老年人口60%以上,高血脂因不直接造成人体功能障碍,利用天然药物降血脂具有较好的认同感。

天麻洋参片是选用公司自行引种栽培的两种稀有名贵药材组方而成的保健食品,该产品组方科学、合理、口感好,功能作用明确,特别是西洋参药材道地、药源保障。

2.眼科疾病药物(定志片、杞菊地黄丸、珍珠粉等)

定志片是由明代眼科医学著作《审视瑶函》中经典方"定志丸"加减中药组合而成。是目前全国市场上少有的获得国药"准"号批文的内服中成药。历代医家治疗近视眼病用药多均源于此。定志片是神州制药公司首次采用纯中药生产,独家经营的预防和治疗青少年假性近视眼病的中药制剂。八十年代中期投放市场时产生了"轰动效应",曾经一度代表了"神州制药"的企业形象。因此,定志片的兴衰在某种意义上说是企业兴衰的浓缩曲线。可以肯定,无论过去和将来,定志片都与企业的形象保持密切关系,它对市场营销追求的不仅仅是经济效益,更重要的是社会效益、企业形象和行业地位。多年来,定志片的销售数量仅8亿片,只满足了30多万青少年近视眼患者的需求,即使是在定志片营销的鼎盛时期,也由于市场开发的深度和广度不够仅达2亿片/年,只满足了1.7‰的青少年近视眼患者的用药需求,之后,由于同类治疗器械和保健品的大量涌入,定志片还在远未达到成熟期就开始衰退,当然这只是销售到全国的部分区域,而华西地区和华北地区只销售了0.2亿片,这是定志片营销计划中的空白区,也是我们今后开发定志片市场的重点区域市场。

杞菊地黄丸是《医级》中的传统处方,在目前市面上单品过五亿的六味地黄丸处方上增加了两味明目作用的枸杞、菊花,其滋阴明目的作用明显,是一个极具潜力的传统中成药。

珍珠粉是公司的专利产品,解决了几千年来珍珠溶解的难题,珍珠的作用消费者多很清楚,可溶、易吸收等概念被消费者认知后将会带来很大的销售量。

3.其他产品

公司还有很多产品,目前尚无力市场开拓,对于一些市场条件不好、没有边际利润的产品如板蓝根颗粒、牛黄解毒片采取封存或寻找新途径创造市场空间;对于一些略有边际利润的产品如小儿感冒颗粒、妇炎片等采取区域代理的形式加大招商力度,借船出海。

(三)竞争状况

1.企业竞争

曾经有人说过"要发财,做三材——钢材、木材和药材",一定程度上反映了药材、药品行业的吸引力,一时间尽管国家控制药品生产企业的数量,一度达到了5000多家,后来SFDA抬高药品生产企业准入"门槛",全面实施GMP认证,结果低水平重复更加严重,药品生产企业不但没有减少,反而增加到了6000多家,仿制药品、改剂型药品等充斥市场,产品低价格竞争到了不计成本的地步,如板蓝根颗粒、藿香正气胶囊等市场出货价比原材料的成本还低。因此,药品生产企业的竞争在近年内要有所缓解是较困难的。

当然,对于有一定基础并且有自主研发产品的企业还好一些,可以利用产品的独创性获取一些利润空间,这还需要保护好产品,合理利用产品资源。

随着SFDA的规范化管理和GMP认证周期的临近,一些药品生产企业可能因为前期并没有取得较好收益、固定资产投资贷款到期等原因出局,这将为我们企业创造更好的环境,如果企业改制完成得更快,更彻底,我们的竞争能力将更强。

2.产品竞争

安脑通片面对两方面的竞争,战略上是心脑血管药物如正天丸、镇脑宁等产品的竞争,前些年这些产品铺天盖地的广告之后,现在广告投放量大幅度减少,市场业绩也大幅度缩水。但是,"瘦死的骆驼比马大",正天丸"讲座式"广告宣传一直在做,如果三九医药资产重组后集中力量拓展正天丸市场,形成心脑血管药物第一品牌,就拥有了市场主动权。安脑通片面对的竞争还有一个更直接的对手,那就是"国华",在战略上它还不能构成威胁,但在战术上它扰乱了我们的价格体系,影响了我们的战术操作,如果"侵权案"判决下来之后,我们的市场规范化问题将会更好解决。

3.人才竞争

药品营销竞争激烈,药品营销人才缺口大,一方面基层医药代表缺口大,西安杨森、中美史克都有几千人在做终端工作,修正药业的终端人员更是上万人。如果全国6000多家药品生产企业均配备上万人的终端队伍,医药代表人数将在6000万人以上。另一方面药品生产经营中、高级营销人才奇缺。年薪上百万的药品、保健食品营销总监岗位多,人员少,优秀的省级经理也是凤毛麟角,企业之间互相挖人,高级人才流动性大。培养人才速度慢,引进人才成本高,企业人才留住难。

(四)宏观经济状况

"看病难、看病贵"是党当前社会关注的民生问题之一,降低药价是目前无可奈何的问题;全国人大解决"三农问题",十七大增加农民收入问题,也是热点问题,农产品价格上涨是发展的必然。药品价格下降和农产品价格上涨使中成药利润空间下降是今后一定时期都将存在的突出问题,因此,加强管理、节能降耗、降低成本、减少可控费用尤为重要。

另外,近年中央要防止经济增长由偏快转为过热,实施稳健的财政政策和从紧的货币政策,对于我们医药行列来讲也是不利的,以前讲"适度从紧",现在取消"适度",必然更紧。药品企业流动资金多是贷款,资金不足将会更加突出。药品商业现金流大,毛利低,遇到"从紧的货币政策",我们的回款压力更大。

(五)优势劣势分析

1.良好的用人、激励、决策机制

"敢用人,敢放权",不搞论资排辈,不分新兵老兵,唯才是用;营销人员绩效考核办法通过一年的推行,在激励机制方面起到了较好的作用,在适当的修订之后,继续使用具有延续性。

2.疗效确切的产品

在一个省级市场近2000万元的销售基础,证明产品力得到市场的认可,关键是功效明显,技术独占,是我们产品的独特优势。通过将产品的独特优势放大,打造成市场竞争的刀锋,割下1亿市场的蛋糕是有可能。

3.稳定的终端队伍

OTC药品营销不精耕细作几乎是不可能的,没有OTC队伍,是目前医药企业想在OTC市场发力的一根软肋。建立一支20人的终端管理员队伍,忠实于企业,有实操经验,会招人,会带人,是非常必要的。

4.规模的渠道网络

相对规模的渠道网络基础,可以保证在没有任何营销追加投入的情况下,原有的销量基础不会有太大改变;产品在调整营销因素时,需要现成的渠道网络快速入市。在快鱼吃慢鱼的时代,速度就是效益和竞争力。

5.2000万元以上的营销投入能力和魄力

各行业正在进入微利时代,"万本万利"是这个时代的主流盈利模式。要想在医药行列异军突起,把企业做到过亿,必须有千万级的营销投入来支持。当然还要有敢投入、持续投入的决心。

二、营销组织

(一)组织构架

1.深度分促销市场
湘东北片区:辖长沙、株洲、湘潭、常德、岳阳、益阳。
湘西南片区:辖郴州、衡阳、永州、娄底、邵阳、湘西怀。
鄂东片区:以武汉为中心,辖黄石、鄂州、孝感三地市。
鄂西南片区:以荆州为中心,辖宜昌、荆门两地市。
鄂西北片区:以襄樊为中心,辖十堰、随州两地市。

2.底价结算市场
广东市场部。
广西市场部。
江浙市场部。
重庆市场部。
陕西市场部。
云南市场部。

3.招商服务部
略。

4.营销策划部
略。

(二)定员定编 65 人

直管经理 4 人;招商服务部 5 人;营销策划部 2 人;商务 3 人。

表 12-2 是各市场人员编制表(编制 50 人)。

表 12-2　各市场人员编制表(编制 50 人)

区域		人员	区域		人员	区域		人员
湘东北片区	常德	3	湘西南片区	衡阳	2	鄂东区	武汉	5
	长沙	5		邵阳	2		黄石	0
	湘潭	2		湘西怀	2		鄂州	0
	株洲	2		永州	2		孝感	0
	益阳	2		娄底	2	底价结算区	广东	1
	岳阳	2		郴州	3		广西	2
鄂西北	襄樊	2	鄂西南	宜昌	2		重庆	1
	十堰	1		荆州	2		陕西	2
	随州	0		荆门	1		江浙	1

(三)主要职责

1.总经理助理

负责深度分促销市场营销工作:分销、促销、网络开发、纯销等任务分配、检查;回款任务分配及发货,回款任务的完成,并检查督促落实;一级商的确定;分销网络的建设和维护。

2.底价结算市场经理

负责底价结算市场营销工作:一级商的确定,分销网络的建设和维护,回款任务分配、发货及任务的完成。

3.招商服务部经理

非自营产品的招商、发货及销售内务管理,产品生产计划下单。

4.营销策划部经理

市场监督、考核、促销、分销方案制订。

5.商务主管

商务主管主要负责商业网络的建设与维护,分配分销任务并组织商业发货与回款,督促片区人员完成网络分销任务。

6.商务主办

商务主办主要协助商务主管完成网络分销任务,协助组织商业会议分销摆台,完成会议期间分销任务。

7. 终端片区主管

终端片区主管主要负责带领营销代表完成各项促销任务、纯销任务、开发任务、终端网络建设与维护。协助经理、商务主管完成回款任务和渠道维护,参加商业会议分销摆台,完成会议期间分销任务。

8. 营销代表

营销代表负责完成促销任务、网络开发任务、纯销任务,协助主管对渠道进行维护,并维护好区域终端、价格体系,提供价格动态、竞品状态等信息。

三、营销目标

总目标:良好的社会效益和经济效益。

社会效益目标:树立"神行天下,洲纳百川"的企业形象。

经济效益目标:营销总任务为实现销售收入 25750 万元。其中,招商:7000 万元;陕西:300 万元;广西:500 万元;重庆:150 万元;广东:900 万元;湖北:2000 万元;湖南:14900 万元。

四、营销战略

(一)产品战略

1. 产品分析

观察国内发展迅速的医药企业,如仁和集团、桂林三金、株洲千金、九芝堂……我们会发现他们有着非常相似的地方,就是靠一个产品带动了整个企业的发展。其实不仅在中国,纵观世界医药巨头,有哪一个企业是靠很多品种取胜的?往往一个品种年销售额就是数亿美元,而国内大部分中小企业更是动辄上百个品种全线出击,没有主次,甚至有自己的产品互相抢市场。所以我们应该培养我们自己的拳头产品,只有当企业有了过亿单品,才会真正上台阶。

安脑通片近年一直有 5000 万元左右销售基础,虽然这个基础并不厚实,但我们分析这个基础基本上只在湖南这个主要市场销售,而且有一定相对不错的渠道和销售队伍基础。根据专家的观点,安脑通片具备"花 1 年时间,做 1～3 个战略产粮市场"的条件,为进军全国市场打基础,力争 2～3 年冲刺 1 个亿是有可能的。

定志片是全国市场上少有的,获得国药"准"号批文的,预防和治疗青少年假性近视眼病的内服中成药。20 世纪 80 年代中期投放市场时产生了"轰动效应",一度产品销售量达到 100万瓶以上,按涨价因素指数分析和现时价格计算应该可以达到 1500 万元/年销售额,也是一个具有冲刺 1 个亿的单品。

鉴于此,在产品战略上我们必须在观念上克服困难,"伤其十指,不如断其一指",集中优势兵力和全部营销费用作好安脑通片的销售,力争从观念、用人、激励、决策和资金等方面创造安脑通片单品过亿的奇迹。定志片作为二线产品发展,暂不做大的投入,待安脑通片创造条件后再重点开发。

2. 品种设计

(1)自营品种。

自营品种	数量	发货价	金额
安脑通薄膜衣	500万瓶		
安脑通糖衣	1600万瓶		
定志片	150万瓶(盒)		
消脂素片	500万瓶		
安脑通胶囊	120万盒		
参桂鹿茸丸	50万瓶		
藿香正气胶囊	100万盒		

(2)招商品种。

安乐片	600万瓶		
美白饮片	160万盒		
舒心宁片	50万盒		
补肾强身片	60万盒		
小儿感冒颗粒	100万盒		
长春胶囊	50万盒		
洋参含片	40万盒		
妇炎片	120万盒		

(二)价格战略

1.价格维护

以全面分销和深度促销相结合,注意解决终端零售无利润的矛盾,终端越来越不重视我们的主流产品,或成了限购、打特价的主要对象,这样会严重影响其市场纯销量,给竞品提供了更多机会,久而久之,会影响产品自身的品牌价值。"天下难事,必作于易;天下大事,必作于细",公司将组织专门队伍分别以地级城市为单位,连锁联动,约定价格体系维持合约,保持合理的出厂价格、出货价格、零售价格,保证渠道合理利润。

2.价格体系设计

自营品种	出厂价	一级商出货价	二级商出货价	零售价
安脑通膜衣	11			
安脑通糖衣	5.8			
定志片	15			
消脂素片	6			
安脑通胶囊	6			
参桂鹿茸丸	12.5			
藿香正气胶囊	1.5			

注:超过出厂价格部分发货税款自负

(三)渠道战略

(1)继续抓好目前药品大分销和小分销两种渠道模式,特别是销售骨干要利用一切可能的机会登门拜访三级经销商,把一、二、三级经销商和终端用户、客户的客情维护提高到同一水平上来。

(2)重视农村合作医疗新课题,安脑通糖衣片、藿香正气胶囊是农村消费者适应性广、消费得起的产品。湖南是成熟的消费市场,很容易上量,营销代表要利用跟商家配送车、商家终端推广会和自己开发新网点等形式将产品铺货率提高,其他市场在做好社区推广、药店摆台等消费者促销,尽快催熟市场的同时,也要选择好的方法将产品做到农村合作医疗平台上。

(3)解决好主导产品临床问题,今后一定时期内,安脑通薄膜衣、定志片仍还需要临床的继续拉动。原则上不再开发新的三甲医院,以维护现有主流医院为主,加强社区医疗、乡镇卫生院、县级目标医院的工作,这些普通老百姓的身边医院,服务人群广,费用低,便于操作。在临床的拉动下,特别注意连锁卖场、零散卖场、门诊的铺货和促销工作,为将来"医药分开"后市场工作的连续性打下坚实基础。

(4)解决好多层次分销问题,由总经理助理指挥,商务主管组织各片区主管具体实施,要求打通从城市到乡镇的一切商业通路,让主流产品在渠道中无处不有。用产品充实渠道的方法来协助提升终端铺货率及销量的提高,市场的上游不拉通,终端和消费者就没办法满足我们铺货和促销的要求,我们就失去一大片市场。2011年我们在中心城市的渠道维护相当好,几乎占垄断地位,但绝大部分县级和几乎所有的乡镇的渠道维护严重不合格,2012年必须做到:继续保持中心城市渠道的垄断地位,着力解决县、乡级渠道的有效畅通与维护,这是在省内仅有的一块有较大幅度上升的市场,公司将对这块市场的工作加强监督与考核。对县、乡级分销商特别是新发展的分销商,公司有分销政策予以支持。

(四)促销战略

1.对经销商公司的促销

(1)一级商发货让利　≤5%,特殊情况需总经理批准。

(2)一级商的返利政策　年终按年度合作协议总回款额返利。

在签约全年合作任务量(x)后(按某个一级商回款总额计算),年终按完成不同的比例进行返利:①不小于x的80%,且小于x的90%,返X×实际回款量;②不小于x的90%,且小于x的100%;返X×实际回款量;③不小于x的100%,返X×实际回款量。

年底统一结算,以开票冲账或补发商品的形式返利,不返现金。

(3)二级分销商的返利,年终与按年度合作协议总回款额返利。分销标准(含大型连锁)为,按连续30天进货计算。①原二级分销商,以采购200000元为起点,不小于200000元,且小于500000元的,其分销费＝X‰×进货总额。500000元(含)以上,其分销费＝X×进货总额。②新开发的二级分销商,以采购50000元为起点,其分销费＝X×进货总额。为配置品牌产品做大做强,不再设立套餐和分销等级。

一级商的确认:由总经理助理和省级商务主管根据市场需要,选择信誉好,资金支付能力强,网络覆盖广,有良好合作基础的大中型医药商业公司作为一级商,报公司总经理批准。

2.对经销商公司员工的促销

(1)采购员。

（2）暗导员　暗导工作继续坚持，对于不守信誉的导购员要及时更换，原则上不再新增暗导网点，但对于基础工作差的区域且没有暗导的，选择大型优势卖场，可以增加暗导，各品种导购费用保持不变，由营销人员一对一与导购员联系并维护，搞好大型卖场、连锁的合作关系，有效提升卖场价格。暗导费标准不变。

（3）商业公司开票员促销工作　对于营销人员有提成的品种，要求营销人员自觉开展商业公司开票员的促销工作，由营销人员与开票员协商促销费用价格，一旦协商确立，营销人员必须信守承诺，及时兑付，如果因兑付不及时造成后果，查实后公司将对营销人员进行双倍处罚。开票员促销费标准不变。

（4）临床促销　坚持现有临床医院的终端促销工作，公司将加强监管，提升诚信，及时兑付临床费用，维持临床终端促销工作正常运转，营销人员要与目标医生交好朋友，建立感情。如遇到国家重大政策调整，公司将针对具体情况调整临床工作。如果发现报而不兑，公司将对当事人处以违规金额双倍以上罚款。临床促销费标准不变。

（5）城乡结合部、县乡终端网点开发　去年公司提出的城乡结合部、县乡终端网点开发工作执行情况不理想，今年公司将重点查漏补缺，配合城乡渠道拉通工程，服务更广泛的消费者，大幅拉升市场纯销量，把遗漏的市场找回来。公司今年将大力巡查城乡结合部、县乡终端网点开发执行情况，必要时派员督办，同时加大考核比重。对于非常有影响的乡镇中心卫生院，可与院方直接合作，建立脑健康专家门诊或头痛头晕咨询站，使之成为安脑通片治疗头痛头晕的宣传阵地。与乡镇中心卫生院的合作方法采取提供产品支持的原则。

（6）商业会议促销　特指商业单位开展业务会期间针对终端客户的促销，促销费用不得超过控制标准。起到增加铺货作用（不含大型连锁）。注意会前动员、会中拜访、会后联络等细节的具体工作。

商业会议对终端客户的促销标准（不含大型连锁）。

客户进货金额（元）	礼品标准
1000～5000	2%
5000～10000	3%
10000～50000	4%

注：50000元以上的进货终端视为大型连锁卖场，只享受分销政策

所有促销、分销赠送的礼品，必须使用公司营销策划部集中采购的礼品，各营销人员都要无条件地使用。如果公司营销策划部没有集中采购礼品，营销策划部经理将委托营销人员按规定的标准购买礼品赠送。所有发放的礼品必须认真填写礼品发放表，必须有客户的亲自签名和客户的联系电话、进货数量及金额，公司营销策划部将会有专人对上述客户进行电话回访。

礼品发放的平账报销必须有三种资料，三者缺一不可。①礼品发放登记表；②流向资料；③购货发票。

3.对消费者的促销

（1）社区、乡镇的摆台促销　与药店蹲点促销不同，它虽不能形成当日的买卖，但它可以告诉更广泛的人群该产品的功能疗效、适用范围等，是发掘更多准消费者的有效方法。活动时，

发放资料,适当赠送小礼品、纪念品等,耐心细致宣传产品卖点,提升产品品牌形象,有利于在消费者人群中扩大公司产品的有效地位。

（2）卖场驻店促销　这是面对消费者的促销工作,可以采取派送礼品或赠送药品的方式进行,市场巡回蹲点,重点地段轮流蹲点,选点要有代表性,并具有一定的广泛性,能持续不断地与消费者接触,不失时机的宣传产品,说服和争取消费者购买。

卖场驻店促销对消费者的促销标准如下所示。

消费者购货	数量（瓶）	礼品标准（元）	一次购疗程用量	礼品价（元）
安脑通片（薄膜衣）	2		5	
安脑通片（糖衣）	3		6	
消脂素片	3		6	
定志片	1		4	

注:礼品发放规定同"商业会议促销"规定

（五）广告战略

广告宣传计划将根据公司的实际情况而定,媒体广告方面不是广告计划的重点,只是有计划地在小区域范围内进行广告拉动,暂无大型媒体广告计划。计划重点在卖场卖点设计 POP 广告,以小型的宣传单页、易拉宝、条幅、招牌等形式面市,恢复招商网络平台,在社区、乡镇有计划的举行一些推广活动,各种广告费用 400 万元。

（1）条幅　安脑通系列 4000 条;定志片 4000 条。

（2）DM　安脑通系列 200 万份;定志片 100 万份。

（3）报纸　安脑通系列 400 万份;定志片 200 万份。

（4）盾牌　安脑通系列 10000 块;定志片 10000 块。

（5）车内视屏　《安脑通片·色猫篇》省会半年;市级半年。

适时选择媒体广告,突出安脑通片自主知识产权,暂不做预算。

五、绩效考核

略。

六、营销效果评价

（一）营销收入计划

营销收入计划:25750 万元。

（二）营销费用预算

营销费用预算:5150 万元。

运费:250 万;广告费:400 万(小型广告 200 万,视屏广告 200 万);差旅费:250 万;业务费:200 万;返利:1250 万;临床费:100 万;工资:800 万;提成:1300 万;分销费:300 万;促销费:150 万;房租费:150 万。

(三)营销费用比率

营销费用比率符合营销费用占营销收入总额的 20％ 左右的标准。

(四)费用管理规定

1.底价结算区域

底价结算区域不报销房租费、差旅费、临床费、业务费、广告费、办公费、分销费、促销费、返利等,只承担运费和核发工资、电话费及提成。

2.关于各项营销费用使用的管理规定

(1)业务费用采取申报制度,按业务费控制标准控制使用,并按公司财务制度报销费用。

(2)赞助费、会务费一律按对方下账的办法处理,特殊情况经公司总经理同意后支付现金的,凭收款单位开出的有效凭证,按公司财务制度报销。

(3)分销费用不准支付现金,由公司统一购买礼品,特殊情况公司委托营销人员购买规定金额的礼品,并凭客户领取礼品登记表和相关促分销流向凭证和有效财务凭据报销。促分销必须符合公司规定的促分销政策才能赠送礼品,违规者礼品费用自负。

(4)临床开发费。三甲 500 元/家,二甲及以下 300 元/家的标准。按本公司发货金额计算,三甲单位每月使用 1000 元及以上临床某产品,二甲及以下单位每月使用 500 元及以上临床某产品。凭有效进货单复印件才能报销临床开发费,原来使用临床产品的单位不属于临床开发序列,不报销临床开发费。

(5)临床维护费用。由营销中心统一管理,集中资金有效维护,营销代表按重点对象分批申报轮流维护,公司直接掌控临床对象。

(6)房租费由公司统一在工资中核发,不借支,不预付押金等。月房租标准:长沙 1800 元,武汉 1400 元;其余的地、市只有一名营销人员的为 400 元,二人及以上的为 500 元。

(7)差旅费按《营销人员差旅费管理办法》执行,市内公交车费不予报销。

(8)广告按《广告管理办法》执行,费用由策划部统一管理。

(9)办公费按公司《办公费用管理办法》管理,宣传资料印刷等纳入广告管理,由终端主管报批,不报销其他打印资料费用。

(10)年终让利(返利)按年经销协议规定的比率计算,以赠送商品或对方下账的方法处理,不使用现金。

七、营销进度计划

营销方案就要设计好营销工作进度。

(一)产品策略进度

除招商品种外,今年在去年基础上减少了三个自营品种,到 2013 年控制到三个安脑通系列和定志片四个品种,重点做好三个安脑通系列品种的营销。

(二)价格策略进度

一季度:做好常德市场的价格体系维护("益丰""九芝堂"等同时)。

二季度:做好长沙市场的价格体系维护(全部连锁)。

三季度:做好湘潭、株洲市场的价格体系维护。

四季度:做好全省市场的价格体系维护。

(三)渠道策略进度

二月份至三月份:理顺城市渠道。

四月份至五月份:拉通县级渠道,开辟乡镇渠道。

六月份至八月份:巩固县乡以上渠道。

九月份:维护全部渠道,总结渠道策略经验。

(四)广告策略进度

三月份至五月份,做好安脑通片200万份报纸投放和1000条条幅的挂贴,10000块安脑通片盾牌的分发、展示。

六月份至八月份,做好定志片200万份报纸投放和1000条条幅的挂贴,10000块定志片盾牌的分发、展示。

十月份至十二月份,做好安脑通片、定志片各200万份报纸投放和1000条条幅的挂贴,检查安脑通片、定志片盾牌展示、陈列情况。

(五)销售计划进度

略。

思 考 题

1.编制药品营销计划的依据和方法是什么?

2.如何按标准签订合格的采购合同?

3.营销人员该如何适应公司规范化管理?

技能抽考项目八　药品购销合同的签订

1.抽查内容

药品购销合同签订项目。要求被测学生根据提供的药品信息,填写购销合同。

2.考试要求

(1)技能要求　规范填写药品购销合同。

(2)操作规范及职业素养要求　服装整洁,体态端庄大方,面带微笑;普通话标准,语言简洁、准确、生动,语速适中;条理清楚,给人以亲切感。

(3)组考方式　利用提供的条件,在测试卡上完成药品购销合同的填写。

(4)测试时间　40分钟。

第十三章　激励与绩效考核

📍 学习目标

【知识目标】

掌握人力资源管理的概念及员工培训、绩效考核方法；熟悉培训的形式分类、内外部招聘利弊与激励常用方法；了解人力资源管理的理念和内容。

【技能目标】

学会测试选拔员工；正确地运用各种方法进行绩效考核管理。

第一节　概　　述

企业之间的竞争是人才的竞争，而现代企业对人才的竞争归根到底也是人力资源管理的竞争，人力资源和知识资本的独特优势成为企业重要的核心能力。彼得·德鲁克曾经说过，企业只有一项真正的资源，那就是人。知识经济时代，企业管理已经从强调对物的管理转向强调对人的管理，人力资源管理已经上升到企业战略的高度，成为企业获取竞争优势的重要手段。

一、人力资源管理的概念

一般来说，资源分为两大类：一是物质资源；二是人力资源。"人"即人力资源，"财"和"物"均属物质资源。

（一）人力资源

普遍认为，人力资源是指能够推动整个经济和社会发展的劳动者的能力，即处在劳动年龄的已直接投入建设和尚未投入建设的人口的能力，包括体质、智力、知识和技能四个方面。

企业人力资源是指人口资源中能够推动整个企业发展的劳动者的能力的总称，而人才资源则指人类资源中具有创新意识、创造能力的资源（图 13 - 1）。

（二）人力资源管理

所谓人力资源管理，是指运用科学方法，协调人与事的关系，处理人与人的矛盾，充分发挥人的潜能，使人尽其才，事得其人，人事相宜，以实现组织目标的过程。人力资源管理的内容有以下几个方

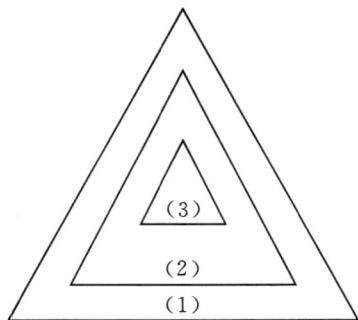

图 13 - 1　企业人力资源结构图
（1）人口资源；（2）人力资源；（3）人才资源

面:①人力资源规划;②职务设计与工作分析;③招聘;④选拔;⑤职业生涯开发;⑥绩效评价;⑦培训;⑧薪酬激励;⑨劳资关系。

二、现代药品企业人力资源的理念

药品企业作为知识密集型的服务群体,人才必然成为其可持续发展的根本保证。因此,药品企业必须更新管理观念、改变思维方式,打破传统的人事管理模式,建立适应市场经济发展的现代人力资源管理机制,才能昌盛不衰。

知识链接

6S体现全方位的人本管理

日本第四届管理咨询大会对21世纪的组织管理进行展望,认为21世纪的组织经营管理要做到6S,即CS:顾客满意;ES:员工满意;MS:经营者满意;SS:社会满意;IS:世界满意(相关的国家满意);SNS:地球满意(不对地球造成环境污染)。这六大满意始终贯穿着一个宗旨,即全方位的人本管理,在组织内部利益相关者之间以及组织与外部环境主体之间寻求一种和谐。

(一)以客户为导向的理念

"客户就是上帝",顾客对产品和服务的满意程度,是衡量药品企业工作系统的质量、效率以及员工的工作态度的根本标志。

药品客户是药品企业的首要顾客,广大消费者是企业最关键、最核心的终端客户。而员工也是企业的重要客户,药品企业必须欢迎和吸引那些具有优秀才能和创新意识、积极进取的员工加入,包容其他企业优秀文化的冲击,可以使药品企业素质加速提高。员工是企业最重要的财富,只有拥有适宜、乐于尽职的员工,企业才能获得成功。另外,卫生、工商、物价、医疗保险、招标等政府部门,也是药品企业的重要客户,可以指导、帮助企业所有的营销活动更符合社会客观市场环境的要求,保障药品企业健康、有序、快速地发展。

(二)以效率为导向的理念

市场营销的成功在于成功的营销计划,更重要的在于计划的执行,执行力取决于质量和效率。执行效率的提高首先要有一个高效率的经营团队,因此,就必须有合理的组织结构或精炼的管理部门,并尽量简化管理的程序。严格意义上讲,药品企业不存在单纯的管理部门,所有职能部门只能是支持部门、服务部门和执行部门,各部门和销售一线的沟通不存在不必要的中间环节,因此,药品企业的组织结构一定是专业化、扁平化的形式。

药品营销工作是一个系统工程,在这个系统中涵盖众多的环节,每个环节均具有不同的特点、不同的顾客和不同的要求,专业的事情由专业的部门、专业的人才完成,也是保证执行质量和执行效率的有效方法。

为保证计划高效率地执行,必须给予每位员工,尤其是承担领导责任的员工以必要的授权,做到责、权、利的统一。

(三)以效益为导向的理念

药品企业要发展,必须产生效益。每个人对于企业给予的每一项支持都应该有相应的回报,这是每个部门、每位员工应担负的责任。

（四）以结果为导向的理念

药品企业和每位员工都要有自己的目标，并与企业的整体目标一致，它体现在计划的具体落实过程中。员工只有一个标准，即工作结果，每个部门、每位员工都要对结果承担责任。

（五）以市场为导向的理念

药品企业应充分适应市场的需求，因此，药品企业必须建立起能不断反应市场需求变化的人力资源系统。企业鼓励员工灵活、机动、多样的形式满足客户的需求，从而赢得客户、赢得市场。

（六）以团队为导向的理念

药品企业生产经营越来越需要企业成为一个整体，一个人在没有其他人帮助时不可能兼顾任务各个方向，为了完成药品生产经营的任务，每个人必须与其他人紧密合作。有效的团队所创造的业绩远远超过单个人所创造的业绩总和。

通过团队合作，在能够获得更好业绩的基础上，企业对员工在工作上、个性发展上以及组织贡献上给予充分的尊重。同时，每一位员工也对企业整体的发展，包括市场的发展、利润的要求、组织的建设与维护负有不可推卸的责任。

第二节　药品企业员工招聘及培训

一、药品企业员工招聘

员工招聘是药品企业组织人力资源吸收的主要途径，是指药品企业组织为了企业发展的需要，根据工作分析和人力资源规划确定的所需人力资源数量与质量的要求，按照一定程序从组织外部吸收人力资源进入组织的过程。员工招聘只有遵循因事择人，公开、平等竞争和守法的原则，才能把优秀的人才、所需要的人力在合适的时候放在合适的岗位。

（一）招聘的程序

人员招聘工作十分复杂，它涉及药品企业招聘政策的制定、招聘渠道的选择、求职申请表的设计等，是一项专业的工作，需要科学的理论和方法的指导。图 13－2 是招聘的程序。

在上述程序中，人力资源计划和职务说明书是招聘的依据，人力资源计划决定了招聘的时间、人数和岗位等，职务说明书则明确了对招聘人员的要求。根据人力资源计划和职务说明书，就可制订具体的招聘计划，从而指导招聘工作。

（二）职务说明书

工作分析是人力资源管理者在短时间内，用以了解有关工作信息与情况的一种科学手段，是分析者利用科学的手段与技术，直接收集、比较、综合有关工作的信息，就工作岗位的状况、基本职责、资格要求等作出规范性的描述与说明，为组织特定的发展战略、组织规划、人力资源管理及其他管理行为提供基本依据的一种管理活动。工作分析的内容是通过职务说明书来表达的。

职务说明书是工作分析人员根据某项职务工作的物质和环境特点，对工作人员必须具备的生理和心理需求进行的详细说明。职务说明书为人员的招聘、甄选和录用提供了用人方面

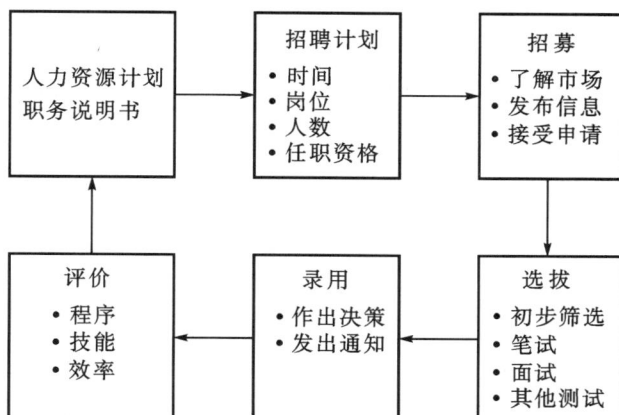

图 13 - 2　招聘的程序

的工作要求和标准,为职位评价、培训课程设置提供了相关的信息。

职务说明书的结构,一般应包括以下内容:基本信息、工作目标/工作摘要(简述)、工作关系、工作权限、工作职责(不超过 10 条)、工作环境(包括工作工具)、任职资格、培训要求、考核标准、职务发展(可替代、晋升、降职)、福利待遇及其他说明等。参见表 13 - 1 的具体实例。

表 13 - 1　某企业人力资源部主管的职务说明书

职务:主管　　部门:人力资源部　　职级:　　职务编号:　　配备人数:　　人

组织关系	直接上司…………………人力资源部经理 职务代理…………………人力资源部文员
管辖范围	办公室内日常事务、HR 文员、地勤、司机
工作目标	提供优质后勤支持服务,维持良好的办公秩序,完善、执行本范围制度
工作责任	①协助经理完成公司组织机构的制定 ②协助经理完成各项人事管理及事务管理事宜 ③配合公司目标制订组织方案和人事策略 ④配合公司组织办好会议、接待、娱乐等各项活动 ⑤进行人力资源分析、促进公司与员工间关系的和谐
主要权利	本部门下属员工工作监管权
考核标准	德——具敬业精神,公平公正,工作投入感强,能亲力亲为 能——工作效能(用最少的钱,办最多的事情) 　　　应变能力(突发事件的处理能力) 　　　沟通能力(能处理好员工、公司与外界之间的关系) 勤——工作效率(处理事务性工作的速度) 绩——员工评价(公司员工、外界对服务的评价) 体——良好的心理素质,能面对内部员工的压力

任职资格	基本条件 ①年龄要求:25 岁以上 ②性别要求:不限 ③学历要求:本科以上 ④工作经验:三年以上行政工作经验、人事管理经验,熟悉办公软件 ⑤专业背景:管理类专业 ⑥个人素质:有较强的书面表达和口头表达能力,具有良好的协作精神和职业道德 ⑦语言要求:英语四级(含四级)以上 优先条件 ①有 MBA 专业背景 ②具很强的纪律制度推行能力和组织能力
职业发展 辅导方向	人力资源部经理 不断改善人力资源管理方法,增强管理意识和组织能力

(三)招聘的途径

人员招聘就是通过各种途径和方法获取候选人的过程。招聘工作的成败在很大程度上取决于有多少人来应聘,应聘的人越多,企业选出优秀人才的可能性就越大。

1.人员招聘的途径

人员招聘的途径不外乎两个方面:内部招聘和外部招聘。内部招聘与外部招聘各有利弊,两者基本上是互补的(表 13-2)。

表 13-2   内部招聘与外部招聘的利弊

	内部招聘	外部招聘
优点	①了解全面,准确性高 ②可鼓舞士气,激励员工进取 ③应聘者可更快适应工作 ④使组织培训投资得到回报 ⑤选拔费用低	①人员来源广,选择余地大,有利于招到一流人才 ②新雇员能带来新思想、新方法 ③当内部有多人竞争而难以作出决策时,向外部招聘可在一定程度上平息或缓和内部竞争者之间的矛盾 ④人才现成,节省培训投资
缺点	①来源局限于企业内部,水平有限 ②容易造成"近亲繁殖" ③可能会因操作不公或员工心理原因造成内部矛盾	①不了解企业情况,进入角色慢 ②对应聘者了解少,可能招错人 ③内部员工得不到机会,积极性可能受到影响

实践表明:内外部结合会产生最佳效果。具体的结合力度取决于公司的战略计划、招聘的岗位、上岗速度以及对药品企业经营环境的考虑等因素。至于从内部还是外部招聘,也不存在标准的答案。通用电气公司数十年来一直都是从内部选拔 CEO,日本企业的管理特色之一就是内部提拔。而 IBM、HP 等大公司的 CEO 则多是从外部招聘来的。一个不变的原则是,人员招聘最终要有助于提高企业的竞争能力和适应能力。

2.内部招聘的来源和方法

药品企业内部候选人的来源主要有五个：公开招聘、内部提拔、横向调动、岗位轮换、重新雇佣或召回以前的雇员等。其中，公开招聘是面向企业全体人员，内部提拔、横向调动和岗位轮换则局限于部分人员。内部招聘有以下方法。

（1）查阅档案资料　即通过查询药品企业人力资源信息系统（包括书面档案和计算机系统）来搜寻候选人。

（2）发布招聘广告　发布广告的目的是展示现有职位空缺，邀请企业所有符合条件的公司员工申请。这种方法的优点是让各类员工都知道岗位空缺，发现可能被忽视和埋没的人才，鼓励员工对自己的职业发展负责。这种方法还符合现代管理倡导参与、开放交流、平等竞争的潮流。现在可以利用的广告媒体有内部电视、电子邮件、企业主页、张贴海报等，招聘广告的参考职务说明书。在运用这种方法时需要注意的一点，就是要尽可能通知到公司内部所有的人员。

（3）管理层　指定药品企业内有些岗位，特别是管理岗位，常常是由管理层根据考核结果指定候选人，有时甚至直接任命。

除了以上三种正式的内部招聘方法外，员工也常常通过非正式系统成为空缺职位的候选人，如上司、同事简单的口头要求等。

3.外部招聘的来源和方法

外部招聘的人员来源较多，他们可能是学校的毕业生、其他企业的员工，也可能是失业人员。外部招聘常用的方法如下。

（1）发布广告　是药品企业从外部招聘人员最常用的方法之一。使用广告招聘人员主要有两个问题需要考虑。①广告媒体的选择。可选择的广告媒体很多，如电视、广播、报纸等（见广告与品牌战略）；值得强调的是，网络媒体是一种传播快、范围广、查询方便的新型媒体，有"第五大媒体"之称，受到越来越多的企业的青睐，许多药品企业都在企业网站主页上开辟了"职业机会"模块，这样企业就可以把大量的信息放在主页上供应聘者查询。②广告设计。招聘广告的设计应力求达到四条要求。首先是吸引注意，招聘广告引人注目的方法包括醒目的字体、与众不同的色彩、显眼的位置等，最醒目的内容应是药品企业最具吸引力之处，如药品企业的名称、药品企业的标识、招聘的职位、待遇条件、工作地点等。其次是激发兴趣，即要引起求职者对工作的兴趣，可以通过具有煽动性的广告词实现，如"你将投身于一项富有挑战性的工作"；也可以通过其他具有吸引力的内容实现，如工作地点。再次是创造愿望，这比激发兴趣更前进一步了，即不仅要使应聘者有兴趣，而且有得到工作的愿望。这可通过针对应聘者的需求，列举药品企业能够提供的条件如工资、福利、职位、培训机会、住房条件、出国机会等来达到。最后是促使行动，即要向应聘者提供联络方法，包括联系电话、通讯地址、公司的网址等，同时用一些煽动性的话，如"今天就打电话吧""请尽快递交简历"等促使应聘者迅速采取行动。

（2）借助中介机构　药品企业招聘人员可借助的中介机构包括猎头公司以及各种职业介绍机构，如人才交流中心、职业介绍所、劳动力就业服务中心等。

（3）上门招聘　即由药品企业的招聘人员通过到学校、参加人才交流会等形式直接招聘人员。

学校是药品企业招聘人员的主要渠道之一，学校招聘有许多优势：学生的可塑性强，选择余地大，专业多样化，可满足企业多方面需求；招聘成本较低，有助于宣传企业形象等。学校招聘的主要形式是召开信息发布会、人才供需见面会，另外也可采取张贴海报、委托学校的就业服务部门介绍等形式。

（4）推荐　通过药品企业的员工、客户、合作伙伴等熟人推荐人选，也是企业招聘人员的重要来源。这种方式的长处是对候选人的了解比较准确，候选人一旦被录用，顾及介绍人的关系，工作也会更加努力，招聘成本也很低。但是，有可能在企业内部形成小团体。

（四）招聘面试

招聘的下一步就是与应聘者进行面对面的交流，达到双方的相互了解，这就是广义上的面试。面试的目的就是鉴别应聘者，这就需要进行测试。招聘测试是指在招聘过程中，运用各种科学方法和经验方法对应聘者加以客观鉴别、鉴定的各种方法的总称。

（五）人员甄选

这一阶段的主要任务是通过对甄选评价过程中产生的信息进行综合评价与分析，确定每一位应聘者的素质和能力特点，根据预先确定的人员录用标准与录用计划进行选择。人员甄选标准应该以工作描述和工作说明书为依据，并且结合人才市场情况制定。

（六）员工录用

1.试用合同

试用合同是对员工和组织双方权利与责任的保护与约束。一般包括试用职位、期限，试用期奖酬，试用期培训，绩效目标与责任义务承担，辞职、解聘条件等。

2.录用人员岗前培训

对于培训合格者方可上岗，不合格者再行培训，如仍不合格，应予辞退。

3.试用

试用的主要目的是为了通过工作实践考察试用人员对工作的适应性，同时，也为试用员工提供了进一步了解公司及工作环境的机会。培训合格者上岗试用，试用周期一般为 3 个月，特殊岗位的试用期可为 6 个月；试用工作成绩优异者，经部门推荐、考核通过，可提前结束试用期，正式录用。

4.录用

员工的正式录用是指试用期满，且试用合格的员工正式成为该企业成员的过程。员工录用具有一定的风险和机会成本，所以应该坚持因事择人、任人唯贤等用人原则，一经录用，管理者对员工应给予充分的信任和尊重。

5.招聘评估

对招聘的整个过程进行评价，评价完成后一般可以形成总结。

二、药品企业员工培训

20 世纪 90 年代后期，增强对药品企业员工培训和开发方面的投资，已经得到了广泛的认可。凡是重视员工培训与开发工作的药品企业组织，会比他们的竞争对手表现出更好的经营业绩。科学技术的飞速发展，促使药品企业坚持及时的、连续的、有计划的培训开发人力资源，这是保持和增进药品企业组织活力的可靠途径和有效途径。

（一）培训的概念及形式分类

1.培训

培训指药品企业有计划地实施有助于员工学习、工作及相关提高能力的活动，它是一种有目标、有步骤的学习,其目的在于使员工的知识、技能、工作方法、工作态度等得到改善和提高,可以将其应用于日常工作当中,从而发挥出最大的潜力,提高个人和企业的业绩,实现企业和个人的双重发展。培训还有助于营造一个鼓励持续学习的工作环境。

员工培训是药品企业的一项系统工程,包括培训需求分析、确立培训目标、制订培训计划、实施培训和效果评价五个环节和一个反馈修订辅助环节。精心设计培训,是确保培训效率和效益的关键。

2.培训形式分类

组织培训的职能和类型,受其企业经营环境和经营战略变化的强烈影响。为使培训成功,培训活动应结合药品企业经营战略目标进行。药品企业员工的培训种类繁多,可以从不同角度分类概括。

(1)按照培训对象划分　①员工岗前培训,员工岗前培训包括新员工上岗前的培训与老员工工作变动到新岗位之前的培训,如公司制度的培训等;②员工岗上培训,主要是围绕工作需要,对从事一定岗位工作的员工开展的各种知识、技能和态度等形式的培训活动,如《药品管理法》和 GMP、GSP 培训等。

(2)按照培训内容划分　①知识的学习,也是认知能力的学习,要求员工学习各种与现有工作相关的知识并运用知识,促进改善工作;②技能的提高,技能培训是对员工使用工具(如科学仪器、诊疗技能),按要求做好现职工作,解决实际问题的技巧与能力的培训与开发;③态度的转变,态度培训又是情感性学习,主要涉及对员工的价值观、职业道德观、行为规范、工作态度等内容的培训。

(3)按照员工培训的时间划分　①全脱产培训,是员工在一段时间内完全脱离工作岗位,专门去各种培训机构接受培训;②半脱产培训,是员工每天或每周抽一定的时间参加各种形式的培训;③业余培训也称在职培训,是员工完全利用工作之余时间参加培训。

(二)培训方法

组织培训方法多样,有传统的培训方式,也有利用现代化技术的新型培训方式。现代药品企业员工的培训往往是几种培训方法的有机结合。

1.讲座法

讲座法指培训者用语言表达他想传授给受训者的内容,是一种单向的学习沟通。讲座是药品企业组织培训的常见的方法之一。讲座成本低,节省时间又可以有效传递大量信息,讲座法还可以作为其他培训方法的辅助手段。但是讲座法缺少受训者的参与、反馈及与工作实际环境的密切联系,讲座强调的是信息的聆听,很难迅速有效地把握学习者的理解程度。为了克服这些问题,讲座法常常与其他培训方法有机地结合起来使用。

2.视听法

视听法指通过利用投影胶片、幻灯片和录像等视听工具进行培训。这种培训方法常与其他方法如讲座一起穿插使用。视听法以其内容可重播、慢放或快放的优点,使得它能根据培训者的专业水平来灵活调整。同时,可让受训者接触到不易解释说明的事件。

3.在职培训法

在职培训法指新员工或没有经验的员工,通过观察并效仿同事及管理人员执行工作时的行为而进行的学习。与其他方法相比,它在材料、培训人员工资或指导方案上投入的时间与资金相对较少,但不足之处在于管理者与一般员工完成一项任务的过程并不一样,他们传授了技术,同时也有可能传授了不良习惯。进修是药品企业培训的一种特殊形式,是指专业人员到有关企事业单位学习某一学科领域的先进理论、知识、技能的活动,亦可以参加某个学科专题的研修班,进修时间一般为 3 个月到 1 年不等。这种培训方式使员工能边学习理论边参加工作实践,有助于提高专业技术人员的理论知识水平和业务技术能力。

4.自学指导培训

自学指导培训指由员工全权负责的学习,员工按预定的培训内容,不需任何指导,只需按自己的进度学习的一种培训方法。自学指导学习可以使员工较灵活地安排学习,不受培训时空的限制。

5.网络培训

互联网是一种广泛使用的通讯工具,具有快速廉价收发信息的功能。使用者可以通过浏览软件来搜索网站,可以通过搜索引擎找到想要的信息。网络培训指由网络传递,并由浏览器进行演示的培训方式。网络培训可以为虚拟现实、动感画面、人际互动、实时视听提供支持,它的优势在于培训不受时空的限制,节约成本,能提高培训管理的效率,能实现自我导向和自定进度的培训指导,能监控受训者的绩效,使培训易于控制。远程学习通常是采用特定的技术,利用网络与个人电脑进行教与学的双向沟通。不同地域的受训者之间、培训者与受训者之间可以利用个人电脑进行沟通。尽管网上的培训不能够百分之百地解决问题,在知识更新越来越快的今天,发展迅速的在线学习,越来越得到广泛的认可,并成为发展趋势。

6.团队建设法

团队建设法指提高团队或群体绩效的培训方法,它是让员工共享各种观点和经历,建立团队统一性,了解人际关系的力量,注重团队技能的提高以保证进行有效的团队合作。这种培训包括对团队功能的感受、知觉、信念的检验与讨论,并制订计划,以便将培训中所学内容应用于工作的团队绩效上。团队建设法包括:①利用有组织的户外活动来开发团队协作和领导技能的探险性学习;②通过协调在一起工作,不考虑个人的绩效,从而实现共同的组织目标的团队培训;③给团队一个实际工作中面临的问题,让他们合作解决并制订出一系列行动计划的行为学习培训。

第三节 药品企业的激励机制

人力资源是企业发展最关键的因素,而激励是人力资源的重要内容。在药品企业组织工作实践中,员工的有效激励机制方法是药品企业人力资源管理的核心。正确地诱导员工的工作动机,使他们在实现企业目标的同时实现自身的价值,增加其满意度,从而使他们的积极性和创造性继续保持和发扬下去,这是药品企业组织实行激励机制的最根本的目的。

一、激励的概念

我们之中很少有人在工作中发挥出了一切潜能。哈佛大学的威廉·詹姆士教授的研究表明,如果没有激励,一个人的能力仅能发挥 20%～30%,如果加以激励,则可发挥到 80%～90%。这就是说,一个人经过充分激励后发挥的作用相当于激励前的 3～4 倍。

什么叫"激励",激励是激发人的行为动机,通俗地说,就是激发士气、鼓励干劲,也就是人们常说的调动积极性。

激励就是创设满足员工各种需求的条件,来激发、引导、保持和归化组织成员的行为,以有效地实现企业及其成员个人目标的系统活动过程。激励下属,是指满足下属的动机和愿望,并引导他们按所要求的方式去行动。我们在理解激励的含义时应把握以下几个要点:①激励的出发点是满足员工的各种需求;②激励贯穿于员工工作的全过程;③激励过程是各种激励手段综合运用的过程;④激励过程的实现需要借助于信息沟通;⑤激励的最终目标是要达到企业目标与个人目标的统一。

二、激励的原则

激励是一门科学,正确的激励应遵循以下原则。

1.企业目标与个人目标相结合的原则

目标设置必须体现企业目标的要求,满足员工个人的需求,只有将企业目标与个人目标结合好,使个人目标的实现离不开为实现企业目标所做的努力,才会收到良好的激励效果。

2.正激励与负激励相结合的原则

通过树立正面的榜样和反面的典型,扶正祛邪,形成一种良好的风气,产生无形的压力,使整个群体和组织的行为更积极、更富有生气。但鉴于负激励具有一定的消极作用,容易产生挫折心理和挫折行为,应该慎用。领导者应该把正激励与负激励巧妙地结合起来,而坚持以正激励为主,负激励为辅。

3.外在激励与内在激励相结合的原则

满足员工生存、安全和社交需求的因素,属于外在激励因素。满足员工自尊和自我实现需求,具有激发力量,可以达到满意的效果的因素,属于内在的激励因素。在激励中,领导者应善于将外在激励与内在激励相结合,以内在激励为主,力求收到事半功倍的效果。

4.物质激励与精神激励相结合的原则

员工存在着物质需求和精神需求,相应的激励方式也应该是物质激励与精神激励相结合。物质激励的作用是表面的,激励深度有限,因此,应该把重心转移到以满足较高层次需求即社交、自尊、自我实现需求的精神激励上去。换句话说,物质激励是基础,精神激励是根本。在两者结合的基础上逐步过渡到以精神激励为主。

5.根据需求进行激励的原则

激励的起点是满足员工的需求,但员工的需求存在着个体差异和动态性,即因人而异,因时而异。因此,领导者在进行激励时,必须深入地进行调查研究,不断了解员工需求层次和需求结构的变化趋势,有针对性地采取激励措施,才能收到实效。

6.坚持民主公正的原则

公正是激励的一个基本原则。如果不公正,奖不当奖,罚不当罚,不仅收不到预期的效果,反而会造成许多消极后果。公正就是要赏罚分明,并且赏罚适度。

7.坚持时效性原则

要把握激励的时机,"雪中送炭"和"雨后送伞"的效果不一样。激励越及时,越有利于将人们的热情推向高潮,使其创造力连续有效地发挥出来。

三、激励的方法

领导者需要选择有效的激励方法,提高员工接受和执行目标的自觉程度,激发被领导者实现企业目标的热情,最终达到实现企业目标目的。常用的激励方法有以下几种。

1. 目标激励

企业目标是一面号召和指引千军万马的旗帜,是企业凝聚力的核心。它体现了员工工作的意义、预示着企业光辉的未来,能够在理想和信念的层次上激励全体员工,激发大家强烈的事业心和使命感。

2. 强化激励

强化激励就是运用强化理论,来实施对员工的行为改造。领导者应该经常运用表扬、奖励(包括物质奖励和精神奖励)等正强化手段,鼓励员工,巩固和强化他们为企业创造更大的业绩,同时辅助以批评、警告、惩罚等负强化手段削弱某些员工的不良行为。

3. 评比、竞赛、竞争激励

竞争是市场经济的重要特点之一,企业中经常开展必要的评比、竞赛、竞争,能使员工的情绪保持紧张,提高士气,克服惰性。同时,通过评比竞赛,能使劳动者的业绩得到公正合理的评价,促使他们为企业作出更大的贡献。

4. 榜样激励

榜样激励的方法是在企业中树立先进模范人物和标兵的形象,号召和引导员工向先进模范人物学习,引导员工的行为达到企业目标所期望的方向。榜样激励的一个很重要的方面是领导者的身先士卒,率先垂范。领导的一个模范行动,胜过十次一般号召。

5. 认同激励

认同激励是指领导者认同员工的成绩而产生的对员工的激励作用。如果领导者及时发现员工的成绩,并及时表示认同,将会产生很大的激励作用,这种激励既经济又有效。

6. 感情激励

感情激励就是加强与员工的感情沟通,尊重员工、关心员工,满足他们的合理需求,并且积极为员工排忧解难,办实事,从而激发出他们的主人翁责任感和爱厂如家的精神。

7. 员工持股激励

员工持股激励是员工激励的最根本的方法之一。鼓励员工在企业持股、利润共享,使他们迸发出巨大的工作热情和责任感,从而促使企业效益的提高。

8. 危机激励

危机激励的实质是树立全体员工的忧患意识,做到居安思危,无论是在顺利还是困难的情况下,都永不放松对竞争对手的警惕。

9. 企业文化奖励

推行企业文化有助于建立员工共同的价值观和企业精神,树立团队意识。不但增加了员工对企业的凝聚力和自豪感,而且提高了企业素质和整体实力。

总之,成就感是自我激励的源泉,比物质激励的作用更持久。但是,我们也不能因此否认物质激励的作用,一味强调从精神上调动员工积极性,反而让成就感失去所依存的基础。如何将两者有机地结合起来是人力资源管理者不断努力的方向。

第四节　药品企业员工的考核

考核,是人力资源管理的核心工作,是正确的人事决策的前提和依据。在企业中,考核主要有两种:一种是用于选拔、晋级的考核,它本质上是人员测评,注重人员潜能;另一种是用于薪酬、奖金的发放,它更注重人员工作绩效。这里重点讨论人员的绩效考核。

一、绩效考核的概念与内容

绩效就是管理者期望产生的并纳入考核的工作行为、表现及其结果,对于各级管理人员和普通员工,工作绩效就是企业负责人对各级管理部门人员和员工的工作行为、表现及工作产出的要求。

1.绩效考核的概念

绩效考核又称为效绩考核、绩效评价。它是对员工的工作行为与工作结果全面地、系统地、科学地进行考察、分析、评估与传递的过程。绩效考核在本质上就是考核企业成员对企业的贡献,或者对企业成员的价值进行评价,它是管理者与员工之间为提高员工能力与绩效,实现组织战略目的的一种管理沟通活动。

因为绩效考核本身不是目的,而是手段,所以,其概念的外延和内涵应该随着经营管理的需要而变化。从内涵上说,就是对人与事的评价,有两层含义:一是对人及其工作状况进行评价;二是对人的工作结果,即人在企业里的相对价值或贡献程度进行评价。从外延上说,就是有目的、有组织地对日常工作中的人进行观察、记录、分析和评价。①从企业营销目标出发进行评价,并使评价以及评价之后的人事待遇、管理有助于企业经营目标的实现;②作为人力资源管理系统的组成部分,运用一套系统的制度性规范、程序和方法进行评价;③对企业成员在日常工作中所显示出来的工作能力、工作态度和工作成绩进行以事实为依据的评价。

2.绩效考核的内容

绩效考核的目的是考核企业成员对企业的贡献,或对企业成员的价值进行评价。其内容主要包括以下几个方面。

(1)工作考核内容　①工作成绩,绩效考核的出发点是员工的工作岗位,是对员工担当工作的结果或履行职务的工作结果的评价,只有对员工的工作完成情况(即工作业绩)的评价是公平的,才具有可比性,而评价考核工作成绩的项目或指标可从工作数量、工作质量、工作的速度、工作准确性等方面去衡量,它解决的问题是工作完成得怎样,是对完成工作的状态的评价。②工作能力,在本质上是指一个人顺利完成某次活动所必备的并影响活动效率的、稳定的个性特征,是指员工担当工作须具备的知识、经验与技能;考核能力,是考核员工在工作中发挥出来的能力,根据标准或要求,确定他能力发挥得如何,对应于所担任的工作、职务、能力是大还是小,是强还是弱等,作出评定。③工作态度,对工作业绩影响很大,是在完成工作时所表现出来的心理倾向性。企业不能容忍缺乏干劲、缺乏热情的员工,甚至是懒汉的存在。工作能力强的人,如果工作态度不好,不努力工作,工作业绩也可能低,工作态度是工作能力向工作业绩转换的“中介”。所以在考核中必须包括工作态度。当然,员工的工作态度,工作的努力程度也并不一定与业绩完全成正比关系,有一个很关键的中间变量,就是努力方向应该与企业目标的一致性。

(2)潜能开发内容　之所以列入绩效考核内容之中,因为越来越多的绩优企业认为绩效考核是一个开发员工潜能的手段,目的是持续地改进员工的绩效,实现企业的战略意图。同时对员工来说,也有助于员工工作自信心的提高,职业生涯的完善。潜能开发是针对于将来的工作岗位而必须具有什么样的能力倾向与性格特征。所以需要回答的问题是:他们还能干些什么,能否干得更好。具体来说,通过设计"潜能开发卡",上司与员工的双向沟通,来确定未来的工作目标所需要的能力因素与性格特征。

(3)伯曼(Borman)绩效模型　伯曼认为,企业内员工的绩效有两种,一种叫任务绩效(task performance),另一种是周边绩效(contextual performance),也叫背景绩效。任务绩效是与员工的工作职责、工作任务直接相联系的,是活动的直接结果。周边绩效大多与绩效的企业特征有关,主要包括人际促进方面和工作投入方面。所以考核员工的绩效,伯曼认为,任务绩效更多应从工作的数量、质量、成本、时效等方面加以衡量,涉及的评价标准主要有利润、产量、收入、市场占有率、成本、准确性、投诉率等;而周边绩效更多从企业责任感、工作主动性、首创精神、坚持性、合作性、促进发展等方面加以衡量。

根据伯曼的理论,绩效考核的内容应该包括这两类绩效,其中任务绩效更多体现了个人特性,周边绩效更多体现了企业共性,它们相互作用,相互影响。对企业的不同岗位的员工考核时,这两种绩效所占的权重不一,如对销售人员的考核,任务绩效就比周边绩效权重大很多,而考核财务人员,周边绩效的权重可能比任务绩效权重要大些。伯曼的理论更深刻地揭示了绩效考核的本质含义。

二、考核应坚持的原则

在建立考核制度,实施绩效考核时必须遵循一些基本原则,这些原则既是绩效考核的重要理论依据,又是良好的、行之有效的人力资源管理考核体系应满足的基本条件。

1. 内容规范化原则

绩效考核的科学性来自于考核的规范性和严密性。如果考核内容制订得不规范,绩效考核就会形同虚设,流于形式,不仅考核结果不能全面真实地反映员工工作情况,挫伤员工积极性,而且使考核变得繁琐,难操作。规范化的内容应该具有以下条件:①全面性与完整性,考核必须包括影响工作绩效的各主要方面,我国药品企业对管理人员、工程技术人员和主要行政领导人员的考核,一般包括德、能、勤、绩、个性;②相关性与有效性,相关性是指绩效考核的内容与工作有关,同时,绩效考核的标准又必须是员工可以控制的,通过努力可以达到的;③明确性与可操作性,对于被考核者而言,考核的标准是事先明了的,甚至可能是他们参与制订并且认可的,而且有一定的时间限制,同时,考核标准可以测量,并且还应尽可能予以量化;但是,对诸如员工的素质、行为和工作态度等不可能量化的内容则予以行为化,即规定怎么样的行为表现才算"好"或"高";④可靠性与正确性,可靠性又称信度,是指某项测试的一致性和稳定性。绩效考核的信度是指所使用的考核方法能够保证收集到的人员能力、工作绩效、工作态度等信息的稳定性和一致性,即指考核标准的客观性;正确性又称效度,是指考核标准正确地区分工作效率高低不同的员工的能力,是指考核标准能真正反映特定工作内容的程度。

2. 客观公正的原则

客观公正的原则是绩效考核具有权威性的重要保证。坚持客观公正原则,要做到以下几点:①依据职务工作的客观需要,建立科学适用的考核指标体系和考核标准,实事求是地进行考察,防止以感情、偏见代替标准,以主观想象代替客观事实,尽量采用客观尺度进行绝对考察;②考核的量表要科学严密,考核量表的设计既要集中专家智慧和国内外企业考核工作经验,又要适合本企业的特点;③考核过程要体现民主和透明;④考核人员应具有代表性,应代表企业不同领域部门和不同层次的广大员工参与。

3.全方位考核的原则

员工在不同的时间、不同的场合往往有不同的行为表现。因此,应多方收集信息,实行多层次、多渠道、全方位的考核。包括:①上级考核;②同级评定;③下级评定;④员工自评;⑤顾客的评价。在实际工作中,只有将以上几种形式结合起来综合运用,才能切实保证考核的全面性与系统性。

4.考核经常化、制度化原则

绩效考核是一种连续性的管理过程,因而必须定期化、制度化。考核的经常化、制度化不但指定期定量地做好考核工作,而且应该把考核结果及时反馈,并且根据反馈的结果和组织的需要,修改、完善考核的标准及系统,将优点发扬光大,不足之处加以纠正和弥补。

5.责、权、利相结合的原则

绩效考核的目的之一就是帮助员工个人及企业改进绩效,要将考核结果与员工的奖惩、晋升等紧密结合起来,并为制订下一个阶段的绩效目标和绩效改进目标提供依据;同时,检验管理者在员工的绩效管理中是否履行了其应尽的责任和义务,不仅以此作为决定其奖惩、薪酬、留任、调迁的依据,而且促进其不断改进管理工作。

6.效率原则

绩效考核的效率原则也是绩效考核的最高原则,即保证个人工作成果的最大化进而提高组织效率。个人的绩效是实现企业效率的根本与基础。当然,企业的最高目标必须服从于社会和国家的利益。

三、考核的程序和方法

建立了企业的绩效内容与标准后,如何去实施考核,这也是考核工作中的重点与难点。这涉及考核对象的确定、考核者的选择与培训、考核周期等问题。

(一)绩效考核实施流程

绩效考核的实施流程包含以下六个阶段。

1.考核者的选择与培训

员工的考核由谁来实施?一般来说由员工的直接上级,但因为员工的上级与员工之间的亲近关系,有可能使考核结果带有"感情色彩",失之公允,所以,有了科学有效的考核指标体系后,并不意味着就高枕无忧了,关键仍在于人去操作,人的因素会影响考核的公平。因此,考核者的正确选择以及对考核者培训是非常重要的。

2.考核资料与情报收集

从这一次考核至下一次考核之间,主管应该收集情报使评估作业公平正确。如果未能做到这一点,评估就可能只是依据模糊的记忆,或部属最近之行为、成就来判断。J·C·弗兰根曾发明出一种客观的方式来收集评估资料,称之为"关键事件法",此法所收集之事件资料,都是明确而易观察且对绩效好坏有直接联系的。事件收集到手并加以整理后,填在特殊设计的考核表上,用标题将资料加以分类。

3.员工自评与他评

员工自评的目的是让员工参与到考核中来,考核不再是管理者单方面的事情。对员工来说,员工自评让员工更能了解工作绩效与工作期望的差距,让员工更能体会到工作的努力目标与方向。对管理者来说,员工自评与他评相结合的方式,更能够有效地与员工进行考绩沟通,有利于达成绩效改进的计划,达到激励员工内在的工作潜力,激发员工工作热情的目的。

4.考核结果审核与协调

员工自评与直接上级他评的结果出来后,更高一级的领导或考核小组可进行第三次、第四次的审核考核,原则上不改变第一次、第二次的结果,但必须把这几次考核的意见汇总到人力资源部或最高领导处,根据企业整体情况进行协调。考核结果审核与协调使考核更加公正与公平。

5.考绩面谈

考绩面谈是考核实施中必不可少的环节,是考绩反馈的主要形式。在很多企业中,遗憾的是管理者对此重视不够,以为表填完了,分评定了,结果也知道了,就算结束了考核,其实这非常糟糕。考绩面谈是管理者履行管理者的职能,去指导与帮助员工的重要职责。通过考绩面谈,可以充分发挥考核的"培育个人成长和发展的回馈机能。"

6.考核结果的运用

考核如何真正达到持续增进绩效之目的,其根本在于绩效改进计划的制订,在于考核结果的运用。

(二)绩效考核方法

1.主观评价法

根据员工的工作行为对员工进行主观评价的一般特征是在对员工进行相互比较的基础上对员工进行排序,提供一个员工工作的相对优劣的评价结果。排序的主要方法包括以下四种。

(1)简单排序法　评价者将员工按照工作的总体情况从最好到最差进行排序。这种方法所需要的时间成本少,简便易行,一般适合于员工数量比较少的评价需求。

(2)交错排序法　评价者在所有需要评价的员工中首先挑选出最好的员工,然后选择出最差的员工,将他们分别列为第一名和最后一名。然后在余下的员工中再选择出最好的员工作为整个序列的第二名,选择出最差的员工作为整个序列的倒数第二名。以此类推,直到将所有员工排列完毕,就可以得到对所有员工的一个完整的排序。人们在直觉上相信这种交错排序法优于简单排序法。

(3)成对比较法　评价者根据某一标准将每一员工与其他员工进行逐一比较,并将每一次比较中的优胜者选出,最后,根据每一员工净胜次数的多少进行排序。这一方法的比较标准往往比较笼统,不是具体的工作行为或工作成果,而是员工评价者对员工的整体印象。一般认为,这一成对排序方法比较适合进行工资管理。

(4)强制分布法　强制分布法是对员工按照组别进行排序,而不是将员工个人进行排序。这一方法的理论依据是数据统计中的正态分布概念,认为员工的业绩水平遵从正态分布。在实践中,实行强制分布的企业通过对设定的分布形式做一定程度的变换,使员工业绩水平的分布形式呈现出某种偏态分布。强制分布的优点是可以克服评价者过分宽容或过分严厉的结果,也可以克服所有员工不分优劣的平均主义。但是其缺点是如果员工的业绩水平事实上不遵从所设定的分布样式,那么按照评价者的设想对员工进行强制区别容易引起员工不满。该法适用于当被评价的员工人数比较多,而且评价者不止一人时。为了克服强制分布评价方法的缺陷,可以使用团体评价制度以改进强制分布的效果。

2.客观评价法

客观评价法是根据客观标准对员工的行为进行评价的方法,其中的多数方法在实质上都是对员工的行为按照评价的标准给出一个量化的分数或程度判断,然后再对员工在各个方面的得分进行加总,得到一个员工业绩的综合评价结果。

(1)关键事件法　在应用这种评价方法时,负责评价的主管人员把员工在完成工作任务时所表现出来的特别有效的行为和特别无效的行为记录下来,形成一份书面报告。评价者在对员工的优点、缺点和潜在能力进行评论的基础上提出改进工作绩效的意见。如果评价者对员工的工作情况十分了解,同时也很公正和坦率,那么这种评价报告是很有效的。这一方法有助于为培训工作提供基础,也有助于评价鉴定面谈。但是,由于书面报告是对不同员工的不同工作侧面进行描述,无法在员工之间、团队之间和部门之间进行工作情况的比较,还有,评价者用自己制订的标准来衡量员工,员工没有参与的机会,因此不适合于人事决策。关键事件法可以在绝大多数绩效考核方法中结合使用。

(2)行为对照表法　是最常用的业绩评价技术之一。在应用这种评价方法时,人力资源管理部门要给评价者提供一份描述员工规范的工作行为的表格,评价者将员工的工作行为与表中的描述进行对照,找出准确描述员工行为的陈述。在某些情况下,行为对照表对于每一个反映员工工作行为的陈述都给出一系列相关的程度判断,每一判断被赋予不同的分数。评价者根据员工的行为表现进行选择后,将员工在各项上的得分加总就是这一员工的总分。这一方法得到的评价结果比较真实可靠。

(3)等级鉴定法　是一种历史最悠久应用也最广泛的员工业绩考核技术。在评价时,评价者首先确定绩效考核的标准,然后对于每个评价项目列出几种行为程度供评价者选择。假定优秀等于5分,良好等于4分,满意等于3分,尚可等于2分,不满意等于1分,于是在对各个评价的标准设定了权重之后,员工之间进行横向比较。等级鉴定法在评价内容的深度方面不如关键事件法,它的主要优点是适应性强,相对比较容易操作和成本较低。

(4)行为锚定法　其最大特点是明确定义每一评价项目,同时使用关键事件法对不同水平的工作要求进行描述。因此,锚定行为评价法为评价者提供了明确而客观的评价标准。其主要缺点是设计和实施成本比较高,经常需要聘请人力资源管理专家帮助设计,而且在实施以前要进行多次测试和修改,因此需要花费许多时间和金钱。

设计行为锚定评价法的步骤:①主管人员确定工作所包含的活动类别或者绩效指标;②主管人员为各种绩效指标撰写一组关键事件;③由一组处于中间立场的管理人员为每一个评价指标选择关键事件,并确定每一个绩效等级与关键事件的对应关系;④将每个评价指标中包含的关键事件从好到坏进行排列,建立行为锚定法(表13-3)考核体系。

表13-3　客户服务行为锚定等级评价表

评价等级	关键行为特征
7	把握长远盈利观点,与客户达成伙伴关系
6	关注顾客潜在需求,起到专业参谋作用
5	为顾客而行动,提供超常服务
4	个人承担责任,能够亲自负责
3	与客户保持紧密而清晰的沟通
2	能够跟进客户回应,有问必答
1	被动的客户回应,拖延和含糊回答

（5）目标管理法　是当前比较流行的一种绩效评价方法。其基本程序：①管理者和员工联合制订评价期内要实现的工作目标，并为实现特定的目标制订员工所需达到的绩效水平；②在评价期间，管理者和员工根据业务或环境变化修改或调整目标；③管理者和员工共同决定目标是否实现，并讨论失败的原因；④管理者和员工共同制订下一评价期的工作目标和绩效目标。其特点在于绩效评价人的作用从法官转换成顾问或促进者，员工的作用也从消极的旁观者转换成积极的参与者。员工从一开始就与管理者一道参与评价的全过程，这使员工增强了满足感和工作的自觉性，能够以一种更加积极、主动的态度投入工作。

第五节　药品销售人员的考核

药品销售人员所从事的工作事关企业的经营与发展，充满艰辛与挑战。以销售为职业，虽然要求具有某些天赋与资质，但是更重要的是通过学习与锻炼来积累经验，培养技能。一名优秀的药品销售人员必须明白自己的职责，具备药品销售人员的基本素质，遵从职业准则，掌握一定的工作技能。

一、药品销售人员的基本素质

（一）药品销售人员应具备以下几个方面的基本素质

1. 诚实

不诚实的药品销售人员可能会一时得意，但从长远的眼光看，只有诚实才能保持销售力。

2. 机敏

一个药品销售人员为了"判断和解决"各种大大小小的问题，必须经常维持他的机敏与伶俐，否则难以成功。

3. 勇气

药品销售是必须经得起孤独和不断挑战的工作，没有勇气，你就无法在这一行业奋起向前。那些经验丰富的老手，偶尔也会产生退缩或放弃的念头，但他们绝不会让这些意念成为事实，因为他们拥有无比的勇气。

4. 勤勉

勤勉也就是全身心的投入，有着常人难比的耐力，即使在失意或业绩下跌的时候，还是奋勇直前，绝不后退。

5. 自信

一个拥有了自信的药品销售人员，也就拥有了成功的一半。

除此之外，药品销售人员还应该具有关心他人、精力充沛、态度和蔼、求知欲强、知识面广等素质。

（二）药品销售人员的技能要求

药品销售人员的基本技能是指药品销售人员在日常工作中从事药品营销活动所运用的专门技巧和基本能力。要有效开展药品销售工作，正确处理销售过程中出现的各种问题，必然要求药品销售人员掌握一定的工作技能，并能够很好地加以运用。

1.表达能力

良好的语言表达能力,是胜任销售工作的基本条件。语言表达能力是指药品销售人员运用有声语言及行为语言准确传达信息的能力。语言艺术是药品销售人员用来说服顾客的主要手段,每一次销售过程都要使用陈述、提问、倾听及行为语言等多种语言技巧。可以说,没有语言艺术,就没有销售。

2.洞察能力

敏锐的洞察能力是药品销售人员深入了解顾客的心理活动和准确判断顾客特征的必要前提,没有敏锐的观察能力,就不可能判断和使用有效的销售技巧。顾客为了从交易过程获得尽可能多的利益,往往掩盖自己的某些真实意图。顾客的每一个行为背后总有其特定的动机和目的,在交易过程中会或多或少地使用各种购买技巧。具备敏锐的洞察能力,才能透过表象看到问题的本质。

3.交际能力

一个从事销售工作的人员必须具备较强的社会交往能力,在任何场合都能应付自如,相机行事。社交能力是衡量一个药品销售人员能否适应现代开放社会和做好本职工作的一条重要标准。药品销售人员还应掌握社交礼仪规范,注重自己的仪表、举止、谈吐,懂得介绍、称呼、握手、通信、电话、名片使用、参加宴会等礼仪。

4.应变能力

高超的应变能力是销售活动多样性、多变性对药品销售人员的客观要求。因为药品销售人员所接触的顾客是多种多样的,药品的更新换代越来越快,所以,销售方法必须随顾客和产品的改变而改变,不断适应这些变化。每次药品销售活动总会受各种因素的影响,顾客态度和要求的变化、竞争者的加入、企业销售政策的更改、对方谈判人员及方式的更换,往往会使销售进程出现意料不到的曲折,药品销售人员对此必须采取灵活的应变措施,才能确保达成预定的目标。

5.自控能力

较强的自我控制能力是药品销售人员应该具备的一项重要能力。大部分药品销售人员是在企业之外独立从事销售活动的,在多数时间都处于一种无人直接管理的状态,如果缺乏自我管理、自我激励,就无法完成销售任务;药品销售人员有很多机会接触资金和产品,加之社会环境的影响,很容易受物欲的诱惑,如不加强自我约束、自我监督,就可能作出违纪违法的事情;此外,药品销售工作也是与人打交道的工作,遭受冷遇和拒绝是难免的,药品销售人员必须能够适应各种压力,不为失败所左右,始终控制自己的意志和行为。

二、药品销售人员的任务

药品销售人员是药品销售活动的灵魂,是企业与顾客之间的桥梁和纽带,对企业和顾客均负有责任。药品销售人员最基本的职责就是销售企业药品或服务给顾客。但是,销售的成功不过是一系列有效活动的必然结果,药品销售人员在销售过程中真正要做的工作,就是如何在企业利益与顾客利益之间找到共同点,在满足顾客需要的基础上实现企业的利润。

每次销售活动的具体任务或许不同,但任何药品销售人员都承担着一些相同的基本职责:销售药品(或服务)、树立形象、收集信息、沟通关系、提供服务。

(一)销售产品

销售产品是通过直接销售过程的一系列活动来完成的。这类活动包括寻找潜在顾客、准备进行访问、介绍和示范产品、处理异议、确定价格及交货时间、成交条件、签订合同等,此外还包括销售药品所必需的辅助性活动,如商务旅行、调研、案头工作、必要的交际等。据美国的一项调查,销售人员花在旅途及等待会见上的时间占全部工作时间的 26%;花在调研及案头工作上的时间占 23%;而真正与顾客接触,说服顾客购买的时间只占 41%。

(二)树立形象

树立形象是指药品销售人员应该通过销售过程的个人行为,使顾客对企业和药品产生依赖或好感,并促使这种依赖和好感向市场扩散,从而为企业和药品赢得广泛的声誉、树立良好的形象。在顾客面前,药品销售人员就是企业,顾客是通过销售了解和认识企业的。因此,能否为企业树立一个良好的市场形象,也就成为衡量优秀药品销售人员的重要标准之一。树立良好的形象,需要一系列扎实的努力:要使顾客对药品销售人员个人产生依赖或好感;要使顾客对整个交易过程满意;要使顾客对企业提供的各种售后服务满意。

(三)收集信息

药品销售人员与顾客直接接触,易于获得需求动态、竞争状况以及顾客的意见等重要信息。及时、持续不断地收集这些信息并反馈给企业,是药品销售人员应承担的又一项重要职责。国外许多大企业往往通过相应的制度确保销售人员履行这项职责。这不仅可以为企业制定正确的营销策略提供可靠的依据,也有助于提高药品销售人员自己的业务能力。

(四)沟通关系

沟通关系指企业运用各种管理手段和人际交往手段建立、维持和发展与主要潜在顾客、老顾客之间的人际关系和业务关系,以便获得更多的销售机会,扩大企业药品的市场份额。药品销售人员应改变那种"买卖做完即分手"式的做法,而要与顾客建立长期、稳固的关系,不论是对老顾客还是对尚未购买产品的潜在顾客,都应保持这种联系。这种联系不仅包括业务方面的内容,还应包括人际关系。

国外一些企业总结出了一套沟通关系的有效措施:①确定主要顾客的名单;②确定每一位药品销售人员的联络对象;③规定沟通关系的具体目标及任务;④药品营销管理人员定期检查评估;⑤药品销售人员根据计划目标实施沟通工作。

(五)提供服务

做好销售前、销售过程中以及销售后的服务,也是药品销售人员应承担的职责。因为在激烈竞争的市场上,服务往往成为能否达成销售的关键因素。

1.销售前的服务

销售前的服务通常包括帮助顾客确认需求或要解决的问题,为顾客提供尽可能多的选择和服务,这些往往成为能否达成销售的关键因素。

2.销售过程中的服务

销售过程中的服务主要包括为顾客提供运输、保管、装卸以及融资、保险、办理各种手续方面的帮助,这些能为顾客带来额外利益的服务项目常常成为决定药品销售成交的主要因素,尤其是在药品本身的特征和价格差异不大的情况下,顾客总是选择那些能提供额外服务的商家。

3. 销售后的服务

一般包括药品的宣传、医务人员培训、技术咨询、供应以及各种保证和许诺的兑现等,这些服务不仅能消除顾客的抱怨、增强顾客的满足感,而且有助于树立良好的医药企业形象,巩固与顾客的关系。

三、药品销售人员的绩效考核与报酬

(一)销售绩效考核的作用

营销管理人员对药品销售人员进行监督管理的基本内容之一就是对药品销售人员进行绩效考核。绩效考核就是对管理计划的有效性及执行力的质量进行评价,以便管理者能及时采取必要的监督行动,使管理更富有效率,保证企业销售目标的完成。除此之外,绩效考核还可以让员工明白自己在企业的真实表现(企业对员工的评价和企业对员工的期望,并且能为员工的晋升和降职提供有力的参考意见)。其作用具体来说表现在以下几个方面。

1. 绩效考核是完成销售目标的有力保障

销售目标是销售管理过程的起点,它对销售组织、销售区域设计及销售定额的制订起着指导作用。这些工作完成之后,销售经理开始招聘、配置、培训和激励销售人员,促使他们朝着销售目标方向努力。同时,销售经理还应定期收集、整理和分析有关计划执行情况的信息。这样做一方面有利于对计划不合理处进行修改,另一方面则有利于发现实际情况与计划的差异以便找出原因并寻求对策。

可见,有效的绩效考核方案如同指南针,能保证销售队伍实现企业的销售目标。

2. 绩效考核是给予公平报酬的依据

科学考核、给予公平报酬,对激励药品销售人员有着重要的影响。有效的绩效考核方案通过对药品销售人员的业绩进行全面而恰如其分的考核,结果不论是描述性的还是量化的,都可以作为药品销售人员薪酬调整、奖金发放的重要依据。

3. 绩效考核是发掘药品销售人才的有效手段

通过绩效考核能够查明药品销售人员的实际销售能力及工作效果。绩效考核的结果会客观地对员工是否适合该岗位作出明确的评判,为发现人才、用人所长提供依据。

4. 绩效考核有利于加强对药品销售活动的监督管理

在药品销售过程中,销售经理一般每月对药品销售人员进行一次考核,有了每月的考核,各销售区域的业务活动量会自动增加,因为销售业务人员都希望获得较好的考核成绩。同时销售活动的效率也会提高,绩效考核会让销售业务人员谨慎思考及行动,他们会开始用较明智的方式做事。绩效考核能让销售经理监控销售人员的行动计划,及时发现问题,从而有足够的时间做调整。

5. 让员工清楚企业对自己的真实评价和对自己的期望

虽然营销管理者和销售人员可能会经常见面,并且可能经常谈论一些工作中的计划和任务,但是员工还是很难清楚地知道企业对自己的评价。绩效考核是一种规范的、周期性对员工进行评价的系统,由于评估的结果是向员工公开的,员工就有机会了解企业对他的评价,可以正确估计自己在组织中的位置和作用,从而减少一些不必要的抱怨。

(二)绩效考核条件与绩效考核原则

1.绩效考核条件

绩效考核贯穿于销售管理过程的始终,要想有效地开展员工的绩效考核,必须具备以下三个基本条件。

第一,必须有明确的绩效考核标准。明确的标准是实施有效评价的首要前提,考核标准是评价销售业绩的基本依据,它主要包括药品销售人员应该完成销售目标的数量、质量和时限要求,以及进行考核选取的评价尺度等。

第二,必须有完整的信息。要对药品销售人员进行有效的考核,就必须充分掌握有关信息,这些信息必须能够全面准确反映实际状况与预定标准之间的差异程度。信息不完整,就不能形成有效的绩效考核。所以绩效考核必须要有足够的、准确的信息供给。销售信息主要来源于销售报表、销售发票、销售访问记录、销售费用账单等。

第三,必须有科学权威的考核组织。考核组织包括考核人员和考核方式。不管考核制度如何完善,如果考核人员缺乏必要的培训,就不会有效运用这一制度。有效的考核组织应该兼具权威性与科学性。

2.考核原则

考核原则主要是以岗位工作职责为基础来确定的,公平的考核标准要注意遵循以下两个原则。

第一,实事求是。实事求是是要求绩效考核的标准、数据的记录等建立在客观实际的基础之上,在此基础上对员工的工作行为、态度、业绩等方面进行考核。

第二,重点突出。考核内容不可能涵盖该岗位上的所有工作内容,为了提高考核的效率,降低考核成本,并且让员工清楚工作的关键点,考核内容应该选择岗位工作的主要内容进行评价,不要面面俱到。多以影响销售利润和效率的方面为主,其他方面为辅。绩效考核是对员工的工作评价,对不影响工作的其他任何事情都不要进行考核。

(三)药品销售人员绩效考核的内容与方法

药品销售人员个人业绩考核一般有两种尺度,即职务标准和职能条件。以这两种尺度进行的考核常常就是客观考核和主观考核。

1.客观考核

客观考核也称数量考核,衡量的是与药品销售人员主观意图相关的销售努力;职务标准是销售经理对药品销售人员工作成绩的期望与要求,以职务标准为尺度进行的考核是客观考核,它与工作直接相关。客观考核方法使用的指标有三大类,即产出指标、投入指标以及产出/投入比率指标。

(1)产出指标 考核药品销售人员个人业绩最常用的信息来源是销售统计资料。在销售分析中将药品销售人员完成的实际销售额与其销售定额相比较所得到的业绩指数就是一种产出指标。比较常见的产出指标有订单数和客户数:①订单数,通常可用药品销售人员所获得的订单数来评价其开展销售推广活动的能力;②客户数,常用的一个指标是销售人员的客户组合中现有的客户数。对现有客户有多种定义,它可以是指在过去半年或一年内曾向企业订购货物的客户。药品销售人员当年的业绩,可以通过与他在上一年的现有客户数的比较来予以考核,一般希望的结果是客户数会上升。另一个与此密切相关的客户指标是药品销售人员在既定时期内开拓的新客户数。

（2）投入指标　许多企业采用的客观指标一般都侧重于考查药品销售人员付出的努力而不是考查这些努力所导致的销售成果。这主要是因为：第一，销售努力或行为比结果更能为销售经理所控制；第二，在许多情况下，销售努力的投入与销售成果的产出之间不能形成正比，但是，一笔大额销售可能是许多销售努力的积累所致。

销售努力的考核一般可以从以下几个方面着手：①销售访问次数，药品企业在设计销售区域时，需要考虑的众多因素之一就是对各种不同等级的客户的访问次数，这也正是把销售访问次数作为考核个人业绩指标的原因所在；②工作时间和时间分配，因为工作时间和时间分配这两个指标能够直接用来考核药品销售人员与客户联系程度，工作的天数以及每天访问的次数（或者说销售访问频率）已经成为评价药品销售人员工作努力程度的例行考核指标；③费用，许多企业对销售费用都有详细记录，有的还有将销售费用细分为各种类型，诸如交通费、住宿费、招待费等，企业可以根据这些费用的总额来进行考核，也可以根据费用占其完成的销售额或定额的百分比进行考核；④非销售活动，除了评价药品销售人员与客户直接接触的努力外，一些企业还对非直接接触的努力进行考核。运用的考核指标主要有发出销售信件的数量、拨打销售电话的次数、向企业提出销售建议的次数等。

2.主观考核

主观考核也称质量考核，它反映药品销售人员执行主观意图的好坏。一般来说，主观考核要比客观考核困难得多，这是因为客观指标一旦确立，便很少受到个人偏见的影响，所以得出的结论与实际情况也相符合，而主观考核过程设计得再完美，仍然免不了个人偏见的影响。

（1）主观考核的内容　①销售成果，包括销售额、对新客户的销售额、产品线销售额等；②工作知识，包括企业政策、产品知识、销售技巧等；③销售区域管理，包括销售访问计划、费用控制、销售文件的记录和处理；④客户企业的关系，包括对与客户以及企业关系的处理；⑤个人特点，包括工作态度、个性、能力等。

要具体情况具体分析，例如，在作出解雇或补偿决定时，药品企业会比较注重销售成果；而在作出调动或升迁决定时，工作经验与客户关系更为重要。

（2）主观考核的方法　主观考核常用的方法有评分法、图表尺度法和BARS法。

主观考核一般涉及对销售人员的行为考核，评分法就是考核人员对销售人员的销售行为打分，分值可以是百分制，也可以是十分制（表13-4）。

图表尺度法是指用图表来衡量药品销售人员的销售行为的方法。如在衡量药品销售人员的时间管理能力时即可采用图标尺度，衡量药品销售人员的其他销售行为。此时可使用图表尺度法的方法（图13-3）。

BARS体系认为各种影响销售业绩的因素影响力是不同的，考核的关键就是找出主要影响因素。BARS体系的逻辑：首先确定那些对销售成功起关键作用的行为；然后恰当描述这些行为，并给予一个分值（0～10）；在此基础上，再对销售业绩进行考核。整个考核步骤：第一，由第一组专家确定销售业绩有哪些表现形式；第二，由第二组专家分析以前发生的好与坏的典型业绩实例，并详细分析原因，确定哪些行为是决定业绩好坏的关键；第三，由第三组专家将各种关键行为与相应的业绩表现联系起来，并根据业绩表现的有效性给予评分（0～10），作为评价尺度；第四，用这一尺度来评价现实行为。

表 13 – 4　某销售人员考核评分情况

评价指标	分数(百分制)	评价指标	分数(百分制)
销售态度	89	竞争知识	90
产品知识	85	判断力	69
销售技巧	82	创造力	61
外表与风度	81	企业政策了解程度	59
沟通技巧	80	销售报告的准备与递交	59
进取心	78	药品消费者购买意愿	50
计划能力	72	受到交易者和竞争者尊重的程度	34
时间管理	73	好市民	23

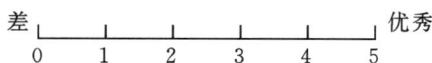

差　┣─┼─┼─┼─┼─┫　优秀
　　0　1　2　3　4　5

图 13 – 3　时间管理图表尺度

　　除了切实有效的绩效考核,销售经理还应该检查药品销售人员是否了解有关法规知识。例如,药品销售人员不能说谎或强调购买产品的好处来误导消费者。在业务销售中,销售人员不能贿赂采购代理人或其他能影响销售的人。

　　加强对药品销售人员的绩效考核,可以使药品销售人员获取更大的业绩,同时也能获取更多的收益,这使药品销售人员的工作更靠近企业的共同目标。同时也能使药品市场营销的监督机制更加健全。

📖 案例分析

个人绩效考核内容

　　(1)订单　　①订单数量;②订单平均规模;③取消的订单数量。
　　(2)客户　　①现有客户数;②新客户数;③流失的客户数;④逾期不付货款客户数;⑤逾期潜在的客户数。
　　(3)销售访问　　①访问次数;②计划内访问次数;③计划外访问次数。
　　(4)工作时间及分配　　①工作天数;②每天销售访问次数;③销售时间与非销售时间。
　　(5)费用　　①总费用;②明细费用;③费用占实际销售的百分比;④费用占销售定额的百分比。
　　(6)销售活动　　①销售信件的数量;②销售电话的数量;③提出正式销售建议的数量;④举办广告展示会的次数;⑤与分销商(经销商)会晤次数;⑥访问分销商(经销商)次数;⑦收到客户意见的数量;⑧收到逾期欠款的数量。

📖 **案例分析**

神州制药营销人员绩效考核方案

一、工资标准及考核办法

1. 营销总监、经理及管理人员工资标准及考核办法

(1)标准　岗位工资＋通讯补助＋季度(年度)奖励。

营销总监　　1人

经理　　　　3人

主办　　　　2人(含企划部一)

办事员　　　4人(含企划部一)

(2)考核办法　岗位工资100％(60％＋40％)按月按考核办法考核,通讯补助、季度(年度)奖励不参与考核。

★目标任务考核(月薪的40％参与该项考核)　满分100分

1)累计货款回笼率:85％以下全扣;85％及以上,不足100％每降低一个点扣1.5分,扣完为止。(20分)

累计货款回笼率＝累计回款/累计发货

2)回款任务完成率。(80分)

回款任务完成率＝月实际回款/月回款任务

回款任务完成率得分＝回款任务完成率×80

该项所得总分＝a项得分＋b项得分

★工作纪律考核(月薪的60％参与该项考核)　满分100分

2. 商务主管(主办)工资标准及考核办法

(1)标准　岗位工资＋通讯补助＋提成奖励

商务主管　　3人（招商、湖南、湖北各一）

商务主办　　2人（长沙、益阳各一）

(2)考核办法　岗位工资100％(60％＋40％)按月按考核办法考核,通讯补助、月提成不参与考核。

★目标任务考核(月薪的40％参与该项考核)　满分100分

1)累计货款回笼率:85％以下全扣;85％及以上,不足100％每降低一个点扣1.5分,扣完为止。(20分)

累计货款回笼率＝累计回款/累计发货

2)回款任务完成率。(80分)

回款任务完成率＝月实际回款 /月回款任务

回款任务完成率得分＝回款任务完成率×80

该项所得总分＝a项得分＋b项得分

★工作纪律考核(月薪的60％参与该项考核)　满分100分

3. 市场营销人员工资标准及考核办法

(1)标准　岗位工资＋通讯补助＋销量提成。

底价结算区域主管　　　　　5 人

终端主管　　　　　　　　　5 人

湘高级代表　　　　　　　　8 人

湘中级代表　　　　　　　　8 人

鄂高级代表　　　　　　　　5 人

鄂中级代表　　　　　　　　5 人

初级代表　　　　　　　　　20 人

（2）考核办法　　岗位工资 100％（60％＋40％）按月按考核办法考核，通讯补助、纯销量提成不参与考核。

★目标任务考核（月薪的 60％参与该项考核）满分 100 分

1）累计货款回笼率：85％以下全扣；85％及以上，不足 100％每降低一个点扣 1.5 分，扣完为止。（20 分）

累计货款回笼率＝累计回款/累计发货

2）回款任务完成率。（80 分）

回款任务完成率＝月实际回款/月回款任务

回款任务完成率得分＝回款任务完成率×80

该项所得总分＝a 项得分＋b 项得分

★工作纪律考核（月薪的 40％参与该项考核）　　满分 100 分

★经理、商务主管（主办）工作纪律考核办法

1）出勤每月 25 个工作日，无故缺一天扣 2 分，扣完为止。利用工作时间上网或因上网影响工作，或做与工作无关的事，具其一全扣。（10 分）

2）工作计划的申报与完成。每月至少申报一次。无月工作计划申报，扣 5 分；有申报，经批准未完成扣 5 分。（5 分）

3）价格体系的维护、商业政策的执行。商业低于公司最低出货价出货的，一次扣 5 分；商业政策一次执行不到位，不及时，或违反公司商务政策一次，扣 5 分，扣完为止。（10 分）

4）费用使用、促销品使用管理。各项费用采取预先申报，合理使用的原则，严格管理，严禁假报，挪用和私占，并为公司提供有效财务凭证，每违规一次该项全扣。（10 分）

5）每月进行一次商业往来账目核对和个人往来账目核对，并经公司核对人员签字确认，每缺一次全扣。（5 分）

6）商业分销任务。要求所在区域全面覆盖，并定量考核，完成任务的 85％，本项不扣分，每缺 1 个点扣 2 分，扣完为止。（20 分）

7）大型连锁的直营。公司产品在规模卖场必须有货，陈列整齐、不得有灰尘，规定的暗导和大型连锁直营的首推任务必须落实，每出现一个不合格扣 2 分，扣完为止。（15 分）

8）渠道的管理与终端关系的维护，保证产品的网络畅通。如终端欲进货却无处进货，或终端欲进货却商家不送货，又不想办法补货，每出现一次扣 5 分。扣完为止。（10 分）

9）违背公司相关规定的，一次扣 5 分，扣完为止。（10 分）

10）团队管理、协调、服从安排，违规一次全扣。（5 分）

★营销代表工作纪律考核办法（底薪的 100％参与该项考核）　　满分 100 分

1）出勤每月 25 个工作日，无故缺一天扣 2 分，扣完为止。利用工作时间上网或因上网影

响工作,或做与工作无关的事,具其一全扣。(10分)

2)纯销任务,按月基本任务量考核,完成任务的85%及以上,本项不扣分,每缺5%扣1分,扣完为止。(5分)

3)每月开展终端促销活动4次,每次8小时,每缺少一次扣5分,扣完为止。广告宣传物资及时投市,一次未达标全扣。(15分)

4)每月新开发2家以上药品第三终端网点,每缺一个量扣5分,该项累计扣分,即累月不完成,每月扣分,到完成为止。(10分)

5)拿订单任务每月25单,其中定志片5单,每缺1个单,扣3分,扣完为止。(15分)

6)每月至少15天拜访终端,每天至少拜访15家终端客户,拜访情况记录在"工作日志"上,经主管签字后每月按时上交。每缺一次扣1分,扣完为止。(15分)

7)费用使用、促销品的使用必须真实,发现一次假报或一次克扣、挪为私用,该项全扣。(10分)

8)终端促销、维护、被促销终端的管理,品种配备与价格维护。发现一次断货又不想办法补货;陈列不好,有灰尘;价格混乱。每项扣5分,扣完为止。(10分)

9)遵守公司相关规定,违反一次全扣。(5分)

10)服从公司安排,违反一次全扣。(5分)

二、奖励制度

1.按纯销量提成的奖励(适于湖南市场)

(1)营销代表单品提成单价　安脑舒通薄衣X元/瓶;定志片X元/瓶;消脂素X元/瓶;参桂鹿茸丸X元/瓶。

(2)终端主管单品提成单价　安脑舒通薄衣X元/瓶;定志片X元/瓶;消脂素X元/瓶。

公司将制订一个基本量,这个基本量以上年度的纯销量为依据科学制订,并将逐月调整与月计划一并下达。

2.按回款任务完成情况的奖励

名称	完成任务%	奖励标准%	考核时段	年度超产奖励标准	市场范围
招商服务经理(主管)	75～85		年(月)	0.5%(0)	招商市场
	85～90				
	≥90				
湘商务主管(主办)	85～90		月	0(0)	湖南市场
	90～95				
	≥95				
鄂商务主管(益阳主办)	85～90		月	0(0)	湖北市场(益阳市场)
	90～95				
	≥95				

续表

名称	完成任务%	奖励标准%	考核时段	年度超产奖励标准	市场范围
策划部经理	85～90		年	0	全部市场
	90～95				
	≥95				
底价结算区经理	85～90		同上	0	底价结算区市场
	90～95				
	≥95				
营销总监	85～90		同上	0	湖南、湖北市场
	90～95				
	≥95				

说明:超产奖励只对超出任务的部分计奖;奖励等级标准分为 500 万元以下任务量为同一标准,500 万元以上任务量为另一标准

3.按回款量提成的奖励(适于湖北和底价结算市场)

(1)营销代表单品提成单价　安脑舒通薄衣 X 元/瓶;定志片 X 元/瓶;消脂素 X 元/瓶;安脑舒通糖衣 X 元/瓶。

按上述比例计提后,由公司制定相应分配原则进行分配。

(2)底价结算市场区域主管　安脑舒通薄衣 X 元/瓶;定志片 X 元/瓶;消脂素 X 元/瓶;安脑舒通糖衣 X 元/瓶;藿香正气胶囊 X 元/瓶。按上述比例计提后,公司可制订相应分配原则进行分配。

公司针对不同商家制订供货底价,并适时调整底价。商家结算价低于公司底价时,从该区域主管提成中扣回差额。

4.年度完成任务奖励

鉴于完成月、季度、年任务难度较大,在完成年度任务80%以上(含),公司提取 3‰作为全体营销人员的奖励,奖金分配方案报公司批准。

思考题

1.员工考核应坚持的原则。

2.常用的绩效考核的方法主要有哪些?

3.常见的激励形式有哪些?

实训六　模拟药品企业人员招聘

【实训目标】

(1)熟悉药品企业员工招聘的程序。

(2)能根据不同的职务,编写相应的职务说明书。

【实训内容】

各药品企业各部门拟招聘员工若干名,准备举办招聘会,在招聘会上接受应聘人员的简历,经过初步筛选,并现场进行面试,初步确定录用人员。

【实训方法】

课前准备:布置学生分成两部分,一部分学生做药品企业的招聘人员,另一部分学生做应聘人员。做招聘人员的学生再分组,每组学生代表一个药品企业,设想该企业的名字、招聘方法和来源、招聘职位,并写出相应的职位说明书,在招聘现场应用。另一部分学生可扮演不同的应聘人员,并写出个人简历,在招聘会上递交给欲应聘的公司。

在课堂上,模拟招聘现场,利用道具做简要的布置,然后招聘会开始了……

下课前,教师让招聘方和应聘方学生分别评价双方的表现,说出对双方的要求以及应注意的问题,最后教师结合理论课做总结。

【实训作业】

(1)如何撰写好一份职位说明书?

(2)个人简历应包括哪些内容?

参考文献

[1] 杨文章.药品营销与管理[M].北京:中国医药科技出版社,2003.

[2] 张钦德.药品经营与管理[M].北京:人民卫生出版社,2002.

[3] 徐祝封,付元秀.药品营销与管理[M].西安:第四军医大学出版社,2007.

[4] 董国俊.药品市场营销学[M].北京:人民卫生出版社,2009.

[5] 屈云波,俞卓立.企划人实战手册[M].北京,中国商业出版社,1994.